Rüdiger Voigt (Hrsg.)

Der kooperative Staat

Krisenbewältigung durch Verhandlung?

Nomos Verlagsgesellschaft
Baden-Baden

Die Deutsche Bibliothek – CIP-Einheitsaufnahme

Der kooperative Staat : Krisenbewältigung durch Verhandlung? / Rüdiger Voigt (Hrsg.). – 1.Aufl. – Baden-Baden : Nomos Verl.-Ges., 1995
ISBN 3-7890-3903-9
NE: Voigt, Rüdiger [Hrsg.]

1. Auflage 1995

Vorwort

Jeder Sammelband hat eine Vorgeschichte, so auch dieser. Im Mai 1994 fand - auf Anregung von Parysatis Papadopoulou-Symeonidou von der Aristoteles-Universität - in Thessaloniki am Institut für Öffentliche Verwaltung ein Seminar zum Thema "Der kooperative Staat: Das Beispiel Deutschland" unter der Leitung des Herausgebers statt. Zehn Wissenschaftler von verschiedenen deutschen Universitäten hielten Vorträge, die für die griechischen Seminarteilnehmer simultan ins Griechische übersetzt wurden. Das Interesse an den Vorträgen war groß und die Diskussion lebhaft. Der Gedanke lag daher nahe, die Seminarbeiträge in einem Sammelband zu veröffentlichen. Bei der Realisierung dieser Idee traten jedoch vielfältige Hindernisse auf, die zu - zum Teil erheblichen - Zielabweichungen führten. Der nunmehr vorliegende Band enthält daher lediglich fünf Beiträge der ursprünglichen Teilnehmer (Czada, Nahamowitz, Renzsch, Treutner, Voigt), während die übrigen Beiträge zu einem späteren Zeitpunkt hinzugewonnen wurden.

Danken möchte ich an dieser Stelle insbesondere Frau Prof. Dr. Parysatis Papadopoulou-Symeonidou, die mich zu diesem Buch inspiriert hat, sowie den Autoren der Beiträge in diesem Band. Mit einigen von ihnen verbindet mich eine z.T. langjährige Freundschaft. Zu danken habe ich darüber hinaus den Mitgliedern meines Neubiberger Teams: Frau Sibylle Maier, Frau cand. phil. Kathrin Finke sowie den Herren Dipl.-Verw.wiss. Nicolai Dose und Thomas Paulsen, M.A. Dank schulde ich darüber hinaus der Fakultät für Sozialwissenschaften der Universität der Bundeswehr München, die mir eine großzügige technische Ausstattung zur Verfügung stellt. Mit diesem Buch beginnt eine neue Phase in der Arbeit des Instituts für Staatswissenschaften, das auf einer veränderten organisatorischen Grundlage seine Bemühungen um die Erforschung des Staates in unserer Gesellschaft intensivieren wird.

München im März 1995 — Rüdiger Voigt

Inhaltsverzeichnis

Der kooperative Staat

Krisenbewältigung durch Verhandlung?

Rüdiger Voigt

Während die "klassische" deutsche Staatsrechtslehre in den Anfangsjahren der Bundesrepublik - unter dem Einfluß vor allem *Ernst Forsthoffs*[1] - noch von einem unüberbrückbaren Gegensatz zwischen Staat und Gesellschaft ausging, setzt sich heute nicht nur in der Politikwissenschaft, sondern auch in der Staatsrechtslehre immer mehr die Auffassung durch, daß beide Bereiche in einer parlamentarischen Demokratie eng miteinander verschränkt und verflochten sind. Diesem Umstand trägt der Staat durch ein auf Kooperation - auch mit gesellschaftlichen Kräften - gerichtetes Verhalten Rechnung. Dabei handelt es sich ganz allgemein um ein Interaktionsmuster, bei dem jeder der Beteiligten seinen Beitrag zur Erreichung eines gemeinsamen Ziels leistet und bei der ein bestimmtes Maß an Gemeinsamkeit erreicht wird[2]. Für *Forsthoff* - wie für andere konservative Staatsrechtslehrer - war hingegen ein hoheitlich-hierarchisch agierender Staat verbunden mit der strikten Trennung zwischen Staat und Gesellschaft von zentraler Bedeutung. Denn nach ihrer Auffassung ist der Staat als Hort des Gemeinwohls allein in der Lage, die individuelle Freiheit zu gewährleisten. Ihm steht - aus dieser Perspektive betrachtet - eine Gesellschaft gegenüber, deren zahlreiche ausufernde und einander widerstreitende Partikularinteressen es in Schach zu halten gelte. Dazu bedürfe es eines starken Staates an der Spitze der Hierarchie, der seine Legitimation ausschließlich aus einer vorgegebenen Ordnung, also aus der Verfassung und den in ihr enthaltenen Prinzipien, herleite, nicht jedoch aus Verhandlungen mit mächtigen Interessengruppen oder aus der Zufriedenheit der Bürger mit den Ergebnissen staatlichen Handelns.

Diese Sicht des Verhältnisses von Staat und Gesellschaft würde freilich voraussetzen, daß sich das Gemeinwohl bereits vorab feststellen ließe, um dann anhand dessen die staatlichen Aktivitäten zur Verwirklichung dieses Gemeinwohls bewerten zu können. Das westliche Modell parlamentarischer Demokratie beruht jedoch gerade auf der entgegengesetzten Grundannahme, derzufolge sich das Gemeinwohl erst im Laufe der politischen Abläufe konkretisiert und allenfalls nachträglich definiert werden kann. Diese Prämisse findet ihren Ausdruck zum einen im Begriff des "politischen Pluralismus", der den Parteien eine besondere Rolle zuweist, zum anderen in dem Begriff "gesellschaftlicher Pluralismus", der die Bedeutung der übrigen Repräsentanten organisierter Interes-

1 *Forsthoff* 1971[2].

2 Vgl. Dudenredaktion 1978, Bd. IV, S. 1552.

sen hervorhebt. In einer parlamentarischen Demokratie spielen die politischen Parteien stets eine mehr oder weniger beherrschende Rolle (Art. 21 GG). Neben den Parteien sind aber auch Verbände, Kammern und andere Träger organisierter Interessen in die Politikformulierung und -umsetzung involviert. In korporativen Arrangements (prominentestes Beispiel ist die Konzertierte Aktion) bzw. in sog. Politiknetzwerken[3] übernehmen sie einen mehr oder weniger bedeutenden Part im Rahmen der politischen Steuerung.

Der kooperative Staat, der durch die Tendenz zu einer "Pluralisierung der Macht" gekennzeichnet ist, ist aber auch im Innern vielfältig gegliedert; seine Ebenen, Ressorts, Behörden und Ämter sprechen keineswegs stets "mit einer Stimme". In einem Bundesstaat besteht nicht nur die altbekannte horizontale Gewaltenteilung, vielmehr sieht eine vertikale Gewaltenteilung vor, daß die staatliche Gewalt sowohl vom Bund wie von den Ländern ausgeübt wird. Die besondere Konstruktion des deutschen Bundesstaates ("Verwaltungsföderalismus", *Thomas Ellwein*) sorgt zudem dafür, daß die wichtigsten Gesetze auf Bundesebene ("Programmebene") verabschiedet werden, während die Länder ("Vollzugsebene") vor allem mit der Ausführung dieser Gesetze befaßt sind. Als dritte politische Ebene kommen Kreise, Städte und Gemeinden und als weitere übergeordnete politische Ebene die Europäische Union hinzu[4]. An der Machtausübung sind darüber hinaus weitere staatliche Institutionen und Akteure beteiligt, die ihre - von Fall zu Fall unterschiedlichen - Interessen in den Politikprozeß einzubringen und durchzusetzen versuchen. So streiten beispielsweise Außen- und Verteidigungsminister - aus ihrer je spezifischen Sicht - um die Einsatzmöglichkeiten der Bundeswehr oder etwa Finanz-, Wirtschafts- und Sozialminister um die Pflegeversicherung. Jeder Minister bzw. jedes Ressort verfolgt damit seine eigenen spezifischen Interessen. Auch innerhalb der einzelnen Ministerien vertreten einzelne Abteilungen, Referate etc. unter Umständen andere Standpunkte als ihre Kollegen oder der Minister. Nachgeordnete Behörden sowie deren Untergliederungen und Einzelakteure haben wiederum ihre eigenen interessengeleiteten Vorstellungen von der Umsetzung der "von oben" kommenden Programmvorgaben[5].

1. Zum Verhältnis von Staat und Wirtschaft

Zu den wichtigsten Akteuren im politischen Kräftespiel gehört in einer marktwirtschaftlichen Ordnung die Wirtschaft, ohne deren aktive Mitwirkung keine Regierung auf Dauer erfolgreich sein kann. Vielmehr hängen Erfolg oder Mißerfolg einer Regie-

3 Vgl. *Héretier* 1993 (insbesondere die Einleitung der Herausgeberin: 9 - 36).

4 Vgl. *Voigt* 1993.

5 Für den Streit zwischen dem Bundesfinanzminister und den Kommunen ist die gegenwärtige Kontroverse um die Besteuerung von Müllgebühren symptomatisch.

rung zu einem nicht geringen Teil von einer florierenden Ökonomie ab. Es liegt daher auf der Hand, daß bei allen Überlegungen zum Thema "kooperativer Staat" das Verhältnis von Staat und Wirtschaft eine zentrale Rolle spielt[6]. Ein Dilemma entsteht freilich daraus, daß der Trend zur Internationalisierung der Wirtschaft, der sich z.B. in der Existenz von multinationalen Konzernen manifestiert, die nationalen Regierungen - zumindest partiell - zur Machtlosigkeit verurteilt. Wer sich als Unternehmer in der Lage sieht, ganze Betriebe ins Ausland zu verlagern, falls ihm die Standortbedingungen im Inland nicht mehr zusagen, verfügt über ein Maß an Entscheidungsunabhängigkeit, dem die Regierungen zumeist nichts entgegenzusetzen haben. Als *Ernst-Hasso Ritter* im Jahre 1979 seinen Beitrag zum Thema "Der kooperative Staat" veröffentlichte[7], wählte er daher mit gutem Grund den Untertitel "Bemerkungen zum Verhältnis von Staat und Wirtschaft". Tatsächlich läßt sich an dem Verhältnis dieser beiden Bereiche zueinander die Notwendigkeit besonders deutlich zeigen, in den Mittelpunkt des politikwissenschaftlichen Interesses an der staatlichen Steuerung neben den - vielfach überbewerteten - Steuerungsmodus "Hierarchie" den der "Kooperation" zu rücken. Aus steuerungstheoretischer Perspektive geht es dabei nicht nur um die Frage, wie der Steuerungsmodus "Kooperation" in bestimmten politischen Konstellationen funktioniert, sondern auch, unter welchen Voraussetzungen einer der beiden Steuerungsmodi besser bzw. schlechter dazu geeignet ist, staatliche Steuerungsintentionen durchzusetzen.

Der Begriff "kooperativer Staat" ist ursprünglich für diesen engen Zusammenhang zwischen Staat und Wirtschaft entwickelt worden. Bei näherer Betrachtung zeigt sich jedoch, daß die Entscheidungsverflechtung weit über die Wirtschaft im engeren Sinne hinausgeht und sowohl die verschiedenen Ebenen des politischen Systems als auch die Zusammenarbeit mit Parteien, Interessenverbänden und Bürgerinitiativen sowie ggf. auch mit (mächtigen) Einzelakteuren einschließt. Moderne hochkomplexe Industriegesellschaften sind durch vielfältige, sich überlagernde Verhandlungssysteme in netzwerkartigen Strukturen gekennzeichnet[8], in denen der Staat - u.a. durch Arrangieren der vorfindbaren Akteurskonstellationen und Moderieren der Einzelinteressen - partikulare Handlungsstrategien in gesamtgesellschaftlich verbindliche Entscheidungen zu transformieren sucht. Politische Steuerung, hier verstanden als multilaterale "intentionale Handlungskoordination zur gemeinwohlorientierten Gestaltung der gesellschaftlichen Verhältnisse"[9], ist damit nicht einfacher, sondern erheblich voraussetzungsvoller geworden. An die Stelle von konditionaler Programmierung nach dem Wenn-Dann-Schema oder zumindest Zweckprogrammierung mit einer Zweck-Mittel-Relation tritt zunehmend ein Denken in Verfahren ("prozedurale Steuerung"). Das bedeutet, daß auch

6 *Lindblom* 1980; *Ritter* 1979.

7 *Ritter* 1979.

8 *Scharpf* 1991: 623.

9 *Scharpf* 1988: 63.

das mit der staatlichen Steuerung befaßte Personal heute über andere Qualifikationen verfügen muß als noch vor fünfzig Jahren.

2. Zum Anliegen des Buches

Dieses Buch geht der Frage nach, ob die unter dem Stichwort "Kooperativer Staat" diskutierten Verhandlungslösungen als Steuerungsmuster besser zur Bewältigung von politischen Krisen geeignet sind, als die des hoheitlich-hierarchisch agierenden Staates. Unter Krisen sollen hier Gefahrensituationen verstanden werden, die mit den herkömmlichen, erprobten Techniken zur Problemlösung nicht bewältigt werden können[10]. Es ist daher kein Zufall, daß sich mehrere Beiträge dieses Bandes mit der deutschen Vereinigung befassen, handelt es sich bei dieser doch um die größte Herausforderung für die deutsche Politik seit Gründung der Bundesrepublik. Die Anpassung der ökonomischen, sozialen, politischen und administrativen Ordnung der ehemaligen DDR an die der alten Bundesrepublik, die von vielen als eine Art von "Kolonialisierung des deutschen Ostens" durch den Westen empfunden wird, ist in der Tat ein einmaliger Vorgang, der das Interesse jedes (Sozial-)Wissenschaftlers wecken muß. Noch ist nicht ausgemacht, ob daraus nicht auf mittlere Sicht politische Krisen erwachsen werden, die sich mit den herkömmlichen Mitteln des Staates nur schwer oder gar nicht bewältigen lassen. Große Bedeutung kommt daher der Erneuerung des staatlichen Steuerungsinstrumentariums zu[11]. Die Aktivitäten der Treuhand, die nur einen Teil der ostdeutschen Betriebe und nur einen winzigen Bruchteil der vorhandenen Arbeitsplätze erhalten konnte, spricht nicht unbedingt für eine "sozial verträgliche" Lösung des Problems, wie die Menschen in den neuen Bundesländern künftig durch Arbeit ihren Lebensunterhalt verdienen können.

Die deutsche Vereinigung ist geradezu ein Lehrstück dafür, wie Steuerungsintentionen zustandekommen, in korporativen Interaktionssystemen auf den verschiedensten Ebenen, an denen staatliche und gesellschaftliche Akteure beteiligt sind, abgeglichen und angepaßt und schließlich durch kooperatives Verwaltungshandeln umgesetzt werden. Der Gedanke liegt nahe, daß dabei Kooperation als Steuerungsmodus eine größere Rolle spielt als Hierarchie. Denn Hierarchie stößt als Steuerungsmodus bekanntlich überall dort an Grenzen, wo wirtschaftlich, gesellschaftlich und/oder politisch mächtige Interessen einer direkten Umsetzung staatlicher Steuerungsintentionen entgegenstehen. Ihre Zustimmung bzw. die Aufgabe ihres Widerstandes oder sogar ihre Mitwirkung bei der Realisierung staatlicher Steuerungsintentionen muß oft erst durch Entgegenkommen (Konzessionen) erkauft werden. Dabei interessieren in diesem Zusammenhang weniger

10 Vgl. *Pehle* 1994[2]: 315.

11 Vgl. *Czada* in diesem Band.

die rechtsstaatlichen Bedenken[12] als vielmehr die Frage, ob auf diese Weise wirklich Steuerungserfolge erzielt werden, und wenn ja, zu welchen (politischen) Kosten das geschieht. Da vieles dafür spricht, "daß sich binnenorientierte Verhandlungsprozesse im öffentlichen Sektor und außengerichtetes Verhalten von Staat und Verwaltung nur in ihrer wechselseitigen Bedingtheit adäquat erfassen lassen"[13], muß auch die Kooperation zwischen staatlichen Akteuren in die Überlegungen einbezogen werden.

2.1 Einfache und doppelte Politikverflechtung

Zur Analyse verhandlungsorientierter Politik im Bundesstaat bietet sich unter dem Stichwort "Politikverflechtung" u.a. das Verhältnis Bund - Länder - Kommunen und - unter Einbeziehung der europäischen Ebene und der "doppelten Politikverflechtung"[14] - das Verhältnis der EU zu den Mitgliedstaaten sowie den ihnen nachgeordneten Körperschaften an. Denn der kooperative Bundesstaat zeichnet sich gerade dadurch aus, daß die verschiedenen Ebenen des Staates in einer Vielzahl von Koordinationsgremien eng miteinander zusammenarbeiten. Der Bund zieht sogar dort Verhandlungslösungen vor, wo er im Rahmen der Auftragsverwaltung (z.B. Bundesfernstraßenbau) von seinem Weisungsrecht gegenüber den Ländern Gebrauch machen könnte[15]. Ein föderatives System ist allerdings nur so gut wie sein Finanzverteilungssystem. Die einigermaßen gerechte Verteilung der Steuerquellen und -erträge ist sozusagen die "Nagelprobe" für die Funktionsfähigkeit eines Bundesstaates. Im kooperativen Föderalismus haben daher die Finanzbeziehungen zwischen Bund, Ländern und Kommunen ("Gemeinschaftssteuer-Verbund") einerseits, zwischen den Ländern andererseits ("Länderfinanzausgleich") sowie drittens zwischen dem einzelnen Land und seinen Gemeinden bzw. Kreisen ("kommunaler Finanzausgleich") ausschlaggebende Bedeutung. Dementsprechend kompliziert sind die in der Verfassung und in Gesetzen getroffenen Regelungen über den horizontalen wie den vertikalen Finanzausgleich. Die Herstellung eines tragfähigen Kompromisses zwischen den Beteiligten, der ihre Interessen angemessen zum Ausgleich bringt, ist daher im Regelfall nur schwer herzustellen. Er wird noch erheblich schwieriger, wenn - wie im Fall der deutschen Vereinigung - neue finanzschwache Partner (die ostdeutschen Länder) hinzukommen.

2.2 Pluralismus und Korporatismus

Traditionelles Bindeglied zwischen den Bürgern und ihrem Staat sind in der parlamentarischen Demokratie die politischen Parteien. Parteien nehmen eine wichtige, mögli-

---

12 Siehe aber *Nahamowitz* in diesem Band.

13 *Goetz* in diesem Band.

14 *Scharpf* 1985: 323 ff.; *Hrbek* 1986.

15 *Scharpf, Reissert* und *Schnabel* 1976.

cherweise sogar unverzichtbare Funktion wahr, indem sie etwa politische Programme formulieren und das politische Personal für Parlamente und Regierungen rekrutieren. Sie stellen zudem die wichtigsten Akteure für die Verhandlungssysteme des kooperativen Staates[16]. Offensichtlich werden die erforderlichen politischen Kompromisse auch in den Bund-Länder-Konflikten in den maßgeblichen Parteien formuliert[17]. Unter diesem Gesichtspunkt gewinnt die Frage an Interesse, wie die Parteien auf solche Verhandlungen vorbereitet sind und welche Vorstellungen sie vom kooperativen Staat haben. Unter dem Stichwort "Korporatismus" steht darüber hinaus die Verschränkung von Staat und Wirtschaft im Blickpunkt, die sich am Beispiel korporativer Arrangements von Interessenverbänden und staatlichen Akteuren herausarbeiten läßt. Gewerkschaften, Arbeitgeber- und Industrieverbände, aber auch Bauern- oder Beamtenbund spielen im kooperativen Staat eine besondere Rolle. Diese Verbände nehmen maßgeblichen Einfluß auf die Politik und helfen zugleich der staatlichen Verwaltung dabei, diese Politik umzusetzen und durchzusetzen. Die "Konzertierte Aktion", die allerdings schließlich an unüberbrückbaren Interessengegensätzen gescheitert ist, war hierfür ein vielzitiertes Beispiel.

3. Zu den Beiträgen dieses Bandes

In vier Kapiteln analysieren Politik-, Rechts- und Verwaltungswissenschaftler, sowie Soziologen und Philosophen ausgewählte Aspekte kooperativen Steuerungshandelns. Im Gegensatz zu dem ersten Band zu diesem Themenkomplex ("Abschied vom Staat - Rückkehr zum Staat?"[18]) steht diesmal die politikwissenschaftliche Diskussion eindeutig im Vordergrund, auch wenn wiederum interdisziplinäre Verknüpfungen hergestellt werden. Dabei wird deutlich, daß in einigen Politikfeldern, wie z.B. Umweltpolitik, Gesundheitspolitik, Wirtschaftspolitik, der hoheitlich-hierarchisch agierende Staat zur Hilflosigkeit verdammt ist. Nicht zufällig ist daher ein eigenes Kapitel der kooperativen Steuerung in ausgewählten Politikfeldern gewidmet. Im ersten Kapitel ("Der kooperative Staat: Ein neues Steuerungsparadigma?") geht es um eine theoretische Diskussion des kooperativen Staates. Zum einen wird eine Einordnung des Phänomens "kooperativer Staat" in die politikwissenschaftliche Steuerungsdiskussion versucht, zum anderen eine Neubestimmung des Staates im Rahmen einer politischen Theorie der Bürgergesellschaft vorgenommen, und drittens wird eine rechtsstaatliche Disziplinierung kooperativer Handlungsmuster des Staates gefordert. Demgegenüber ist das zweite Kapitel ("Politikverflechtung im vielfach gegliederten Bundesstaat") vor allem der Frage gewidmet, welche Konsequenzen für die politische Steuerung sich aus dem besonders

---

16 Vgl. *Murswieck* 1991.

17 Vgl. *Renzsch* in diesem Band.

18 Baden-Baden 1993.

engen Verbund von Bund und Ländern in Deutschland ergeben. Im dritten Kapitel ("Akteure im kooperativen Staat") stehen die an den unterschiedlichen Verhandlungsprozessen Beteiligten im Mittelpunkt. Insbesondere die deutsche Vereinigung liefert hierfür reichliches Anschauungsmaterial. Abschließend behandelt das vierte Kapitel ("Kooperative Steuerung in ausgewählten Politikfeldern") Probleme kooperativer Steuerung in der Technologie-, Verwaltungs- und Sozialpolitik.

3.1 Der kooperative Staat: ein neues Steuerungsparadigma?

Forschung bedarf bekanntlich der Organisation des Erkenntnisprozesses. Das gilt selbstverständlich auch für die Steuerungsforschung. Verfestigen sich nun die Regeln und Normen über die Art der möglichen Erkenntnis, über die Methoden der Prüfung von Aussagen und die Systematisierung von Erkenntnissen in Theorien zu allgemein angewandten und anerkannten Grundsätzen, dann kann man - mit *Thomas Kuhn* - von einem Paradigma sprechen[19]. Angesichts der Meinungsunterschiede zwischen den Protagonisten der verschiedenen theoretischen Ansätze ist es - trotz erheblicher Anstrengungen[20] - allerdings fraglich, ob sich die Steuerungsforschung bereits in der paradigmatischen oder nicht doch noch in der (stärker durch Entdeckung als durch Erklärung gekennzeichneten) vorparadigmatischen Phase befindet. Beispielsweise kommen policy-analytisch orientierte Steuerungskonzepte und autopoietische Selbstorganisationskonzepte zu völlig unterschiedlichen Ergebnissen[21]. Zum einen scheint die akteurorientierten Policy-Forschung nicht gewillt zu sein, sich auf die soziologisch geprägte Autopoiese-Debatte einzulassen, zum anderen ist die deutsche Systemtheorie offenbar nicht bereit, sich um Anschlußfähigkeit für die Politikwissenschaft zu bemühen[22]. Dessen ungeachtet erscheint die Frage von besonderem Interesse, welche Bedeutung der Konfiguration "kooperativer Staat" in der Steuerungsdiskussion zukommt. Diese Frage wird in drei politikwissenschaftlich orientierten Beiträgen - mit unterschiedlichen interdisziplinären Verknüpfungen zu Rechts-, und Verwaltungswissenschaft einerseits sowie Philosophie andererseits - ausführlich diskutiert, wobei die Autoren allerdings zu teilweise gegensätzlichen Schlußfolgerungen gelangen.

Vor dem Hintergrund von Konzepten der Verbände-, Föderalismus-, Parteien-, Organisations- und Verwaltungsforschung diskutiert der Münchner Politik- und Verwaltungswissenschaftler *Rüdiger Voigt* die Steuerungsmuster etatistische Steuerung versus kor-

---

19 *Kuhn* 1976.

20 *Willke* 1983; *Herder-Dorneich* 1986; *Glagow* und *Willke* 1987; *Luhmann* 1989; *Mayntz* 1987; *Scharpf* 1989; *Glagow*, *Willke* und *Wiesenthal* 1989; *Görlitz* 1989; *Bußhoff* 1992; *König* und *Dose* 1993; *Görlitz* und *Druwe* 1990; *Görlitz* 1994.

21 Vgl. *Voigt* in diesem Band.

22 Vgl. *Braun* 1993.

porative Steuerung mit ihren Steuerungsmodi Hierarchie und Kooperation. Dabei kommt er zu dem Ergebnis, daß kooperative Interaktions- und Steuerungssysteme überall dort unverzichtbar geworden seien, wo der hoheitlich-hierarchisch handelnde Staat an seine Grenzen stoße. Das gelte nicht nur für die herkömmlicherweise einbezogenen Akteure, wie Parteien, Verbände, Bund, Länder und Kommunen, sondern auch für Ministerial- und Vollzugsverwaltung, wo kooperatives Verwaltungshandeln an der Tagesordnung sei. Darüber hinaus etablierten sich Politiknetzwerke überall dort, wo sich in einem Politikfeld eine begrenzte Zahl korporativer Akteure auf ein bestimmtes Muster organisatorischer Identitäten, Kompetenzen und Interessensphären geeinigt habe. Um diese Erkenntnis unter Steuerungsgesichtspunkten nutzen zu können, zieht der Autor verschiedene sozialwissenschaftliche Steuerungskonzepte heran. Ausgehend von der *Habermas*'schen Unterscheidung zwischen System und Lebenswelt prüft er entscheidungstheoretische Planungskonzepte, systemtheoretische Steuerungskonzepte sowie autopoietische Selbstorganisationskonzepte. Sein Fazit: "Der moderne Staat ist zwar deutlich hoheitsreduziert, verzichtet aber keinesfalls auf den Anspruch politischer Gestaltung". Dieser staatliche Steuerungsanspruch lasse sich freilich nicht im direkten Durchgriff gegen die Adressaten realisieren, sondern nur mit diesen zusammen in einer kompromiß- und konsensorientierten Kooperation.

Ausgehend von der Feststellung, daß der Staat des ausgehenden 20. Jahrhunderts vor der Frage stehe, wie er seine Identität trotz des Verlustes an inhaltlicher und formaler Einheit noch bewahren könne, kombiniert der Potsdamer Politikwissenschaftler und Philosoph *Heinz Kleger* in seinem Beitrag eine Systemtheorie des Staates mit einer politischen Theorie der Bürgergesellschaft. In drei Schritten nimmt der Autor eine "konstruktive und pragmatische Neubestimmung des Staates" vor. Der erste Schritt verläuft vom Mythos zum Teilsystem, der zweite bestimmt den arbeitenden Staat als verhandelnden Staat, und im dritten - pragmatischen - Schritt wird der reflexive Staat mit der lernfähigen Demokratie verknüpft. Damit macht der Autor deutlich, daß die Gesamtverantwortung für die Politik nicht dem Staat, sondern den Bürgern und ihren Assoziationen, obliege. Das Staatsverständnis sei zwar reflexiv, aber nicht minimal geworden, der Staat sei daher auch keineswegs bedeutungslos, vielmehr sei er in Gestalt eines neuen alten kooperativen Staates auf die politische Bühne zurückgekehrt. Der in faktische Verhandlungssysteme eingebundene Staat streife damit die Schicht des hoheitlichen Machtstaates ab und spiele seine Rolle im widersprüchlichen Prozeß zunehmender Verschränkung und Ausdifferenzierung von Staat und Gesellschaft. Auf der Basis von drei Formen der Verhandlungsdemokratie, nämlich All-Parteien-Regierung, föderale Politikverflechtung und liberaler Korporatismus, diskutiert der Autor die Legitimitätsproblematik. Dabei gelangt er zu dem Schluß, daß demokratische Selbstbestimmung immer auch eine normative Identifikation der Einzelnen mit einem kollektiven Selbst (Nation) voraussetze. Da der Nationalstaat jedoch in vernetzten Verhandlungssystemen quasi "aufgehoben" sei, erreiche er ohne Momente eines postnationalen Staates nichts mehr, gegen ihn sei allerdings ebenfalls nichts auszurichten. In letzter Konsequenz bedeute das, daß der Staat von seinem Konstitutionsprozeß her gedacht werden müsse; an dieser (Neu-)Konstruktion des Staates sei auch die Politische Theorie beteiligt. *Klegers* Fazit: "Politik wie das Verständnis von Staat werden [...] in einem kulturell geprägten kollektiven Zielfindungsprozeß einer historischen Bürgergesellschaft verortet, die Nation und TransNation zivilisatorisch verknüpft".

Der Kritik an der gegenwärtigen, "zu Übertreibungen neigenden" Diskussion um den kooperativen Staat ist das Plädoyer des Hannoveraner Rechts- und Politikwissenschaftlers *Peter Nahamowitz* für Steuerungsrealismus und Rechtsstaatlichkeit gewidmet. Bei der Diskussion des Spannungsverhältnisses von Hierarchie und Kooperation unterscheidet der Autor systematisch zwischen den politisch-administrativen Innenbeziehungen und dem Außenverhältnis der Verwaltung. Die These von dem Bedeutungsverlust hierarchischer Anweisungsverhältnisse in den administrativen Entscheidungsprozessen versucht der Autor an mehreren Beispielen zu widerlegen. Weder die Gemeinschaftsaufgaben, noch der Konjunkturrat für die öffentliche Hand, noch die gesetzlich vorgeschriebene Koordination zwischen Bundesbank und Bundesregierung funktionierten im behaupteten Sinne. Vielmehr zeigten sich an allen drei Beispielen gravierende Defizite nichthierarchischer Koordination zwischen staatlichen Entscheidungsebenen. Ähnliches gelte für das Verhältnis des Staates zur Gesellschaft, freilich müsse hier unter dem Aspekt der Steuerungswirksamkeit für jedes Politikfeld, ggf. für jeden Maßnahmentyp eine gesonderte Prüfung durchgeführt werden. In einem zweiten Teil seines Beitrages befaßt sich der Autor mit dem informierenden und warnenden Staat als Erscheinungsform kooperativen Staatshandelns. Bezogen auf das Verhältnis von Staat und Wirtschaft gelangt der Autor zu dem Schluß, daß auch die harmonischsten Kooperationsstrukturen zerbröselten, wenn die zentralstaatliche Konjunkturpolitik wirkungslos bleibe. *Nahamowitz*' Fazit: "Die gesamte, von Staat und Wirtschaft vorgenommene kooperative Inszenierung in der Regionalpolitik hängt ohne ein überzeugendes konjunkturpolitisches Drehbuch, dessen Autor nur die Zentralregierung sein kann, in der Luft".

3.2 Politikverflechtung im vielfach gegliederten Bundesstaat

Spätestens seit den Verfassungsreformen der endsechziger Jahre, mit denen die Gemeinschaftsaufgaben und die Mischfinanzierung in das Grundgesetz aufgenommen wurden, ist die Bundesrepublik Deutschland ein kooperativer Bundesstaat. Mit dem Stichwort "Politikverflechtung" haben *Fritz Scharpf* und seine Mitarbeiter das Verhältnis von Bund und Ländern bereits in den siebziger Jahren charakterisiert. Akteure in diesem binnenadministrativen Verflechtungssystem sind - neben Bund und Ländern - auch die Kommunen, die zwar verfassungsrechtlich als Bestandteile der Länder gelten, tatsächlich aber einen wichtigen eigenständigen Beitrag zur Politikgestaltung in Deutschland leisten. Der Maastrichter Vertrag hat darüber hinaus deutlich gemacht, daß auch die für Deutschland maßgebliche Politik zu einem großen Teil heute in Brüssel gemacht wird und daß dabei von Seiten der Europäischen Union und der Partnerstaaten wenig Rücksicht auf die Besonderheiten des deutschen Föderalismus genommen wird. Die Länder haben sich daher gegen Kompetenzverluste gegenüber der EU auf nationaler Ebene abzusichern versucht. Der neu eingeführte Art. 23 des Grundgesetzes garantiert ihnen weitgehende Mitwirkungsmöglichkeiten und etabliert damit einen ähnlichen Verhandlungszwang ("Politikverflechtungs-Falle") wie auf Bundesebene.

Ausgehend von Defiziten in der deutschen Föderalismusforschung, die durch die Dominanz der staats- und verwaltungszentrierten Sichtweise hervorgerufen worden seien, untersucht der Londoner Politikwissenschaftler *Klaus Goetz* die Leistungsfähigkeit verhandlungsbasierter Politik. Als charakteristische Merkmale von Kooperation arbeitet er den freiwilligen Beitritt, eine realistische Austrittsoption, konsensuale Entscheidungsregeln, geringe Sanktionsbewehrung bei Mißachtung von Beschlüssen und fehlendes Entscheidungsmonopol heraus. Da hier die Eintrittsschwelle niedrig sei, werde ihr Zustandekommen begünstigt, allerdings führten die geringen Austrittskosten zu einer gewissen Instabilität. Umgekehrt zeichne sich Verflechtung durch Beitrittszwang, fehlende "exit option", die Möglichkeit der Majorisierung, glaubhaftes Sanktionspotential und ausschließliche Entscheidungszuständigkeit aus. Verflechtung komme kaum spontan zustande, einmal institutionalisiert, tendiere sie jedoch wegen der oft unüberwindlichen Austrittsschwelle zur Verstetigung. Beiden sei gemeinsam, daß Verhandlungen eine zentrale Rolle im Entscheidungsprozeß zukomme. Die Eignung von Kooperation und Verflechtung für die Bewältigung von Krisen überprüft der Autor sodann an der zentralen Herausforderung an die Leistungs- und Anpassungsfähigkeit des föderalen Systems in den 90er Jahren, der Vereinigung der beiden deutschen Staaten. *Goetz* konstatiert, daß dem föderalen System durchaus beachtliche Leistungen im Hinblick auf die politisch-soziale Integration zu bescheinigen seien. Allerdings gebe es auch Defizite, so daß die Leistungs- und Effizienzsteigerung von verhandlungsbasierten Entscheidungssystemen trotz des sehr begrenztem Spielraums für umfassende Struktur- und Prozeßveränderungen künftig im Vordergrund stehen müsse.

Mit der Rolle der politischen Parteien bei der Lösung von finanzpolitischen Bund-Länder-Konflikten befaßt sich der Magdeburger Politikwissenschaftler *Wolfgang Renzsch* in seinem Beitrag zur Konfliktlösung im parlamentarischen Bundesstaat. Ausgehend von der *Lehmbruch*'schen These des Jahres 1976, daß die Spielregeln des Parteienwettbewerbs und des Bundesstaates inkongruent seien, untersucht der Autor die Leistungsfähigkeit des bundesdeutschen Föderalismus. Als Fallbeispiele zieht er hierfür die Finanzreformen von 1955 und 1969, den Ölförderkompromiß des Jahres 1982, das Strukturhilfegesetz von 1988 sowie die Einbeziehung der neuen Länder in den Finanzausgleich ab 1995 heran. Dabei unterscheidet er zwischen parteiideologisch geprägten Konflikten, in denen das majoritäre Entscheidungsprinzip gelte, und vertikalen bzw. horizontalen Konfliktlagen, die in der Regel nicht parteipolitisch motiviert seien. Zu den letzteren gehörten die Entscheidungsprozesse bei föderalen Finanzbeziehungen, wo die Konfliktlinien im Regelfall quer zu den parteipolitischen Fronten verliefen. Allerdings spielten die Parteien auch in solchen Konflikten eine dominante Rolle, indem sie die Blockadesituation des administrativen Entscheidungsprozesses auflösten. Verhandlungssituationen bei Finanzausgleichsfragen sind danach durch folgende Umstände gekennzeichnet: Fehlen ideologisch motivierter Gegensätze, Bekanntheit aller relevanten Informationen, Professionalität und Kontinuität der Akteure, geringe Zahl der Beteiligten, enger Rahmen möglicher Lösungsvarianten bei genügend einzeln gestaltbaren Elementen, gemeinsamer Maßstab (Geld), hoher Begründungsbedarf, großes öffentliches Interesse am Abschluß der Verhandlungen. Obgleich der Autor dem deutschen Föderalismus durchaus Funktionsfähigkeit bescheinigt, bleibt er skeptisch: "Mehr zu erwarten als 'inkrementalistische', bestenfalls mittelfristige Lösungen, hieße die Entscheidungsrationalität des bundesdeutschen Regierungssystems zu verkennen".

3.3 Akteure im kooperativen Staat

Sowohl auf der staatlichen Seite wie in den Beziehungen zwischen Staat und Gesellschaft sind die am Policy-Prozeß beteiligten Akteure zumeist in netzwerkartige - mehr oder weniger auf Dauer angelegte und ggf. institutionalisierte - Arrangements eingebunden. Dies gilt zum einen für den durch Politikverflechtung gekennzeichneten deutschen Föderalismus, zum anderen für die vielfältigen korporativen Arrangements, in denen der Staat mit den Vertretern der organisierten Interessen zusammenarbeitet. In diesen Netzwerken schließen die Akteure nicht nur Kompromisse, "schnüren Pakete" und versuchen damit, ihre eigene Interessen möglichst weitgehend durchzusetzen, sondern es werden u.U. auch strategische Entscheidungen getroffen, die als Leitlinien für das weitere Vorgehen gelten können. Insbesondere in Krisensituationen stellt sich allerdings die Frage, ob die vernetzten Strukturen mehr als nur das erforderliche kurzfristige Krisenmanagement leisten können, nämlich auch der richtige "Nährboden für Innovationen" (*Roland Czada*) sind. Diese Problematik wird in zwei Beiträgen diskutiert, wobei sich der erste Beitrag in erster Linie mit den Akteuren und Netzwerken auf der Bundesebene, der zweite hingegen mit einem besonderen Typus eines Policy-Netzwerkes auf Landes- bzw. Regionalebene, nämlich den Regionalkonferenzen in Nordrhein-Westfalen, beschäftigt.

In seinem Beitrag "Der 'kooperative Staat' im Prozeß der deutschen Vereinigung" geht der Konstanzer Politikwissenschaftler *Roland Czada* der Frage nach, wie neue, drängende Problemlagen von den Akteuren im politischen System verarbeitet werden und inwiefern sich dabei dieses System in seiner Betriebsweise und Struktur selbst verändert. Er verwendet hierfür einen policy-analytischen Ansatz, der den äußeren Herausforderungen an ein Handlungssystem stil- und strukturprägende Eigenschaften zubilligt. Zur Erklärung dafür, daß die Vereinigungspolitik trotz der neuartigen Herausforderungen auf althergebrachten Konzepten, Instrumenten und Institutionen beharrte, zieht der Autor das entscheidungstheoretische Konzept der "Kompetenz-Schwierigkeitslücke" (*Ronald Heiner*) heran. Unter dem Stichwort "Anpassungslernen in Politiknetzwerken" analysiert der Autor sodann die zahlreichen informellen Arrangements, die in der Vereinigungspolitik eine besondere Rolle gespielt haben. Akteure in den zahlreichen informellen Arrangements, wie Kanzlergesprächen, "Ludewig-Runden[23]", Treuhand-Wirtschaftskabinetten und -Monatsgesprächen, "Regionalgesprächen" etc., sind Vertreter der Bundesregierung, der Landesregierungen (Ost), der Treuhandanstalt, Landräte und Bürgermeister der neuen Bundesländer, Industrie- und Handelskammern sowie weitere wirtschaftlich relevante Gruppen und Einzelpersonen. Der Autor unterscheidet zwischen drei - zeitlich aufeinander folgenden - Problemlösungsansätzen: Herstellung der Einheit durch Gesetz, Ausschöpfung von - meist dezentralen - Anpassungsreserven sowie strategisches Anpassungshandeln in den Politiknetzwerken. Sein Fazit: "In den Netzwerken der Vereinigungspolitik haben sich die Probleme des Aufbaues-Ost zu neuen, situationsgerechten Wirklichkeitsbildern verdichtet. (Sie) bildeten den Nährboden für Innovationen, die auf die formelle Ebene des Regierungssystems zurückwirken".

Am Beispiel der Strukturpolitik in Nordrhein-Westfalen analysieren die Bochumer Soziologen *Volker Eichener, Rolf G. Heinze* und *Helmut Voelzkow* Regionalisierung und Kooperation als neue Steuerungsansätze. Ausgehend von dem neoliberalen und dem staatsinterventionistischen Paradigma als gegensätzlichen Polen beschäftigen sich die Autoren mit der nordrhein-westfälischen Konzeption der regionalisierten Strukturpolitik. Damit verfolgt das Land vor allem drei prozessuale Ziele: die Transformation von Konkurrenz in Kooperation, die Erleichterung der interkommunalen Kooperation sowie eine Effizienzsteigerung der Verwaltung. Hauptinstrumente der Regionalisierung sind die dezentral organisierten Regionalkonferenzen, die in den 15 "Regionen" (Kammerbezirken) Nordrhein-Westfalens tagen. Akteure sind Kommunen, staatliche Mittelbehörden, Kammern, Gewerkschaften, Hochschulen, Aus- und Weiterbildungseinrichtungen, Arbeitsämter sowie regional ansässige Unternehmen. Die Autoren stehen dem (von der Landesregierung postulierten) Erfolg der Regionalkonferenzen allerdings eher skeptisch gegenüber. Sie räumen zwar ein, daß diese in den Regionen Effekte wie Verbesserung der Kooperationsbereitschaft, Verstärkung einer regionalen Identität, Steigerung des Kontaktniveaus und Reduzierung des Konfliktniveaus, Entwicklung von kooperativen Strukturen und Verfahren, Integration von Fachpolitiken auf regionaler Ebene und

23 Diese Runde tagte auf Einladung des Bundeskanzlers unter Vorsitz des wirtschaftspolitischen Kanzlerberaters Johannes Ludewig ab Mai 1991, meistens in Berlin.

gegenseitige Unterstützung freigesetzt haben. Kooperation könne aber nur dann erfolgreich sein, wenn sie auch nach dem Wegfall unmittelbarer Anreize andauere. Als entscheidende Innovation der regionalisierten Strukturpolitik sehen die Autoren die "Mobilisierung kooperativen Verhaltens über neue Steuerungsmechanismen" an. Dabei sei ein wichtiger unterstützender Effekt die allmähliche Entstehung regionaler Leitbilder in Teilen Nordrhein-Westfalens.

3.4 Kooperative Steuerung in ausgewählten Politikfeldern

Es liegt auf der Hand, daß sich kooperative Steuerungsmuster nicht in allen Politikfeldern in gleicher Weise entwickelt haben. Vielmehr ist kooperatives Handeln des Staates vor allem dort zu erwarten, wo der Staat sich mächtigen Kontrahenten, wie z.B. Wirtschaftsunternehmen oder großen Interessenverbänden, gegenübersieht oder wo er an Ergebnissen interessiert ist, die er allein nicht realisieren kann, sei es, daß Personen zu einem bestimmten Verhalten erst motiviert werden müssen (Beispiel: Rehabilitation Suchtkranker), sei es, daß dem Staat die nötigen Informationen fehlen (Beispiel: technologische Innovationen), um überhaupt realistische Steuerungsintentionen entwickeln zu können. Für die Kerngebiete des "Minimalstaats" (*Robert Nozick*[24]), wie z.B. die Ordnungsverwaltung, gilt das - zumindest tendenziell - in geringerem Maße als für die Leistungsverwaltung. So läßt sich etwa die öffentliche Sicherheit meist nur schwer im Wege der Kooperation mit den potentiellen Adressaten staatlicher Maßnahmen aufrechterhalten[25]. Hier beherrschen nach wie vor einseitig-hoheitliche Maßnahmen das polizeirechtliche Denken. Die drei Beiträge dieses Schlußkapitels beschäftigen sich daher auch nicht mit der Ordnungsverwaltung, sondern mit der Technologiepolitik, der Verwaltungspolitik und der kommunalen Sozialpolitik. Sie zeigen, daß in diesen drei Politikfeldern deutliche Unterschiede im Verhältnis zwischen Hierarchie und Kooperation festzustellen sind. Während die Technologiepolitik geradezu ein Paradebeispiel für den Steuerungsmodus "Kooperation" bietet, sind Verwaltungs- und (kommunale) Sozialpolitik weitaus differenzierter zu beurteilen, sei es, daß die Steuerungsleistung kooperativer Formen staatlichen Handelns in der Verwaltungspolitik grundsätzlich nicht höher eingestuft werden kann als diejenige hoheitlich-hierarchischen Staatshandelns[26], sei es, daß die Verwaltung - zumindest in letzter Konsequenz - in der Sozialverwaltung zu hoheitlich-hierachischer Steuerung in der Lage sein muß, um die Interessen sozial Schwacher vertreten und notfalls auch schützen zu können[27].

---

24 *Nozick* 1974.

25 Insofern gehören die Verhandlungen zwischen Hausbesetzern und staatlicher Verwaltung (besonders spektakuläres Beispiel ist die Hamburger Hafenstraße) zu den eher untypischen Erscheinungen, die auf Dauer zu einer gefährlichen "Akzeptanzlücke" bei den sog. Normalbürgern führen würden.

26 *Eisen* und *Seibel* in diesem Band.

27 *Treutner* in diesem Band.

Ein besonders prägnantes Beispiel für die Ausgangslage des kooperativen Staates bei der Durchsetzung von Steuerungsintentionen bietet die Technologiepolitik, in der Staat und Gesellschaft als Partner erscheinen. Denn wegen der Komplexität des Problemfeldes verändert sich hier offenbar der Charakter von 'Staatlichkeit' im Wirtschaftsgeschehen. Auf dieser Basis untersucht der Tübinger Politikwissenschaftler *Roland Sturm* drei Aspekte staatlicher Steuerungsbemühungen in der Technologiepolitik: die Dimensionen konzeptueller staatlicher und unternehmerischer Perzeptionen technologischen Zugewinns, den Formenwandel staatlicher Modernisierungspolitik und die Konsequenzen der 'Europäisierung' des Politikfeldes. Unterschiede zwischen staatlicher Handlungsrationalität und betrieblicher Produktionspraxis (in erster Linie also ein Problem der Kommunikation zwischen Subsystemen) sorgten dafür, daß staatliche Steuerungsintentionen von der Industrie interessengeleitet und nach einzelwirtschaftlicher Rationalität umgesetzt würden. Da der Staat (nicht einmal) die Kooperation erzwingen könne, müsse er dafür sorgen, daß die staatlichen Fördermaßnahmen aus betrieblicher Perspektive als sinnvoll erschienen. Nur dann werde die staatliche Förderpolitik auch "angenommen". Die Bildung situativ und regional angepaßter Modernisierungskoalitionen gehe mit der "Enthierarchisierung von Entscheidungsprozessen" einher. Die Technologiepolitik auf europäischer Ebene vollziehe sich demgegenüber unter weit ungünstigeren Rahmenbedingungen. Das Fazit des Autors: "Die offene Frage bleibt allerdings, ob der [...] Schritt von der staatlichen Technologieförderung bis zum Konsensmanagement technologischen Wandels außerhalb der lokalen und regionalen Ebene des politischen Systems auf der nationalen oder gar der europäischen Ebene Zukunft haben kann".

In ihrem Beitrag zum Zusammenhang von Steuerungsfähigkeit des Staates und kooperativer Verwaltungspolitik gehen die Politik- und Verwaltungswissenschaftler *Andreas Eisen* (Berlin) und *Wolfgang Seibel* (Konstanz) davon aus, daß der "Fiktion einer Staatsperson" die empirische Realität eines fragmentierten, in sich und mit gesellschaftlichen Organisationen komplex verwobenen und verflochtenen, nur schwer zu lokalisierenden Staatswesens gegenüberstehe. Die Verwaltungspolitik spiele in diesem Zusammenhang eine besondere Rolle, weil Steuerung im wesentlichen von den institutionellen Designs des öffentlichen Sektors abhänge. Da zunächst in Ostdeutschland die westdeutschen Verwaltungsmuster importiert worden seien, ohne auf die Spezifika struktureller und personeller DDR-Hinterlassenschaften Rücksicht zu nehmen, frage sich nun, welche Verwaltungsstile sich in der Gemengelage zwischen Effektivität und Integration in den ostdeutschen Ländern herausbildeten. Diese "Stile" manifestieren sich nach Ansicht der Autoren in einem landesspezifischen Muster der Reduktion von Entscheidungsunsicherheit sowie des äußeren Verwaltungsaufbaus. Am Beispiel des Aufbaus von Umweltverwaltungen in zwei ostdeutschen Ländern arbeiten sie für Sachsen einen 'professionellen', aber technokratisch-kolonialistischen, für Brandenburg hingegen einen pseudo-kooperativen und 'dilettantischen' Stil heraus. Der 'technokratische' Ansatz Sachsens, der von der Ministerialbürokratie ausgegangen sei, habe dabei von vornherein bessere Durchsetzungschancen gehabt als der 'demokratische" Ansatz der Brandenburger Landesregierung. Das Fazit der Autoren: "Die Steuerungsleistung kooperativer Formen staatlicher Verwaltungspolitik ist [...] nicht generell höher einzustufen als diejenige hoheitlich-hierarchischen Staatshandelns".

Einem Politikfeld, das stark durch eine bürokratische, hoheitlich-hierarchische Form der Steuerung geprägt ist, nämlich der kommunalen Sozialpolitik und -verwaltung, wendet sich der Düsseldorfer Verwaltungswissenschaftler und Soziologe *Erhard Treutner* in seinem Beitrag zu. Ausgehend von der verbreiteten These (die im übrigen auch dem Konzept dieses Bandes zugrundeliegt), daß in modernen Industriegesellschaften die Bedeutung einseitig-hoheitlichen Handelns abnehme und dementsprechend die Relevanz von Verhandlungs- und Akteurssystemen zunehme, analysiert der Autor die Form des Staats- und Verwaltungshandelns am Beispiel der Selbsthilfeförderung und der Förderung Zweiter Arbeitsmärkte. Dabei weist er darauf hin, daß insbesondere das Bundessozialhilfegesetz "sehr dirigistische und repressive Maßnahmen" (Beispiel: Pflichtarbeit von Sozialhilfeempfängern) enthält. Daneben gebe es jedoch auch eine Tendenz zu Verhandlungen und Kooperationen, die insbesondere zwischen Sozialverwaltung und Wohlfahrtsverbänden (Subsidiaritätsprinzip) stattfänden. Darüber hinaus stellten die Sozialstationen ein wichtiges Beispiel für neue Formen der Kooperation zwischen etablierten Einrichtungen dar. Zunehmende Leistungsanforderungen an die Verwaltung führten dazu, daß diese zur Nutzung der vorhandenen Selbsthilfepotentiale verstärkt Betroffene über ihre Organisationen an Planung und Ausgestaltung von Maßnahmen beteiligten. Im Bereich der Zweiten Arbeitsmärkte sei der Einfluß der Träger in den Verhandlungen mit der Verwaltung jedoch oft so groß, daß die ABM-Politik auch als 'Träger-Politik' bezeichnet werde. Gerade in der Sozialverwaltung müßten aber die Interessen sozial schwacher Betroffener vom Staat vertreten und geschützt werden. Das Fazit des Autors: "Die Verwaltung muß daher - als 'ultima ratio' - zu rechtlich begründeter, hoheitlich hierarchischer Steuerung in der Lage sein und kann insofern nicht auf die Rolle des 'Supervisors' von Prozessen zwischen organisierten Interessen beschränkt sein".

Die Beiträge dieses Bandes, die fast ausnahmslos auf der Grundlage empirischer Untersuchungen verfaßt wurden, zeigen ein breites Spektrum von Handlungsformen des modernen Staates. Da das Thema "Der kooperative Staat" den Autoren vorgegeben war, liegt das inhaltliche Schwergewicht der Beiträge dementsprechend auf dem Steuerungsmodus "Kooperation", der häufig - aber keineswegs immer - den modernen Herausforderungen an die Steuerungsfähigkeit des Staates besser gerecht zu werden scheint als der Steuerungsmodus "Hierarchie". Für einen dezidierten Steuerungsoptimismus besteht zwar kein Anlaß, andererseits findet sich jedoch von einem Staat, der, allein mit sich selbst beschäftigt, zu einer politischen Steuerung überhaupt nicht in der Lage wäre, ebenfalls keine Spur. Allerdings ist jede Form staatlicher Steuerung in einer hochkomplexen Gesellschaft wie der unseren außerordentlich anspruchs- und voraussetzungsvoll. Von einem direkten steuernden Durchgriff beispielsweise der Zentralregierung auf den Bürger als Adressaten staatlicher Maßnahmen kann nur in Ausnahmefällen die Rede sein. Vielmehr zeichnet sich als "Normalfall" ein Politikprozeß ab, in dessen Verlauf die ursprünglichen (zentralstaatlichen) Steuerungsintentionen den politischen Gegebenheiten angepaßt und - möglicherweise im Zickzackkurs - umgesetzt und implementiert werden. Ähnlichkeiten dieser Beschreibung des arbeitenden Staates mit dem von *Charles Lindblom* entwickelten Muster inkrementaler Steuerung[28] sind natürlich nicht von der Hand zu weisen. Der moderne Staat ist in der Wahl seiner Mittel flexibel; die von ihm verwendeten Steuerungsformen enthalten daher nicht selten Elemente mehrerer Steuerungsmuster, neben etatistischen und korporativen vor allem auch inkrementale Elemente, zu denen von Fall zu Fall auch noch eine "verordnete Selbststeuerung" (*Manfred Glagow*[29]) - beispielsweise durch die Kammern - hinzutreten kann.

28 *Lindblom* 1980.

29 *Glagow* 1984.

Literaturverzeichnis

Braun, Dietmar, 1993: Zur Steuerbarkeit funktionaler Teilsysteme: Akteurtheoretische Sichtweisen funktionaler Differenzierung moderner Gesellschaften, in: Héretier (Hrsg.), 199 - 222.

Bußhoff, Heinrich (Hrsg.), 1992: Politische Steuerung, Baden-Baden.

Dudenredaktion (unter Leitung von Günther Drosdowski), 1978: Duden. Das große Wörterbuch der deutschen Sprache in sechs Bänden, Band 4: Kam-N, Mannheim, Wien und Zürich.

Forsthoff, Ernst, 1971^2: Der Staat der Industriegesellschaft, 2. Auflage, München.

Glagow, Manfred, 1984: Zur Delegation staatlicher Aufgaben im Umweltschutz an Selbstverwaltungskörperschaften, in: Manfred Glagow (Hrsg.): Gesellschaftssteuerung zwischen Korporatismus und Subsidiarität, Bielefeld, 115 - 139.

Glagow, Manfred/Willke, Helmut (Hrsg.), 1987: Dezentrale Gesellschaftssteuerung. Probleme der Integration polyzentrischer Gesellschaft, Pfaffenweiler.

Glagow, Manfred/Willke, Helmut/Wiesenthal, Helmut (Hrsg.), 1989: Gesellschaftliche Steuerungsrationalität und partikulare Handlungsstrategien, Pfaffenweiler.

Görlitz, Axel (Hrsg.), 1989: Politische Steuerung sozialer Systeme. Mediales Recht als politisches Steuerungskonzept, Pfaffenweiler.

Görlitz, Axel (Hrsg.), 1994: Umweltpolitische Steuerung, Baden-Baden.

Görlitz, Axel/Druwe, Ulrich, 1990: Politische Steuerung und Systemumwelt, Pfaffenweiler.

Hartwich, Hans-Hermann/Wewer, Göttrik (Hrsg.), 1991: Regieren in der Bundesrepublik III: Systemsteuerung und "Staatskunst". Theoretische Konzepte und empirische Befunde, Opladen.

Herder-Dorneich, Philipp, 1986: Theorie der sozialen Steuerung - Die Theorie der Scheine, Baden-Baden.

Héretier, Adrienne (Hrsg.), 1993: Policy-Analyse. Kritik und Neuorientierung, Opladen.

Hrbek, Rudolf, 1986: Doppelte Politikverflechtung: Deutscher Föderalismus und Europäische Integration. Die deutschen Länder im EG-Entscheidungsprozeß, in: Hrbek/ Thaysen (Hrsg.), 17 - 36.

Hrbek, Rudolf/Thaysen, Uwe (Hrsg.), 1986: Die Deutschen Länder und die Europäischen Gemeinschaften, Baden-Baden.

König, Klaus/Dose, Nicolai (Hrsg.), 1993: Instrumente und Formen staatlichen Handelns, Köln u.a.

Kuhn, Thomas S., 1976: Die Struktur wissenschaftlicher Revolutionen, Frankfurt a.M.

Lindblom, Charles E., 1980: Jenseits von Markt und Staat. Eine Kritik der politischen und ökonomischen Systeme, Stuttgart.

Luhmann, Niklas, 1989: Politische Steuerung, in: Politische Vierteljahresschrift, 30. Jhrg., Heft 1, 4 - 9.

Mayntz, Renate, 1987: Politische Steuerung und gesellschaftliche Steuerungsprobleme - Anmerkungen zu einem theoretischen Paradigma, in: Jahrbuch zur Staats- und Verwaltungswissenschaft, Bd. 1, 89 - 110.

Murswieck, Axel, 1991: Die Notwendigkeit der Parteien für die funktionelle Integration der Regierungsgeschäfte, in: Hartwich/Wewer (Hrsg.), 119 - 129.

Nozick, Robert, 1974: Anarchy, State, and Utopia, New York.

Pehle, Heinrich, 1994[2]: Krise, in: Everhard Holtmann (Hrsg.): Politiklexikon, 2. Auflage, München und Wien.

Ritter, Ernst-Hasso, 1979: Der kooperative Staat. Bemerkungen zum Verhältnis von Staat und Wirtschaft, in: Archiv des öffentlichen Rechts, 104. Jhrg., 389 - 413.

Scharpf, Fritz W., 1985: Die Politikverflechtungs-Falle: Europäische Integration und deutscher Föderalismus im Vergleich, in: Politische Vierteljahresschrift, 26. Jhrg., Heft 4, 323 - 356.

Scharpf, Fritz W., 1988: Verhandlungssysteme, Verteilungskonflikte und Pathologie der politischen Steuerung, in: Schmidt (Hrsg.), 61 - 87.

Scharpf, Fritz W., 1989: Politische Steuerung und politische Institutionen, in: Politische Vierteljahresschrift, 30. Jhrg., Heft 1, 10 - 21.

Scharpf, Fritz W., 1991: Die Handlungsfähigkeit des Staates am Ende des zwanzigsten Jahrhunderts, in: Politische Vierteljahresschrift, 32. Jhrg., Heft 4, 621 - 634.

Scharpf, Fritz W./Reissert, Bernd/Schnabel, Fritz, 1976: Politikverflechtung. Theorie und Empirie des kooperativen Föderalismus in der Bundesrepublik, Königstein/Ts.

Schmidt, Manfred G. (Hrsg.), 1988: Staatstätigkeit. International und historisch vergleichende Analysen, Opladen.

Voigt, Rüdiger, 1993: Abschied vom Nationalstaat - Rückkehr zum Nationalstaat? Zur künftigen Gestalt der europäischen Staatenordnung, in: Rüdiger Voigt (Hrsg.), Abschied vom Staat - Rückkehr zum Staat? Baden-Baden, 159 - 204.

Willke, Helmut, 1983: Entzauberung des Staates. Überlegungen zu einer sozietalen Steuerungstheorie, Königstein/Ts.

1. Kapitel

Der kooperative Staat:
Ein neues Steuerungsparadigma?

Der kooperative Staat

Auf der Suche nach einem neuen Steuerungsmodus[1]

Rüdiger Voigt

In klassischer Sichtweise ist nur eine nach außen souveräne und nach innen hierarchisch handelnde Gebietskörperschaft ein Staat. Der moderne Staat scheint jedoch beiden Anforderungen, über ungeteilte Souveränität zu verfügen und an der Spitze einer Hierarchie zu stehen, immer weniger genügen zu können[2]. Vielmehr droht er angesichts gegenläufiger Tendenzen an die Grenzen seiner Handlungsfähigkeit zu stoßen[3]. Einerseits verflüchtigt sich die Souveränität des Nationalstaates im Dickicht supra- und internationaler Verflechtungen[4], wenn auch zugleich in einer Gegenbewegung der nationale Egoismus - gerade auch auf dem Gebiet der Handels-, Wirtschafts- und Währungspolitik - zuzunehmen scheint[5]. Andererseits werden im Innern neben den politischen Parteien und den großen Interessenverbänden zunehmend auch andere gesellschaftliche Gruppen mit Vetopositionen zu Teilhabern an der staatlichen Macht. Eine Steuerung der Gesamtgesellschaft durch den Staat ist zwar notwendig und wünschenswert, gegen bestimmte Akteure lassen sich staatliche Maßnahmen aber kaum oder gar nicht durchsetzen, selbst wenn die Regierung über eine hinreichende Mehrheit im Parlament verfügen sollte. Das Parlament selbst ist nicht nur in Fraktionen geteilt, die sich als Regierungskoalition einerseits und Opposition andererseits gegenüberstehen. Viemehr besteht auch innerhalb der Regierungskoalition ein Netz von Koalitionsausschüssen und -arbeitsgruppen, Landesgruppen[6], Fraktionsarbeitskreisen und für bestimmte Politikfelder zuständigen Sprechern (Obleuten), das die Realisierung von Reformvorhaben als Schachspiel für Großmeister erscheinen läßt[7].

Es kommt hinzu, daß Deutschland als Bundesstaat - anders als z.B. Frankreich - keine Regierungszentrale hat, in der alle Kompetenzen zusammenlaufen, der Bund muß viel-

---

1 Herrn Dipl.-Verw.wiss. Nicolai Dose verdanke ich wertvolle Hinweise.

2 Vgl. *Voigt* 1993a.

3 Vgl. *Offe* 1987; *Offe* 1990; *Scharpf* 1992.

4 Dies gilt insbesondere im Bereich der Wirtschaft, wo multinationale Konzerne den Ton angeben.

5 *Helmut Willke* spricht in diesem Zusammenhang von einem bedeutsamen Zug gerade der entwickelten Gesellschaften, insbesondere Japans, zum Neo-Merkantilismus (*Willke* 1989: 14 ff.)

6 Neben der CSU-Landesgruppe spielen z.B. die (allerdings unorganisierten) Bundestagsabgeordneten aus Nordrhein-Westfalen - nicht zuletzt wegen ihres zahlenmäßig großen Anteils an der Gesamtfraktion - in (fast) allen Fraktionen eine besondere Rolle.

7 Vgl. Süddeutsche Zeitung, 9.3.1995: 3 ("Schäubles Kindergeld-Coup: Meister des Schaltplans").

mehr die staatlichen Kompetenzen mit den Ländern teilen[8]. Im Bundesrat nehmen die Landesregierungen nachhaltigen Einfluß auf die Bundesgesetzgebung, bei parteipolitisch unterschiedlichen Mehrheitsverhältnissen in Bundestag und Bundesrat kann es sogar zu einer völligen Blockade der Politik kommen[9]. Allerdings ist die parteipolitische "Aufladung" der Entscheidungsmaterien unterschiedlich stark, so daß es nicht nur zu Ad-hoc-Koalitionen aus A-Ländern (SPD-geführt) bzw. B-Ländern (CDU/CSU-geführt) kommt, sondern auch zur Zusammenarbeit der großen Länder (z.B. Bayern und Nordrhein-Westfalen) gegen die kleineren Länder. Obendrein führen die Landesverwaltungen die Bundesgesetze im Auftrag des Bundes, meist sogar in eigener Verantwortung aus, was die Machtposition der Länder im innerstaatlichen Kräftespiel erheblich stärkt. Die Vielzahl der Instanzen, Behörden und administrativen Akteure führt mit ihrer Pluralisierung von Ressortperspektiven und Verschärfung der Rivalitäten zu kaum lösbaren verwaltungsinternen Koordinationsproblemen[10]. Sie alle, Bund[11], Länder und Kommunen, Regierungen, Verwaltungen und Parlamente, politische Parteien, Interessenverbände und andere gesellschaftliche Gruppen, sind mehr oder weniger gleichberechtigte Akteure im Kräftespiel um die politische Willensbildung und Entscheidungsdurchsetzung.

Im folgenden soll unter Steuerungsgesichtspunkten zunächst den Handlungsspielräumen des Staates (1) nachgespürt werden, um in einem zweiten Schritt kooperative Interaktions- und Steuerungssysteme (2) zu untersuchen. Hierzu werden Ergebnisse der Pluralismus- und Neokorporatismusforschung, der Parteienforschung, der Politikverflechtungs- sowie Föderalismusforschung und der Netzwerkforschung herangezogen. Während das dritte Kapitel dem kooperativen Handeln der Verwaltung (3) auf der Programmebene sowie insbesondere auf der Implementationsebene gewidmet ist, geht es im Anschluß daran um steuerungstheoretische Ansätze (4) zur Bewältigung der Probleme im multizentrischen Staat, wobei neben der Theorie des kommunikativen Handelns (*Jürgen Habermas*) vor allem politikwissenschaftliche Steuerungskonzepte im Vordergrund stehen. Das Schlußkapitel dient einer zusammenfassenden Bewertung der Ergebnisse der Analyse.

---

8 Vgl. *Gunlicks* und *Voigt* 1994[2].

9 Vgl. *Lehmbruch* 1976.

10 Vgl. *Offe* 1987: 311 f.; *Claus Offe* spricht in diesem Zusammenhang von einer "paralysierenden Binnenkomplexität hochentwickelter Staatsapparate".

11 Unter Umständen gehört dazu als weiterer "Mitspieler" auch die Europäische Union.

1. Handlungsspielräume des Staates

Angesichts des Überhandnehmens "multipler, sich überlagernder Verhandlungssysteme in nicht-hierarchischen, netzwerkartigen Strukturen"[12] scheint die Handlungsfähigkeit des Staates am Ende des 20. Jahrhunderts gegen Null zu tendieren. Bejaht man dennoch die Notwendigkeit staatlicher Steuerung ("Steuerungsbedürftigkeit") angesichts handfester Krisensymptome[13], dann muß nach anderen Möglichkeiten zur Durchsetzung gemeinwohlorientierter Politikentwürfe, oder mit anderen Worten: nach neuen Steuerungsmustern, gesucht werden. Kooperation könnte ein wesentliches Charakteristikum eines solchen neuen Steuerungsmusters sein, in dem der Staat die Funktion eines kooperativ handelnden Akteurs übernimmt, der korporative Interaktions- und Willensbildungsarrangements so steuert ("orchestriert")[14], daß partikulare Handlungsstrategien zu gesamtgesellschaftlich vertretbaren verbindlichen Entscheidungen aggregiert werden[15].

1.1 Steuerungsfähigkeit des Staates

Klassischer Bezugspunkt für die staatliche Steuerungsfähigkeit, also die Fähigkeit des Staates zu einer konzeptionell orientierten Gestaltung der gesellschaftlichen Umwelt[16], ist das Gemeinwohl. In konservativer Perspektive steht dieses Gemeinwohl bereits vor Beginn einer politischen Auseinandersetzung aufgrund einer vorgegebenen Ordnung fest. Die Zunahme divergierender Partikularinteressen bei gleichzeitiger Abnahme der Bereitschaft von Gruppen und Individuen, eigene Interessen zugunsten der Gesamtheit zurückzustellen, läßt die Möglichkeiten, in einer modernen Gesellschaft "das" Gemeinwohl jenseits oder oberhalb der Einzelinteressen festzustellen und ggf. auch durchzusetzen, jedoch als wenig erfolgversprechend erscheinen. Die Gesellschaft, genauer ihre Gruppen und Individuen, bedienen sich des Staates, um bestimmte übergreifende Aufgaben wahrnehmen zu lassen, die sie selbst nicht erfüllen können. Zudem bedarf im demokratischen Staat die politische Führung nicht nur der Zustimmung der Wahlbürger (parlamentarisch-demokratische Legitimation), um im Amt bleiben zu können, sondern auch des Wohlwollens gesellschaftlicher Organisationen, Gruppen oder sogar einzelner

---

12 *Scharpf* 1991: 623.

13 Man denke nur an Klimakatastrophe, Massenarbeitslosigkeit etc.; vgl. *v. Arnim* und *Klages* 1986; *Böhret* 1990.

14 Der Verhandlungsstaat arrangiert Bühnen und Gesprächsforen und führt dabei Regie, vgl. *Beck* 1993: 216.

15 *Uwe Schimank* schildert am Beispiel der forschungspolitischen Steuerung des Technologietransfers zwischen den deutschen Großforschungseinrichtungen und Unternehmen anschaulich die Akteurskonstellation, die wechselseitigen Erwartungen der Akteure, ihre Handlungszwänge sowie die Steuerungsaktivitäten des BMFT (*Schimank* 1989: 235 - 261).

16 Vgl. *Mayntz* 1987: 92.

Personen, um politisch handlungsfähig zu sein ("Massenloyalität"[17]). Oft geht es bei der Umsetzung politischer Steuerungsintentionen allerdings nicht nur darum, den Widerstand einflußreicher organisierter Interessen gegen staatliche Aktivitäten zu überwinden, sondern darüber hinaus auch darum, deren Mitwirkung zu gewinnen[18]. Das Hauptproblem besteht hierbei darin, für "kollektivdienliche" Entscheidungen auch die Unterstützung derjenigen zu bekommen, deren Eigeninteressen diese Entscheidungen zuwiderlaufen[19].

Jeder moderne Mensch gehört verschiedenen Beziehungssystemen - personalen Beziehungssystemen wie Freundeskreis, Familie, Betrieb, Verein oder territorialen Beziehungssystemen wie Gemeinde, Land, Bund etc. - an und verfolgt seine Interessen, die je nach Standort und Koordinatensystem unterschiedlich sein können. Der "Pluralität der Lebensstile"[20] und dem Interessenpluralismus moderner Industriegesellschaften entspricht ein weitgefächertes Angebot an Organisationen, derer sich das Individuum zur Durchsetzung bzw. Vermittlung seiner Interessen bedienen kann. Das führt freilich zum einen dazu, daß der einzelne Mensch seine Interessen nur selten - und dann auch nur unter hohem persönlichen und finanziellen Einsatz - allein und auf sich gestellt geltend zu machen vermag. Zum anderen entwickeln "organisierte Interessen" Eigengewicht und Eigendynamik, denen sich weder der Staat noch der einzelne auf Dauer entziehen können. Nicht organisierte Interessen sind hingegen selten in der Lage, die Wahrnehmungsschwelle der Politik zu überwinden. Freiwillige Assoziationen vom Verein über den Verband bis hin zur politischen Partei bündeln die Interessen ihrer Mitglieder und bringen sie gezielt auf die politische Agenda.

Staatliche Steuerungsbemühungen im Bereich der Wirtschaft unterliegen in privatkapitalistisch organisierten Gesellschaften besonderen Voraussetzungen[21]. Keine Regierung eines modernen Staates könnte es sich z.B. heute erlauben, sich das Wohlwollen der Wirtschaft - etwa durch rigides Beschneiden der Gewinnaussichten im eigenen Staatsgebiet - zu verscherzen[22]. Sie würde im Wettlauf um den "besten" Standort für lukrative Industrieanlagen den Kürzeren ziehen. Zu augenfällig ist die Abhängigkeit der Regierungen moderner Staaten von der Wertschöpfung durch die Wirtschaft, die sie u.a. dazu

---

17 *Offe* und *Narr* 1975.

18 Vgl. *Offe* 1990: 175.

19 *Scharpf* 1993b.

20 Vgl. *Beck* 1986: 121 ff.

21 Es handelt sich dabei um eine Wirtschaftsverfassung mit privaten, d.h. öffentlicher Kontrolle weitgehend entzogenen, und an der einzelwirtschaftlichen Rentabilität orientierten Investitions- und Beschäftigungsentscheidungen von Unternehmen. Vgl. *Offe* 1990: 175; *Lindblom* 1980.

22 Insofern war die Vorstellung der Jungsozialisten (und mancher Sozialdemokraten) der endsechziger und frühen siebziger Jahre, man müsse die Wirtschaft stärker "melken", allzu naiv.

benötigen, die von der Gesellschaft geforderten sozialen Leistungen[23] mit Hilfe von Steuergeldern finanzieren zu können. Die Grenzen einer solchen Gewinnabschöpfung durch den Staat sind jedoch schnell erreicht[24]. Auch der weiteren Verschuldung sind angesichts des bereits erreichten Volumens Grenzen gesetzt, soll eine dauerhafte Finanzkrise des Staates vermieden werden[25]. Da bei steigenden Kosten auch das Anspruchsniveau der Hilfeberechtigten steigt, befindet sich der Staat hier in einer Zwickmühle, die kaum aufzubrechen ist[26]. Die verzweifelten Versuche bundesdeutscher Regierungen aller politischen Schattierungen, die Kostenexplosion z.B. im Gesundheitswesen zu bremsen, zeigen den geringen Handlungsspielraum des Staates[27]. Gegen den geballten Widerstand der organisierten Interessen von Kassenärzten, Apothekern und Pharmaindustrie ist kaum "ein Kraut gewachsen"[28].

Obgleich eine politische Demokratie ohne wirtschaftliche Demokratie stets unvollkommen bleiben muß, wie *Harold Laski* bereits zu Anfang des Jahrhunderts erkannt hatte[29], ist die Forderung nach einer Demokratisierung der Wirtschaft[30] auch fast achtzig Jahre später nicht erfüllt. Vielmehr ist heute der Einfluß der demokratisch gewählten Institutionen, Regierung und Parlament, auf die Wirtschaft eher begrenzter als zu Zeiten einer im wesentlichen auf den Nationalstaat fixierten Ökonomie. Zwischen Staat und Wirtschaft herrscht längst keine Waffengleichheit mehr. Dem Arsenal der Wirtschaft, wie Arbeitsplatzabbau, Investitionsboykott[31] oder Verlagerung ganzer Produktionszweige ins Ausland, steht nur ein bescheidenes Set aus - überdies zumeist stumpfen -

23 Einschließlich der Subventionen an die Wirtschaft; erinnert sei hier nur an die Diskussion um den "Kohlepfennig".

24 Vgl. *Grauhan* und *Hickel* 1978; ein anschauliches Beispiel ist die zur Zeit ablaufende Debatte um den Solidarbeitrag.

25 Vgl. bereits: *O'Connor* 1974; die sog. Vereinigungskosten sind von der Bundesregierung überwiegend durch weitere Kreditaufnahme finanziert worden; besorgniserregend ist aber vor allem, daß es neben dem Bundeshaushalt weitere sog. Schattenhaushalte (z.B. zur Abwicklung der DDR-Schulden) gibt, vgl. *Kilian* 1993; *Hansmeyer* 1993.

26 Einmal gegebene staatliche Leistungen, wie Subventionen, zeigen überdies eine Tendenz zur Verstetigung und zur Verfestigung von "Ansprüchen" auf diese Leistungen.

27 Vgl. *Rosewitz* und *Webber* 1990. Nur scheinbar ist der gegenwärtige Bundesgesundheitsminister Seehofer (CSU) ein Gegenbeispiel, auch seinen (meist lobenswerten) Aktivitäten sind Grenzen gesetzt.

28 Vgl. *Murswieck* 1990.

29 Vgl. *Laski* [1919] 1968: 38.

30 Vgl. *Vilmar* 1975; *Dahl* 1989.

31 Ende der siebziger Jahre verkündeten die Wirtschaftsverbände einen "Investitionsstau" in Höhe von angeblich 40 Mrd. DM, um Einfluß auf die Bundestagswahl (Verhinderung der Wiederwahl der sozial-liberalen Koalition) zu nehmen.

Waffen des Staates, wie z.B. Kartellgesetzgebung[32], Erhöhung des Spitzensteuersatzes und äußerstenfalls Devisenbewirtschaftung, gegenüber. Angesichts der zunehmenden Internationalisierung der Märkte[33] und der multinationalen Verflechtung der Konzerne und im Hinblick auf die fortschreitende wirtschaftliche Integration im Rahmen der Europäischen Union machen Drohungen des Staates mit diesen Waffen auf die Vertreter großer Konzerne wenig Eindruck.

Als Standortfaktoren werden nicht nur Lohnniveau und Sozialleistungen ("Lohnnebenkosten"), sondern auch das mehr oder weniger große Entgegenkommen der Regierung eines Landes gegenüber den Interessen eines Wirtschaftsunternehmens in die Entscheidung der Konzernspitze darüber einbezogen, ob eine Industrieanlage - mit den dazugehörigen Arbeitsplätzen und Steuereinnahmen - in dem einen oder anderen Land errichtet wird. Diese Arbeitsplätze und Steuereinnahmen sind für die Regierung des betreffenden Landes aber eine unverzichtbare Quelle für die Legitimation ihres eigenen staatlichen Handelns. Denn Legitimität ergibt sich heute bekanntlich keineswegs zwangsläufig aus der bloßen Legalität (Gesetzmäßigkeit) staatlichen Handelns. Vielmehr ist Grundlage für die Legitimität staatlichen Handelns die Akzeptanz durch die Bürger. Die wachsende Komplexität gesellschaftlicher Zusammenhänge macht es dem einzelnen Bürger allerdings zunehmend schwerer, das Handeln der Regierung in angemessener Differenziertheit zu beurteilen. An die Stelle der Zustimmung zu konkreten Handlungen ist eine eher diffuse Zufriedenheit oder - umgekehrt - Unzufriedenheit der Bürger getreten. *Claus Offe* hat diesen Zusammenhang, bei dem vor allem die subjektive Einschätzung der wirtschaftlichen Lage und nicht so sehr objektive Kriterien, etwa der Vergleich mit Nachbarländern, eine Rolle spielen, mit dem Wort "Massenloyalität" auf den Begriff gebracht[34]. Voraussetzung für das Vorhandensein einer solchen Massenloyalität ist nach *Offe* allerdings ein ausreichendes Maß an staatlichen Leistungen oder anders ausgedrückt: eine funktionsfähige Ökonomie, die den Wohlstand einer breiten Bevölkerungsmehrheit gewährleistet.

1.2 Hierarchie versus Kooperation

Mit Blick auf vielfältige Politikblockaden scheint der Steuerungsmodus "Hierarchie" für die Zwecke der politischen Steuerung überall dort unbrauchbar geworden zu sein,

---

32 Das wird z.B. immer dann deutlich, wenn die Fusion großer nahezu marktbeherrschender Konzerne aus innerstaatlichen kartellrechtlichen Erwägungen untersagt werden soll, dies im Hinblick auf die internationale Wettbewerbsfähigkeit, nicht zuletzt im Rahmen der EU, jedoch als unabdingbar notwendig erscheint.

33 Insbesondere die Internationalisierung der Finanzmärkte zeitigt die bekannten (z.T. katastrophalen) Folgen für die einzelnen Volkswirtschaften.

34 *Narr* und *Offe* 1975.

wo die vorhandene Folgebereitschaft gering ist und auch durch Zwang (Strafen, finanzielle Nachteile etc.) nicht gesteigert werden kann. Damit rückt der Steuerungsmodus "Kooperation" in den Mittelpunkt des steuerungstheoretischen Interesses der Politikwissenschaft[35]. Eine unvoreingenommene Analyse wird dabei davon auszugehen haben, daß es sich bei Hierarchie und Kooperation um "zwei eigenständige Koordinationsmechanismen von prinzipiell gleicher normativer Dignität" handelt, "deren Ergebnisse unter Idealbedingungen [...] den gleichen Gemeinwohl-Kriterien entsprechen"[36].

1.2.1 Etatistische und korporative Steuerung

Nach der Art der Interaktion zwischen dem Staat und den organisierten Interessen lassen sich in Anlehnung an *Mancur Olson*[37] vier idealtypische Interaktionsmuster herausarbeiten, die man auch als Steuerungsmuster interpretieren könnte. Es sind dies die etatistische, die korporative, die inkrementale Steuerung[38] und die Selbststeuerung[39]. Unter dem Gesichtspunkt Hierarchie versus Kooperation[40] interessieren hier vor allem zwei Steuerungsmuster:

- Etatistische Steuerung liegt vor, wenn zwar die gesellschaftliche Ebene der Interessenvermittlung fragmentiert, die staatliche Problemlösungsebene hingegen integriert ist. Es herrscht der Steuerungsmodus "Hierarchie" vor, der auf einem Über- und Unterordnungsverhältnis basiert. Im Vordergrund steht dabei der Anspruch des Staates, von ihm gesetzte Steuerungsziele durchzusetzen. Charakteristika sind staatliche Konfliktregulierung, Routinisierung der Problemlösungen und Verrechtlichung. Dieses Steuerungsmuster wird zwar noch immer häufig angewandt, angesichts von Steuerungsdefiziten verliert es aber in vielen Politikfeldern an Bedeutung[41].

---

35 Statt vieler: *Ritter* 1979.

36 *Scharpf* 1991: 628.

37 Vgl. *Olson* 1968.

38 Inkrementale Steuerung liegt vor, wenn sowohl die Interessenvermittlung als auch die Problemlösung fragmentiert sind. Aus der spontanen Koordination resultieren als Nachteile die Zufälligkeit von Problemlösungen sowie die Verselbständigung von Entwicklungen.

39 Selbststeuerung liegt vor, wenn lediglich die Interessenvermittlung integriert, die Problemverarbeitung hingegen fragmentiert ist. In jedem Fall werden Problemlösungen pluralistisch ausgehandelt, in der Folge jedoch häufig privatisiert; politische Steuerung (i.e.S.) findet nicht statt.

40 Sprachlich würde besser das Gegensatzpaar Hierarchie versus Heterarchie (Gleichordnung) passen, der Begriff "Kooperation" macht aber deutlicher, daß ein aktives Handeln des Staates gemeint ist; *Scharpf* und *Benz* sprechen im Zusammenhang mit der Neugliederung des norddeutschen Raumes sogar von "hierarchischer Koordination"; vgl. *Scharpf* und *Benz* 1991: 25 f.

41 Vgl. *Ritter* 1979: 393.

- Korporative Steuerung liegt vor, wenn organisierte Interessenvermittlung und politisch-administrative Problembearbeitung gleichermaßen integriert sind. Es herrscht der Steuerungsmodus "Kooperation" vor. Im Sinne einer "prozeduralen Steuerung"[42] werden Verfahrensregeln für den Konfliktaustragungsprozeß zwischen unterschiedlichen Interessen bestimmt. Dabei wird jedoch nicht im vorhinein festgelegt, wie das Ergebnis der Konfliktaustragung inhaltlich auszusehen hat. Charakteristisch ist eine kooperative Politikformulierung, wodurch Problemlösungen auf Dauer gestellt werden, nachteilig ist hingegen ein gewisser Immobilismus der Interessenberücksichtigung, was (gegen-)steuernde Eingriffe des Staates notwendig erscheinen läßt.

Sowohl die etatistische als auch die korporative Steuerung können unter bestimmten Voraussetzungen in inkrementale Steuerung umschlagen. Kennzeichnend hierfür ist dann eine Politik der kleinen Schritte, der politischen Minimallösungen und des allgemeinen sich Durchwurstelns. "Große" gesellschaftliche Problemlagen, insbesondere akute Krisen, sind mit diesem Steuerungsmuster nicht zu lösen. Selbststeuerung ist hingegen in ihrem Kerngehalt[43] keine Steuerung im engeren Sinne. Sie wird hier nur dann als Steuerung ("Selbstregulierung") interpretiert, wenn sich die Beteiligten im Rahmen eines korporativen Steuerungsarrangements auf die Einhaltung bestimmter Regeln einigen, um ein durch unkoordiniertes Handeln nicht lösbares internes Problem - z.B. die Lehrlings-Ausbildung nach einheitlichen Standards - zu regeln[44]. Korporative Steuerungs- und Aushandlungssysteme insgesamt werden hingegen nicht der Kategorie "Selbststeuerung" zugerechnet[45], solange der Staat seine Handlungsintentionen - wenn auch unter veränderten Bedingungen - durchzusetzen versucht.

Aus steuerungstheoretischer Perspektive geht es im folgenden vor allem um die Frage, unter welchen Voraussetzungen sich das korporative Steuerungsmuster überall dort zur politischen Steuerung einsetzen läßt, wo das etatistische Steuerungsmuster versagt. Dabei muß von vornherein betont werden, daß Steuerung hier nicht als einseitiger Prozeß verstanden wird, der in Form einer Einbahnstraße vom Staat als Steuerungssubjekt zum Adressaten als Steuerungsobjekt verläuft, um dort bestimmte intendierte Wirkungen auszulösen[46]. Vielmehr geht es um eine multilaterale "intentionale Handlungskoordination zur gemeinwohlorientierten Gestaltung der gesellschaftlichen Verhältnisse"[47], die durchaus Wirkungen in beide Richtungen entfalten kann.

---

42 Vgl. *Offe* 1975.

43 Hier ist z.B. an den Selbststeuerungsmechanismus "Markt" gedacht.

44 Vgl. *Scharpf* 1993b: 36.

45 Anders: *Willke* 1983a.

46 Vgl. *Mayntz* 1987; *Voigt* 1993b.

47 Vgl. *Scharpf* 1988: 63.

1.2.2 Komplexität und Ungewißheit

Jeder Versuch staatlicher Steuerung stößt in einer hochentwickelten Industriegesellschaft alsbald an die Grenzen von Komplexität und Ungewißheit. Da Komplexität - nach *Niklas Luhmann* - die Gesamtheit der Möglichkeiten des Erlebens und Handelns, deren Aktualisierung ein Sinnzusammenhang zuläßt, ist, liegt es auf der Hand, daß es stets erheblich mehr Möglichkeiten gibt, als aktualisiert werden können[48]. Diese können zudem bekanntlich auch anders als erwartet ausfallen ("Kontingenz"). Die wachsende Komplexität und Kontingenz führen zu einem steigenden Bedarf an Informationen. Mit der Zunahme der zu berücksichtigenden Informationen hält die Informationsverarbeitungskapazität des Staates jedoch nicht Schritt, so daß sich hier eine Schere öffnet, die kaum zu schließen ist. Nach dem Grad der Gewißheit bzw. Ungewißheit lassen sich folgende Situationstypen unterscheiden[49]:

- Kodifizierung: Hier werden gesellschaftlich akzeptierte Werte auf der Basis von ausreichendem Wissen über Wirkungszusammenhänge in eindeutige Rechtsvorschriften umgesetzt. Die zentrale Systemleistung besteht in der juristisch einwandfreien Formulierung von Normen. Die charakteristische Systemleistung ist eine autoritative Bestimmung von Normen.

- Konfliktregulierung: Hier müssen Probleme bewältigt werden, deren Zusammenhänge zwar hinreichend bekannt sind, für die jedoch keine klaren und eindeutigen Zielvorgaben vorliegen. Die wesentliche Systemleistung liegt hier in der Regulierung von Interessenkonflikten, d.h. es werden Zielsysteme ausgehandelt.

- Informationsverarbeitung: Hier sind zwar die Ziele klar und anerkannt, es besteht aber Ungewißheit über die Wirkungszusammenhänge. Die wesentliche Systemleistung besteht in der Erzeugung von konsensfähigem und anwendbarem Wissen. Dies bedeutet in der Praxis ein Aushandeln von konkreten Problemlösungen zwischen dem Staat und den relevanten Interessen.

- Zielkonkretisierung und -realisierung: Hier gibt es zwar abstrakte Zielvorgaben, aber die konkreten Ziele und die Art und Weise ihrer Realisierung sind sachlich unklar und/oder politisch umstritten. Die aus diesen Bedingungen resultierenden Problemlösungen sind in erster Linie Verhandlungslösungen.

Diese Typologie macht deutlich, daß der Staat in vielen Politikfeldern ohne die Kooperation mit anderen Akteuren nicht auskommt, die z.B. in die Prozesse der Konfliktregulierung, der Informationsverarbeitung und der Zielformulierung einbezogen werden

---

48 Vgl. *Luhmann* 1987³: 31.

49 Am Beispiel der regulativen Politik im Bereich der Wirtschaft: *Lehner, Schubert* und *Geile* 1983; *Schubert* 1989: 34 f.

müssen. Mit Hilfe von korporativen Interaktions- und Steuerungssystemen läßt sich zumindest ein Teil dieser Probleme lösen.

2. Kooperative Interaktions- und Steuerungssysteme

Bei näherer Betrachtung zeigt sich, daß die Kennzeichnung des modernen Staates als "kooperativer Staat" nicht nur die besonderen Beziehungen zwischen Staat und Wirtschaft in international verflochtenen Marktwirtschaften widerspiegelt, sondern daß der Steuerungsmodus "Kooperation" auch im Verhältnis der einzelnen staatlichen Ebenen und Sektoren zueinander sowie im Zusammenspiel des Staates mit gesellschaftlichen Gruppen, d.h. mit Interessenverbänden, Bürgerinitiativen etc., aber auch mit Einzelpersonen anzutreffen ist. Unter "kooperativ" soll hier ein solches Verhalten des Staates verstanden werden, das darauf abzielt, mit anderen Akteuren mehr oder weniger von gleich zu gleich zu verhandeln bzw. zusammenzuarbeiten. Es versteht sich von selbst, daß ein hierarchisches Über- und Unterordnungsverhältnis zwischen Staat und Gesellschaft, wie es für die etatistische Steuerung typisch ist, mit kooperativem Verhalten nicht vereinbar ist. Das bedeutet, daß auch dort, wo ein direkter Steuerungsdurchgriff staatlicher Stellen (verfassungs-)rechtlich durchaus möglich und die Folgebereitschaft der Adressaten zumindest erzwingbar wäre, auf eine Ausübung dieses Rechts verzichtet und stattdessen für eine freiwillige Erfüllung der staatlichen "Wünsche" - ggf. im Wege tauschförmiger Verhandlungen ("Bargaining") - geworben wird. Dies geschieht in kooperativen Interaktions- und Steuerungssystemen auf verschiedenen Ebenen und unter Beteiligung verschiedener Akteure.

2.1 Der Staat der pluralistischen Gesellschaft

Unter dem Stichwort "Pluralismus" stehen die Beziehungen zwischen Staat und Interessenverbänden schon seit langem im Mittelpunkt der Kritik. Bereits in den fünfziger Jahren kritisierte *Theodor Eschenburg* die "Herrschaft der Verbände"[50]. Gemeinsamer Ausgangspunkt der Pluralismusanalysen ist dabei die Erkenntnis, daß moderne industrielle Massengesellschaften von Interessengegensätzen bestimmt sind, die es unmöglich machen, das Gemeinwohl a priori festzustellen. Allenfalls als Ergebnis einer auf konkrete Sachfragen bezogenen Auseinandersetzung wird das Gemeinwohl a posteriori sichtbar[51]. In der Bewertung dieses Grundtatbestandes unterscheiden sich die verschiedenen Pluralismuspositionen allerdings z.T. erheblich voneinander. Die rechtfertigenden Pluralismuskonzeptionen[52] gehen davon aus, daß das Gemeinwohl das Ergebnis ei-

---

50 *Eschenburg* 1955.

51 Vgl. *Kremendahl* 1977b: 337.

52 z.B. *Fraenkel* 1964; vgl. auch: *Kremendahl* 1977a; *Oberreuter* 1980; *Steffani* 1980.

nes politischen Wettbewerbs zwischen verschiedenen "intermediären Gruppen" - wie Parteien, Gewerkschaften, Arbeitgeberverbänden, karitativen Organisationen, Kirchen, Bürgerinitiativen etc. - ist, wobei sich die unterschiedlichen Interessen im Idealtyp einer "autonom-pluralistischen, sozialen und rechtsstaatlichen Demokratie" (*Ernst Fraenkel*[53]) gegenseitig neutralisieren. Dem Staat wird dabei als Ort des pluralistischen Interessenausgleichs eine besondere Rolle zugewiesen.

Voraussetzung für ein reibungsloses Funktionieren dieses politischen Wettbewerbs ist allerdings zumindest eine minimale allgemein gültige Wertordnung (Polity-Aspekt), zu der auch die pluralistischen Verfahrens- und Spielregeln gehören[54]. Legal zustande gekommene Entscheidungen müßten dann per Konsens allgemein akzeptiert werden. Den Ordnungsrahmen und die Regeln für die friedliche Konfliktaustragung stellt der freiheitliche Rechtsstaat zur Verfügung. Hier setzen jedoch die kritischen Pluralismuskonzeptionen[55] an, die zurecht bemängeln, daß in dem politischen Wettbewerb keineswegs alle Interessen mit gleichen Chancen vertreten sind, so daß Asymmetrien entstehen müßten, da sich einige Interessen nicht entsprechend organisieren ließen, andere weniger konfliktfähig und/oder weniger mächtig seien, weil sie nicht über ein hinreichendes Sanktions- und Drohpotential (Beispiel: Müllwerker oder Fluglotsen) der von ihnen vertretenen Gruppe verfügten[56]. Marxistisch orientierte Kritiker fügen hinzu, daß durch die pluralistische Interessenvertretung, die die tatsächlich in der Gesellschaft bestehenden Widersprüche ("Klassengegensätze") obendrein verschleiere, vor allem dafür gesorgt werde, daß sich die Interessen des Kapitals durchsetzten[57].

Im Ergebnis trifft sich diese Ablehnung des gesellschaftlichen Pluralismus mit der Pluralismuskritik der konservativen Staatsrechtslehre. Demgegenüber konzentriert sich die moderne staatsrechtliche Pluralismuskritik bei grundsätzlicher Anerkennung des Pluralismus stärker auf dessen "Bändigung"[58]. Da für die "klassische" deutsche Staatsrechtslehre, deren prominentester Vertreter zweifellos *Ernst Forsthoff* war[59], die Dichotomie zwischen Staat und Gesellschaft als wesentliches freiheitsstiftendes Element der rechtsstaatlichen Verfassung unverzichtbar erscheint[60], sieht sie durch die Einflußnahme von gesellschaftlichen Kräften auf den Staat die staatliche Einheit und Autorität

---

53 *Fraenkel* 1964: 7.

54 Vgl. *Böhret, Jann* und *Kronenwett* 1988^3: 173 f.; *Andersen* und *Woyke* 1993: 414 f.

55 z.B. *Scharpf* 1970; *Offe* 1972.

56 Zur Logik kollektiven Handelns vgl. *Olson* 1968.

57 Vgl. *Agnoli* 1968.

58 In diesen Zusammenhang gehört auch das von *Hans Herbert von Arnim* entwickelte "verfassungstheoretische Gemeinwohlkonzept", vgl. *v. Arnim* 1977: 2.

59 *Forsthoff* 1971^2.

60 *Böckenförde* 1976.

bedroht[61]. Ein Staat, der allzueng mit der Gesellschaft verflochten sei, wird demgegenüber als "Selbstbedienungsladen" der Partikularinteressen kritisiert, in dem diejenigen, die über die "lautesten Trompeten" (*Hans Achinger*[62]) verfügten, die größten Zuwendungen erhielten, während andere leer ausgingen. Stattdessen bedürfe es eines starken Staates, der seine Legitimation aus einer vorgegebenen Ordnung (Verfassung) und nicht so sehr aus der Zufriedenheit der Bürger mit staatlichem Handeln herleiten müsse.

Das den verschiedenen Pluralismuskonzeptionen zugrunde liegende Gesellschaftsmodell wird heute u.a. mit dem Hinweis darauf attackiert, daß seine soziopolitischen Voraussetzungen nicht oder jedenfalls kaum noch zuträfen. Vielmehr tendiere die Sozialstruktur "post-moderner" Gesellschaften dazu, "großflächige Gleichförmigkeiten der sozialen Lage und des soziokulturellen Milieus zu zersetzen und an dessen Stelle atomisierte, pluralisierte [...] soziale und kulturelle Formationen treten zu lassen"[63], die sich noch dazu im ständigen Wandel befänden und daher wenig geeignet seien, sich in Organisationen zusammenzuschließen. Mobilitäten jeder Art, z.B. räumliche, soziale oder kulturelle Mobilität, erschwerten für den Einzelnen überdies die Orientierung innerhalb der sozialen und politischen Umwelt, so daß eine "defensiv-privatistische Einstellung"[64] des "ohne mich" bei vielen Gesellschaftsangehörigen der Mitgliedschaft etwa in Kirchen, Berufsverbänden, Gewerkschaften oder politischen Parteien entgegenstehe[65]. Die Aggregation und Kanalisierung von Einzelinteressen und damit jedes kollektive Handeln werde damit jedoch immer schwieriger und voraussetzungsvoller.

2.2 Korporatismus als Form gesellschaftlicher Konfliktregulierung

Indem sie das Verhältnis von Staat und Verbänden nicht mehr als einseitige Einflußnahme der Verbände auf den Staat, sondern als wechselseitige Beziehung abbilden, gehen die Verfechter des Neokorporatismus-Konzepts noch einen Schritt weiter als die der Pluralismustheorie[66]. Dabei knüpfen sie an ältere, vorbürgerliche Ständestaatskon-

---

61 Vor allem *Carl Schmitt* [*Schmitt* 1931/1963] propagierte die (angeblich) neutrale und unteilbare staatliche Entscheidungshoheit als Mittel gegen den interessenpluralistisch-parteienparlamentarischen Staat; vgl. *Schiller* 1987: 388. Er sah eine Entwicklung vom absoluten Staat des 17. und 18. Jahrhunderts über den neutralen Staat des liberalen 19. Jahrhunderts zum totalen Staat der Identität von Staat und Gesellschaft, *C. Schmitt* [1927] 1932[2].

62 *Achinger* 1966[2].

63 Vgl. *Offe* 1990: 183 ff.

64 Vgl. *Offe* 1990: 184.

65 *Claus Offe* zählt zu diesen teil- oder nicht-organisierten Handlungsfeldern etwa Selbsthilfegruppen, Bürgerinitiativen, soziale Bewegungen, mehr oder minder aufgeschlossene Milieus und Szenen; vgl. *Offe* 1990: 188.

66 Vgl. *v. Alemann* und *Heinze* 1981[2].

zeptionen an[67], die sich insbesondere in der katholischen Soziallehre finden[68], entwickeln diese aber weiter in Richtung auf eine Grundbedingung für die Regierbarkeit moderner Staaten[69]. Als Gegenentwurf zu der seinerzeit herrschenden Pluralismustheorie bezeichnet der Begriff "Korporatismus" nun eine neue Dimension der Gegenseitigkeit in den Staat-Verbändebeziehungen[70]. Danach benutzen die Verbände nicht nur den Staat, um ihre Interessen durchzusetzen, sondern der Staat "instrumentalisiert" seinerseits die Verbände, um sich deren Informationsvorsprung und innerverbandliche Kommunikationsstrukturen für die wirksamere Durchsetzung von Steuerungsintentionen zunutze zu machen[71]. Es handelt sich um eine Form gesellschaftlicher Konfliktregulierung, bei der - auf freiwilliger Basis - "parlamentarische Interessenvermittlung und bürokratische Steuerung ergänzt werden durch etablierte Verhandlungssysteme aus Staat und Verbänden sowie (durch) Elemente der Kollegial- und Selbstverwaltung" ("tripartism")[72]. Es spricht viel für die These, daß Formulierung und Durchsetzung staatlicher Steuerungsintentionen desto erfolgreicher sind, je stärker und stabiler der "assoziative Unterbau" von zentralisierten Großorganisationen ist[73].

Großverbände erhalten damit eine Mittlerposition zwischen den partikularen Interessen der eigenen Verbandsmitglieder und den Regierungspositionen. Als intermediäre Instanzen verknüpfen sie den Staat mit einer Vielzahl funktional differenzierter gesellschaftlicher Teilbereiche[74]. Sie sind dafür besonders geeignet, weil sie - zumindest teilweise - der administrativen Logik unterliegen. Sie zeigen einen hohen Grad an[75]:

- Spezialisierung, d.h. die Arbeitsteilung im Verband ist weit fortgeschritten;
- Standardisierung, d.h. im Verband existieren formale Regeln und Arbeitsweisen;
- Formalisierung, d.h. die Aktivitäten des Verbandes werden dokumentiert, es existiert ein "institutionelles Gedächtnis";

---

67 Ein ständestaatliches Element findet sich z.B. in Gestalt des Senats in der bayerischen Verfassung, dem ein Mitwirkungsrecht an der Gesetzgebung eingeräumt ist. Auch die Zusammensetzung einiger Rundfunkräte deutet in diese Richtung.

68 Vgl. die päpstliche Enzyklika "Quadragesimo Anno" von 1931.

69 Vgl. *Schmitter* 1981: 113; *Lehner* 1979.

70 *Schmitter* und *Lehmbruch* 1979.

71 Vgl. *Lehmbruch* 1979: 50 f.; *Willke* 1983a: 128 f.

72 *Czada* 1987: 239; *Czada* 1991.

73 Vgl. *Offe* 1990: 182; *Streeck* 1994.

74 *Rudzio* (1991[3]: 97) weist darauf hin, daß es mehr als 300 Gremien gibt, in denen Verbände Sitz und Stimme haben.

75 Vgl. *Teubner* und *Willke* 1980: 47; zur Veranschaulichung siehe insbesondere das Schaubild auf S. 57.

- Zentralisation, d.h. im Verband existiert eine vertikale Verteilung von Entscheidungsmacht;
- Konfiguration, d.h. im Verband existieren Rollenstrukturen, eine vertikale Kontrollspanne sowie eine gewisse Anzahl von Hierarchieebenen.

Das neokorporatistische Modell hat sich in einigen kleineren europäischen Ländern zu einem System der institutionalisierten Vernetzung von Großverbänden und staatlichen Institutionen weiterentwickelt[76]. Sobald im Gefolge des Keynesianismus[77] die Notwendigkeit einer allseits abgestimmten Stabilisierungs- und Wachstumspolitik im Rahmen der Globalsteuerung erkannt worden war[78], wurden auch in der Bundesrepublik Verfahren entwickelt, um die Koordination sowohl der verschiedenen staatlichen Akteure (Bund, Länder, Kommunen, Ressorts etc.) untereinander als auch mit den Großorganisationen des gesellschaftlichen Bereichs (Gewerkschaften, Arbeitgeberverbände etc.) sicherzustellen, um so alle auf dieselben wirtschaftspolitischen Ziele festlegen zu können[79]. Als Beispiel wird hier stets auf die Konzertierte Aktion verwiesen, die 1967 als Steuerungsinstrument für die Einkommenspolitik geschaffen wurde[80] und im Rahmen der Globalsteuerung große Bedeutung erlangte, bis sie im Herbst 1977 an unüberbrückbaren Gegensätzen zwischen Gewerkschaften und Arbeitgebern scheiterte[81]. Demgegenüber ist die - immer noch bestehende - "Konzertierte Aktion im Gesundheitswesen" lediglich auf einen einzelnen Politikbereich beschränkt[82]. Ähnliche Aufgaben wie die Konzertierte Aktion in der Bundesrepublik nahm in Österreich die Paritätische Kommission für Preis- und Lohnfragen wahr[83]. Gemeinsam ist diesen korporativen Arrangements, daß der Staat mit Hilfe dieser Gremien den Sachverstand und die dezentralisierte Problemlösungs- und Implementationskapazität der gesellschaftlichen Großver-

---

76 Beispiele sind die Länder Österreich, Schweden, Niederlande, Norwegen; vgl. *Rokkan* 1966: 107 f. Hier zeigt sich, daß einige dieser Länder über historisch gewachsene Praktiken und Routinen verfügen, die ihnen den Umgang mit korporativen Arrangements erleichtern; vgl. *Offe* 1987: 317.

77 Vgl. *Bolle* 1977; *Nahamowitz* 1989.

78 Vgl. § 1 des Gesetzes zur Förderung der Stabilität und des Wachstums der Wirtschaft vom 8. Juni 1967 (Stabilitätsgesetz). In Deutschland ist diese Politik vor allem mit dem Namen *Karl Schiller* verbunden.

79 Vgl. *Lehmbruch* 1979: 51. In diese Kategorie gehört auch die Ruhrkonferenz, die am 8./9. Mai 1979 in Castrop-Rauxel stattgefunden hat; vgl. *Ritter* 1979: 392, Anm. 8.

80 Ihre Aufgabenstellung ergab sich aus § 3 Stabilitätsgesetz.

81 Die Gewerkschaften nahmen die Klage der Arbeitgeberverbände vor dem Bundesverfassungsgericht gegen das Mitbestimmungsgesetz vom 4.5.1976 zum Anlaß, ihre Mitarbeit in der Konzertierten Aktion einzustellen.

82 Vgl. *Heinze* 1981. Dieses Gremium wurde mit dem Kostendämpfungsgesetz vom 30.6.1977 gebildet, seine Aufgaben wurden durch § 405 der Reichsversicherungsordnung festgelegt.

83 Vgl. *Willke* 1983b: 313.

bände[84] nutzt, zugleich aber selbst von den Großverbänden zur Interessendurchsetzung benutzt wird. In diesen Fällen kann die institutionelle Interessenabstimmung durch die Verbände sogar soweit gehen, daß dem Staat lediglich die Rolle des engagierten Moderators ("primus inter pares") bleibt, der am Verhandlungstisch die Bedingungen dafür schafft, daß sich die Konfliktparteien einigen können[85].

Neben den Interessenverbänden[86] spielt - eher unbemerkt von Pluralismus- und Korporatismustheorie - das Kammerwesen in Deutschland eine bedeutende Rolle[87]. Neben Industrie- und Handelskammern gibt es Handwerkskammern, Ärzte-, Zahnärzte- und Tierärzte- und Apothekerkammern sowie Kammern der Architekten, Rechtsanwälte, Notare, Wirtschaftsprüfer und Steuerberater[88]. Als berufsständische Selbstverwaltungskörperschaften mit dem Rechtsstatus von öffentlich-rechtlichen Körperschaften sind diese Kammern Teil der mittelbaren Staatsverwaltung. Auf der Grundlage einer Zwangsmitgliedschaft aller in diesem Beruf tätigen Personen üben sie hoheitliche Funktionen gegenüber ihren Mitgliedern aus. Zum Beispiel sind sie häufig allein befugt und imstande, den Zugang zu Berufen etc. zu eröffnen. In den Bereichen Ausbildung, Aufsicht etc. werden ihnen vom Staat zu dessen Entlastung bestimmte Aufgaben übertragen. Im Rahmen ihrer Satzungsautonomie können die Kammern sogar für alle Mitglieder verbindliche Rechtsvorschriften in Form von Satzungen erlassen. Kassenärztliche Vereinigungen sind als Vertretung der Kassenärzte Vertragspartner der Krankenkassen. Kammern nehmen in diesem Zusammenhang also Steuerungsfunktionen des politischen Kernbereichs wahr[89]. Man könnte - mit *Manfred Glagow* - von "verordneter Selbststeuerung" sprechen[90], bei der eine abgrenzbare Gruppe das Rechtssetzungs- und Gewaltmonopol des Staates - durchaus im Einklang mit diesem - in Anspruch nimmt[91], um damit interne Probleme zu lösen, die weder allein durch freiwilliges Handeln, noch ausschließlich durch staatlichen Zwang zu lösen sind.

---

84 So wird z.B. die schwedische Arbeitsmarktverwaltung vollständig von Gewerkschaften und Unternehmerverband geführt; vgl. *Czada* 1987: 240.

85 Vgl. *Willke* 1983a: 130 f.; die Durchschlagskraft des Staates als Steuerungssubjekt ist damit zwar u.U. schwächer geworden, sie ist aber durchaus noch vorhanden (*Voigt* 1983: 273 ff.)

86 Hierzu wären auch die Organisationsformen des sog. dritten Sektors zu rechnen, die zwar einerseits privat, aber nicht gewinnorientiert, andererseits gemeinnützig, aber nicht staatlich sind.

87 Ursprünglich war der berufsständische Gedanke vor allem von der katholischen Soziallehre vertreten worden; vgl. *v. Nell-Breuning* 1959: 9 f.

88 Sie haben sich auf Landes- und Bundesebene jeweils zu Landes- bzw. Bundeskammern zusammengeschlossen.

89 *Görlitz, Hanus* und *Kunze* 1987: 124.

90 *Glagow* 1984b: 115 ff.

91 Vgl. *Scharpf* 1993b: 36, der diese Art von Selbstregulierung unter demokratietheoretischen Gesichtspunkten für unproblematisch hält.

Bei näherem Hinsehen zeigen sich aber auch noch andere Erscheinungsformen von Kooperation, die zu einer funktionellen Entlastung des Staates beitragen[92]:

- die Ergänzung staatlicher Gesetzgebung durch private Rechtsetzung, z.B. in Tarifverträgen[93],
- die Beteiligung parastaatlicher Organisationen an der Kontrolle über die Einhaltung staatlicher Zulassungsbeschränkungen, wie sie z.B. der Technische Überwachungsverein (TÜV) im Bereich des Kraftfahrzeugwesens vornimmt[94],
- industrielle Selbstbeschränkungsabkommen, in denen sich eine ganze Branche, z.B. die Verpackungsindustrie, verpflichtet, etwa den Anteil an Einweg-Flaschen nicht zu erhöhen,[95]
- die Beteiligung privater Organisationen an der Erarbeitung von Umwelt- und Technikstandards[96].

Gegen korporative oder pluralistische Systeme werden von den Kritikern ähnliche Einwände wie z.B. gegen die Politikverflechtung[97] vorgebracht. In korporativen Aushandlungs- und Steuerungssystemen werde nämlich lediglich ein kurzfristiges Krisenmanagement betrieben, während die entscheidenden strukturellen Ursachen für die Krisen nicht beseitigt und oft nicht einmal thematisiert würden[98]. Zudem finde eine weitere Selektion und Marginalisierung von ohnehin benachteiligten Gruppen (Alte, Behinderte, Frauen, Kinder etc.) statt, auf deren Kosten die Einigung letztlich zustande käme[99]. Der "vierte Partner", die Natur, werde dabei vollständig vernachlässigt, da das Interesse am Naturschutz kaum in die korporativen Arrangements einzubringen sei[100]. Korporative Verhandlungs- und Entscheidungssysteme bezögen bekanntlich nicht die einfachen Mitglieder, sondern die Verbandsspitzen mit ein[101]. Durch die Bildung von Elitenkartellen, so die "bürgerliche" Kritik, bzw. des "korporatistischen Blocks" (Staatsapparat,

---

92 Vgl. *Schmitter* und *Streeck* 1985; *Hood* und *Schuppert* 1988.

93 Vgl. *Ronge* 1983.

94 Zum Zusammenhang von Techniksteuerung und verbandlicher Selbstregulierung siehe *Eichener, Heinze* und *Voelzkow* 1993.

95 Die Verpackungsverordnung (§§ 4,5 und 6) vom 12.6.1991 (BGBl. I, S. 1234) hat jedoch Rücknahmepflichten für gebrauchte Verpackungen nunmehr gesetzlich vorgeschrieben.

96 Vgl. *Lamp* 1995.

97 Vgl. *Scharpf, Reissert* und *Schnabel* 1976.

98 Vgl. *Böhret, Jann* und *Kronenwett* 1988[3]: 186 f.

99 Vgl. *Heinze* 1981: 135.

100 *Böhret* 1992: 123 f.

101 *Bernschneider* 1986: 109.

Gewerkschaften und Unternehmerverbände) insgesamt, so die marxistische Kritik[102], bestünde die Gefahr, daß auch die Verbände und ihre Mitglieder in ungleicher Weise beteiligt würden. Einigungen würden zunehmend auf dem Rücken der einfachen Mitglieder ausgetragen. Zudem sei die Legitimationsgrundlage für die Beteiligung einzelner Verbände und die Nichtbeteiligung anderer Verbände äußerst zweifelhaft. Dieses Legitimationsdefizit schlage natürlich auch auf die Qualität und Durchsetzbarkeit der so getroffenen Entscheidungen durch.

Im Zeichen einer neuen "Unübersichtlichkeit" (*Jürgen Habermas*[103]) ist zudem eine Tendenz zu beobachten, die auf Dauer jede Form staatlicher Steuerung erheblich erschweren dürfte, weil dem Staat die Ansprechpartner verlorengehen, die auf die Steuerungsmedien des Staates, insbesondere Geld und Recht, sensibel ansprechen. Die Macht der Großorganisationen (z.B. Gewerkschaften) bröckelt nämlich zusehens, und an ihre Stelle tritt eine "organisationspolitisch amorphe, tendenziell populistische bzw. syndikalistische Vielfalt von Gruppen und Akteuren"[104].

2.3 Parteien als Teilhaber staatlicher Macht

Ein wichtiges Bindeglied in kooperativen Interaktions- und Steuerungssystemen sind die politischen Parteien. Sie stellen - personell und/oder organisatorisch - Verbindungen zu Interaktionssystemen derselben Ebene oder anderer Ebenen her. Ohne politische Parteien ist eine parlamentarische Demokratie kaum vorstellbar. Während *Carl Schmitt* im Zuge seiner destruktiven Parlamentarismuskritik bereits die Parteienherrschaft der Weimarer Republik attackierte[105], ist der vielgelobte bundesrepublikanische "Parteienstaat"[106] hingegen erst im Laufe der letzten Jahre in die Kritik geraten[107]. Die Besonderheit dieses Typus von Parteienstaat besteht darin, daß die politischen Parteien nicht nur durch die Verfassung (Art. 21 GG) als Mittler der politischen Willensbildung anerkannt sind und für ihre besonderen Aufgaben bei den Parlamentswahlen öffentliche Mittel erhalten, sondern daß sie sich darüber hinaus zu Monopolisten der Politik aufschwingen. Als solche besetzten sie nicht nur - wie selbstverständlich - sämtliche Ämter in Regierung und Verwaltung mit ihren eigenen Gefolgsleuten, sondern beanspruchen darüber hinaus auch Aufsichtsratsposten in Sparkassen und Elektrizitätskonzernen ebenso für sich wie die Positionen in den Rundfunkräten der öffentlich-rechtlichen

---

102 *Esser* und *Hirsch* 1982: 117 f.

103 *Habermas* 1985.

104 Vgl. *Offe* 1990: 182 f. u. 189.

105 *C. Schmitt* [1923] 1961^3.

106 *Leibholz* 1967^3: 78 ff.

107 Vgl. *v. Arnim* 1991 sowie die effektvolle Parteienkritik von Altbundespräsident *Richard von Weizsäcker* (*v. Weizsäcker* 1992).

Fernsehanstalten. Kein Posten, der Einfluß und/oder Geld verspricht, ist vor ihrem Zugriff sicher. Auf diese Weise wird ein System von (z.T. persönlichen) Abhängigkeiten und Verflechtungen mit wirtschaftlichen Interessen ("Filz") geschaffen[108], das für andere Loyalitäten kaum Platz läßt.

Zwar hat das Bundesverfassungsgericht die Einfügung der Parteien in den "Bereich der organisierten Staatlichkeit" untersagt[109], dennoch sind die politischen Parteien im Laufe der Zeit mindestens zu "Teilhabern der staatlichen Macht"[110], wenn nicht überhaupt zu Alleininhabern der Macht, geworden. In einer Demokratie geht alle Staatsgewalt vom Volke aus, wie Art. 20 Grundgesetz festlegt. Die Frage ist jedoch, wie das Volk seine Souveränität eigentlich ohne fremde Hilfe - z.B. die der Parteien - wahrnehmen kann. Funktionsfähige Alternativen zu den Parteien, die in der Konkurrenzdemokratie eine stabilisierende Funktion übernehmen, sind kaum auszumachen[111]. Elemente direkter Demokratie könnten die Parteiendemokratie zwar sinnvoll ergänzen, sie können diese jedoch nicht ersetzen. Nach wie vor werden die Parteien - zumindest - gebraucht, um Wahlen zu organisieren, programmatische Alternativen zur Auswahl zu stellen, das politische Personal zu rekrutieren und schließlich Parlamente und Regierungen zu bilden. Die Entwicklung von der Milieupartei zur Volkspartei[112], die nicht mehr eine bestimmte in sich geschlossene Wählerschaft vertritt, sondern die Ausweitung der Wählerbasis um jeden Preis betreibt[113], hat allerdings Anlaß zu vielfältiger Kritik gegeben[114]. Taktische Überlegungen treten an die Stelle langfristiger Strategien, kontroverse Fragen werden aus der politischen Diskussion ausgeklammert, Wahlen werden wegen der fehlenden politischen Substanz personalisiert, und schließlich geraten die Parteien in ein enges Abhängigkeitsverhältnis zu den mächtigen Interessenverbänden[115].

Es kommt hinzu, daß die Wähler nicht nur angesichts der bis zur Verwechselbarkeit gesteigerten Ähnlichkeit der Volksparteien, sondern auch im Hinblick auf die zementierte Machtverteilung in Bonn[116] und die Selbstbedienungsmentalität der Parteien[117] zu-

---

108 In Italien führte dies bekanntlich dazu, daß nicht zuletzt aufgrund der segensreichen Tätigkeit der Aktion "Saubere Hände" das gesamte Parteiensystem umgestaltet wurde.

109 BVerfGE 20, 56.

110 *Kaiser* 1956.

111 Das zeigen letztlich auch die Ergebnisse der Umgestaltung des Parteiensystems in Italien, an dessen Ende wiederum Parteien der herkömmlichen Art stehen werden.

112 Vgl. *Kühr* 1979.

113 Dies führt u.a. dazu, daß die Zahl der sog. Stammwähler, die regelmäßig dieselbe Partei wählen, zugunsten der Wechselwähler ständig abnimmt.

114 Vgl. *Mintzel* 1984; *Lösche* 1993.

115 Vgl. *Abromeit* 1993 (insbesondere S. 48 ff.)

116 Viele vor allem jüngere Wähler verstehen nicht, warum ausgerechnet die kleinste Partei, die FDP, über Jahrzehnte die deutsche Politik nachhaltig mitbestimmt hat und weiter mitbestimmt.

nehmend das Gefühl haben, durch ihre Wahlentscheidung keinen Einfluß auf die Gestaltung der Politik zu haben. Eine gewisse Politik-, besser: Parteienverdrossenheit macht sich breit[118]. Zwar schien die deutsche Vereinigung zunächst die Integrationskraft des bundesdeutschen Parteiensystems zu bestätigen, denn erstaunlich schnell waren die Blockparteien (CDU, LDPD, NDPD etc.) der ehemaligen DDR verschwunden bzw. in den westlichen Parteien aufgegangen. Inzwischen sinkt jedoch in den neuen Ländern die Attraktivität der Westparteien bei gleichzeitig zunehmender Zustimmung zur rein ostdeutschen PDS. Der Unmut der Bürger in West und Ost äußert sich obendrein in einer besorgniserregenden Zunahme von Wahlenthaltungen[119]. Kritiker bezeichnen ironisch die "Partei der Nichtwähler" als die größte deutsche Partei. In dieser Situation plädiert z.B. *Hans Herbert von Arnim* für eine Begrenzung der Macht der Parteien durch Aktivierung des Volkes[120]. Erste Ansätze finden sich bereits in der Wahl von Parteivorsitzenden durch Urwahl der Parteimitglieder[121]. Volksbegehren und Volksentscheid, die das Grundgesetz auf Bundesebene nicht vorsieht[122], erfreuen sich in Ländern und Gemeinden zunehmender Beliebtheit[123].

Wiederum in kleineren Ländern (Schweiz, Österreich) hat die "Parteienherrschaft" eine besondere Ausprägung gefunden, die *Gerhard Lehmbruch* als "Proporzdemokratie" bekannt gemacht hat[124]. Heute spricht man allerdings eher von Konkordanzdemokratie[125] oder Verhandlungsdemokratie[126]. Dabei geht es im Idealfall (Beispiel: Schweiz) um eine Allparteien-Koalition, welche die Regierung bildet und die wesentlichen Positio-

---

117 Diese Mentalität wird z.B. in den regelmäßigen Erhöhungen der Abgeordnetendiäten durch die Parlamentarier trotz allgemein schlechter wirtschaftlicher Lage deutlich.

118 Vgl. *Stöss* 1990.

119 So wurde z.B. bei der Landtagswahl in Hessen im Februar 1995 die niedrigste Wahlbeteiligung seit Gründung der Bundesrepublik gemessen.

120 *v. Arnim* 1990: 32 f.

121 Auf diese Weise wurde Rudolf Scharping zum Bundesvorsitzenden und zum Kanzlerkandidaten der SPD gewählt.

122 Auch die Enquêtekommission Verfassungsreform des Deutschen Bundestages konnte sich nicht zur Aufnahme plebiszitärer Elemente in das Grundgesetz entschließen.

123 Vgl. *Luthardt* 1994. Auch *Böhret* hält die Einführung plebiszitärer Elemente in das Grundgesetz für sinnvoll, damit die Bevölkerung über die "großen" Fragen der Politik abstimmen könne; vgl. *Böhret* 1992: 124.

124 *Lehmbruch* 1967.

125 Vgl. *Herder-Dorneich* 1979; *Abromeit* 1993. Zwar ist Deutschland keine Konkordanzdemokratie im Sinne der Schweiz, Anklänge an dieses Modell gibt es aber durchaus.

126 Vgl. *Neidhart* 1970: 313.

nen im Staat unter den Koalitionären aufteilt[127]. Neben der plebiszitären Mehrheitsbildung wird damit die Verständigung zu einem komplementären Legitimationshintergrund der Politik.[128] Die Ergebnisse der nach dem Verhältniswahlrecht veranstalteten Wahlen führen damit nicht zur Abwahl einer Regierung und ggf. Etablierung einer neuen, sondern lediglich zu graduellen Umschichtungen der Machtverhältnisse innerhalb der bestehenden Regierung. Die Rolle der Opposition wird dementsprechend nicht von einer Minderheit im Parlament wahrgenommen, die ein Gegenprogramm zur amtierenden Regierung entwirft, sondern von Gruppen innerhalb der Regierung. Es existiert dann allenfalls eine (z.B. kommunistische) Fundamentalopposition im Parlament, die ihrerseits schon dadurch, daß sie nicht an der Regierung beteiligt ist, auch gesellschaftlich ausgegrenzt ist. Das Ideal der Konkordanzdemokratie sind Entscheidungen, denen von allen unmittelbar Betroffenen aus freien Stücken zugestimmt wird[129]. Es liegt auf der Hand, daß dies nur in den seltensten Fällen möglich ist, weil die Gemeinwohl-Orientierung der Bürger hierfür in aller Regel zu schwach ausgeprägt ist.

2.4 Kooperative Interaktionssysteme im Bundesstaat

Ein kooperatives Interaktionssystem auf staatlicher Ebene haben *Fritz W. Scharpf* und seine Mitarbeiter im Rahmen der Politikverflechtung zwischen Bund und Ländern analysiert[130]. Die Partner beider Ebenen - Bund und Länder - sind auf Dauer aufeinander angewiesen, sie wissen, daß sich dieselben Akteure bei verschiedenen Gelegenheiten und u.U. wechselnder Machtverteilung immer wieder im Rahmen von Entscheidungsverfahren treffen. Anstelle der an sich möglichen Mehrheitsentscheidungen wird daher im Regelfall ein Vorgehen nach dem Einstimmigkeitsprinzip bevorzugt[131]. Konsensbildung findet zudem auf der Basis von Minimallösungen ("kleinster gemeinsamer Nenner") statt. Auch dort, wo der Bund im Rahmen der Erfüllung von Auftragsangelegenheiten (z.B. Bundesfernstraßenbau) durch die Länder ein Weisungsrecht gegenüber dem betreffenden Land hätte (Art. 85 Abs. 3 GG), verzichtet er darauf in aller Regel und versucht, eine einvernehmliche Lösung zu erreichen. Es spricht auch nicht gegen diese Einschätzung, daß es auf dem Gebiet der Errichtung von Kernkraftwerken und Wiederaufbereitungsanlagen gelegentlich zu mehr oder weniger spektakulären Weisungen des Bundesumweltministers an die betroffene Landesregierung kommt. Hier handelt es sich

---

127 Für Österreich typisch ist die Konkordanzdemokratie in Form der großen Koalition (SPÖ und ÖVP), die dann ebenfalls alle Posten unter sich verteilt. Untypisch für diese Spielart ist hingegen die starke Stellung der FPÖ Jörg Haiders.

128 *Kleger* in diesem Band.

129 *Scharpf* 1993b: 34.

130 *Scharpf, Reissert* und *Schnabel* 1976.

131 Ein ähnliches Verhalten findet sich auf der Ebene der Europäischen Union; vgl. *Scharpf* 1985: 323 ff.

vielmehr in erster Linie um ein politisches Manöver zur Verschleierung von Verantwortlichkeiten. Eine solche Weisung ist nämlich nicht so sehr auf das Verhältnis Bund - Land bezogen, sondern soll eher dazu dienen, interne Kritiker des Landesumweltministers mit dem Hinweis auf die "Weisung" aus Bonn ruhig zu stellen.

Mit dem Begriff Politikverflechtung wird deutlich gemacht, daß die staatlichen Aufgaben nicht mehr in getrennter Zuständigkeit von Bund, Ländern und Kommunen erfüllt werden, sondern "daß Kompetenzverschränkungen entstanden sind und ursprünglich autonome Entscheidungseinheiten bei der Lösung von Problemen zusammenwirken"[132]. Dies ist u.a. eine Folge des Auseinanderklaffens unterschiedlicher Anforderungen an den (west-)deutschen Bundesstaat. Dem Wunsch der Länder, ihren - in der Verfassung garantierten - Anteil an der staatlichen Souveränität behalten und eigenständig ausfüllen zu wollen, lief die Forderung der Bürger (und der Wirtschaft) diametral zuwider, angesichts steigenden Mobilitätsdrucks im gesamten Bundesgebiet "einheitliche Lebensverhältnisse" herzustellen. Dieses Problem war weder durch ein schematisches Festhalten am herkömmlichen Föderalismusmodell getrennter Zuständigkeiten ("dualer Föderalismus")[133], noch durch die Bildung eines Einheitsstaates zu lösen[134], in dem die Zentralinstanz (Bund) alle oder zumindest die wesentlichen Aufgabenkomplexe übernommen hätte. In der Bundesrepublik bildete sich daher ein Zwittermodell heraus, das *Konrad Hesse* als "unitarischen Bundesstaat" bezeichnet hat[135]. Den Ländern blieben zwar wesentliche Kompetenzen erhalten, ihre Entscheidungsautonomie wurde aber - u.a. durch paritätisch besetzte Koordinationsgremien - eingeschränkt. Der Bund erhielt anstelle ganzer Aufgabenkomplexe lediglich Teilkompetenzen[136] sowie die Möglichkeit, über direkte und indirekte Einfluß- und Steuerungsinstrumente auf die Länder einzuwirken, die jedoch letztlich für die Entscheidung zuständig bleiben.

Die Mehrebenen-Beziehungen zwischen Bund, Ländern und Kommunen werden als komplexes Beziehungsgefüge vertikaler und horizontaler Kooperation der unterschiedlichen Politikebenen innerhalb des gegliederten Bundesstaates sichtbar. Ein wichtiges Merkmal dieser Kooperation ist die gemeinsame Planung und Finanzierung öffentlicher

---

132 *Benz* 1989: 185.

133 Dieses Modell würde etwa dem in USA praktizierten Föderalismus entsprechen.

134 Diese Lösung verbietet die Verfassung, da gemäß Art. 79 Abs. 3 GG eine Änderung des Grundgesetzes, "durch welche die Gliederung des Bundes in Länder, die grundsätzliche Mitwirkung der Länder bei der Gesetzgebung oder die in den Artikeln 1 und 20 niedergelegten Grundsätze berührt werden", unzulässig ist.

135 *K. Hesse* 1962.

136 Diese wurden mit Vorliebe im Bereich der konkurrierenden Gesetzgebung angesiedelt, da diese Lösung den Ländern auf den ersten Blick weniger "weh zu tun" scheint. Auf die Dauer hat der Bund allerdings auch dieses Kompetenzreservoir fast vollständig ausgeschöpft.

Aufgaben, z.B. im Bereich der Gemeinschaftsaufgaben und der Mischfinanzierung[137]. Eine zunehmende Politikverflechtung ist die Konsequenz aus der Tatsache, daß bestimmte staatliche Aufgaben, wie z.B. die regionale Wirtschaftsförderung, nicht mehr in getrennter Zuständigkeit erfüllt werden können, sondern anstelle dessen Gemeinschaftskompetenzen entstanden sind und die ursprünglich autonomen Entscheidungseinheiten nun bei der Lösung von Problemen zusammenwirken müssen. Die hierzu gebildeten Koordinationsgremien treten freilich in Konkurrenz zu den traditionellen Institutionen parlamentarisch-repräsentativer Willensbildung[138]. Im Falle eines Dissenses sehen sich die Kommunen und - in noch stärkerem Maße - die Länder in die Lage versetzt, hinhaltenden "Widerstand von unten"[139] zu leisten, indem sie z.B. mißliebige Planungsvorhaben des Bundes verschleppen, Informationen nicht zur Verfügung stellen oder ganz einfach auf ihrem Rechtsanspruch beharren und diesen z.B. vor dem Bundesverfassungsgericht verteidigen. Dies alles kostet zumindest wertvolle Zeit, so daß der Bund sich oft genug auch dort auf Verhandlungen einläßt, wo er eigentlich hierarchisch handeln könnte.

Eine solche Vetoposition besitzen vor allem Gebietskörperschaften mit Staatsqualität, wie die Länder, in eingeschränktem Maß aber auch Gemeinden und Kreise als nichtstaatliche (kommunale) Gebietskörperschaften. Auf ihre Belange muß der Bund im Wege der Kooperation Rücksicht nehmen. Mit der Zahl der zu beteiligenden Akteure nimmt allerdings auch die Möglichkeit von schwer überbrückbaren Interessengegensätzen zu[140]. Das Konfliktniveau steigt, weil jetzt mehrere Entscheidungsalternativen in Betracht kommen, unter denen eine gefunden werden muß, die die Zustimmung (möglichst) aller Beteiligten findet[141]. Es liegt auf der Hand, daß dies Konsequenzen für die Durchsetzungsfähigkeit und vor allem für die Durchsetzungsgeschwindigkeit zentralstaatlicher Politik haben muß. Indem allen Beteiligten gleichermaßen der Besitzstand garantiert wird und potentiell konfliktträchtige Materien in Verteilungsprobleme umgewandelt werden, werden Konflikte lediglich vertagt, aber nicht gelöst. Letztlich kann eine solche Situation in das Steuerungsmuster inkrementale Steuerung umschlagen[142]. Auch eine an sich erfolgreiche Umverteilungsstrategie kann freilich nur solange beibehalten werden, wie genug Geld für die Umverteilung vorhanden ist. Durch die riesigen vereinigungsbedingten Finanzierungslasten des Bundes und der Länder ist der Zeitpunkt inzwischen erreicht, in dem bislang konsensual gelöste Interessenkonflikte in harte Kontroversen umschlagen.

---

137 Art. 91 a und b sowie Art. 104 a GG; vgl. *Hesse* und *Renzsch* 1991; *Benz, Scharpf* und *Zintl* 1992.

138 Vgl. *Hirscher* 1991.

139 Vgl. *Wollmann* 1983.

140 *Benz* 1989: 188 f.

141 Vgl. *Hesse* und *Benz* 1990.

142 Vgl. *Lehmbruch* 1976: 150 ff.

Ein Anwendungsfall für die Mehrebenen-Beziehungen zwischen Bund, Ländern und Kommunen ist die Finanzverteilung im Rahmen der Finanzverfassung[143]. Während das Grundgesetz in Art. 106 mit der Festsetzung einer Kombination von Trennsystem und Verbundsystem[144] - wenn auch verhältnismäßig detailliert - lediglich die allgemeinen Bedingungen setzt, unter denen die Steuererträge im Bundesstaat auf die Gebietskörperschaften verteilt werden sollen, ist der Ausgleich der auf dieser Grundlage entstehenden Finanzkraftunterschiede im wesentlichen Gegenstand von Aushandlungsprozessen[145]. Versagen diese, weil sich einzelne am Finanzausgleich beteiligte Länder ungerecht behandelt fühlen, dann werden diese Konflikte allerdings auf eine übergeordnete Ebene verlagert, nämlich im Klagewege vor das Bundesverfassungsgericht gebracht. Dies ist auch bereits mehrfach geschehen[146]. Angesichts der Kompliziertheit und Vielschichtigkeit des Ausgleichssystems - bereits im alten Bundesgebiet - spricht es für die Leistungsfähigkeit des kooperativen Interaktions- und Verhandlungsmechanismus, daß über viele Jahrzehnte hinweg ein einigermaßen haltbarer Konsens auf diesem Gebiet herzustellen und zu erhalten war[147]. Die Einbeziehung der neuen Länder in den Finanzausgleich, die durch die Vereinigung notwendig wurde, wurde dann allerdings aufgrund der Abwehrhaltung der Westländer zunächst vertagt[148], ließ sich aber schließlich doch noch rechtzeitig vor Ablauf der Übergangsfrist bewerkstelligen[149].

2.5 Kooperation in der Grauzone zwischen Bund und Ländern

Nicht nur zwischen dem Bund und den Ländern besteht Koordinierungsbedarf, sondern auch zwischen den Ländern untereinander. Sie versuchen, ihre Unabhängigkeit vom Bund u.a. dadurch zu schützen, daß sie gemeinsame Konzeptionen für die Politik der Länder gegenüber dem Bund erarbeiten. Ein solches Verfahren sieht das Grundgesetz allerdings nicht vor, so daß sich zumindest ein Teil der Kooperation in einer verfassungsrechtlichen "Grauzone" abspielt. Da der Bundesrat als Bundesorgan zur Mitwirkung der Länder an der Bundesgesetzgebung, nicht jedoch zur Koordinierung der Län-

---

143 Vgl. *Renzsch* 1989 und 1994; *Mäding* 1992: 210.

144 Nach dem Trennsystem werden Bund, Ländern und Gemeinden jeweils die Erträge bestimmter Steuern zugewiesen; nach dem Verbundsystem werden alle Gebietskörperschaften am Aufkommen der Gemeinschaftssteuern (Einkommen-, Körperschaft- und Umsatzsteuer) mit bestimmten Quoten beteiligt; vgl. *Voigt* 1980a: 48 ff.

145 Auch wenn Art. 107 GG wiederum die Grundlagen hierfür festlegt; vgl. *Voigt* 1994.

146 Vgl. BVerfGE 86, 148.

147 Allerdings wurden die Finanzkraftunterschiede zwischen den Ländern nicht in dem eigentlich wünschenswerten Maße nivelliert; vgl. *Benz* 1989: 189.

148 Gemäß Art. 7 des Einigungsvertrages wurde die im Grundgesetz festgelegte Finanzverteilung ausdrücklich nicht für die neuen Bundesländer in Kraft gesetzt.

149 Vgl. *Renzsch* 1994 sowie *Renzsch* in diesem Band; *Mäding* 1992: 210 ff.

derpolitiken konzipiert wurde[150], muß dem Kooperations- und Koordinationsbedarf auf andere Weise Rechnung getragen werden. Seit 1952 finden daher in der Bundesrepublik regelmäßig auf Seiten der Exekutive Konferenzen der Ministerpräsidenten bzw. der Ressortminister, auf Seiten der Legislative Konferenzen der Präsidenten der Landesparlamente statt. Besonderes Gewicht haben dabei naturgemäß die Ministerpräsidentenkonferenzen, die - bei jährlich wechselndem Vorsitz - mindestens einmal im Jahr tagen, um vor allem in Grundsatzfragen eine einheitliche Linie der Länder herzustellen. Die Konferenzen werden im allgemeinen von den Leitern der Staats- bzw. Senatskanzleien in gesonderten Treffen vorbereitet. Nur so lassen sich wichtige Probleme zwischen den Ländern, wie z.B. die Neuordnung des Finanzausgleichs, Mehrwertsteuerverteilung und ähnliches - i.d.R. durch Kompromißbildung - lösen.

Von den Ressort-Ministerkonferenzen ist die (ständige) Kultusministerkonferenz (KMK) am bekanntesten[151], die z.B. über die gegenseitige Anerkennung von Abiturzeugnissen, Fragen der Lehrerausbildung etc. befindet. Daneben gibt es informelle Zusammenkünfte auf der Ebene der Ressortchefs bzw. der Abteilungsleiter. Sie tauschen Erfahrungen über den Gesetzesvollzug aus, machen auf organisatorische Mängel aufmerksam und verständigen sich - vor der Entscheidung durch ihre Chefs - über mögliche Änderungen[152]. Während diese Zusammenkünfte im allgemeinen parteiübergreifend stattfinden, gibt es daneben auch Konferenzen der Ressortchefs derselben Partei oder Parteienkoalition, in denen versucht wird, durch eine frühzeitige Koordinierung die eigenen, parteipolitischen Zielvorstellungen in späteren Verhandlungen auf allgemeiner Ebene besser durchsetzen zu können[153]. In ähnliche Richtung zielen auch die Tagungen der Vorsitzenden der Landtagsfraktionen derselben politischen Partei, die ggf. auch um den Vorsitzenden der entsprechenden Bundestagsfraktion erweitert werden. Gegen diese Form der Selbstkoordinierung der Landesregierungen wird jedoch eingewandt, daß die Koordinierung auf der Exekutivebene auf Dauer eine Schwächung der Position der Parlamente in den Ländern nach sich ziehen muß. Ihnen bleibt oft nichts anderes zu tun, als die ausgehandelten Kompromisse zu "ratifizieren". Eine Abstimmung der Interessen der Landesparlamente durch Konferenzen ihrer Präsidenten ist demgegenüber eher als symbolischer Akt zu verstehen, um föderatives Selbstbewußtsein zur Schau zu stellen[154], an der Machtlosigkeit der Landesparlamente ändert sie nichts[155].

---

150 Vgl. *Laufer* 1991: 158 ff.

151 Die Innenminister-Konferenz, die unter Beteiligung des Bundesinnenministers tagt, geriet wegen der Kontroversen zwischen A- und B-Ländern über die Abschiebepraxis gegenüber Kurden in die Schlagzeilen.

152 Vgl. *Laufer* 1991: 172 f.

153 Vgl. *Laufer* 1991: 175.

154 Vgl. *Laufer* 1991: 162 f.

155 Vgl. *Greß* 1990.

Besondere Probleme enstehen bei der Abstimmung der Länderinteressen im Rahmen der Entscheidungsprozesse auf der Ebene der Europäischen Union. Gemäß Art. 23 GG (n.F.) ist der Bundesrat nicht nur zum frühestmöglichen Zeitpunkt über EU-Angelegenheiten zu unterrichten (Abs. 2), sondern unter bestimmten Voraussetzungen wirkt der Bundesrat sogar an der Willensbildung des Bundes mit (Abs. 4 und 5). Hier müssen sich die Landesregierungen schnell auf eine einheitliche Linie einigen. Als ständigen Ausschuß hat der Bundesrat daher gemäß Art. 52 Abs. 3a GG eine Länderkammer gebildet, deren Beschlüsse als solche des Bundesrates gelten. Eine solche Konstruktion erscheint nicht nur verfassungsrechtlich angreifbar, sondern sie entspricht auch kaum dem "Geist der Verfassung". Es widerspricht der Funktion des Bundesrates als Organ der Bundesgesetzgebung, wenn eine einzelne Kammer in wichtigen Angelegenheiten (hier: Europa betreffend) Beschlüsse fassen kann, die den Bundesrat als ganzes und damit auch sämtliche Länder binden[156]. Die Interessen der Landesparlamente, die ohnehin kaum an Bundesratsangelegenheiten beteiligt werden, bleiben dabei jedenfalls ganz auf der Strecke. Der Lösung von "gewöhnlichen" Kontroversen zwischen der Ländergesamtheit und dem Bund dienen im übrigen die Besprechungen des Bundeskanzlers mit den Regierungschefs der Länder, die gemäß § 31 der Geschäftsordnung der Bundesregierung mehrmals im Jahr stattfinden sollen.

2.6 Von korporativen Arrangements zu Policy-Netzwerken

Wenn Kooperation der Steuerungsmodus ist, mit dessen Hilfe die unterschiedlichen politischen und gesellschaftlichen Interessen einander angeglichen und Entscheidungen getroffen werden können, dann liegt es nahe, daß sich auf Dauer angelegte Arrangements, an denen zumeist dieselben Akteure beteiligt sind, konstituieren. Einigt sich eine begrenzte Zahl korporativer Akteure in einem Politikfeld auf ein bestimmtes Muster organisatorischer Identitäten, Kompetenzen und Interessensphären[157], dann kann es zur Etablierung netzwerkartiger institutioneller Arrangements kommen. Tatsächlich haben sich im Lauf der Zeit sowohl auf der Programmebene wie auf der Implementationsebene die verschiedensten Policy-Netzwerke gebildet, die man als Beziehungsgeflechte ("whirlpools") aus den unterschiedlichen am Politikprozeß beteiligten Akteuren, deren Interesse sich auf einen gemeinsamen Problemkomplex richtet, definieren kann[158]. Voraussetzung für die Bildung solcher Policy-Netzwerke ist allerdings die Existenz von korporativen Akteuren, die strategische Entscheidungen fällen, mit anderen korporativen Akteuren verhandeln und Kompromisse schließen können[159]. Am Netzwerk betei-

---

156 Es ist eine andere Frage, ob aus pragmatischen Gesichtspunkten dies die einzig mögliche Lösung des Problems war.

157 Vgl. *Mayntz* 1993: 49.

158 Vgl. *Schubert* 1991: 89; *McLaren* 1990.

159 Vgl. *Mayntz* 1993: 43.

ligte Organisationen können sowohl staatlich wie auch nicht-staatlich sein bzw. Zwischenstationen zwischen Staat und privat bilden[160]. Geht es um die Lösung eines Problems, das kollektive Anstrengungen erfordert, dann bilden sich u.U. problembezogene ad-hoc-Netzwerke ("issue networks"), denen nicht unbedingt alle Beteiligten am "großen" Netzwerk angehören müssen[161]. In bestimmten Politikfeldern (Beispiel: Agrarpolitik) kann es zu einem System der Selbstregulierung kommen, in dem der Staat nur noch eine Nebenrolle spielt[162].

Während die Handlungslogik korporativer Arrangements im allgemeinen der Tausch ("bargaining") ist, kann diese im Laufe der weiteren Verstetigung der Netzwerkbeziehungen zu einem "generalisierten politischen Tausch" werden[163]. Ein solcher Tauschprozeß ist eher multilateral als bilateral, eher indirekt als direkt angelegt. Zu den Tauschgütern gehören dann z.B. auch die Aufgabe von Widerstand ("Veto-Positionen") bzw. das Angebot von Unterstützung. Die am Netzwerk Beteiligten neigen dazu, innerhalb des Netzes die kontroversen Aspekte herunterzuspielen und dafür die übereinstimmenden Elemente aufzuwerten sowie den Aktivitäten innerhalb des Netzes einen gewissen Routinecharakter zu verleihen. Sind diese Netzwerke im wesentlichen darauf angelegt, kollektiv verbindliche Entscheidungen zu produzieren, dann wandelt sich die Handlungslogik vom Tausch zur Verhandlung; im Idealfall sind die Akteure dann nicht mehr nur an einem bloßen Interessenausgleich, sondern an optimaler Aufgabenerfüllung ("problem-solving") interessiert[164].

3. Kooperatives Handeln in der Verwaltung

Der Staat ist nicht nur in Bund und Länder gegliedert, durch die Teilhabe der Parteien an der staatlichen Macht sowie insgesamt durch korporative Interaktions- und Steuerungssysteme charakterisiert, sondern auch die staatliche Exekutive selbst ist in Ministerien, Ämter und Behörden ("tayloristische Verwaltungsfragmentierung")[165] ausdifferenziert, die zwar den Staat repräsentieren, aber keinesfalls "mit einer Stimme sprechen". Auch hier spiegeln sich vielmehr die unterschiedlichen Interessen einer pluralistischen Gesellschaft wider. Dies gilt wiederum sowohl auf Bundes- wie auf Landesebene, in der Ministerialbürokratie ebenso wie in der Vollzugsverwaltung. Dabei ist festzuhalten, daß das Verhältnis der Verwaltung zum Gesetzgeber nicht dem

160 *Mayntz* 1980: 8.

161 *Mayntz* 1993: 46, die diesen Vorgang am Beispiel des auf Ostdeutschland gerichteten forschungspolitischen Netzwerkes erläutert.

162 Vgl. *Lowi* 1964.

163 Vgl. *Marin* 1990.

164 *Mayntz* 1993: 46 u. 48.

165 *Eichener, Heinze* und *Voelzkow* in diesem Band.

Weber'schen Idealtypus legal-bürokratischer Herrschaft entspricht[166], bei dem die Verwaltung mit dem Gesetz lediglich den Willen des Gesetzgebers vollzieht. Vielmehr übernimmt insbesondere die Ministerialverwaltung in zunehmendem Maße politische Aufgaben. Bislang wurde die Verwaltung allerdings eher als Adressat von Interessen und nicht so sehr als Institution zur Interessenvermittlung aufgefaßt. Die moderne öffentliche Verwaltung hat jedoch ein beachtliches Maß an gesellschaftlicher Außenbindung ereicht, das ihr auch einen gewissen Spielraum gegenüber der politischen Führung sichert[167]. Sie ist geradezu zu einem "Ort des Interessenausgleichs" geworden[168]. Sowohl die Ministerialbürokratie als auch die Vollzugsverwaltung versuchen, zwischen unterschiedlichen Interessen zu vermitteln, indem sie mit Interessenten und Betroffenen kooperieren[169]. Auf diese Weise gewinnen sie Informationen, bauen Widerstand ab und mobilisieren ggf. Unterstützung für die eigenen Ziele. Ohne diese Kooperation würde die Arbeit der Verwaltung sowohl auf der Programmebene wie auf der Implementationsebene erheblich unsicherer und damit auch riskanter.

3.1 Die Ministerialverwaltung als Clearingstelle

Die Ministerialverwaltung ist heute mehr denn je mit der Ausarbeitung von Gesetzentwürfen, aber auch mit der Entwicklung von Plänen und Programmen beschäftigt. Diese genuin politische Tätigkeit umfaßt die Regelung von Konflikten ebenso wie ständige Bemühungen um die Herstellung von Konsens. Die Ministerialverwaltung ist damit zu einem zentralen Bestandteil des Kommunikationsnetzes geworden, in dem der politische Meinungs- und Willensbildungsprozeß stattfindet[170]. Dies macht für sie intensive und ggf. auf Dauer gerichtete Außenbeziehungen erforderlich, die bis auf die Ebene der zuständigen Fachreferate hinunterreichen. Diese Kooperation mit Vertretern der organisierten Interessen ist im übrigen keineswegs einseitig[171], sondern bringt für beide Seiten Vorteile. Die Ministerialbürokratie wird auf Mängel oder Probleme aufmerksam gemacht, kann auf den in den Verbänden vorhandenen Sachverstand zurückgreifen und sich ggf. der Unterstützung des Verbandes versichern, während umgekehrt der Verband mit der (Vor-)Formulierung eines Gesetzentwurfs oder zumindest der einschlägigen Paragraphen seine Intentionen - u.U. "durch die Hintertür" - in das vom Parlament zu verabschiedende Gesetz einbringt[172]. Die Ministerialbürokratie nimmt damit wichtige

---

166 Vgl. *Voigt* 1993³: 235 ff.

167 Vgl. *Böhret* 1983: 135.

168 *Lehmbruch* 1987: 11.

169 Siehe hierzu: *Benz* und *Seibel* 1992.

170 Vgl. *Mayntz* 1985³: 204 f.

171 Allerdings kommt es in Sonderfällen zu "Capture"- bzw. "Klientelismus"-Phänomenen; vgl. *Lehmbruch* 1987: 12.

172 Vgl. *Voigt* 1976: 108 ff.

Funktionen als Clearingstelle wahr, indem sie durch Kompromißbildung politische Vorgaben mit den unterschiedlichen Interessen von Verbänden, Gruppen und Individuen kompatibel macht. Da der politische Spielraum insbesondere auf der Ebene der Referate jedoch relativ gering ist, geht es hier in erster Linie um Überzeugungsarbeit[173] im Wege von Verhandlungen.

Solche Kontakte zwischen Ministerialverwaltung und Externen erscheinen zwar unter demokratietheoretischen Gesichtspunkten als bedenklich, finden jedoch keineswegs außerhalb der Rechtsordnung statt. Vielmehr sieht § 23 der Gemeinsamen Geschäftsordnung der Bundesministeren (GGO) für alle bedeutenderen Vorhaben ausdrücklich vor, daß mit den zuständigen Spitzenverbänden Kontakt aufzunehmen und das Vorhaben ggf. mit diesen zu beraten ist. Drei Kontaktformen herrschen in Deutschland vor:

- Anhörungen von Verbänden, zu denen das Ministerium offiziell einlädt,
- bilaterale weniger formelle Kontakte, die ad hoc auf Initiative einer der beiden Seiten zustandekommen,
- Mitwirkung von Verbandsvertretern in Beiräten, Kommissionen, Ausschüssen etc.

In Beratungsgremien (Sachverständigenräte etc.), denen häufig auch Wissenschaftler angehören, geht es allerdings nicht in erster Linie um Interessenvertretung, sondern vor allem um Informationsgewinnung und ggf. um die Erarbeitung von Alternativentwürfen.

3.2 Kooperationsbeziehungen auf der Implementationsebene

Staatliche Steuerung umfaßt neben der politischen Willensbildung (input-Aspekt) auch die Umsetzung der Ergebnisse dieses Willensbildungsprozesses (output-Aspekt)[174]. Dementsprechend finden sich kooperative Interaktions- und Steuerungssysteme auf allen Ebenen der Politik. War der Blick bislang in erster Linie auf die staatliche Steuerung auf der Politikformulierungsebene gerichtet, so geht es im folgenden um die Implementationsebene. Programme, die in Deutschland in aller Regel in Gesetzesform vom Parlament verabschiedet werden, müssen bekanntlich durch Verwaltungsbehörden, seltener durch nichtstaatliche Stellen[175], implementiert werden, um Wirkung zu entfalten. Angesichts der unterschiedlichen Interessen, die bei der Problemlösung berück-

173 Dabei kommt es zumindest zu Ähnlichkeiten in der fachlichen Problemwahrnehmung; vgl. *Böhret* 1983: 136.

174 Vgl. *Hartwich* 1987: 5.

175 Der Staat bedient sich zur Aufgabenerfüllung allerdings von Fall zu Fall auch der verschiedensten Organisationsformen, die nicht zur unmittelbaren Staatsverwaltung gehören; vgl. *Hood* und *Schuppert* 1988.

sichtigt werden müssen, muß die Verwaltung die im Gesetz enthaltenen Steuerungsvorgaben nicht selten zunächst den situativen Besonderheiten anpassen[176] und dabei u.U. auch Kreativität und Eigeninitiative entfalten. Die Verwaltung nutzt dabei ihre vielfältigen Entscheidungsspielräume, vom Ermessen über die Interpretation unbestimmter Rechtsbegriffe bis zur Bestimmung des Zeitpunkts für den Gesetzesvollzug[177]. Sie kann sich dabei allerdings nicht mehr ohne weiteres auf das traditionelle (formale) Rechtsstaatsprinzip berufen. Für dieses spezifische Verfahren hat *Eberhard Bohne* den Begriff "informaler Rechtsstaat" geprägt[178].

Die deutsche Implementationsforschung hatte - inspiriert durch US-amerikanische Forschungsergebnisse[179] - bereits Ende der siebziger/Anfang der achtziger Jahre festgestellt[180], daß insbesondere im Bereich der Umweltschutzgesetzgebung ein großer Teil der vom Gesetzgeber intendierten Ziele nicht realisiert wurde. Bei näherer Betrachtung stellte sich heraus, daß die unteren staatlichen Behörden die Programme teils überhaupt nicht, teils nur mangelhaft umsetzten. Dies lag allerdings nur zum Teil an einer mangelnden Qualität der Programme, in denen zu wenig Rücksicht auf technisch-ökonomische Realisierbarkeit und politische Durchsetzbarkeit gelegt worden war. Vielmehr ergeben sich grundsätzliche Probleme bei der Implementation von Programmen. Die Verwaltung ist vor Ort mit den politischen Umsetzungsproblemen ggf. unzureichender gesetzlicher Vorschriften konfrontiert. Sie muß Programme in Gesetzesform auch dann zu vollziehen versuchen, wenn sie über wesentliche Voraussetzungen für die Durchsetzung nicht verfügt. Oft genug fehlen der Verwaltung nämlich die erforderlichen Informationen und/oder Machtmittel, um ein Programm zu implementieren. Es liegt daher auf der Hand, daß sie zur Vermeidung von Implementationsblockaden Verhandlungen mit den Adressaten von Steuerungsaktivitäten führt[181], im Verlaufe derer sie die nötigen Informationen erhält und ggf. auch über die Modalitäten des Vollzugs mit den Betroffenen Absprachen trifft. Hier tritt das Kooperationsprinzip an die Stelle einseitighoheitlichen Handelns[182]. Allerdings muß die Kooperationsbereitschaft der Betroffenen von der Verwaltung u.U. erst "erkauft" werden, indem z.B. Kompensationsleistungen für zu erwartende nachteilige Folgen angeboten werden[183].

---

176 *Treutner, Wolff* und *Bonß* 1978; *Dose* 1992; Benz 1994.

177 Vgl. *Brohm* 1990: 254.

178 *Bohne* 1981; vgl. auch *Schulze-Fielitz* 1984.

179 Statt vieler: *Wildavsky* 1979.

180 Vgl. *Mayntz* et al. 1978; *Mayntz* 1980 und 1983.

181 Vgl. *Dose* 1993^2: 10.

182 Vgl. *Rengeling* 1989.

183 Vgl. *Hoffmann-Riem* 1990: 20 f.

Bei komplexen und politisch brisanten Entscheidungen sieht sich die Verwaltung jedoch häufig gezwungen, nach pragmatischen Lösungswegen zu suchen[184]. In vielen Bereichen tritt daher an die Stelle hoheitlichen Handelns der Verwaltung die vertragliche Beziehung zwischen dem Staat und Privaten[185] oder sogar ein informales Verwaltungshandeln[186], das auf mehr oder weniger formlosen Absprachen mit den Adressaten beruht[187]. Beispiele hierfür finden sich vor allem - aber nicht nur - im Umweltrecht[188]. In solchen Absprachen verzichtet der Staat - ggf. zeitweilig und/oder teilweise - auf den Gebrauch seiner Hoheitsgewalt zur Durchsetzung gesetzlicher Umweltstandards, um z.B. die freiwillige Sanierung einer alten Anlage durch den Betreiber zu erreichen. Solche Absprachen, wie z.B. Sanierungsabsprachen, erfolgten früher zumeist mündlich und waren damit rechtlich unverbindlich, ihre Durchführung geschah allerdings "im Schatten der Hierarchie", d.h. die Behörde konnte dann, wenn sich der Betreiber nicht an die Absprache hielt, immer noch von rechtlichen Handlungsformen Gebrauch machen. Hielt sich der Betreiber hingegen an die Absprache, sparte die Behörde zumindest Zeit, da sie so eine langwierige gerichtliche Auseinandersetzung mit ungewissem Ausgang vermeiden konnte. Heute werden in diesen Fällen allerdings in der Regel Verwaltungsverträge geschlossen[189], in denen sich der Adressat ggf. sogar der sofortigen Vollstrekkung unterwirft.

Betrachtet man kooperatives Verwaltungshandeln unter dem Gesichtspunkt der Effizienz des Verwaltungshandelns, so ist eine Reihe von grundsätzlichen Vorteilen erkennbar, die sich vor allem in der Ersparnis von Zeit, Kosten und Aufwand niederschlagen[190]:

- Die relativ hohe Flexibilität, die durch die oft rechtlich nicht verbindlichen Absprachen entsteht und Anpassungen an veränderte Rahmenbedingungen erleichtert.
- Die Möglichkeit der Verwaltung, externen Sachverstand zu mobilisieren.

---

184 Zu den Ausprägungen und Grenzen informalen Verwaltungshandelns: *Treutner* 1992.

185 Siehe §§ 54 ff. Verwaltungsverfahrensgesetz.

186 Der Begriff "informal" soll dabei rechtlich nicht geregelte Handlungen erfassen, die der Staat anstelle von rechtlich normierten Handlungen oder Rechtsfolgenentscheidungen wählt, vgl. *Ritter* 1990: 74.

187 Darunter fallen z.B. Arrangements im Verwaltungsverfahren, wechselseitige Kontaktaufnahmen, Verständigungen, Absprachen, Abstimmungen, Vorabklärungen und ähnliche Arten der Kooperation, vgl. *Breuer* 1990: 231; *Bulling* 1989: 277 ff.

188 Neben dem Immissionsschutz-, Wasser- und Abfallrecht gehören dazu z.B. das Baurecht, Energiewirtschafts-, Wirtschaftsförderungs-, Außenwirtschafts- und Kartellrecht, Gesundheits-, Steuer-, Rundfunk- und Versammlungsrecht.

189 Vgl. *Arnold* 1989; *Bulling* 1989; *Dose* 1995.

190 Vgl. *Dose* 1993^{2}: 17 f.

- Der erleichterte Zugang zu Informationen, über die nur die Adressaten verfügen.
- Die Chance, auch komplexen Problemlagen mit stark vernetzten Ursachenzusammenhängen gerecht zu werden.
- Die Möglichkeit, Vollzugsdefizite, z.B. in Form einer Blockade des Vollzugs, durch Mobilisierung von Akzeptanz und Mitwirkungsbereitschaft der Adressaten abzubauen.
- Die Vermeidung von Rechtsstreitigkeiten, weil gravierende Meinungsunterschiede bereits im Vorfeld angenähert werden können.

Wie in den korporativen Aushandlungs- und Steuerungssystemen auf der Politikformulierungsebene führen längerfristige Kooperationsbeziehungen auch auf der Implementationsebene tendenziell zur Entstehung von "relativ stabilen Netzwerken der Verantwortungsteilung"[191], in denen sich kooperative Beziehungen für alle Beteiligten als vorteilhaft erweisen[192]. Da die Handlungsweise der Akteure so besser kalkulierbar ist[193], gewinnen alle Beteiligten an Planungssicherheit. Auf lokaler wie auf regionaler Ebene spielt dies insbesondere bei Investoren eine Rolle, die Sicherheit über die gesetzlichen und untergesetzlichen Voraussetzungen für die Erteilung einer Genehmigung einer finanziell aufwendigen Industrieanlage benötigen. Dazu gehört dann auch die Gewißheit, daß die Behörden die einschlägigen Rechtsvorschriften gleichbleibend auf eine bestimmte Weise auslegen. Während dieses Modell nach wie vor von der Verwaltung als "Herrin des Verfahrens" ausgeht, sind in Einzelfällen auch in Deutschland bereits Konfliktmittler eingeschaltet worden[194], so daß der Verwaltung in diesen Fällen die Rolle des bloß Beteiligten zufiel.

Unter dem Gesichtspunkt der Rechtsstaatlichkeit ist das kooperative Verwaltungshandeln allerdings insbesondere von Rechtswissenschaftlern stark kritisiert worden. Die deutsche Verwaltung neigt wegen ihrer paternalistischen Tradition immer noch dazu, anstelle eines umfassenden Interessenclearings unter Beteiligung aller Betroffenen bilaterale Verhandlungen mit den verschiedenen Beteiligten zu führen[195]. Rechtliche Bedenken gegen das kooperative Verwaltungshandeln ergeben sich immer dann, wenn die Verhandlungen und Absprachen zwischen Verwaltung und Adressaten dazu führen, daß

---

191 Damit ist freilich nicht etwa das (negative) Phänomen des "agency capturing", bei dem sich ein mächtiger Adressat sozusagen der Verwaltungsbehörde bemächtigt, gemeint.

192 Vgl. *Hoffmann-Riem* 1990: 19; *Benz* 1992.

193 Vgl. *König* und *Dose* 1993: 549.

194 *Hoffmann-Riem* (1990: 22) nennt als Beispiel die Sanierung der Norddeutschen Raffinerie im Jahre 1986 in Hamburg. In USA ist dieses Verfahren ("mediation") hingegen bereits weit verbreitet; vgl. *Breuer* 1990: 234 ff.; *Holznagel* 1990.

195 Vgl. *Hoffmann-Riem* 1990: 25.

die Orientierung an rechtlichen Grundlagen abgeschwächt wird ("Entformalisierung")[196]. Aus der Sicht des Rechtsstaatsprinzips ist insbesondere die Duldung von Normverstößen problematisch, auch wenn möglicherweise erst die Anwendung des Opportunitätsprinzips die Durchsetzung von Teilzielen ermöglicht[197]. Auch Verhandlungen darüber, ob und wieweit die Verwaltung eine gesetzliche Vorgabe schließlich ausführen wird, machen den "Gesetzesvollzug zum Handelsobjekt"[198] und sind daher rechtlich bedenklich. Wird hierdurch die rechtsstaatliche Legitimationsgrundlage gefährdet, dann entsteht das Risiko, daß die Ergebnisse kooperativer Verfahren als willkürlich angesehen werden[199]. Dies wird besonders dann der Fall sein, wenn nicht alle von der Entscheidung Betroffenen an der konsensualen Konfliktlösung beteiligt werden. Zwar besteht kein Zweifel darüber, daß rechtsstaatliche, auf abstrakt-generelle Normen gestützte Verfahren einen gewissen Rechtsschutz gegenüber staatlicher Willkür und Ungleichbehandlung gewährleisten, die Frage ist allerdings, ob die der Kritik zugrundeliegende Annahme zutrifft, daß eine "Erosion" des rechtsstaatlichen, gesetzesgeleiteten Verwaltungshandelns stattgefunden habe. Empirische Untersuchungen zeigen jedoch[200], daß Absprachen in der Verwaltungsrealität das rechtsförmige Verwaltungshandeln - z.B. im Bereich des Immissionsschutzrechts - nicht ersetzen, sondern dieses begleiten. Kooperatives Verwaltungshandeln ist zudem - zumindest ansatzweise - auch bereits gesetzlich vorgesehen[201].

4. Steuerung im multizentrischen Staat

Nicht nur die Gesellschaft ist in sich vielfältig differenziert, sondern auch der Staat. In ihm gibt es nicht eine politische Zentrale, von der aus die Gesellschaft gesteuert würde, vielmehr gibt es mehrere "kleine Zentren", die teils auf derselben Ebene, teils auf unterschiedlichen Ebenen agieren. In diesem Sinne könnte man von einem "multizentrischen Staat" sprechen[202]. Das Verhältnis dieser vielen kleinen Zentren zueinander sowie zu gesellschaftlichen Gruppen und Einzelakteuren ist freilich noch weitgehend ungeklärt.

---

196 Vgl. *Schulze-Fielitz* 1993: 107 und 1994: 657.

197 Zu den Rahmenbedingungen für Verhandlungslösungen im deutschen Verwaltungsrecht siehe *Hoffmann-Riem* 1990: 33 ff.; *Schmidt-Aßmann* 1990.

198 *Brohm* 1986. Das amerikanische "plea bargaining", in dem im Strafverfahren bei unsicherer Beweislage über "Strafmaßreduzierung gegen Schuldbekenntnis" verhandelt wird, ist deutschem Rechtsdenken fremd.

199 Vgl. *Treutner* 1995: 284 ff.; *Habermas* (1976: 116) weist allerdings darauf hin, daß eine administrative Erzeugung zumindest kultureller Legitimität nicht möglich ist.

200 Vgl. *Dose* 1993a: 373; *Dose* 1995.

201 Vgl. etwa § 10 BImSchG, § 2 Abs. 2 der 9. BImSchV, §§ 25, 28 Verwaltungsverfahrensgesetz sowie ausführlicher m.w.N *Dose* und *Voigt* 1995: 12 ff.

202 Vgl. *Brohm* 1987: 31.

Hier könnte ein Ansatz Aufschluß bringen, der den Staat als ein konzentrisches System begreift, das sich aus einer Kombination von streng hierarchischen und eher heterarchischen Elementen zusammensetzt[203]. Danach befindet sich im Kernbereich des Staates ("erster Ring") das politische Steuerungssystem, das aus den Akteuren der politischen Entscheidungsfindung (Parlamente, Regierungen) sowie der unmittelbaren Staatsverwaltung (Ministerien, Unterbehörden) besteht. Die Akteure der mittelbaren Staatsverwaltung (Bundes- und Landesversicherungsanstalten, Kammern, Kreise, Gemeinden etc.) konstituieren die politische Zwischenebene ("zweiter Ring"), während die Freien Träger bzw. sonstige gesellschaftliche Gruppen die periphere Ebene ("dritter Ring") bilden. Während man dieser Konstruktion u.U. noch zustimmen könnte, erscheinen die weiteren Schlußfolgerungen hingegen als empirisch kaum haltbar. Den einzelnen Ringen werden nämlich bestimmte Steuerungsmuster zugeordnet. Im Kernbereich herrsche Etatismus vor, im zweiten Ring Delegation und in der Peripherie Selbststeuerung. Dieser Ansatz wird jedoch der Komplexität des politisch-administrativen Systems ebenso wenig gerecht wie der der Gesellschaft[204]. Vielmehr zeigen die Ergebnisse der Korporatismusforschung ebenso wie die zur Politikverflechtung und die zur kooperativen Verwaltung, daß auch im "Kernbereich des Staates" keineswegs durchgängig ein hierarchischer Steuerungsmodus herrscht[205].

Zutreffend ist allerdings die Erkenntnis, daß politische Steuerung in einer hochdifferenzierten Gesellschaft wegen Überforderung von System und Akteuren nicht mehr von einer (staatlichen) Zentrale aus im direkten Durchgriff möglich ist. Es findet vielmehr eine allmähliche Umsetzung und damit einhergehende Konkretisierung der in den Gesetzen enthaltenen diffusen und weitgehend "offenen" Zielvorgaben im Laufe des Politikprozesses statt. Es liegt auf der Hand (und ist im übrigen auch empirisch belegbar), daß dabei zugleich i.d.R. auch eine Veränderung dieser Zielvorstellungen stattfindet. Unter dem Gesichtspunkt der Überforderung gerade des "Kernbereichs" des Staates werden daher im wesentlichen drei Therapievorschläge diskutiert[206]:

- Entstaatlichung, also der Versuch, vor allem solche Aufgaben aus der staatlichen Kompetenz (wieder) herauszulösen, die der Staat im Zuge der Entwicklung zum

---

203 Vgl. *Görlitz*, *Hanus* und *Kunze* 1987: 128 f.

204 *Fürst* 1987: 261.

205 Vielmehr ist ja gerade für den heutigen Staat kennzeichnend, daß der politische Kernbereich eben nicht für alle bindende Entscheidungen treffen kann, sondern Gesetze häufig nur deshalb verabschiedet werden können, weil "Formelkompromisse" (*Carl Schmitt*) die eigentlichen Kontroversen zudecken.

206 Vgl. *Görlitz* und *Voigt* 1985: 178 f.; *Voigt* 1993b: 314 f.

Wohlfahrts- und Verteilerstaat übernommen hat, die ihn jedoch tendenziell überfordern[207];

- Deregulierung, also die Reduzierung der staatlichen Vorschriften, mit deren Hilfe bzw. auf deren Grundlage der Staat vor allem in den Wirtschaftsablauf eingreift und dabei u.U. dysfunktionale Wirkungen auslöst[208];

- Dezentralisierung, also die Delegation von Steuerungsaufgaben vom zentralen politischen System auf nachgeordnete politisch-administrative Einheiten, womit deren größere Detailkenntnis nachhaltiger in die Steuerungsmaßnahmen eingebracht werden könnte.

Dezentrale Steuerung kleinerer - überschaubarer - Einheiten erscheint als das Gebot der Stunde. Allerdings ist ein solches Konzept funktionaler Dezentralisierung an Voraussetzungen gebunden, die als kaum realisierbar erscheinen. Die formal selbständigen dezentralen Einheiten müßten nämlich in ihrem Kompetenzbereich auch tatsächlich autonom handeln und entscheiden können. Abhängigkeiten und übergeordnete Problemzusammenhänge lassen dies aber nur in den seltensten Fällen zu. Funktionale Dezentralisierung läßt sich nämlich nur dann sinnvoll zur Verringerung von Steuerungsmängeln einsetzen[209], wenn

- die auftretenden Probleme sich innerhalb eines Subsystems lösen lassen,

- die Problemlösung nur von internen Bedingungen des damit befaßten Subsystems abhängt und

- die Auswirkungen und Folgen der von einer dezentralen Funktionseinheit getroffenen Entscheidung sich auf dieses Subsystem begrenzen lassen, da andernfalls kaum lösbare Koordinationsprobleme auftreten.

Ein Ausweg aus diesem Steuerungsdilemma, das aus der Notwendigkeit zur funktionalen Dezentralisierung einerseits und der Unmöglichkeit einer Begrenzung der Folgen dezentral getroffener Entscheidungen auf das "zuständige" Subsystem andererseits, entsteht, wird in der Beschränkung des Staates auf eine bloße "dezentrale Kontextsteuerung" gesehen[210]. Damit ist gemeint, daß "die Kontrolle der Kontrolle verlagert wird

---

207 Eine in diesem Zusammenhang verfolgte Strategie ist die Privatisierung, d.h. die Übertragung bislang von der öffentlichen Hand wahrgenommener Aufgaben auf Private.

208 Auch bei der Deregulierung zeigen sich allerdings kontraproduktive Wirkungen, wenn die staatliche Aufsicht z.B. über die Luftfahrt (Beispiel: USA) zu schwach wird.

209 Vgl. *Görlitz* und *Voigt* 1985.

210 Vgl. *Teubner* und *Willke* 1980.

auf die Organisation der Interaktionsbeziehungen zwischen den Teilsystemen"[211]. Weder über den einzuschlagenden Weg, noch über die Konsequenzen herrscht jedoch Einigkeit unter den beteiligten Wissenschaftlern. Da das politische System nicht (mehr) über die nötige Durchsetzungskraft gegenüber den (oder jedenfalls einigen) gesellschaftlichen Teilsystemen und Akteuren verfügt, um einmal gesetzte Ziele auch zu realisieren, müssen Akzeptanz und Mitwirkung von Individuen wie von Gruppen bei der Durchsetzung politischer Programme oft erst in langwierigen Tauschverhandlungen "erkauft" werden. Dieser Befund legt eine Verlagerung von (Steuerungs-)Aufgaben auf andere Teilsysteme, wie z.B. Wirtschaft, Sozialpartner etc., nahe. Die Folgen einer solchen Verlagerung und die Möglichkeiten für eine Koordinierung der Einzelaktivitäten sind allerdings vor allem empirisch noch weitgehend unerforscht.

4.1 Kommunikatives Handeln des Staates

Einen Ansatzpunkt für die Lösung der Steuerungsprobleme moderner Industriegesellschaften durch ein kooperatives Verhaltens des Staates liefert *Jürgen Habermas* - gewissermaßem auf der Metaebene - mit seiner "Theorie des kommunikativen Handelns"[212]. Wichtigstes analytisches Instrument ist dabei die Unterscheidung zwischen System und Lebenswelt, die durch unterschiedliche Mechanismen der Handlungskoordinierung definiert werden. Während der Begriff der Lebenswelt an den Handlungsorientierungen ansetzt und die Gesellschaft aus der Teilnehmerperspektive handelnder Subjekte als "Lebenswelt einer sozialen Gruppe" konzipiert ist, wird die Gesellschaft aus der Beobachterperspektive eines Unbeteiligten als ein "System von Handlungen" gesehen, denen ein bestimmter funktionaler Stellenwert zukommt[213]. Versteht man nun - mit *Habermas* - die soziale Evolution als einen Vorgang, bei dem sich System und Lebenswelt gleichzeitig herausbilden und voneinander differenzieren, dann erscheint es als folgerichtig (und stimmt im übrigen auch mit empirischen Beobachtungen überein), daß sich die systemischen Mechanismen immer weiter von den sozialen Strukturen, wie Normen und Werten, ablösen, über die sich soziale Integration vollzieht[214]. Es findet also eine Umstellung von Sozial- auf Systemintegration in Gestalt von Verrechtlichungsprozessen statt[215].

Als autonome Organisationen stehen die Subsysteme zweckrationalen Handelns (z.B. Wirtschaft, Verwaltung etc.) über entsprachlichte Steuerungsmedien - z.B. Macht, Geld,

211 *Teubner* und *Willke* 1984: 15 ff.

212 *Habermas* 1981.

213 *Habermas* 1981, Band II: 179.

214 Vgl. *Habermas* 1981, Band II: 230.

215 Vgl. *Voigt* 1993[3] (insbesondere S. 75 ff.).

Recht - miteinander in Verbindung[216]. Die mediengesteuerten Subsysteme Wirtschaft und Staat greifen demnach mit monetären und bürokratischen Mitteln in die symbolische Reproduktion der Lebenswelt ein[217]. Am Beispiel der staatlichen Sozialpolitik läßt sich besonders deutlich zeigen, daß die mit der fortschreitenden Verrechtlichung einhergehende Bürokratisierung und Monetarisierung von Kernbereichen der Lebenswelt zu einem Dilemma führt[218]. Sozialrechtliche Maßnahmen greifen in Notlagen ein und versuchen damit, Situationen der Lebenswelt zu regulieren, ohne diese mit dem rechtlichen Instrumentarium adäquat erfassen zu können. Indem die Lebenswelt der Betroffenen bürokratisch kontrolliert wird, wird damit zugleich die beabsichtigte Freiheitsverbürgung wieder zurückgenommen[219]. Der Staat ist in diesem Fall - wie auch in vielen anderen Fällen - auf Informationen aus dem lebensweltlichen Bereich angewiesen, in den er intervenieren will. Diese Informationen kann er sich aber nur auf dem Wege der Kommunikation mit den Betroffenen verschaffen, also z.B. mit Hilfe von konsensorientierten Verhandlungs- und Entscheidungsverfahren[220].

4.2 Politikwissenschaftliche Steuerungskonzepte

Eine der möglichen Antworten auf die Frage nach der neuen Rolle des Staates bei der Steuerung der Gesellschaft schien die Systemtheorie gefunden zu haben, als sie in den siebziger Jahren den Begriff "Staat" durch den Begriff "politisches System" ersetzte. Damit trug sie vor allem der Differenzierung auf der gesellschaftlichen Makro-Ebene Rechnung, die als ein wesentliches Merkmal moderner Gesellschaften gelten kann[221]. An die Stelle der von der konservativen Staatsrechtslehre postulierten Dichotomie von Staat und Gesellschaft trat nun die Vorstellung von einer Vielfalt von (Sub-)Systemen: politisches, administratives, ökonomisches, soziokulturelles System etc. Diese Teilsysteme sind freilich nicht nur voneinander - durch ihren unterschiedlichen Sinngehalt - zu unterscheiden[222], sondern sie haben selbstverständlich auch vielfältige Beziehungen zueinander. Das politische System ist dabei der Bereich, in dem Prozesse der Machtbildung, der Legitimation und der Konsensfindung ablaufen. Aus der Steuerungsperspektive steht im Mittelpunkt nun die Frage, inwieweit das politische System in der Lage ist, die anderen Subsysteme, insbesondere das ökonomische System, zu steuern.

---

216 Da die Lebenswelt jedoch das Subsystem bleibt, das den Bestand der Gesellschaft im ganzen definiert, bedürfen die systemischen Mechanismen einer Verankerung in der Lebenswelt.

217 Vgl. *Habermas* 1981, Band II: 522.

218 Vgl. *Habermas* 1981, Band II: 534 u. 538 f.

219 Vgl. *Kleger* 1987: 307.

220 Vgl. *Habermas* 1981, Band II: 544.

221 Vgl. *Mayntz* 1993: 41.

222 Vgl. *Mayntz* 1988: 17; *Rosewitz* und *Schimank* 1988.

Von einem systemtheoretischen Grundverständnis ausgehend werden von verschiedenen Autoren mehr oder weniger radikale Sichtweisen dieses Problems vorgestellt. Insbesondere die Verfechter autopoietischer Konzepte sehen für den Staat weder die Möglichkeit noch die Notwendigkeit, in die Selbstreferentialität anderer Teilsysteme einzugreifen[223]. Andere Autoren schlagen vor, die Entscheidungsverfahren um prozedurale Steuerungselemente zu erweitern[224]. In historischer Abfolge lassen sich die politikwissenschaftlichen Steuerungskonzepte - verallgemeinernd - in drei Hauptgruppen unterteilen[225], wobei zu bemerken ist, daß die - inzwischen weiterentwickelten - Konzepte in verschiedenen Varianten auch heute noch miteinander konkurrieren:

- entscheidungstheoretische Planungskonzepte,
- systemtheoretische Steuerungskonzepte und Policyanalyse,
- autopoietische Selbstorganisationskonzepte.

4.2.1 Entscheidungstheoretische Planungskonzepte

Während die Anfangszeit der Bundesrepublik durch eine gewisse Planungsfeindlichkeit geprägt war, enstand Mitte der sechziger Jahre eine breite Planungsdiskussion[226]. Aus dieser Diskussion gingen vor allem entscheidungstheoretische Planungskonzepte hervor, die mit Elementen der Neuen Politischen Ökonomie, System Analysis, Organisationstheorie und Operations Research angereichert wurden[227]. Unter dem Stichwort "Verwissenschaftlichung der Politik" wurden Vorschläge für die Reform von Bundesregierung und -verwaltung erarbeitet und - zumindest teilweise - auch in die Praxis umgesetzt. Im Rahmen der politischen Planung als Zukunftsgestaltung wurden der Regierung dabei fünf Funktionen zugeschrieben[228]:

- Informationsfunktion, d.h. die Schaffung einer hinreichenden Informationsbasis als notwendiger Grundlage jeder Planung;
- Koordinierungsfunktion, d.h. Abstimmung von Einzelplanungen durch Koordination zur Vermeidung von Reibungsverlusten;

---

223 Statt vieler: *Willke* 1983a und 1992.

224 Vgl. *Ladeur* 1986: 65 ff.

225 In Anlehnung an *Druwe* 1994: 58 ff.; vgl. auch *Druwe* und *Görlitz* 1992: 143 ff. Dabei liegen Teildisziplinen wie Regierungslehre, Gesetzgebungslehre oder Rechtspolitologie gewissermaßen "quer" zu dieser Einteilung, da sie ein - partiell - anderes Forschungsinteresse verfolgen.

226 Zu den Ergebnissen vgl. *Mayntz* und *Scharpf* 1973.

227 Vgl. *Druwe* 1994: 58 f.

228 Vgl. *Voigt* 1993b: 295.

- Integrationsfunktion, d.h. Einfügen der Gesamtplanung in einen gemeinsamen inhaltlichen, zeitlichen und finanziellen Rahmen;
- Anstoßfunktion, d.h. umfassende Planung zur Früherkennung von Widersprüchen, Konflikten und Lücken in den Einzelplanungen;
- Kontrollfunktion, d.h. Überwachung der Ablaufplanung sowie Gegenüberstellung von Ankündigung und Ausführung zur ständigen Erfolgskontrolle.

Nach den entscheidungstheoretischen Planungskonzepten läßt sich der Steuerungsprozeß als Zweck-Mittel-Modell charakterisieren[229], wobei es erstens um die Bestimmung der anzustrebenden Globalziele durch das politische System als Steuerungssubjekt (Aufgabenplanung), zweitens um die Beschaffung der notwendigen Ressourcen zur Realisierung dieser Ziele (Ressourcenplanung) und drittens um die Organisation des administrativen Systems (Entscheidungsstrukturplanung) geht. Dabei wird sowohl eine grundsätzliche "Machbarkeit" politischer Steuerung als auch eine unproblematische Zweck-Mittel-Rationalität unterstellt. Im Verlauf der siebziger Jahre zeigte sich jedoch, daß weder die Probleme der Kausalität, noch die der Informationsverarbeitung durch das politische System tatsächlich gelöst sind. Vielmehr gehört zu den Hauptursachen für das Auftreten von Steuerungsdefiziten die nicht bewältigte Komplexität gesellschaftlicher Systeme.

4.2.2 Systemtheoretische Steuerungskonzepte und Policyanalyse

Im Rahmen der Policyforschung[230] verknüpft ein zweiter Ansatz sodann die planungs- und entscheidungstheoretischen Steuerungskonzepte mit denen der sozialwissenschaftlichen Systemtheorie (*David Easton*, *Gabriel Almond*, *Karl W. Deutsch*, *Niklas Luhmann*). Zum einen wird das politische System nun in einem Input-Output-Schema mit der gesellschaftlichen Umwelt rückgekoppelt, zum anderen durch ein Phasenablaufmodell politischer Planung dynamisiert[231]. Als Input des Politikerzeugungsprozesses[232] werden politische Probleme, Forderungen (demands) und Unterstützungsleistungen identifiziert, während Output sowohl die Aktivitäten der Akteure des politisch-administrativen Systems wie deren Ergebnisse erfassen soll. Gemeint sind also formulierte Programme, artikulierte Ziele oder auch durchgesetzte Maßnahmen[233]. Die Implementationsforschung lenkte darüber hinausgehend den Blick auf die nachgeordneten Behör-

229 Vgl. *Druwe* 1994: 59.

230 Vgl. *Hartwich* 1985.

231 *Druwe* 1994: 61.

232 "Policy-Making-System"; vgl. *Jann* 1983: 40 ff.

233 Vgl. *Jann* und *Kronenwett* 1978: 9a.

den auf der Implementationsebene, die ebenfalls das Ergebnis des Policy-Prozesses beeinflussen[234].

Folgende Phasen lassen sich danach im Policy-Prozeß unterscheiden[235]:

- Problemperzeption und -definition: Welche Probleme sind festzustellen. Welche Entwicklungen sind zu erwarten? Welche normativen Bindungen sind zu beachten?
- Zielbildung: Welche Veränderungen sollen erreicht werden? Wer soll davon profitieren?
- Instrumentalisierung: Welche Instrumente kommen zur Erreichung der Ziele in Betracht? Welche Instrumente sollen Anwendung finden?
- Programmierung: Welche alternativen Handlungsmöglichkeiten gibt es zur Erreichung der Ziele? Welches Programm soll formuliert werden?
- Implementierung: Wer soll das Programm durchführen? Welche organisatorischen, personellen, finanziellen Regelungen kommen in Betracht?
- Wirkungen: Welche intendierten und welche nicht-intendierten Auswirkungen auf die Gesellschaft sind von der Durchführung des Programms zu erwarten?

Diese Phasen können allerdings nur analytisch unterschieden und nicht unbedingt auch tatsächlich im Politikverlauf festgestellt werden. Vielmehr kommt es - zumindest in Krisensituationen - durchaus vor, daß die Politik "im Vollzug gemacht" wird[236]. Das Phasenmodell hat also in erster Linie heuristischen Wert. Sowohl die Implementationsforschung wie die Policy-Analyse sind jedoch empirisch orientiert, so daß neue Erkenntnisse über den Politikverlauf gewonnen werden können, die in die systemtheoretische Steuerungstheorie einfließen. Während die Implementationsforschung erstmals den Blick stärker auf die Implementationsebene und deren interne Systembedingungen lenkt, differenziert die Policy-Analyse den Problemverarbeitungsprozeß nunmehr unter prozessualer (politics), inhaltlicher (policy) und struktureller (polity) Perspektive, deren Verlauf empirisch untersucht wird. Diese drei Teilbereiche lassen sich folgendermaßen definieren[237]:

- Politics bezeichnen den prozessualen, durch Interessenkonkurrenz geprägten Aspekt der Politik. Im Mittelpunkt der Analyse stehen die am politischen Prozeß beteiligten

---

234 Statt vieler: *Mayntz* 1980.

235 Vgl. *Görlitz* und *Voigt* 1985: 114.

236 Vgl. *Czada* in diesem Band.

237 Vgl. *Druwe* 1987: 394 f.; *Böhret, Jann* und *Kronenwett* 1988[3].

Akteure, die miteinander in Beziehungen stehen. Es müssen Interessen ausgeglichen, Konflikte ausgetragen und politische Entscheidungen getroffen werden.

- Policy umschreibt die inhaltliche Dimension des Politikbegriffs sowie die Art und Weise der Bearbeitung von öffentlichen Angelegenheiten. Es geht um die Interaktionen zwischen Staat und Gesellschaft bzw. gesellschaftlichen Problemen. Dabei stehen Probleme der Problemperzeption und der Problemlösung im Vordergrund.
- Polity kennzeichnet den formalen Aspekt von Politik, d.h. es geht um Organisationsform und Normengefüge. Dazu gehört die Verfassungs-, Wirtschafts- und Wertordnung ebenso wie die politische Ordnung. Darüber hinaus stehen Verfahrensregeln, Institutionen u.ä. im Vordergrund der Analyse.

Diese drei Dimensionen des Politikbegriffs, deren Unterscheidung analytisch wertvoll sein kann, hängen offensichtlich eng zusammen. Die Bildung von Erkenntnisschwerpunkten gemäß dieser Dreiteilung stößt daher auf Kritik. In dem hier interessierenden Zusammenhang wird deutlich, daß bei der korporativen Steuerung der Politics-Aspekt eindeutig im Vordergrund steht, da es in den korporativen Arrangements im wesentlichen um den Ausgleich von Interessen und die Lösung von Konflikten geht. Andererseits sind sowohl die zu beteiligenden Akteure wie vor allem auch die Ergebnisse des Interaktionsprozesses von dem Politikfeld (Wirtschaftspolitik, Sozialpolitik, Umweltpolitik etc.) abhängig, in dem interagiert wird. Es liegt auf der Hand, daß es einen Unterschied macht, ob sich die zu analysierenden Interaktionen beispielsweise in einem marktwirtschaftlichen oder einem anderen Wirtschaftssystem, in einer parlamentarischen Demokratie oder in einem autoritären Staat abspielen. Polity läßt sich überdies nicht ohne Politics analysieren[238].

4.2.3 Autopoietische Selbstorganisationskonzepte

Die in den sechziger Jahren in den Naturwissenschaften entwickelten "Selbstorganisations"-Ansätze (*Ilya Prigogine*, *Humberto R. Maturana*, *Francisco J. Varela*) wurden zu Beginn der achtziger Jahre von Sozialwissenschaftlern aufgegriffen und zu einer Theorie selbstreferentieller Systeme weiterentwickelt[239]. Der Kerngedanke ist dabei, daß auch soziale Systeme als "autopoietisch" zu interpretieren sind, d.h. ihre Bestandteile (in diesem Fall: Individuen) erzeugen Relationen (in diesem Fall: Verhaltenskoordinationen), und die Relationen erzeugen umgekehrt wiederum die Bestandteile. "Der wechselseitige Bezug von Individuen und Verhaltenskoordinationen erzeugt die zirkuläre, autopoietische Struktur sozialer Systeme"[240], die für jedes soziale System spezi-

---

238 Vgl. *Scharpf* 1985.

239 Vgl. z.B. *Hejl* 1982; *Teubner* 1982: 13 ff.; *Willke* 1983a.

240 *Druwe* 1994: 69.

fisch ist. Für die Analyse staatlicher Steuerungsmöglichkeiten sind vor allem die folgenden Kernsätze von Bedeutung[241]:

- Jedes autopoietische System interpretiert, reagiert, verhält sich immer nur im Rahmen der eigenen Struktur; Steuerung kann also stets nur Selbststeuerung sein.

- Da Strukturdeterminiertheit zu operationaler Geschlossenheit führt, bedeutet dies, daß nicht das Steuerungssubjekt das Steuerungsobjekt in einen anderen Zustand "zwingt", sondern daß es sich um einen Vorgang wechselseitiger Interaktion handelt.

- Autopoietische Systeme können nicht zwischen innen und außen unterscheiden, so daß der komplementäre Interaktionsprozeß der Selbststeuerung nicht hierarchisch geordnet werden kann.

- Eingriffe von außen werden vom System stets als Störungen bzw. Reize ("Perturbationen") empfunden, die strukturdeterminiert, d.h. relativ zur eigenen Systemrationalität, verarbeitet werden; das hat zur Konsequenz, daß autopoietische Systeme nicht von außen gezielt beeinflußt werden können.

Aus diesen Kernsätzen ließe sich der Schluß ziehen, daß das politische System nur sich selbst steuern könne[242]. Mit anderen Worten: Politische Steuerung wäre danach überhaupt nicht möglich. Bereits in der Definition autopoietischer Systeme durch *Maturana* selbst gibt es jedoch Anhaltspunkte, die über diesen Steuerungspessimismus hinausführen könnten[243]:

- Die Struktur des autopoietischen Systems setzt die Existenz eines Mediums voraus, solche Medien sind z.B. die natürliche Umwelt oder andere Menschen und Gruppen, etwa die Familie, der Freundeskreis, der intermediäre (Groß-)Verband oder die Gesellschaft.

- Zwischen Medium und autopoietischem System liegen strukturelle Koppelungen vor, das bedeutet, daß sich z.B. Menschen "verstehen", aber auch, daß Verbände und Staat miteinander kooperieren, freilich ohne daß die beteiligten autopoietischen Systeme ihre strukturelle Geschlossenheit dabei verlieren würden.

- Dauerhafte Interaktionen zwischen Medium und autopoietischem System bilden konsensuelle Bereiche, dies gilt insbesondere für die Sprache, aber auch für entsprachlichte Steuerungsmedien (*Habermas*).

---

241 Vgl. *Druwe* 1989: 50 u. 54.

242 So *Luhmann* 1988: 337 und 1989: 3 ff.

243 Vgl. *Druwe* 1994: 72 f.; *Hanus* und *Druwe* 1990: 69 ff.

Die Konsequenz solcher autopoietischer Selbstorganisationskonzepte, nämlich die hierarchische Struktur von Steuerung müsse zugunsten einer auf gleicher Ebene verlaufenden Interaktionsstruktur aufgegeben werden, d.h. Steuerung müsse nunmehr als "rekursiver Interaktionsprozeß zwischen zwei Sozialsystemen" definiert werden[244], deutet zwar auf Sinn und Nutzen des kooperativen Steuerungsmodus hin, läßt andererseits jedoch noch viele Fragen offen[245]. Die Kritik an diesen Konzepten hat *Renate Mayntz* auf den Punkt gebracht[246]: "Das Konzept [...] scheint mit Vorstellungen der Globalsteuerung durch Rahmenvorgaben verwandt zu sein, die im Sinne von Informations- und Überzeugungsprogrammen oder von positiven und negativen Anreizen wirken, nur daß diese sich nicht auf ein bestimmtes Adressatenverhalten, sondern auf Erreichung von auf der Makroebene definierten Zielzuständen beziehen. Um solche Rahmenvorgaben machen zu können, bedürfte es wohl all des Wissens, dessen Nichtverfügbarkeit zunächst konstatiert wurde".

5. Schlußbemerkung

Erst in jüngster Zeit gerät der "arbeitende Staat" (*Lorenz von Stein*) wieder in das Blickfeld der Politikwissenschaft[247]. Damit wird dem Umstand Rechnung getragen, daß es Charakteristika des durch die Handlungen von Menschen (wenn diese auch im Rahmen von strukturellen Gegebenheiten stattfinden) geprägten Staates gibt, die sich durch eine vom Individuum abstrahierende systemtheoretische Sichtweise nicht erfassen lassen. Andererseits muß natürlich berücksichtigt werden, daß sich moderne Gesellschaften auf der Meta-Ebene in Subsysteme ausdifferenziert haben, die über ein bestimmtes Maß an Autonomie verfügen. Ohne die Existenz korporativer Akteure, die die Interessen der Individuen organisieren und repräsentieren, wäre diese Autonomie - und damit ein wesentlicher Aspekt von gesellschaftlicher Modernisierung - nicht aufrechtzuerhalten[248]. Indem die Systemtheorie jedoch die Lebenswelt (*Habermas*) konzeptuell auf verschiedene Teilsysteme reduziert, verkennt sie die eigensinnige Rationalisierung der Lebenswelt[249]. Der moderne Staat des ausgehenden 20. Jahrhunderts kann auch nicht (mehr) als ein über den Menschen stehendes Wesen definiert werden, wie es noch *Carl Schmitt* in der Weimarer Zeit tat, indem er die Position des Reichspräsidenten als Personifizie-

244 *Druwe* 1994: 76.

245 Vgl. *Eichener, Heinze* und *Voelzkow* in diesem Band.

246 Diese Kritik war vor allem auf das Konzept des "reflexiven Rechts" bezogen; vgl. *Mayntz* 1987: 100.

247 *Ritter* 1979; *Ellwein* et al. 1987 ff.; *Scharpf* 1992, 1993a und 1993b.

248 Vgl. *Mayntz* 1993: 42.

249 Vgl. *Kleger* 1987: 298.

rung des Staates ins Übermenschliche hob[250]. Die wesentlichen Elemente dieser Staatsidee, unbeschränkte Souveränität nach außen und absolute Befehlsgewalt nach innen, sind heute - zumindest in Friedenszeiten[251] - in keinem Staat westlicher Prägung vorzufinden. Der Staat erscheint daher in seinen vielfältigen Erscheinungsformen - Bund, Länder, Regierung, Verwaltung etc. - auch nicht mehr als das eine monolithische Handlungszentrum, sondern als Bestandteil eines komplexen "multizentralen Handlungssystems", das aus vielen unterschiedlichen Institutionen und (korporativen) Akteuren besteht[252].

Dementsprechend geht Politik heute zu einem erheblichen Teil aus innerstaatlichen und transnationalen Verhandlungen hervor[253] bzw. ist in Policy-Netzwerke eingesponnen[254]. Damit signalisiert der Staat Sensibilität sowohl für die erhöhte Komplexität politischer Steuerung wie für ein zunehmendes Konsensbedürfnis in der Gesellschaft. Solche korporativen Systeme funktionieren freilich sowohl im transnationalen, wie im innerstaatlichen Bereich als auch in korporativen Arrangements nur dann, wenn eine gemeinsame Orientierung an grundlegenden Normen der Zusammenarbeit besteht oder stets aufs Neue hergestellt werden kann[255]. Auch die Annahmen über die Situation, in der die Beteiligten agieren, sowie die Bewertung dieser Annahmen, müssen übereinstimmen bzw. zur Übereinstimmung gebracht werden können. Allein aus diesem Grund wäre bereits die Konstituierung von Konzertierten Aktionen, Runden Tischen oder ähnlichen Koordinationsgremien sinnvoll und nützlich, weil sich die Beteiligten hier zunächst einmal über die Beurteilung der Lage verständigen können (bzw. müssen), was wiederum zur Einleitung von Lernprozessen auf allen Seiten führen kann. Handelt es sich um stabile "Netzwerke der Verantwortungsteilung" (*Hoffmann-Riem*), dann bildet eine allseits akzeptierte Verteilung von Macht und Ressourcen eine solide Grundlage für die weitere Konsensbildung.

Der kooperative Staat ist nicht bloß ein Rechtsstaat traditioneller Prägung, der lediglich "Arbeitsweise und Arbeitsstil" gewechselt hat[256]. Das Zurücktreten der hoheitlichen Machtmittel, der Wechsel von verbindlichen Rechtsakten des Staates zu informalen Absprachen zwischen den staatlichen Behörden und den Adressaten rührt vielmehr an Wirksamkeitsvoraussetzungen des Rechtsstaates. Zugleich modifiziert der kooperative

---

250 *C. Schmitt* [1931] 1963: 98 ff.

251 Im Kriegszustand gelten andere Gesetze, hier kann sich der Staat durchaus wieder dem Zustand absoluter Machtvollkommenheit nach innen und außen nähern.

252 *Willke* 1983b.

253 Vgl. *Scharpf* 1992: 25.

254 Vgl. *Héretier* 1993; *Schubert* 1991: 89 ff.

255 Vgl. *Benz* 1989: 188.

256 *Ritter* 1979: 389 ff.

Staat die traditionellen Vorstellungen von einer parlamentarisch-repräsentativen Demokratie. Nicht mehr das Parlament als Repräsentant des Volkswillens entscheidet über die wichtigsten Angelegenheiten, sondern Planungsausschüsse, Kooperationsgremien und "Runde Tische". Ein Beispiel hierfür ist der "Rat zur friedlichen Nutzung der Kernenergie". An ihm wird deutlich, wer an den kooperativen Interaktions- und Steuerungssystemen beteiligt ist: Regierungen, Spitzen der Parlamentsfraktionen und der großen Koalitions- und Oppositionsparteien, Großorganisationen der Wirtschaft, Gewerkschaften und wissenschaftliche Großforschungseinrichtungen[257]. In diesen mehr oder weniger offiziellen Gremien handeln die Vertreter der wichtigsten staatlichen und nichtstaatlichen Interessen Kompromisse aus, die dann allerdings eine für alle verbindliche politische Leitlinie bilden. Aus dem Zwang zum Kompromiß bezieht der kooperative Staat seine politische Kraft und letztlich sogar seine besondere Legitimation. Diese Legitimation gerät allerdings ins Wanken, wenn sich die an den korporativen Interaktions- und Steuerungsystemen beteiligten Großorganisationen nur noch durch "künstliche Beatmung" (als Beispiel hierfür könnte die staatliche Parteienfinanzierung interpretiert werden) am Leben erhalten lassen, weil ihnen - buchstäblich - die Mitglieder davonlaufen[258].

Der moderne Staat ist zwar deutlich hoheitsreduziert[259], verzichtet damit aber keineswegs auf den Anspruch politischer Gestaltung. Der Umfang seiner Aufgaben muß freilich - ggf. durch eine staatliche Politik der "Staatsentlastung"[260] reduziert werden, um eine Konzentration der Kräfte auf die wichtigsten Probleme zu ermöglichen. Umfang und Inhalt des Staatsbegriffs stehen damit nicht ein für allemal fest, sondern sind das "Ergebnis des Konflikts soziopolitischer und politisch-kultureller Deutungen"[261] der am politischen Willensbildungsprozeß Beteiligten. Sie hängen von deren relativer Mobilisierungs-, Organisations- und Konfliktfähigkeit ab. Als Mittler zwischen den sozialen Gruppen ist es die neue Aufgabe des Staates, die Herstellung von Konsens und Akzeptanz zu organisieren, die innovativen Potentiale der unterschiedlichen Akteure zu mobilisieren und politische Schwerpunkte für die aktive Gestaltung der Zukunft zu formulieren[262]. Da der Staat seine Intentionen nicht (oder selten) gegen die Adressaten, sondern nur mit Hilfe einer kompromiß- und konsensorientierten Kooperation mit diesen zusammen durchsetzen kann[263], liegt der Gedanke nahe, parastaatliche Verfahren der Kompromißbildung und der globalen Steuerung einzurichten. Das Agieren in ko-

---

257 Vgl. *Ritter* 1979: 410; *Heinze* und *Schmidt* 1994.

258 Vgl. *Offe* 1990: 185.

259 Vgl. *Wolf* 1990.

260 Vgl. *Offe* 1987: 317; *Beck* 1993: 26 u. 210 ff.; *Offe* 1994.

261 Vgl. *Offe* 1990: 181.

262 Vgl. *Böhret* 1992.

263 Vgl. *Wolf* 1990: 134.

operativen Interaktions- und Steuerungssystemen setzt allerdings - unabhängig von der politischen Ebene - ein Denken in Verfahren voraus, d.h. es muß pragmatisch nach erfolgreichen Strategien gesucht werden, die - und sei es auch auf Umwegen - zum Ziel führen. Dieses "prozedurale Denken" muß freilich erst eingeübt werden. Dies allein genügt allerdings nicht, weil es nichts über den Inhalt der Steuerungsintentionen aussagt. Hinzu treten muß vielmehr eine "Metamorphose des Staates" im Rahmen einer (Neu-) "Erfindung des Politischen" (*Ulrich Beck*[264]). Die Konturen dieses neuen Staates sind freilich noch unscharf und werden dementsprechend kontrovers diskutiert.

Wer den Staat "bei der Arbeit" beschreiben will, begibt sich in ein Dilemma: Er muß den "Mythos des Staates"[265] entzaubern, ohne den Staat auf diese Weise ganz hinwegzudefinieren[266].

---

264 Vgl. *Beck* 1993: 214 ff.

265 *Cassirer* 1949; *Seibel* 1989.

266 So aber *Willke* 1983a.

Literaturverzeichnis

Abromeit, Heidrun, 1993: Interessenvermittlung zwischen Konkurrenz und Konkordanz. Studienbuch zur Vergleichenden Lehre politischer Systeme, Opladen.

Achinger, Hans, 1966^2: Soziologie und Sozialreform, in: Soziologie und moderne Gesellschaft, Verhandlungen des 14. Deutschen Soziologentages vom 20. - 24.05.1959 in Berlin, 2. Auflage, Stuttgart.

Agnoli, Johannes, 1968: Die Transformation der Demokratie, in: Johannes Agnoli/Peter Brückner, Die Transformation der Demokratie, Frankfurt a.M., 3 - 73.

Alemann, Ulrich von (Hrsg.), 1981: Neokorporatismus, Frankfurt a.M. und New York.

Alemann, Ulrich von, 1989: Organisierte Interessen. Von der "Herrschaft der Verbände" zum "Neokorporatismus"? in: v. Bandemer/Wewer (Hrsg.), 219 - 234.

Alemann, Ulrich von/Heinze, Rolf G. (Hrsg.), 1981^2: Verbände und Staat. Vom Pluralismus zum Korporatismus - Analysen, Positionen, Dokumente, 2. Auflage, Opladen.

Andersen, Uwe/Woyke, Wichard (Hrsg.), 1993: Handwörterbuch des politischen Systems der Bundesrepublik Deutschland, Opladen.

Arnim, Hans Herbert von, 1977: Gemeinwohl und Gruppeninteressen. Die Durchsetzungsschwäche allgemeiner Interessen in der parlamentarischen Demokratie. Ein Beitrag zu verfassungsrechtlichen Grundfragen der Wirtschaftsordnung, Frankfurt a.M.

Arnim, Hans Herbert von, 1990: Entmündigen die Parteien das Volk? Parteienherrschaft und Volkssouveränität, in: Aus Politik und Zeitgeschichte, B 21/90, 25 - 36.

Arnim, Hans Herbert von, 1991: Der Parteienstaat, in: Hartwich/Wewer (Hrsg.), 99 - 118.

Arnim, Hans Herbert von/Klages, Helmut (Hrsg.), 1986: Probleme der staatlichen Steuerung und Fehlsteuerung in der Bundesrepublik Derutschland, Berlin.

Arnold, Peter, 1989: Die Arbeit mit öffentlich-rechtlichen Verträgen im Umweltschutz beim Regierungspräsidium Stuttgart, in: Verwaltungs-Archiv, 80. Jhrg., Heft 1, 125 - 142.

Bandemer, Stephan von/Wewer, Göttrik, 1989: Regierungssystem und Regierungslehre. Fragestellungen, Analysekonzepte, Forschungsstand eines Kernbereichs der Politikwissenschaft, Opladen.

Beck, Ulrich, 1986: Risikogesellschaft. Auf dem Weg in eine andere Moderne, Frankfurt a.M.

Beck, Ulrich, 1993: Die Erfindung des Politischen. Zu einer Theorie reflexiver Modernisierung, Frankfurt a.M.

Benz, Arthur, 1989: Regierbarkeit im kooperativen Bundesstaat - Eine Bilanz der Föderalismusforschung, in: v. Bandemer/Wewer (Hrsg.), 181 - 192.

Benz, Arthur, 1992: Normanpassung und Normverletzung im Verwaltungshandeln, in: Benz/Seibel (Hrsg.), 31 - 63.

Benz, Arthur, 1994: Kooperative Verwaltung - Funktionen, Voraussetzungen, Folgen, Baden-Baden.

Benz, Arthur/Scharpf, Fritz W./Zintl, Reinhard 1992: Horizontale Politikverflechtung, Zur Theorie von Verhandlungssystemen, Frankfurt a.M. und New York.

Benz, Arthur/Seibel, Wolfgang (Hrsg.), 1992: Zwischen Kooperation und Korruption. Abweichendes Verhalten in der Verwaltung, Baden-Baden.

Bernschneider, Wolfgang, 1986: Staat, Gewerkschaft und Arbeitsprozeß. Zur "Politisierung" und zum Legitimationspotential staatlichen Handelns, Opladen.

Beyme, Klaus von/Schmidt, Manfred G. (Hrsg.), 1990: Politik in der Bundesrepublik Deutschland, Opladen.

Böckenförde, Ernst-Wolfgang (Hrsg.), 1976: Staat und Gesellschaft, Darmstadt.

Böhret, Carl, 1983: Politik und Verwaltung. Beiträge zur Verwaltungspolitologie, Opladen.

Böhret, Carl, 1990: Folgen. Entwurf für eine aktive Politik gegen schleichende Katastrophen, Opladen.

Böhret, Carl, 1992: Zur Handlungsfähigkeit des funktionalen Staates der spätpluralistischen Industriegesellschaft, Koreferat zu Fritz W. Scharpf, in: Kohler-Koch (Hrsg.), 116 - 129.

Böhret, Carl/Jann, Werner/Kronenwett, Eva, 1988[3]: Innenpolitik und Politische Theorie, 3. Auflage, Opladen.

Böhret, Carl/Klages, Helmut/Reinermann, Heinrich/Siedentopf, Heinrich (Hrsg.), 1987: Herausforderungen an die Innovationskraft der Verwaltung, Opladen.

Böhret, Carl/Wewer, Göttrik (Hrsg.), 1993: Regieren im 21. Jahrhundert - zwischen Globalisierung und Regionalisierung. Festgabe für Hans-Hermann Hartwich zum 65. Geburtstag, Opladen.

Bohne, Eberhard, 1981: Der informale Rechtsstaat. Eine empirische und rechtliche Untersuchung zum Gesetzesvollzug unter besonderer Berücksichtigung des Immissionsschutzes, Berlin.

Bolle, Michael, 1977: Keynesianismus, in: v. Eynern/Böhret (Hrsg.), 215 - 220.

Breuer, Rüdiger, 1990: Verhandlungslösungen aus der Sicht des deutschen Umweltschutzrechts, in: Hoffmann-Riem/Schmidt-Aßmann (Hrsg.), Band I, 231 - 252.

Brohm, Winfried, 1986: Gesetzesvollzug als Handelsobjekt? Zur Notwendigkeit der Rechtstatsachenforschung auf dem Gebiet des informellen Verwaltungshandelns, in: Wolfgang Heinz (Hrsg.), Rechtstatsachenforschung heute, Konstanz, 103 ff.

Brohm, Winfried, 1987: Polyzentrische Steuerung durch das Recht. Zur Rolle von Verwaltung und Verwaltungsgerichtsbarkeit in der Bundesrepublik Deutschland, in: Axel Görlitz/Rüdiger Voigt (Hrsg.), Grenzen des Rechts, Pfaffenweiler, 31 - 47.

Brohm, Winfried, 1990: Alternativen zum einseitigen hoheitlichen Verwaltungshandeln - 11 Thesen zur "Mediation", in: Hoffmann-Riem/Schmidt-Aßmann (Hrsg.), Band I, 253 - 258.

Bulling, Manfred, 1989: Kooperatives Verwaltungshandeln (Vorverhandlungen, Arrangements, Agreements und Verträge) in der Verwaltungspraxis, in: Die Öffentliche Verwaltung, 42. Jhrg., Heft 7, 277 - 289.

Cassirer, Ernst, 1949: Der Mythus des Staates, Zürich.

Czada, Roland, 1987: Korporatismus, in: Görlitz/Prätorius (Hrsg.), 238 - 343.

Czada, Roland, 1992: Brückenköpfe in der Gesellschaft. Der Anteil des Staates an der Organisation ökonomischer und sozialer Interessen, in: Hartwich/Wewer (Hrsg.).

Czada, Roland/Schmidt, Manfred G. (Hrsg.), 1993: Verhandlungsdemokratie, Interessenvermittlung, Regierbarkeit. Festschrift für Gerhard Lehmbruch, Opladen.

Dahl, Robert A., 1989: Democracy and its Critics, New Haven.

Dettling, Warnfried (Hrsg.), 1977: Macht der Verbände - Ohnmacht der Demokratie? Beiträge zur Theorie und Politik der Verbände, München und Wien.

Dose, Nicolai, 1992: Normanpassung durch Verhandlungen mit der Ordnungsverwaltung, in: Benz/Seibel (Hrsg.), 87 - 110.

Dose, Nicolai, 1993[2]: Verhandlungen mit der öffentlichen Verwaltung, 2. Auflage, München.

Dose, Nicolai, 1993a: Plädoyer für eine realitätsnahe und vollzugsorientierte Betrachtung staatlicher Steuerung im Umweltbereich, in: König/Dose (Hrsg.), 371 - 379.

Dose, Nicolai, 1995: Die verhandelnde Verwaltung, Opladen (i.V.).

Dose, Nicolai/Voigt, Rüdiger, 1995: Kooperatives Recht: Norm und Praxis, in: Nicolai Dose/Rüdiger Voigt (Hrsg.), Kooperatives Recht, Baden-Baden, 11 - 39.

Druwe, Ulrich, 1987: Politik, in: Görlitz/Prätorius (Hrsg.), 393 - 397.

Druwe, Ulrich, 1989: Rekonstruktion der "Theorie der Autopoiese" als Gesellschafts- und Steuerungsmodell, in: Görlitz (Hrsg.), 35 - 58.

Druwe, Ulrich, 1994: Steuerungstheoretische Problemlösungsansätze, in: Görlitz (Hrsg.), 57 - 77.

Druwe, Ulrich/Görlitz, Axel, 1992: Politikfeldanalyse als mediale Steuerungsanalyse, in: Heinrich Bußhoff (Hrsg.), Politische Steuerung, Baden-Baden, 143 ff.

Eichener, Volker/Heinze, Rolf G./Voelzkow, Helmut, 1993: Techniksteuerung im Spannungsfeld zwischen staatlicher Intervention und verbandlicher Selbstregulierung, in: Voigt (Hrsg.), 393 - 421.

Ellwein, Thomas/Hesse, Joachim Jens (Hrsg.), 1990: Staatswissenschaften. Vergessene Disziplin oder neue Herausforderung? Baden-Baden.

Ellwein, Thomas/Hesse, Joachim Jens, 1987[6]: Das Regierungssystem der Bundesrepublik Deutschland, 6. Auflage, Opladen.

Eschenburg, Theodor, 1955: Herrschaft der Verbände? Stuttgart.

Esser, Josef/Hirsch, Joachim, 1982: Materialistische Staatstheorie und Verwaltungswissenschaft, in: Joachim Jens Hesse (Hrsg.): Politikwissenschaft und Verwaltungswissenschaft, Opladen, 105 - 121.

Eynern, Gert von/Böhret, Carl (Hrsg.), 1977[2]: Wörterbuch zur politischen Ökonomie, 2. Auflage, Opladen.

Forsthoff, Ernst, 1971[2]: Der Staat der Industriegesellschaft, 2. Auflage, München.

Fraenkel, Ernst, 1964: Der Pluralismus als Strukturelement der freiheitlich-rechtsstaatlichen Demokratie, München und Berlin.

Fürst, Dietrich, 1987: Die Neubildung der Staatsdiskussion: Veränderte Anforderungen an Regierung und Verwaltung in westlichen Industriegesellschaften, in: Jahrbuch zur Staats- und Verwaltungswissenschaft, Bd. 1, 261 - 284.

Glagow, Manfred (Hrsg.), 1984a: Gesellschaftssteuerung zwischen Korporatismus und Subsidiarität, Bielefeld.

Glagow, Manfred, 1984b: Zur Delegation staatlicher Aufgaben im Umweltschutz an Selbstverwaltungskörperschaften, in: Glagow (Hrsg.), 115 - 139.

Glagow, Manfred/Willke, Helmut/Wiesenthal, Helmut (Hrsg.), 1989: Gesellschaftliche Steuerungsrationalität und partikulare Handlungsstrategien, Pfaffenweiler.

Görlitz, Axel (Hrsg.), 1989: Politische Steuerung sozialer Systeme, Mediales Recht als politisches Steuerungskonzept, Pfaffenweiler.

Görlitz, Axel (Hrsg.), 1994: Umweltpolitische Steuerung, Schriften zur Rechtspolitologie, Bd. 1, Baden-Baden.

Görlitz, Axel/Druwe, Ulrich (Hrsg.), 1990: Politische Steuerung und Systemumwelt, Pfaffenweiler.

Görlitz, Axel/Hanus, Peter/Kunze, Rainer, 1987: Öffentlich-rechtliche Körperschaften und subsidiäre Verbände, in: Herbert Schneider (Hrsg.): Verbände in Baden-Württemberg, Stuttgart u.a., 117 - 133.

Görlitz, Axel/Prätorius, Rainer (Hrsg.), 1987: Handbuch Politikwissenschaft. Grundlagen - Forschungsstand - Perspektiven, Reinbek.

Görlitz, Axel/Voigt, Rüdiger (Hrsg.), 1985: Rechtspolitologie. Eine Einführung, Opladen.

Görlitz, Axel/Voigt, Rüdiger (Hrsg.), 1989: Rechtspolitologie und Rechtspolitik, Pfaffenweiler.

Görlitz, Axel/Voigt, Rüdiger (Hrsg.), 1990: Postinterventionistisches Recht, Pfaffenweiler.

Grande, Edgar, 1994: Vom Nationalstaat zur europäischen Politikverflechtung. Expansion und Transformation moderner Staatlichkeit - untersucht am Beispiel der Forschungs- und Technologiepolitik, Habilitationsschrift, Universität Konstanz.

Grauhan, Rolf Richard/Hickel, Rudolf (Hrsg.), 1978: Krise des Steuerstaates? Widersprüche, Perspektiven, Ausweichstrategien, Opladen.

Greß, Franz (Hrsg.), 1990: Landesparlamente und Föderalismus. Hat das parlamentarische System in den Bundesländern eine Zukunft? Wiesbaden.

Grimm, Dieter, 1990: Wachsende Staatsaufgaben - sinkende Steuerungsfähigkeit des Rechts, unter Mitarbeit von Evely Hagenah, Baden-Baden.

Gunlicks, Arthur B./Voigt, Rüdiger 1994[2]: Föderalismus in der Bewährungsprobe. Die Bundesrepublik Deutschland in den 90er Jahren, 2. Auflage, Bochum.

Habermas, Jürgen, 1976: Können komplexe Gesellschaften eine vernünftige Identität ausbilden? in: Jürgen Habermas, Zur Rekonstruktion des Historischen Materialismus, Frankfurt a.M., 92 - 125.

Habermas, Jürgen, 1981: Theorie des kommunikativen Handelns, 2 Bände, Frankfurt a.M.

Habermas, Jürgen, 1985: Die Neue Unübersichtlichkeit. Kleine Politische Schriften Bd. V, Frankfurt a.M.

Hansmeyer, Karl-Heinrich (Hrsg.), 1993: Finanzierungsprobleme der deutschen Einheit I: Staatsverschuldung, EG-Regionalfonds, Treuhandanstalt, Berlin.

Hanus, Peter/Druwe, Ulrich 1990: Das Medium sozialer Systeme, in: Görlitz/Druwe (Hrsg.), 65 - 80.

Hartwich, Hans-Herrmann, 1987: Die Suche nach einer wirklichkeitsnahen Lehre vom Staat, in: Aus Politik und Zeitgeschichte, B 46-47/87, 3 - 21.

Hartwich, Hans-Herrmann (Hrsg.), 1985: Policy-Forschung in der Bundesrepublik Deutschland. Ihr Selbstverständnis und ihr Verhältnis zu den Grundfragen der Politikwissenschaft, Opladen.

Hartwich, Hans-Herrmann/Wewer, Göttrik, 1991: Regieren in der Bundesrepublik, Bd. III, Opladen.

Hartwich, Hans-Herrmann/Wewer, Göttrik, 1992: Regieren in der Bundesrepublik, Bd. IV, Opladen.

Heinze, Rolf G., 1981: Neokorporatistische Strategien in Politikarenen und die Herausforderung durch neue Konfliktpotentiale, in: v. Alemann (Hrsg.), 137 - 157.

Heinze, Rolf G./Schmid, Josef, 1994: Industrieller Strukturwandel und die Kontingenz politischer Steuerung: Mesokorporatistische Strategien im Vergleich, Forschungsstelle für Sozialwissenschaftliche Innovations- und Technologieforschung (SIT - wp - 2-94), Bochum.

Hejl, Peter M., 1982: Sozialwissenschaft als Theorie selbstreferentieller Systeme, Frankfurt a.M.

Heller, Hermann, 1970^4: Staatslehre, hrsg. von G. Niemeyer, 4. Auflage, Leiden.

Herder-Dorneich, Philipp, 1979: Konkurrenzdemokratie - Verhandlungsdemokratie. Politische Strategien der Gegenwart, Stuttgart u.a.

Héretier, Adrienne (Hrsg.), 1993: Policy-Analyse. Kritik und Neuorientierung, Opladen.

Hesse, Joachim Jens/Benz, Arthur (Hrsg.), 1990: Die Modernisierung der Staatsorganisation. Institutionenpolitik im internationalen Vergleich: USA, Großbritannien, Frankreich, Bundesrepublik Deutschland, Baden-Baden.

Hesse, Joachim Jens/Renzsch, Wolfgang (Hrsg.), 1991: Föderalstaatliche Entwicklung in Europa, Baden-Baden.

Hesse, Konrad, 1962: Der unitarische Bundesstaat, Karlsruhe.

Hill, Hermann (Hrsg.), 1990: Verwaltungshandeln durch Verträge und Absprachen, Baden-Baden.

Hirscher, Gerhard (Hrsg.), 1991: Die Zukunft des kooperativen Föderalismus in Deutschland, Bayreuth.

Hoffmann-Riem, Wolfgang, 1990: Verhandlungslösungen und Mittlereinsatz im Bereich der Verwaltung: Eine vergleichende Einführung, in: Hoffmann-Riem/Schmidt-Aßmann (Hrsg.), Band I, 13 - 41.

Hoffmann-Riem, Wolfgang/Schmidt-Aßmann, Eberhard (Hrsg.), 1990: Konfliktbewältigung durch Verhandlungen, 2 Bände, Baden-Baden.

Holznagel, Bernd, 1990: Konfliktlösungen durch Verhandlungen, Baden-Baden.

Hood, Christopher/Schuppert, Gunnar Folke (Hrsg.), 1988: Verselbständigte Verwaltungseinheiten in Westeuropa. Die Erfüllung öffentlicher Aufgaben durch Para-Government Organizations (PGOs), Baden-Baden.

Jann, Werner, 1983: Staatliche Programme und "Verwaltungskultur". Bekämpfung des Drogenmißbrauchs und der Jugendarbeitslosigkeit in Schweden, Großbritannien und der Bundesrepublik Deutschland im Vergleich, Opladen.

Jann, Werner/Kronenwett, Eva, 1978: Handlungsspielräume und Entscheidungsfähigkeit des Staates untersucht am Beispiel der Implementation politischer Programme. Empirisches Untersuchungsraster, Speyer (Speyerer Arbeitshefte 27).

Kaiser, Joseph H., 1956: Die Repräsentation organisierter Interessen, Berlin.

Kenis, Patrick, 1991: Die Selbstregulierung der Industrie. Welche Rollen für den Staat? in: Österreichische Zeitschrift für Soziologie, 16. Jhrg., Heft 2, 3 - 17.

Kilian, Michael, 1993: Nebenhaushalte des Bundes, Berlin.

Kleger, Heinz, 1987: Verrechtlichung und Verrechtlichungskritik als Frage nach dem Staatskonzept, in: Holzhey, Helmut/Kohler, Georg (Hrsg.): Verrechtlichung und Verantwortung. Überlegungen aus Anlaß der Parole "Weiniger Staat, mehr Freiheit", Bern und Stuttgart, 291 - 317.

König, Klaus, 1987: Zur Entwicklung eines administrativen "Innovations-Managements", in: Böhret/Klages/Reinermann/Siedentopf (Hrsg.), 197 - 202.

König, Klaus/Dose, Nicolai (Hrsg.), 1993: Instrumente und Formen staatlichen Handelns, Köln u.a.

Kohler-Koch, Beate (Hrsg.), 1992: Staat und Demokratie in Europa, 18. Wissenschaftlicher Kongreß der Deutschen Vereinigung für Politische Wissenschaft, Opladen.

Kremendahl, Hans, 1977a: Pluralismustheorie in Deutschland - Entstehung, Kritik, Perspektiven, Leverkusen.

Kremendahl, Hans, 1977b: Pluralismus. in: v. Eynern/Böhret (Hrsg.), 337 - 342.

Kühr, Herbert (Hrsg.), 1979: Vom Milieu zur Volkspartei. Funktion und Wandlungen der Parteien im kommunalen und regionalen Bereich, Königstein/Ts.

Ladeur, Karl-Heinz, 1984: Abwägung - Ein neues Paradigma des Verwaltungsrechts, Frankfurt a.M.

Ladeur, Karl-Heinz, 1986: Die Akzeptanz von Ungewißheit - Ein Schritt auf dem Weg zu einem "ökologischen" Rechtskonzept, in: Rüdiger Voigt (Hrsg.), Recht als Instrument der Politik, Opladen, 60 - 87.

Lamp, Irene, 1995: Kooperative Gesetzeskonkretisierung. Verfahren zur Erarbeitung von Umwelt- und Technikstandards, Baden-Baden.

Laski, Harold [1919], 1968: Authority in the Modern State, New Haven und London.

Laufer, Heinz, 1991: Das föderative System der Bundesrepublik Deutschland, Bonn.

Lehmbruch, Gerhard, 1967: Proporzdemokratie - Politisches System und politische Kultur in der Schweiz und in Österreich, Recht und Staat 335/336, Tübingen.

Lehmbruch, Gerhard, 1976: Parteiendemokratie im Bundesstaat, Stuttgart.

Lehmbruch, Gerhard, 1979: Wandlungen der Interessenpolitik im liberalen Korporatismus, in: v. Alemann/Heinze (Hrsg.), 50 - 71.

Lehmbruch, Gerhard, 1987: Administrative Interessenvermittlung, in: Windhoff-Héretier (Hrsg.), 11 - 43.

Lehner, Franz, 1979: Grenzen des Regierens, Königstein/Ts.

Lehner, Franz/Schubert, Klaus/Geile, Birgit, 1983: Die strukturelle Rationalität regulativer Wirtschaftspolitik, in: Politische Vierteljahresschrift, 24. Jhrg., Heft 24, 361 - 384.

Leibholz, Gerhard, 1967[3]: Strukturprobleme der modernen Demokratie, 3. Auflage, Karlsruhe.

Lindblom, Charles E., 1980: Jenseits von Markt und Staat. Eine Kritik der politischen und ökonomischen Systeme, Stuttgart.

Lösche, Peter, 1993: "Lose verkoppelte Anarchie". Zur aktuellen Situation von Volksparteien am Beispiel der SPD, in: Aus Politik und Zeitgeschichte, B 43/93, 34 - 45.

Lowi, Theodore J., 1964: American Business, Public Policy, Case Studies, and Political Theory, in: World Politics, Vol. 16, No. 4, 677 - 715.

Luhmann, Niklas, 1987[3]: Rechtssoziologie, 3. Auflage, Opladen.

Luhmann, Niklas, 1988: Die Wirtschaft der Gesellschaft, Frankfurt a.M.

Luhmann, Niklas, 1989: Politische Steuerung. Ein Diskussionsbeitrag, in: Politische Vierteljahresschrift, 30. Jhrg., Heft 1, 4 - 9.

Luthardt, Wolfgang, 1994: Direkte Demokratie. Ein Vergleich in Westeuropa, Baden-Baden.

Mäding, Heinrich, 1992: Die föderativen Finanzbeziehungen im Prozeß der deutschen Vereinigung - Erfahrungen und Perspektiven, in: Hartwich/Wewer (Hrsg.), 183 - 214.

Marin, Bernd, 1990: Generalized Political Exchange, Antagonistic Cooperation and Integrated Policy Circuits, Frankfurt a.M.

Mayntz, Renate (Hrsg.), 1980: Implementation politischer Programme. Empirische Forschungsberichte, Königstein/Ts.

Mayntz, Renate (Hrsg.), 1983: Implementation politischer Programme II, Ansätze zur Theoriebildung, Opladen.

Mayntz, Renate, 1985[3]: Soziologie der öffentlichen Verwaltung, 3. Auflage, Heidelberg und Karlsruhe.

Mayntz, Renate, 1987: Politische Steuerung und gesellschaftliche Steuerungsprobleme - Anmerkungen zu einem theoretischen Paradigma, in: Jahrbuch zur Staats- und Verwaltungswissenschaft, Bd. 1, 89 - 110.

Mayntz, Renate, 1988: Funktionelle Teilsysteme in der Theorie sozialer Differenzierung, in: Mayntz/Rosewitz/Schimank/Stichweh, 11 - 44.

Mayntz, Renate (Hrsg.), 1992: Verbände zwischen Mitgliederinteressen und Gemeinwohl, Gütersloh.

Mayntz, Renate, 1993: Policy-Netzwerke und die Logik von Verhandlungssystemen, in: Héretier (Hrsg.), 39 - 56.

Mayntz, Renate/Derlien, Hans Ulrich/Bohne, Eberhard/Hesse, Beate/Hucke, Jochen/ Müller, Axel, 1978: Vollzugsprobleme der Umweltpolitik. Empirische Untersuchung der Implementation von Gesetzen im Bereich des Luftreinhaltens und des Gewässerschutzes, o.O.

Mayntz, Renate/Rosewitz, Bernd/Schimank, Uwe/Stichweh, Rudolf, 1988: Differenzierung und Verselbständigung. Zur Entwicklung gesellschaftlicher Teilsysteme, Frankfurt a.M. und New York.

Mayntz, Renate/Scharpf, Fritz W. (Hrsg.), 1973: Planungsorganisation. Die Diskussion um die Reform von Regierung und Verwaltung des Bundes, München.

McLaren, Robert I., 1990: The international network: administrative lessons from GESAMP, in: International Review of Administrative Sciences, Vol. 56, 653 - 670.

Mintzel, Alf, 1984: Die Volkspartei. Typus und Wirklichkeit - Ein Lehrbuch, Opladen.

Murswieck, Axel, 1990: Politische Steuerung des Gesundheitswesens, in: v. Beyme/ Schmidt (Hrsg.), 150 - 176.

Nahamowitz, Peter, 1989: Stabilisierung des Arbeitsmarktes durch Recht? Die Implementation des Stabilitäts- und Wachstumsgesetzes und der Finanzpolitik, in: Görlitz/Voigt (Hrsg.), 80 - 119.

Narr, Wolf-Dieter/Offe, Claus (Hrsg.), 1975: Wohlfahrtsstaat und Massenloyalität, Köln.

Neidhard, Leonhard, 1970: Plebiszit und pluralitäre Demokratie, Bern.

Nell-Breuning, Oswald von, 1959: Ständischer Gesellschaftsaufbau, in: Handwörterbuch der Sozialwissenschaften, Bd. 10, Stuttgart, 6 - 11.

Oberreuter, Heinrich (Hrsg.), 1980: Pluralismus. Grundlegung und Diskussion, Opladen.

O'Connor, James, 1974: Die Finanzkrise des Staates, Frankfurt a.M.

Offe, Claus, 1972: Strukturprobleme des kapitalistischen Staates, Frankfurt a.M.

Offe, Claus, 1975: Berufsbildungsreform. Eine Fallstudie über Reformpolitik, Frankfurt a.M.

Offe, Claus, 1987: Die Staatstheorie auf der Suche nach ihrem Gegenstand, in: Jahrbuch für Staats- und Verwaltungswissenschaft, Bd. 1, 309 - 321.

Offe, Claus, 1990: Staatliches Handeln und Strukturen der kollektiven Willensbildung - Aspekte einer sozialwissenschaftlichen Staatstheorie, in: Ellwein/Hesse (Hrsg.), 173 - 190.

Offe, Claus, 1994: Der Tunnel am Ende des Lichts, Frankfurt/M. und New York.

Olson, Mancur, 1968: Die Logik des kollektiven Handelns. Kollektivgüter und die Theorie der Gruppen, Tübingen (engl. Original 1965).

Rengeling, Hans-Werner, 1989: Das Kooperationsprinzip im Umweltschutz, Köln.

Renzsch, Wolfgang, 1989: Föderale Finanzbeziehungen im Parteienstaat. Eine Fallstudie zum Verlust politischer Handlungsmöglichkeiten, in: Zeitschrift für Parlamentsfragen, 20. Jhrg., Heft 3, 331 - 345.

Renzsch, Wolfgang, 1994: Föderative Problembewältigung. Zur Einbeziehung der neuen Länder in einen gesamtdeutschen Finanzausgleich ab 1995, in: Zeitschrift für Parlamentsfragen, 25. Jhrg., Heft 1, 116 - 138.

Ritter, Ernst-Hasso, 1979: Der kooperative Staat. Bemerkungen zum Verhältnis von Staat und Wirtschaft, in: Archiv des öffentlichen Rechts, 104. Jhrg., 389 - 413.

Ritter, Ernst-Hasso, 1990: Das Recht als Steuerungsmedium im kooperativen Staat, in: Grimm (Hrsg.), 69 - 112.

Ronge, Volker, 1983: Rechtsetzung durch Tarifvertrag? Zur Koexistenz von staatlichem und nichtstaatlichem Recht, in: Voigt (Hrsg.), 278 - 297.

Rokkan, Stein, 1966: Norway: Numerical Democracy and Corporate Pluralism, in: Robert A. Dahl (Hrsg.), Political opposition in Western democracies, New Haven, 70 - 115.

Rosewitz, Bernd/Schimank, Uwe, 1988: Verselbständigung und politische Steuerbarkeit gesellschaftlicher Teilsysteme, in: Mayntz/Rosewitz/Schimank/Stichweh, 295 - 329.

Rosewitz, Bernd/Webber, Douglas, 1990: Reformversuche und Reformblockaden im deutschen Gesundheitswesen, Frankfurt a.M.

Rudzio, Wolfgang, 1991[3]: Das politische System der Bundesrepublik Deutschland, 3. Auflage, Opladen.

Scharpf, Fritz W., 1970: Die politischen Kosten des Rechtsstaats. Eine vergleichende Studie der deutschen und amerikanischen Verwaltungskontrollen, Tübingen.

Scharpf, Fritz W., 1985a: Plädoyer für einen aufgeklärten Institutionalismus, in: Hartwich (Hrsg.), 164 - 170.

Scharpf, Fritz W., 1985b: Die Politikverflechtungs-Falle: Europäische Integration und deutscher Föderalismus im Vergleich, in: Politische Vierteljahresschrift, 26. Jhrg., Heft 4, 323 - 356.

Scharpf, Fritz W., 1988: Verhandlungssysteme, Verteilungskonflikte und Pathologie der politischen Steuerung, in: Schmidt (Hrsg.), 61 - 87.

Scharpf, Fritz W., 1991: Die Handlungsfähigkeit des Staates am Ende des zwanzigsten Jahrhunderts, in: Politische Vierteljahresschrift, 32. Jhrg., Heft 4, 621 - 634.

Scharpf, Fritz W., 1992: Die Handlungsfähigkeit des Staates am Ende des Zwanzigsten Jahrhunderts, in: Kohler-Koch (Hrsg.), 93 - 115.

Scharpf, Fritz W., 1993a: Legitimationsprobleme der Globalisierung. Regieren in Verhandlungssystemen, in: Böhret/Wewer (Hrsg.), 165 - 185.

Scharpf, Fritz W., 1993b: Versuch über Demokratie im verhandelnden Staat, in: Czada/ Schmidt (Hrsg.), 25 - 50.

Scharpf, Fritz W./Benz, Arthur, 1991: Kooperation als Alternative zur Neugliederung? Zuammenarbeit zwischen den norddeutschen Ländern, Baden-Baden.

Scharpf, Fritz W./Reissert, Bernd/Schnabel, Fritz, 1976: Politikverflechtung. Theorie und Empirie des kooperativen Föderalismus in der Bundesrepublik, Kronberg/Ts.

Schiller, Theo, 1987: Pluralismus, in: Görlitz/Prätorius (Hrsg.), 386 - 393.

Schimank, Uwe, 1989: Wechselseitige Erwartungen und Steuerung: Die forschungspolitische Steuerung des Technologietransfers von Großforschungseinrichtungen der Wirtschaft, in: Glagow/Willke/Wiesenthal (Hrsg.), 235 - 262.

Schmidt, Manfred G. (Hrsg.), 1988: Staatstätigkeit. International und historisch vergleichende Analysen, Opladen.

Schmidt-Aßmann, Eberhard, 1990: Konfliktmittlung in der Dogmatik des deutschen Verwaltungsrechts, in: Hoffmann-Riem/Schmidt-Aßmann (Hrsg.), Band II, 9 - 28.

Schmitt, Carl [1923], 1961^3: Die geistesgeschichtliche Lage des heutigen Parlamentarismus [1923], 3. Auflage, Berlin.

Schmitt, Carl, [1927], 1932^2: Der Begriff des Politischen [1927], 2. Auflage, Berlin.

Schmitt, Carl [1931], 1963: Übersicht über die verschiedenen Bedeutungen und Funktionen des Begriffes der innerparteilichen Neutralität des Staates [1931], in: Carl Schmitt, Der Begriff des Politischen, Berlin, 97 - 101.

Schmitt, Carl, 1931: Der Hüter der Verfassung, Tübingen.

Schmitter, Philippe C., 1981: Neokorporatismus: Überlegungen zur bisherigen Theorie und zur weiteren Praxis, in: v. Alemann (Hrsg.), 62 - 79.

Schmitter, Philippe C./Gerhard Lehmbruch (ed.), 1979: Trends Towards Corporatist Intermediation, Beverly Hills.

Schubert, Klaus, 1989: Interessenvermittlung und staatliche Regulation, Opladen.

Schubert, Klaus, 1991: Politikfeldanalyse. Eine Einführung, Opladen.

Schulze-Fielitz, Helmuth, 1984: Der informale Verfassungsstaat. Aktuelle Beobachtungen des Verfassungslebens der Bundesrepublik Deutschland im Lichte der Verfassungstheorie, Berlin.

Schulze-Fielitz, Helmuth, 1993: Der Leviathan auf dem Wege zum nützlichen Haustier? in: Voigt (Hrsg.), 95 - 120.

Schulze-Fielitz, Helmuth, 1994: Kooperatives Recht im Spannungsfeld von Rechtsstaatsprinzip und Verfahrensökonomie, in: Deutsches Verwaltungsblatt, 109. Jhrg., Heft 12, 657 - 667.

Seibel, Wolfgang, 1989: Staatslehre und Staatsmythos, Historische und aktuelle Vorbelastungen der Staatsdiskussion in Deutschland, in: Rüdiger Voigt (Hrsg.), Symbole der Politik - Politik der Symbole, Opladen, 213 - 234.

Steffani, Winfried, 1980: Pluralistische Demokratie. Studien zur Theorie und Praxis, Opladen.

Stöss, Richard, 1990: Parteikritik und Parteiverdrossenheit, in: Aus Politik und Zeitgeschichte, B 21/90, 15 - 24.

Streeck, Wolfgang (Hrsg.), 1994: Staat und Verbände, PVS-Sonderheft, Opladen.

Streeck, Wolfgang/Schmitter, Philippe, 1985: Gemeinschaft, Markt und Staat und die Ver bände. Der mögliche Beitrag von Intressenregierungen zur sozialen Ordnung, in: Journal für Sozialforschung, 28. Jhrg., Heft 2, 133 - 157.

Teubner, Gunther, 1982: Reflexives Recht, Entwicklungsmodelle des Rechts in vergleichender Perspektive, in: Archiv für Rechts- und Sozialphilosophie, 68. Jhrg., Heft 1, 13 - 59.

Teubner, Gunther/Willke, Helmut, 1980: Dezentrale Kontextsteuerung im Recht intermediärer Verbände, in: Voigt (Hrsg.), 46 - 62.

Teubner, Gunther/Willke, Helmut, 1984: Kontext und Autonomie: Gesellschaftliche Selbststeuerung durch reflexives Recht, in: Zeitschrift für Rechtssoziologie, 5. Jhrg., Heft 4, 4 - 35.

Treutner, Erhard, 1992: Ausprägungen und Grenzen informalen Verwaltungshandelns, in: Benz/Seibel (Hrsg.), 65 - 85.

Treutner, Erhard, 1995: Kooperative Regulierung und Verwaltung im Rechtsstaat - dargestellt am Sozialbereich, Neubiberg (bislang unveröff.)

Treutner, Erhard/Wolff, Stephan/Bonß, Wolfgang, 1978: Rechtsstaat und situative Verwaltung. Zu einer sozialwissenschaftlichen Theorie administrativer Organisation, Frankfurt a.M. und New York.

Vilmar, Fritz, 1975: Wirtschaftsdemokratie. Theoretische und praktische Ansätze entwickelt auf der Basis des gewerkschaftlichen Grundsatzprogramms in der BRD, in: Fritz Vilmar (Hrsg.), Industrielle Demokratie in Westeuropa, Reinbek.

Voigt, Rüdiger, 1976: Kommunale Partizipation am staatlichen Entscheidungsprozeß, Würzburg.

Voigt, Rüdiger, 1980a: Das System des kommunalen Finanzausgleichs in der Bundesrepublik Deutschland, Grundprobleme und Reformvorschläge, Stuttgart.

Voigt, Rüdiger (Hrsg.), 1980b: Verrechtlichung. Analysen zu Funktion und Wirkung von Parlamentarisierung, Bürokratisierung und Justizialisierung sozialer, politischer und ökonomischer Prozesse, Königstein/Ts.

Voigt, Rüdiger (Hrsg.), 1983: Abschied vom Recht? Frankfurt a.M.

Voigt, Rüdiger, 1993³: Politik und Recht. Beiträge zur Rechtspolitologie. 3. Auflage, Bochum.

Voigt, Rüdiger (Hrsg.), 1993a: Abschied vom Staat - Rückkehr zum Staat? Baden-Baden.

Voigt, Rüdiger, 1993b: Staatliche Steuerung aus interdisziplinärer Perspektive, in: König/Dose (Hrsg.), 289 - 322.

Voigt, Rüdiger, 1994: Finanzierung des bundesstaatlichen Systems in den 80er und 90er Jahren, in: Gunlicks/Voigt (Hrsg.), 125 - 146.

Weizsäcker, Richard von, 1992: im Gespräch mit Gunter Hoffmann und Werner A. Perger, Frankfurt a.M.

Wildavsky, Aaron, 1979: Speaking Trouth to Power. The Art and Craft of Policy Analysis, Boston.

Willke, Helmut, 1983a: Entzauberung des Staates, Überlegungen zu einer sozietalen Steuerungstheorie, Königstein/Ts.

Willke, Helmut, 1983b: Der Staat am Verhandlungstisch. Das Beispiel der Konzertierten Aktion, in: Voigt (Hrsg.), 298 - 315.

Willke, Helmut, 1989: Gesellschaftssteuerung oder partikulare Handlungsstrategien? Der Staat als korporativer Akteur, in: Glagow/Willke/Wiesenthal, 9 - 29.

Willke, Helmut, 1992: Ironie des Staates, Grundlinien einer Staatstheorie polyzentrischer Gesellschaft, Frankfurt a.M.

Windhoff-Héretier, Adrienne (Hrsg.), 1987: Verwaltung und ihre Umwelt. Festschrift für Thomas Ellwein, Opladen.

Wolf, Rainer, 1990: Normvertretende Absprachen und normvorbereitende Diskurse: Konfliktmanagement im "hoheitsreduzierten Staat" - Aufgabenfelder für Konfliktmittler?, in: Hoffmann-Riem/Schmidt-Aßmann (Hrsg.), Band II, 129 - 153.

Wollmann, Hellmut, 1983: "Entbürokratisierung" durch "Implementation von unten" - Handlungsreserve sozialstaatlicher Verwaltungspolitik? in: Rüdiger Voigt (Hrsg.), Gegentendenzen zur Verrechtlichung, Opladen, 242 - 262.

Verhandlungsdemokratie

Zur alten und neuen Theorie des kooperativen Staates

Heinz Kleger

Einleitung: Ansätze zur Neubestimmung des Staates

Staat erscheint als Thema entzaubert und leergeglaubt. Für kaum einen Beobachter aus theoretischer Distanz nimmt er noch die Stellung einer einfachen Identitätsformel für die Gesellschaft ein, die ihm - sei es eine kritische, sei es eine apologetische politische Theorie - zugeschrieben hatte. Dennoch darf nicht übersehen werden, daß er diese ideologische Überhöhung exakt aufgrund seiner gewachsenen Bedeutung verliert. Die Pragmatik hat insoweit die Ideologie längst überholt. Der Widerspruch zwischen staatlicher Aufgabensteigerung auf der einen und sowohl staatlicher Autoritäts- als auch Rationalitätseinbußen auf der anderen Seite ist weithin bereits theoretisches Gemeingut. Mit "Machtverlust durch Funktionszuwachs" ist er auf eine treffende Formel gebracht worden.[1] Die praktische Immanenz des Staates - des Staates in der Gesellschaft - bedarf heute wieder der Reflexion. Die Frage allerdings, was genauer unter Staat noch zu verstehen ist, läßt sich nicht so leicht beantworten. Dies ist indessen für das weitere Nachdenken eher ein Vorteil als ein Nachteil, da es Möglichkeiten der Neukombination eröffnet. Eine für die Wissenschaftler verbindliche oder auch nur akzeptable Definition von Staat gibt es auf der Ebene kluger Pragmatik noch nicht. Der Gegenstand sucht noch seine Theorie. Klassische Elemente eines staatsrechtlichen Staatsbegriffs wie Staatsgewalt, Staatsgebiet und Staatsvolk lassen sich allenfalls als Ausgangspunkte, nicht jedoch als Ergebnisse verwenden. Dies soll nichts gegen das Verfahren der Begriffsgeschichte besagen. Begriffsgeschichte kann im Rückblick Bedeutungsschichten freilegen, die im spontanen Sprachgebrauch verdeckt sind; und sie kann darüber hinaus kritisch auf Bedeutungsüberhänge hinweisen, denen keine Wirklichkeit mehr entspricht. Staat ist im 19. Jahrhundert zum allgemeinen Normalbegriff für politische Organisationsformen aller Zeiten und Völker geworden. Ein Normalbegriff dieser Art kann natürlich Verständigung erleichtern, gleichzeitig aber kann er auch Verständnis erschweren. Die Einheitsvorstellungen im Staatsmodell des 19. Jahrhunderts erschweren tatsächlich das Verständnis der späteren Entwicklung und erst recht der gegenwärtigen Situation, in der sich die Entwicklungsrichtung umkehrt, und der Staat im besten Fall zum Mitsouverän wichtiger politischer Prozesse wird. Der Staat des ausgehenden 20. Jahrhunderts steht vor der Frage, wie er eine Identität trotz des Verlustes an inhaltlicher und formaler Einheit noch bewahren kann. Eingehende Begriffs- und Ideengeschichte gehören als

1 Vgl. *Grimm* 1993: 45.

Arbeitsinstrumente zur politischen Theorie wie ein Lexikon zur Einübung in eine fremde Sprache. Sie können auf die Gleichzeitigkeit des Ungleichzeitigen gerade bei grundlegenden politischen Begriffen hinweisen. Unter Berücksichtigung der unterschiedlichen Staatstraditionen, die sich im Detail auch auf das Bürgerverständnis auswirken (und umgekehrt), würden wir dafür sehr viel Raum zur Darstellung benötigen. Ich muß hier stattdessen weit selektiver und versuchsweise konstruktiver vorgehen. Unter diesem Gesichtspunkt stehen zumindest die zentralen Bezugspunkte des neuzeitlichen Staatsbegriffs außer Frage. Es sind dies die innere und äußere Souveränität des Staates, die Frage nach seiner sogenannten Einheit sowie die Frage nach dem heutigen Verhältnis von Staat und Gesellschaft. Neben der Gleichzeitigkeit des Ungleichzeitigen im historisch-politischen Begriff tritt bei der konstruktiven Neubestimmung des Staates eine weitere Komplikation hinzu, nämlich die, daß der Staat selber aufgrund seiner vertikalen Gliederung sowie aufgrund seiner horizontalen Ausdifferenzierung nicht mit einer Stimme spricht. Diese Vielstimmigkeit ist ebenso an die Bürgergesellschaft zurückgebunden wie an die professionelle und parteilich gespaltene Politik. Auch das scheint mir eher ein Vorteil für die genauere Bestimmung zu sein, denn Staat ist nicht nur ein multifunktionales Gebilde, mithin ein funktionaler Staat, er ist auch ein multizentrales Handlungssystem und somit ein differenziertes Handlungspotential. Vieles deutet darauf hin, daß es voreilig, ja fatal wäre, etwa im Namen einer globalen Vernunft, von der Erosion oder gar dem Ende des Staates auszugehen, wenn die Maßstäbe für zivile Staatlichkeit mit unrealistischen Einheits- und Rationalitätsvorstellungen allzuhoch angesetzt werden. Dazu bedarf es freilich einer konstruktiven und pragmatischen Neubestimmung des Staates im Verbund mit einer politischen Theorie der Bürgergesellschaft. Ich versuche dies in drei Überlegungsschritten. Der erste Schritt verläuft vom Mythos zum Teilsystem, der zweite bestimmt den arbeitenden Staat als verhandelnden Staat und der dritte Schritt ist ein programmatischer, der unter dem Titel 'lernfähige Demokratie und reflexiver Staat' steht, wobei ich den reflexiven Staat als Teil einer Bürgergesellschaft verstehe. In diesem Horizont einer *gleichzeitigen Demystifizierung und Neukonstruktion des Staates* will ich abschließend zu sagen versuchen, was heute angesichts neuer Herausforderungen und Krisen kooperativer Staat bedeuten könnte.
Ich beginne mit einer Bemerkung zu meinen Prämissen. Staat ist in jeder Hinsicht eine Machart des Regierungs- und Problemlösungsdenken: Allerdings verschieben sich mit den gesellschaftlichen Problematiken die Schwerpunkte: Das Problem des modernen Staates liegt nicht mehr allein in der Sicherung von Rechten, sondern vor allem in der Erfüllung von Leistungen. Er hat Aufgaben von gewaltigen Dimensionen zu bewältigen. Die Fähigkeit dazu bestimmt sich unter anderem nach dem Grad seiner organisatorischen Adaption an diese neue Lage. Da ich am Gesichtspunkt der Ausschöpfung der Potentiale staatlichen Handelns interessiert bin, rücken Leistungs- und Interventionsstaat in den Vordergrund der folgenden Betrachtungen zum Staat in der Bürgergesellschaft. Der Leistungsstaat ist im Verhältnis zur Gesellschaft funktional definiert und of-

fen gegenüber dieser Gesellschaft. Die Machtverhältnisse sind durch das Steuermonopol abgesichert. Der Interventionsstaat ist sodann der Versuch, entwicklungs- und prozeßpolitisch auf die Wachstumszyklen der Wirtschaft einzuwirken. Hier schlagen die Machtverhältnisse zugunsten der letzteren und ihrer Wachstumsideologie aus. Dies zeigt sich deutlich, wenn man die lokale Ebene des Verhältnisses von Politik und Wirtschaft untersucht. Diese Tradition der Fundierung demokratietheoretischer Überlegungen ist in den Analysen der amerikanischen 'community-power' - Forschung verankert. Sie erhält neuerdings durch die Diskussionen über die 'kooperative Stadt' bei Standortentscheidungen von Investoren erneut Bedeutung. Die Herausbildung von 'urban regimes' zu studieren, ist deshalb ein besonders 'bürgernahes' Beobachtungsfeld für die politische Theorie[2]. Trotz der strukturellen Schwächen und Grenzen des staatlichen Handlungsspielraums, die schwer wiegen, ist die verfassungsdemokratische Bürgergesellschaft sowie der Leistungsstaat eine soziale Realität und normative Errungenschaft, an die im politischen Handeln angeknüpft werden kann.

Beide sind mit dem negativen, positiven und präventiven Interventionismus zusammen zivilstaatliche Handlungsbezüge und/oder Einheiten, die lernfähige Demokratien in entwickelten Industriegesellschaften in Anspruch nehmen können. Die Gesamtverantwortung, wenn von einer solchen noch die Rede sein kann, obliegt dabei in meiner Sicht nicht einfach dem Staat, den ich schon auf praktisch-philosophischer Ebene aus dieser seiner pauschalen Kennzeichnung entlasse. Sie obliegt vielmehr den Bürgern und Bürgerinnen einer lernfähigen Demokratie, ihren streitbaren Auseinandersetzungsformen und Assoziationen.[3] Die heute geforderte erweiterte Verantwortung in umwelt- und entwicklungspolitischer Hinsicht hat deshalb die lernfähige Demokratie einer erneuerten Bürgergesellschaft mit ihren Assoziationsverhältnissen wahrzunehmen. Die Ausschöpfung der differenzierten staatlichen Handlungspotentiale gehört zu dieser Erneuerung der Bürgergesellschaft, die von einer neuen handlungs- und mehrheitsfähigen Mitte getragen sein muß. Dafür ist auch eine neue Mittelklassen-Politik, ein neuer 'New Deal' nötig. In der Folge interessiert mich aber vor allem der arbeitende Staat, den ich reflexiven Staat nenne, und als Teil, nicht als Insgesamt einer lernfähigen Demokratie, in deren Obhut stelle. Meine These ist: Das Staatsverständnis ist reflexiv geworden,

---

2 Zur Theorie urbaner Regimes siehe *Stone* 1989. Unter dem Titel "Metropolitane Transformation im Großraum Berlin - Brandenburg" untersuchen wir derzeit in Potsdam die Kooperationsprozesse zwischen Politik, Verwaltung, Wirtschaft und Bürgergesellschaft in dieser Perspektive. Vgl. *Kleger, Kühne* und *Rüegg* 1995.

3 *Schmitter* 1994 überlegt seit vielen Jahren, mit welchen Instrumenten neokorporatistische Politikformen demokratisch zurückgebunden werden könnten. Seine Umkehrung des alten englischen Schlagwortes in "no (interest) representation without (ear-marked) taxation" geht davon aus, daß BürgerInnen als Individuen nicht in der Lage sind, die Gesamtverantwortung zu übernehmen. Dieser organisationszentrierten Sichtweise kann ich mich nur partiell anschließen.

aber nicht minimal; obwohl vielleicht leergeglaubt, fällt Staat deshalb nicht der Bedeutungslosigkeit anheim. Vielmehr ist von seiner Rückkehr auszugehen, wenn wir die Probleme der Gegenwart auch nur angehen wollen. Diese Rückkehr ist die Rückkehr eines *neuen kooperativen Staates*, wie ich ihn ansatzweise im vierten Kapitel vorstellen werde. Ich komme aber zunächst zu einem ersten Überlegungsschritt, um zu verhindern, daß die neue Theorie wieder mit den Staatsvorstellungen der alten überfrachtet wird: Die Metamorphosen des Staates sind vielmehr ernsthaft in Betracht zu ziehen.

1. Vom Mythos zum Teilsystem

Im gegenwärtigen Nachdenken über Staat lassen sich zwei metatheoretische Hauptrichtungen unterscheiden: der de-zentrierend-reflexive und der re-zentrierend-herrschaftliche Ansatz. Ich folge dem dezentrierenden Ansatz. Das heißt nicht Minimalstaat. Es handelt sich vielmehr um eine Gesellschaftstheorie des Staates, die das Philosophieren über Staat in die fruchtbare Richtung von Neukombinationen lenken will. Während bei Klassikern wie etwa Machiavelli, Hobbes und Rousseau die Staatstheorie noch in einer Leitidee von Gesellschaft verankert war, ging diese Dimension verloren, als die Staatstheorie überwiegend zu einem juristischen Arbeitsfeld wurde. Die Theorie verkam zur Dogmatik: In der Staatstheorie bewegte sich folglich kaum noch etwas, und die politische Theorie blieb in dieser Hinsicht epigonal. Gesellschaftliche Veränderungen und krisenhafte Herausforderungen sind aber auf dem Felde praktischer Theorie immer theorie-konstitutiv und waren es selbstverständlich auch für die Klassiker. Was der Staat ist, kann und soll, kann nur in bezug auf die historisch bestimmte Gesellschaft und das, was die Bürger in ihr und mit ihr wollen, angemessen interpretiert werden. Das bedeutet, daß Staat und Politik in einem gesellschaftstheoretischen Rahmen zu denken sind. In der kontinentaleuropäischen Tradition bestimmte die Staatsidee die Form der Politik.[4] Dies muß nicht zwangsläufig so sein. In den Vereinigten Staaten zum Beispiel ist das funktionale Äquivalent zum Staat die Tradition der Gründerväter und die darauf fußende Verfassung. Während in Kontinentaleuropa die Staatszentriertheit auch noch in der Gesellschaftstheorie durchschlägt, ist umgekehrt in der angloamerikanischen Tradition der Staat als Gegenstand gesellschaftstheoretischer Analyse verloren gegangen. Das ändert sich in unseren Tagen.[5] Eine beide Traditionen umschließende Position läßt sich im Kontext einer systemtheoretischen Gesellschaftstheorie finden, weil einerseits die Gesellschaft als das umfassende Sozialsystem verstanden wird, der das politische System als Teilsystem angehört, und weil sie andererseits als sozialwissenschaftliche Steuerungstheorie[6] mit der Notwendigkeit von Selbstorganisation und Selbstthematisie-

4 Vgl. *Grimm* 1993.

5 *Evans, Rueschemeyer* und *Skocpol* 1987.

6 Vgl. *Willke* 1983.

rung der einzelnen Funktionssysteme dem Staat - zunächst unmittelbar im Hinblick auf das politische System, aber auch mittelbar im Hinblick auf die Gesellschaft insgesamt - eine wichtige Rolle zuweisen muß.[7]

Bei allen unterschiedlichen Staatstraditionen geht es aus der Sicht einer Gesellschaftstheorie des Staates grundlegend darum, die Operationsweise des politischen Systems der Gesellschaft auf eine 'letzte' Legitimationsgrundlage zu beziehen, um so den Schock des Entzugs einer nicht mehr hinterfragbaren religiösen Legitimität dämpfen zu können.[8] Die Paradoxie der Legitimität von säkularer und kontingenter Politik wird so durch den Staat in eine Ebenendifferenzierung umgebogen. Unter diesen Umständen läßt sich fingieren, daß der Staat die Politik anleitet, was einer semantischen Überhöhung des Staates Vorschub leistet.[9] Daß der Staat die Politik anleitet und nicht umgekehrt der Staat eine Leitidee der Politik ist, stellt tatsächlich eine folgenreiche *Mystifizierung* dar, die nicht nur in der deutschen Tradition weiterwirkt.

Eine *zweite* Mystifizierung, die ebenfalls nicht traditionsspezifisch ist, liegt tiefer und einigt selbst die unterschiedlichsten Positionen: daß nämlich Ordnung unweigerlich eine hierarchische Struktur aufweisen müsse. Vor allem die Staatsphilosophie selbst in ihrer aufgeklärten und demokratischen Form gab diesem Denken eine Stütze. Daß es der Staat sei, der 'letztlich' verbindlich zu entscheiden habe, diese beruhigende Selbstillusionierung läßt sich nur begreifen auf dem Hintergrund des Erschreckens über die Denkmöglichkeit einer gesellschaftlichen Ordnung, die *nicht* im Korsett einer Hierarchie steckt. Die Entwicklung hin zu einer modernen Gesellschaft im Verbund mit einem arbeitenden Staat, der sich auf Krisenbewältigung verstand, ist von diesem hierarchischen Denken abgerückt. Dies spiegelt sich unter anderem in der Theorie des reflexiven Rechts. Mein Postulat eines reflexiven Staates lehnt sich an jene des reflexiven Rechts an.[10] Die von der Forschung aufgezeigten Schwierigkeiten der Rechtsdurchsetzung und

---

7 Vgl. hierzu und zum Folgenden *Willke* 1992: 54 ff.

8 Es ist kein Zufall, daß *Willkes* originelle Theorie eines Supervisionsstaates am Ende doch beim Nationalstaat als "local hero" landet. Vgl. *Willke* 1992: 362 ff. Die Idee der demokratischen Nation der Bürger könnte man als lethte *Bürgerreligion* bezeichnen. Das ist zugleich die Nation als *große* republikanische Solidarität.

9 Diese Überhöhung ist in der deutschen Tradition der Trennung von Staat und Gesellschaft besonders ausgeprägt und wirkt fort in einer Überhöhung des Rechtsstaates gegenüber der Demokratie, insbesondere der Demokratisierung von Demokratie. Infolgedessen durfte die Demokratisierung nichts mit *dem* Staat zu tun haben. Die Kompensation für Demokratiedefizite wird vielmehr im Rechtsstaat und einem überzogenen Ordnungsdenken gesucht. Dieser Rechtsstaat sollte die Privatsphäre gegen staatliche Interventionen abschirmen. "Die Vollendung des Rechtsstaates rückte zum wichtigsten politischen Anliegen des deutschen Bürgertums nach der fehlgeschlagenen Revolution von 1848 auf" (*Grimm* 1993: 40).

10 Vgl. *Kleger* 1987 und 1993a.

der Wirkung von Recht im allgemeinen werden den Theoretikern des reflexiven Rechts im Rahmen einer evolutionstheoretischen Perspektive zu Indikatoren für Blockaden. Die entscheidende gesellschaftstheoretische Annahme besteht hier im Bruch mit der Behauptung, daß der Staat oder sonst ein Teilsystem der Gesellschaft einen integrativen Primat noch übernehmen könne. Der theoretische Bruch mit dieser Behauptung erzeugt ein Bewußtsein dafür, daß neue Formen der Integration und Steuerung nötig sind, die sich in der intelligenten Praxis schon längst angekündigt haben. Insbesondere die hierarchisch strukturierte staatliche Steuerung kann unter diesem Blickwinkel den neuen Erfordernissen gesellschaftlicher Rationalität nicht mehr genügen, nachdem sich gesellschaftliche Teilsysteme wie Wirtschaft, Medien, Technik, Wissenschaft oder Erziehung vom Staat als übergreifendem Ganzen losgelöst haben. Die neue Freiheit, die in der modernisierenden Präponderanz der Teilsysteme besteht, ist allerdings mit dem Risiko verbunden, daß die Teilsysteme nur noch ihre funktionsbezogene partikulare Identität sehen und den Zusammenhang des Ganzen, auf den sie in veränderter Form immer noch angewiesen bleiben, aus dem Auge verlieren. Ähnlich wie in den internationalen, von den amerikanischen Städten ausgehenden Diskussionen über Unregierbarkeit wird auch hier eine Kluft zwischen einem neuen Bedarf an Integration und Steuerung und den tatsächlich vorhandenen Mitteln diagnostiziert. Über die bisherigen Staatsfunktionen hinaus kommt deshalb zunehmend eine neue Ordnung von Staatsfunktionen in den Blick, "wenn man über das rechtlich codierte Staatshandeln hinaus jene faktisch bedeutsamen Abstimmungsprozesse betrachtet, bei welchen der Staat als interessierter Dritter ohne verbindlichen Primat auftritt: als konzertierte Aktion, Wissenschaftsrat, Bildungsrat, Finanzplanungsrat usw."[11]

Die regulatorische Funktion des Rechts wird hier an abstraktere Formen der Steuerung angeschlossen. Dann handelt es sich darum, die Teil-Rationalitäten unterschiedlicher selbstregulatorischer Systeme aufeinander abzustimmen und gleichzeitig Verhandlungssysteme zu etablieren, in denen die Betroffenen selbst ihre Interessen definieren können. Der Verrechtlichungskritik des reflexiven Rechts geht es ausdrücklich nicht um die Alternative 'Verrechtlichung oder Entrechtlichung', sondern primär um alternative Formen sozietaler Steuerung, die Alternativen im Recht hervorrufen sollen. Die Staatssemantik dieses Ansatzes setzt sich allerdings deutlich vom rechtsförmigen Staatshandeln als dem Mittel der Steuerung ab. Die juristische Fixierung auf den Staat wird durch eine distanziertere Blickweise gelockert, die zugleich beansprucht, realistischer zu sein. Die entsprechende Staatskritik konstatiert deshalb vor allem Defizite: rechtsförmiges Staatshandeln wird kritisiert, *nicht weil* es "funktionslos geworden wäre, sondern weil seine spezifische Leistungsfähigkeit neuen evolutionären Herausforderungen nicht mehr gewachsen ist".[12] Die Perspektive ist nicht der liberale Minimalstaat.[13] Im modernen Sy-

11 *Willke* 1983: 56.

12 *Willke* 1983: 79.

stem der 'interest-intermediation' nimmt sich dieser nicht-kooperative Staat anachronistisch aus: Er dezivilisiert die gesellschaftliche Politik. Nicht mehr zurückzunehmen ist auch, daß Steuerungsressourcen wie legitime Macht, Geld und Wissen von spezialisierten Teilsystemen erzeugt werden, die sich teils vorgängig, teils gleichzeitig, teils staatsparasitär[14] ihre relative Autonomie vom Staat sichern. Darauf sind nun die staatlichen Handlungspotentiale einzustellen. Der listige Staat, der durch Verhandlungen zu steuern versucht, trivialisiert deshalb Aspekte staatlicher Souveränität der Politikformulierung zu Verhandlungsmassen, die allerdings gerade dazu eingesetzt werden, um Kernbereiche relativer gesellschaftlicher Autonomie wie Tarifautonomie, Wissenschaftsautonomie, Selbstverwaltungsautonomie, staatlicher Mitregelung zugänglich zu machen. Durch diese List des Staates, sich als interessierter Dritter ohne verbindlichen Primat einzuschalten, gewinnt er an Effektivität. Gewiß ist allerdings auch, daß Teilsysteme ihren Einfluß auf der gesamtgesellschaftlichen Ebene - mit diesem Staat und durch ihn hindurch - ausweiten. Hier tritt der Staat als primus inter pares in Verhandlungssystemen auf, in der die Teilsysteme Verantwortung für die gesamtgesellschaftliche Entwicklung übernehmen sollen. Der in faktische Verhandlungssysteme eingebundene Staat streift so die Schicht des hoheitlichen Machtstaates ab und spielt seine Rolle im widersprüchlichen Prozeß zunehmender Verschränkung und zunehmender Ausdifferenzierung von Staat und Gesellschaft, den man auch als "Suchprozeß nach verbesserten Formen sozietaler Steuerung"[15] verstehen kann. Diesen Suchprozeß möchte ich mit meinem dezentrierend-reflexiven Ansatz unterstützen, weswegen nun die Darstellung des arbeitenden Staates als verhandelnder Staat folgt.

2. Der arbeitende Staat als verhandelnder Staat

Gerade weil der arbeitende Staat unserer Gegenwart kein Minimalstaat ist, wird er zwangsläufig zu einem stark verflochtenen Staat, *der handelt, indem er verhandelt*. Damit kommen Qualitäten intelligenter Praxis wie gesellschaftliche Politik und kooperatives Verwaltungshandeln ins Spiel, die von der Theorie häufig nicht eingeholt, ja durch Vereinfachungen oder intellektuelle und parteipolitische Polemiken zugedeckt werden.

Politik geht heute zunehmend aus innerstaatlichen und transnationalen Verhandlungen hervor. Das ist eine Politik der Verständigungen ohne gesicherte Grundlagen in der Gesinnung oder einer etablierten Macht und folglich ohne eindeutig angelegten Richtungssinn, die mit dem Modell des nach außen souveränen und nach innen hierarchischen Staates wenig gemeinsam hat. Auf diese Realität hat sich das politische Denken bislang

---

13 *Nozick* 1974; zur Diskussion vgl. *Paul* 1981; vgl. auch *Sorman* 1985.

14 Die Verflechtung der Teilsysteme ist grösser und differenzierter als die *Luhmann*sche Systemtheorie quasi axiomatisch in ihrer Theorie der Moderne annimmt.

15 Vgl. *Willke* 1983.

noch unzureichend eingestellt. Es schreibt im allgemeinen den politisch verantwortlichen Funktionsträgern zuviel Ereignisbeherrschung zu und tendiert umgekehrt dazu, alle Verhandlungszwänge nur als Demokratiedefizite zu registrieren.[16] Die Verwirrung ist groß. Die Argumente werden je nach Bedarf und Interesse ausgespielt - mit zunehmender Nervosität. Es ist daher durchaus möglich, daß demokratische Gesellschaften von innen her zerfallen; dieser Gefahr sind sie insbesondere dann ausgesetzt, wenn sie konkurrenzlos geworden sind. Das Politisieren mit einem neuen Feindbild, wie im sogenannten Handels- und Weltwirtschaftskrieg, ist dafür nur ein schlechter Ausweg.

Der moderne arbeitende Staat ist in seiner Realität von Verhandlungszwängen geradezu geprägt. Empirisch spricht man deshalb von Verhandlungsdemokratie und nicht einfach von Demokratie oder Staat. Man meint damit politische Systeme, die zwar mit Parteienwettbewerb und Mehrheitsprinzip arbeiten, in denen dies aber an Bedeutung gegenüber der Entscheidungsfindung durch Bargaining mit dem Ziel weniger des gütlichen Einvernehmens als vielmehr des *Interessenausgleich*s zurücktritt. Der Holländer *Lijphart* konnte 1984 in einem Vergleich der Regierungssysteme von 21 Ländern zeigen, daß verhandlungsdemokratische Regierungsformen - *Lijphart* sprach irreführend von Konsensdemokratie[17] - viel weiter und das britische Westminstermodell der allein ver-

---

16 Vgl. *Scharpf* 1993.

17 *Lijphart* geht in seiner Arbeit (1984) von *"Einhelligkeitsdemokratie"* (*Lijphart* 1975 und 1977) zu *"Konsensdemokratie"* über. Dies erweckt bei *Sartori* zu recht den Eindruck, als ob das Westminster-Mehrheitsmodell nicht auf Konsens beruhe (vgl. *Sartori* 1992: 519). *Sartori* unterscheidet richtigerweise Regierungs(-Programm)-Konsens, Verfahrenskonsens und Wertekonsens. *Lijphart* überspitzt sowohl das Modell der Mehrheitsdemokratie als auch die sogenannte Einhelligkeitsdemokratie. Ein differenzierter Ansatz findet sich bei *Neidhart* 1970. *Neidhart* zeigt den seit den fünfziger Jahren einsetzenden Wandel *von der Abstimmungs- zur Verhandlungsdemokratie* in der Schweiz auf. Als beschleunigende Faktoren nennt er den Abbau von politisch-ideologischen Polaritäten und parallel dazu die zunehmende Differenzierung und Organisation der gesellschaftlichen Interessen. Beides beeinflußt die Aktivbürger, die nicht nur eine Wählerrolle, sondern auch eine Mitentscheidungsrolle in der Gesetzgebung wahrnehmen. Die Klagen über zunehmende Stimmabstinenz werden denn auch zum ersten Mal in diesen Jahren deutlich hörbar. Dazu kommt der wachsende Problemlösungsbedarf einer hochdifferenzierten Gesellschaft, welcher so oder so zu einer Substitution der plebiszitären Ja-Nein-Entscheidungen durch differenziertere Muster der Problemlösung führt (288 ff.). Die Antwort auf die Ausgangsfrage der Untersuchung, "wie denn ein teilplebiszitäres System mit seinen im Referendum möglichen Majoritätsbeschlüssen der Aktivbürgerschaft die vielschichtigen, oft nicht auf bloße Ja- oder Neinmehrheiten reduzierbaren Probleme einer pluralitären und auch sprachlich-kulturell stark differenzierten Gesellschaft lösen könne, findet ihre Antwort ... im Modell einer *Verhandlungsdemokratie*" (313). Verhandlungsdemokratie heißt dabei das institutionelle Muster eines legislatorischen Bargainings. Damit wird neben der plebiszitären Mehrheitsbildung die *Verständigung* zu einem komplementären Legitimationshintergrund der Politik. Diese Bereitschaft zur Verständigung sowie die Anerkennung einer Politik der Verständigung ist freilich das Ergebnis eines langen historischen Lern-

antwortlichen Regierung der Mehrheit viel geringer verbreitet ist, als man der Lehrmeinung zufolge hätte annehmen dürfen.[18] Gerade die Machtteilungen in demokratischen Verfassungsstaaten und erst recht von 'verfaßten Gesellschaften' erzeugen mächtige Verhandlungszwänge, so daß sich die vielberufenen Sachzwänge in den meisten Fällen vor allem als Verhandlungszwänge herausstellen. Und die Macht dieser letzteren Macht, die sich über Erfolge legitimiert, hat bisher dem inneren Frieden wie der Verteilungsgerechtigkeit mehr genützt als geschadet, so meine Behauptung, auf die ich im letzten Kapitel noch einmal zurückkommen werde.

Verhandlungsdemokratische Strukturen spielen dabei sowohl innerhalb als auch außerhalb des Regierungssystems eine Rolle. Drei Formen von Verhandlungsdemokratie lassen sich unterscheiden: die All-Parteien-Regierung, die föderale Politikverflechtung[19] und der liberale Korporatismus,[20] der sich von den autoritären Varianten der Zwischenkriegszeit deutlich unterscheidet. Der demokratische Verantwortungszirkel wird durch die Realität dieser verflochtenen Politikformen durchbrochen.[21] Situationen, in denen eine Mehrheitsregierung - gleichsam im Zustand eines kollektiven Solipsismus - souverän entscheiden, und daher auch ihren Wählern im strengen Sinne verantwortlich sein kann, sind eher zur Ausnahme als zur Normalität demokratischer Politik geworden. Dem Verlust der inneren Souveränität durch Koalitionsregierungen, kooperativen Föderalismus und dem Einbau organisierter Interessen in den Staat[22] folgte das Ende der äußeren Souveränität in einem von vielfältigen Abhängigkeiten gekennzeichneten Weltsystem. Der moderne Nationalstaat ist zwar souverän in dem Sinne, daß er das selbstverständliche Recht besitzt, gesetzliche und andere Regelungen in seinem Territorium aufzustellen und seine Politik daran auszurichten, er ist aber nicht mehr autonom in dem Sinne, wie sich das die liberale Theorie der Nation im 19. Jahrhundert vorgestellt hatte, daß er frei und ohne Bindungen - also antikondominial - handeln könnte.[23] Um eine Verlagerung der Souveränität handelt es sich freilich erst dann, wenn deren Kernbereich, die Gesetzgebungskompetenz, zumindest teilweise übertragen wird. Der Bedeutungszuwachs der europäischen Union einerseits und der Einheiten einer innerstaat-

---

prozesses ziviler Demokratie, in dem eine *minderheitenfähige* Demokratie aufgrund negativer Folgen plebiszitärer Konflikte und anderer Entscheidungsrisiken erst eingeübt werden muß.

18 *Lijphart* 1984.

19 Vgl. zur Analyse dieses kooperativen Föderalismus als Bargainingprozess zwischen autonomen Bürokratien *Lehmbruch* 1976; auf der Ebene inneradministrativer Bargainingprozesse: *Scharpf, Reissert* und *Schnabel* 1976; vgl. auch *Nüssli* 1983.

20 Vgl. *Schmitter* und *Lehmbruch* 1979; *Lehmbruch* und *Schmitter* 1982.

21 Vgl. *Scharpf* 1993.

22 Vgl. *Gruner* 1965 und 1959: 59 ff. Von hier stammt die Gegenüberstellung der institutionellen Muster 'Korporatismus'/'Pluralismus'.

23 Vgl. dazu und zum folgenden *Voigt* 1993a: 164.

lichen Ausdifferenzierung andererseits im Zeichen einer Pluralisierung der Macht, die Carl Schmitt als Tod des Leviathan-Staates diagnostiziert hatte, führt zu Souveränitätsgewinnen dieser Ebenen und damit zu Souveränitätsverlusten des Nationalstaates. Diesen Punkt hat die europäische Gemeinschaft spätestens mit den Maastrichter Verträgen erreicht: Ihre Mitgliedstaaten sind nicht länger die einzigen Träger von Souveränität in ihrem Staatsgebiet.[24]

Damit komme ich zur Frage der Demokratie, mit der zusammen die Architektur eines neuen Staates betrachtet werden muß, damit er für Menschen in ihrer Pluralität bewohnbar wird. Das Bezugsproblem der Demokratie ist die Ermöglichung kollektiver Selbstbestimmung, um ein gemeinsames Schicksal, das sich entweder faktisch durch externe Ereignisse oder willentlich durch die Verfolgung gemeinsamer Ziele ergibt, absichtsvoll zu beeinflussen.[25] Demokratische Projekte setzen demnach immer die Möglichkeit effektiver Schicksalsbeeinflussung durch gemeinsames Handeln, das mehr ist als nur aggregiertes kollektives Handeln, voraus. Normativ erforderlich wird Demokratie nur dort, wo gemeinsames Handeln nicht allein durch freiwillige Austauschbeziehungen erreicht werden kann. Mit Demokratie erreicht man deshalb für sich selbst nicht nur und durchgängig Vorteile. Nicht jedes beliebige Aggregat von Personen ist schon ein demokratiefähiges Gemeinwesen.[26] Demokratische Selbstbestimmung setzt daher neben der Effektivität gemeinsamen Handelns eine über die Interdependenz der Schicksale hinausgehende normative Identifikation der Einzelnen mit einem kollektiven Selbst, zumeist Nation, englisch 'nation' gleich Gesellschaft (gleich Bürgergesellschaft) genannt, voraus. Diese Unterstützung durch Identifikation stärkt die kollektive Selbstbestimmung. Dabei geht es in Demokratien immer um das doppelte Problem der Effektivität und Authentizität der Selbstbestimmung.[27] Die Effektivitätsdimension oder Output-Perspektive assoziiere ich primär mit dem politischen System und dem Staat als einer Leitidee dieses Systems. Ich nenne das den *engen Staatsbegriff* des mehr oder weniger ausdifferenzierten professionellen Systems der Politik. Die Authentizitätsdimension der Demokratie oder die Input-Perspektive ist und bleibt dagegen verknüpft mit einer anderen Art der Politik: der Politik der Bürger und der Bürgerinnen und der wie auch

24 Vgl. auch das Kapitel 'Transformation des Staates' in *Lübbe* 1994.

25 Vgl. *Scharpf* 1993: 26.

26 Zu den historischen und politiktheoretischen Voraussetzungen eines demokratiefähigen Gemeinwesens vgl. *Kleger* 1995.

27 Vgl. *Scharpf* 1993: 27. Diese Unterscheidung ist in der Demokratietheorie gängig und wird lediglich in verschiedenen Worten ausgedrückt. Vgl. dazu schon *Scharpf* 1970; *Sartori* spricht von horizontaler und vertikaler Demokratie oder Demokratie als Regierungssystem (*Sartori* 1992). Folglich kann die Demokratie sowohl durch gemeinwohlschädliche Politiken oder das Fehlen aktiver Politik (etwa das Fehlen von Wirtschafts-, Sozial- und Umweltpolitik) als auch das Fehlen von reflexiver Demokratisierung der Demokratie sowie das Fehlen von Verhandlungs- und Gemeinwohlorientierungen untergraben werden.

immer konfliktiven Einrichtung und Entwicklung ihrer Bürgergesellschaft. Diese Bürgergesellschaft ist national und transnational zugleich. Darauf bezieht sich nun der *weite Staatsbegriff*, der es Staaten im Plural ermöglicht, dank kollektiver Unterstützung, traditionell Patriotismus genannt und eine selbstverständliche Größe kollektiver Solidarität, wichtige lokale und regionale, bisweilen sogar internationale Akteure zu werden. Die Bürgergesellschaft enthält als Teilsystem, aber nicht als pars pro toto, das, was ich den engen Staatsbegriff genannt habe, der wiederum nicht die ganze Politik abdeckt. Vor allem in Kritik- und Krisensituationen braucht es vielmehr gerade den Druck einer Politik der Bürger, einer Politik aus dem Stand, um der professionellen Politik wichtige und richtige Anstöße zu geben. Bürger und Bürgerschaft selber sind entwicklungsfähige Konzepte, die ich hier nicht altrepublikanisch stilisieren möchte. Demokratie muß jedoch, will sie nicht scheitern, den Anforderungen der Effektivität und Authentizität *gleichermaßen* genügen. Aus dem Blickpunkt dieser komplexen Anforderungen können wir nun fragen:

a) Wie steht es mit den innerstaatlichen Demokratiedefiziten des verhandelnden Staates? Und:

b) Wie steht es mit den europäischen Demokratiedefiziten, die transnationale Identifikationen erschweren?[28]

In beiden Richtungen a) und b) geht es um den Zusammenhang von lernfähiger Demokratie und reflexivem Staat.

Zu a):
Die politischen Kosten von Verhandlungssystemen in Form von Demokratiedefiziten sind sehr differenziert zu beurteilen, je nachdem, um welchen Verhandlungstyp es dabei geht. Der verhandelnde Staat kennt verschiedene Verhandlungssysteme. Aus der Neokorporatismusforschung ist die demokratische Frage gut bekannt. Dieses Verhandlungssystem legitimierte und legitimiert sich vorwiegend über Erfolge hinsichtlich gerechter Verteilung. Dabei werden die verhandelnden Akteure, um überhaupt verhandeln zu können, von der Basisdemokratie ihrer Organisationen abgekoppelt, was immer wieder auf Demokratiekonflikte zwischen Basis und Führung hinausläuft. Hinzu kommt ein *umfassender* Demokratiekonflikt, daß es nämlich generell bei solchen Verhandlungssystemen zwischen mächtigen Interessen und staatlichen Autoritäten nur zu kompromißfähigen Lösungen auf Kosten Dritter kommt, welche jedoch den erzielten Kompromiß mittragen müssen.[29] Als demokratietheoretisch unproblematischer läßt sich hingegen

---

28 Ich folge hier der Systematik von *Scharpf* 1993: 25 - 50.

29 Siehe die Ergebnisse eines Projektes der Forschungsstelle für Politische Wissenschaft an der Universität Zürich mit dem Titel "Neokorporatismus und Konkordanz". Die Fallstudien zu den Politikfeldern Berufsbildung, Landwirtschaft, Verkehr (*E. Rüegg*), Umwelt, Krankenversicherung (*K. Nüssli*), Ar-

die sektorale Selbstregulierung durch Verbände ansehen. Wenn allerdings in bilateralen oder trilateralen bzw. korporatistischen Arrangements die Verbände zur Kolonisierung des Staates befähigt werden und dadurch externe Kosten verursachen, welche die Allgemeinheit zu tragen hat, treten Nachteile für die Demokratie zutage.[30] In dieser Hinsicht sind pluralistische Politiknetzwerke mit einer Vielzahl von Beteiligten unbedenklicher. In den letzten zehn Jahren sind sie von der Politikforschung entdeckt worden.[31] Neue Gruppen, gerade im empfindlichen Umweltbereich, sind in solche Verhandlungssysteme kooptiert worden. In solchen Politikfeldern ist tatsächlich eine Neuformierung des politischen Ausdrucks von gesellschaftlichen Kräften in Gang gekommen. Motor der Ausweitung des Interessenfeldes solcher Netzwerke ist nicht zuletzt die Wissenschaft, in der Schweiz etwa in Gestalt der Forschungsanstalten des Bundes, zum Beispiel der landwirtschaftlichen Forschungsanstalten bei der ökologischen Umorientierung der Landwirtschaftspolitik. Solche aufschlußreichen Beispiele gibt es viele.[32] Sie zeigen zweierlei: Einmal wird die wissensbasierte Infrastruktur des Staates neben der macht- und geldbasierten Infrastruktur tatsächlich zunehmend wichtiger. Sie ermöglicht es innovativen Minderheiten, eher Einfluß zu nehmen. Verhandlungssysteme taugen somit nicht nur zur passiven Blockadeentscheidung; durch sie kann ebenso bei geschickter Praxis das politische Innovationspotential gestärkt werden. Auf diesem Wege ist zum Beispiel in Deutschland die Transformation des fundamentalen Atomkonflikts in einen politischen Verhandlungsgegenstand gelungen.[33] Diese Beobachtungen dürfen freilich nicht im schlechten Sinne verallgemeinert werden, aber sie sind exemplarisch interessant. Soviel sei zunächst zur innerstaatlichen Differenziertheit des Zusammenhangs von lernfähiger Demokratie und reflexivem Staat gesagt; ich komme jetzt noch ebenso kurz auf die transnationalen Abhängigkeiten des verhandelnden Staates zu sprechen.

Zu b):
Teilung der Souveränität bedeutet nicht ohne weiteres Teilung der Nation. Die staatstheoretischen Implikationen der subnationalen Ebene lassen sich allerdings durch kulturelle Rahmensteuerung zumindest beeinflussen; dazu gehört auch das Weiterdenken von Staat und Politik. Untersucht man dagegen auf europäischer Ebene gewichtige Politikfelder und damit die realverflochtene Politik, so wird es zunehmend fraglich, ob sich der moderne Staat noch auf eine kollektive Identität, wie dies der weite Staatsbe-

---

beitszeit (*A. Kühne*) und Ausländer (*S. Cattacin*) sind in den Kleinen Studien zur Politischen Wissenschaft der Forschungsstelle dokumentiert.

30 Vgl. das Phänomen der "administrative capture" bei *McConnell* 1966, sowie allgemein die Literatur zu den "iron triangles".

31 Vgl. *Marin* und *Mayntz* 1991.

32 Vgl. zur Schweiz *Rüegg* et al. 1991.

33 Vgl. dazu die ausführliche Fallanalyse von *Czada* 1993: 73 - 98.

griff der nationalen Bürgergesellschaft voraussetzt, stützen kann. Denken wir etwa an die für die modernisierenden Teilsysteme wichtige Forschungsförderung und Technologiepolitik in Europa, so sind auf diesen Politikfeldern regionale, nationale und europäische Akteure und Kompetenzen spannungsreich institutionell integriert. Praktiker, die sich auskennen, sprechen bezeichnenderweise vom Dschungel der Forschungsförderung. Die Folgen sind Verflechtung, Überlappung und Entgrenzung von staatlichen Handlungsräumen, womit sich eine neue Architektur des Staates abzeichnet.[34] Diese neue Form europäischer Staatlichkeit ist nicht so gestaltet, wie dies der organisationstheoretisch versierte Architekt für komplexe Systeme gerne vorsehen würde: nämlich einen modularen, hierarchischen Aufbau.[35] Es handelt sich vielmehr um eine komplexe Konfiguration von Akteuren und Institutionen, deren Zuständigkeiten und Ressourcen über mehrere Ebenen und verschiedene Grenzen hinweg verteilt sind. Dies ist ein "Staat ohne Spitze".[36] Der Nationalstaat ist in diesen vernetzten Verhandlungssystemen quasi 'aufgehoben'. Das heißt: Er verliert zwar nationale Souveränität an ein System supra- und subnationaler Institutionen, aber als Repräsentant nationaler Interessen bleibt er präsent, denn er bildet nach wie vor die erfolgreichste gebietsbezogene Interessengruppe und wird weiterhin aus demokratischen und anderen Gründen von starken emotionalen Bindungen des Bürgervolkes getragen. Als einfacher Nationalstaat ohne Momente eines postnationalen Staates erreicht er indessen nichts mehr, ebenso wie gegen den Nationalstaat nichts zu erreichen ist.[37] Für die Gestaltung der neuen europäischen Staatenordnung scheint aber der klassische Staatsaufbau in Hierarchien ans Ende seiner Geschichte gekommen zu sein.

Ist damit die Teilung der Souveränität zwischen Nationalstaat und der EU bereits partiell vollzogen, so ist eine weitere Teilung zwischen Nationalstaat und Region keineswegs ausgeschlossen, wie das Beispiel der deutschen Bundesländer oder die Europapolitik der schweizerischen Kantone zeigt.[38] Der Widerstand gegen diese Teilung ist allerdings von Staat zu Staat verschieden, was viel mit der jeweiligen politischen Theorie zu tun hat. Während eine solche Teilung in föderalistischen Staaten in der Figur des Kondominiums zwischen Zentralstaat und Gliedstaaten zur nationalen Staatsphilosophie gehört, gehört die Unteilbarkeit der Republik zur Staatsphilosophie unitarischer Staaten wie Frankreich, Großbritannien und Italien, die ein gewichtiges Wort beim Bau der neuen europäischen Staatenordnung mitreden. Am Ende der Entwicklung der europäischen Staatenordnung wird aber wahrscheinlich eine Teilung der Souveränität zwischen EU, Nationalstaat und Region stehen, sei es in Form einer geschriebenen Unions-

---

34 Vgl. dazu und zum Folgenden am Beispiel der Forschungs- und Technologiepolitik *Grande* 1993.

35 Vgl. *Simon* 1962.

36 Zu dieser Schlußfolgerung kommt *Grande* (1993: 64) in seiner Fallstudie.

37 Vgl. *Grande* 1993.

38 Vgl. *Freiburghaus* 1994.

verfassung, sei es als intelligente politische Praxis.[39] Diese andere Teilung der Souveränität ist ebenso bedeutsam wie der Verlust innerer Souveränität durch die Mitsouveränität organisierter Interessen. Mit ihr hängt der Bedeutungsverlust des Nationalstaates als dem zentralen Formprinzip moderner Staatlichkeit zusammen. Staatliche Kompetenzen und Ressourcen sind über mehrere Handlungsebenen oberhalb und unterhalb des Nationalstaates verteilt. Vor allem auf europäischer Ebene ist daher von einem Mehrebenenmodell auszugehen, das dem Staatsmodell des 19. Jahrhunderts in keiner Weise mehr entspricht. Die räumliche Grenze staatlicher Politik wird damit politisch kontingent und variiert mit der jeweiligen Ebene des Entscheidens. In dieser Gemengelage steht die Einheit des Staates materiell wie formell zur Disposition. Die staatliche Politik verliert ihre territoriale Integrität und - was für die Menschen schwerer zu leben ist - die Eindeutigkeit der Identifikation. Traditionelle Identifikationsmerkmale müssen durch neue ersetzt werden. Die staatliche Politik verliert mithin ihre eindeutige und starke nationale Identität, die in den 30er Jahren ein Hauptorganisator für den Aufbau kollektiver Solidarität dort war, wo man dem Totalitarismus erfolgreich entgehen konnte, einer kollektiven Solidarität, auf der man wiederum - wie zögerlich auch immer - eine neue Wirtschafts- und Sozialpolitik baute.[40] Ich erinnere nur daran, daß die überaus kreative Zeitschrift der Richtlinienbewegung in der Schweiz nicht zufällig 'Die Nation' hieß. Krise und Verständigung bedeutete in den 30er Jahren, daß man in Kategorien einer demokratischen und solidarischen Nation politisierte.[41] Das Hauptproblem für die Bestimmung des Staates heute und in naher Zukunft besteht somit darin, daß die Grenze zwischen Innen und Außen verschwimmt, und der Nationalstaat seine Bedeutung als Zentrum staatlicher Organisation verliert[42], was wiederum nicht voreilig so interpretiert werden sollte, daß damit auch schon der Nationalismus als 'Egoismus des Wir' jede Bedeutung verliert.[43] Die Pluralisierung von Innen und die Integrierung von Außen verän-

---

39 Vgl. Europa 96 - Reformprogramm für die Europäische Union, 1994; Föderale Union - Europas Zukunft? 1994; *Hesse* und *Wright* 1993.

40 Die Suche nach einer *neuen Mitte* in den 30er Jahren kennt neben dem Krieg der Extreme (Bolschewismus, Faschismus) unter anderem drei Vorschläge: *Sozialismus* (Verstaatlichung, Nationalisierung, Volksfront), *Mitte-Links* (Schwedisches Modell) und die *Konkordanz*. Die Leistung und Intervention des Staates läuft dabei über die Kaufkraft-Brücke, aktive Konjunkturpolitik, die preispolitischen Anliegen der Bauern, Arbeitsbeschaffungsmaßnahmen usw. Nach dem Krieg führt dies in der Schweiz und anderswo zu Finanz- und Wirtschaftsartikeln sowie zur Infragestellung des Primats des Budgetgleichgewichts.

41 Vgl. *Kleger* 1993b; vgl. auch *Morandi* 1995.

42 Sofern er in föderalistischen Systemen überhaupt jemals *das* Zentrum war. Für die Schweiz z.B. ist die Dominanz der Gliedstaaten bis heute gegeben. Für die USA wäre wohl von einer kondominialen Entwicklung des Föderalismus zu sprechen.

43 Vgl. dazu *Gellner* 1991. Am nationalistischen Prinzip, wie es Gellner definiert, hat sich das Projekt einer europäischen Demokratie erst noch abzuarbeiten. Vgl. dazu *Dewandre* und *Lenoble* 1994.

dern indessen zumindest die Prämissen einer Theorie des Staates. Die Handlungsbedingungen des arbeitenden Staates haben sich folglich nicht nur relativiert, sie haben sich vor allem erheblich kompliziert, d.h. relationiert. Staatliche Steuerung kann unter diesen Bedingungen nicht mehr in erster Linie sogenannt souveränen Entscheidungen folgen, sie muß sich gewissermaßen *weicherer* Methoden bedienen: sie muß verhandeln, positive Anreize bieten, anregen, moderieren und koordinieren. Kooperations- und kompromißfördernde Instrumente sind die besten Handlungsinstrumente eines modernisierten Staates. Die Arbeit der öffentlichen Verwaltungen und ihres Personals wird anspruchsvoller und das Verwaltungshandeln entsprechend informell und kooperativ[44]. Die Folgen für eine Theorie des Staates sind jedoch noch keineswegs geklärt. Dies gilt sowohl für die *Handlungsfähigkeit* des Staates in einer funktional differenzierten, polyzentrischen Gesellschaft wie für seine *demokratische* Qualität. Beide Fragen sind im wechselseitigen Bezug aufeinander zu klären. Darauf möchte ich nun im dritten Überlegungsschritt eingehen.

3. Lernfähige Demokratie und reflexiver Staat

Unter diesem Titel geht es darum, einen effektiv arbeitenden Staat mit der Demokratiefrage zusammenzudenken. Die Demokratiefrage wiederum ist aufs engste verknüpft mit der Gesellschaft der Massenbürger und deren Zivilisationsdynamik. Beides spreche ich normativ wie deskriptiv als Frage nach der Bürgergesellschaft an. Die Bürgergesellschaft ist Realität und Utopie. Wenn wir nämlich die Brüche der nationalen und internationalen Gesellschaften ins Auge fassen, so können wir nicht evolutionsergebenpostmodern davon ausgehen, daß die Zivilisationsdynamik zu einem neuen Gleichgewichtszustand selbstregulativer gesellschaftlicher Teilsysteme führt. Sogar die evolutionstheoretisch distanzierten, abstrakten Fragestellungen einer sozialwissenschaftlichen Steuerungstheorie als Systemtheorie münden in ein Konzept der dezentralen Kontextsteuerung, in dem Heterarchie und Gestaltung zusammengeführt werden. Erst recht sieht sich eine auf das Gemeinwesen der Bürger gerichtete Sichtweise vor massiven partikularen Interessen und realen sowie antizipierten anomischen Dynamiken. Ohne die Beteiligung der Staaten lassen sich diesbezüglich überhaupt keine zielgerichteten Eingriffe mehr vorstellen. Nach der Demystifikation des Staates bedarf deshalb seine gesellschaftlich dekomponierte und praktisch politisch differenzierte Identität der neuen Reflexion einer lernfähigen Demokratie und ihrer Anforderungen an die Verfassung der Gesellschaft. Verfassung als aktuelle Konstruktion einer bestimmten Gesellschaft soll dabei weder auf den rechtspositiven Text noch auf die Virtualität oder Materialität einer normativen Sozialintegration reduziert werden. Gesellschaft ist in dem Maße verfaßt,

---

44 Vgl. dazu vor allem *Benz* 1995 und *Weichselgartner* 1994, der eine verbesserte Verwaltungskultur als Bedingung kooperativen Verwaltungshandelns konstatiert.

wie sie fähig ist, ihre interdifferentiellen Bezüge überhaupt reflexiv zu gestalten, d. h. als Felder des Handelns wahrzunehmen. Insofern spreche ich von zivilem Handeln in verfaßten Gesellschaften, zu dem ein recht verstandenes Regierungs- und Verwaltungshandeln gehören. Innerhalb einer solchen Verfassung einer mit sich konfrontierten Gesellschaft wirkt Regierungs- und Verwaltungshandeln in seiner differenzierten und zu differenzierenden staatlichen Gliederung. Staatliches Handeln trägt so unverzichtbar bei zum Problem einer Zivilisierung der modernen gesellschaftlichen Evolution. Auf diesem Hintergrund bedeutet reflexiver Staat die Konstruktion und Nutzung der dekomponierten, zivil gegliederten staatlichen Elemente und Bezüge. Der Staat, auch und gerade der demokratische Staat hat keine feste Struktur; er muß von seinem Konstitutionsprozeß her gedacht werden. Dieser ergibt sich aus den sozialen und demokratischen Auseinandersetzungen der Zeit, in welche die Wissensformen des Problemlösungshandelns miteinbezogen sind. Politische Theorie ist deshalb an der Konstruktion des Staates beteiligt und findet ihren Gegenstand nicht einfach vor.

Ich fasse meine Überlegungen noch einmal zusammen und pointiere sie zugleich. Die apologetische oder kritisch-dämonisierende Mystifizierung des Staates, die eine bestimmte Art von politischer Theorie Form und Problematik des Staates unabhängig von Form und Problematik der Gesellschaft hat denken lassen, ist durch eine Gesellschaftstheorie des Staates zu überwinden, die auf der Höhe unserer Zeit und ihrer Krisen, eine Neubestimmung des Staates wieder in Gang bringt. Dieser realistischen Gesellschaftstheorie zufolge ist der Staat eine Leitidee des politischen Teilsystems der Gesellschaft. Allerdings, so haben wir hinzugefügt, eine Leitidee, die sich in spezifischer Weise nach wie vor auf die Gesamtgesellschaft in Gestalt der Bürgergesellschaft bezieht. Dies ist eine *Verhältnisbestimmung*: Gesamtgesellschaft *und* Bürgergesellschaft. So gedacht wird der Staat reflexiv, aber nicht minimal; er wird zudem funktional erweiterungs- und differenzierungsfähig, aber nicht substantiell fixiert. Als funktional bestimmter Staat läßt sich infolgedessen pragmatisch mit ihm umgehen. Mit der Phänomenologie von Politiknetzwerken kommt zudem der arbeitende Staat sowohl in seiner Breite wie in seinen Verästelungen in den Blick. Innerhalb dieses arbeitenden Staates spielt sich seit einiger Zeit auch eine Umorientierung der Politik ab, die von den Parteien und der Öffentlichkeit kaum beachtet oder unterschätzt wird. Zu dieser Politik des Staates, Dissens und Repolitisierung von ausgeschlossenen Dritten, wieder in seine Arbeit aufzunehmen, gehört allerdings *koexistentiell* eine druck- und phantasievolle Politik der Bürger hinzu, die ihren Protest so artikulieren können, daß er die Schwellen erreicht, um vom arbeitenden Staat wahrgenommen zu werden. Die subtilsten Erfolge kann die Opposition dabei häufig nicht im Parlament, sondern in den staatlich initiierten Verhandlungssystemen verbuchen. Die Politik in und mit Verhandlungen ist jedoch nicht per se von Erfolg gekrönt; sie bedarf der Begleitung einer Politik der Bürger, die durch Politik als System nicht konzeptualisiert ist. Deshalb *kombiniere* ich eine Systemtheorie der Gesellschaft mit einer politischen Theorie der Bürgergesellschaft. Die Notwendigkeit einer Neubestimmung des Staates läßt sich aus Erkenntnissen der Systemtheorie herleiten; die konstruktive Pragmatik des Staates ist indessen mit einer politischen Theorie der Bürgergesellschaft und deren lernfähiger Demokratie zu verbinden. Die faktische Entzauberung des Staates ist mehr als nur die Vergesellschaftung des Staates oder die Verstaatlichung der Gesellschaft. Die ausdifferenzierten Teilsysteme und ihre Perspektiven überwiegen in der modernen Zivilisationsdynamik, während auf der Seite des Ganzen nurmehr Bruchstücke einer moralisch-politisch qualifizierten Gesellschafts- und Staatstheorie zu finden sind.

Darauf sind in der politischen Theorie drei Reaktionen möglich: die kritische, die restaurative und die konstruktive. Kritisch kann man sich in den zurückgebliebenen Trümmern baden und in der Folge auf unterschiedliche Weise therapeutisch tätig werden. Der liberale Ironiker[45], der sich in *Willkes* Staatstheorie eingeschlichen hat, ist dabei nur die originellste Figur. Der Mensch handelt indessen nicht als solcher Erkenntnistheoretiker; als Bürger, der sich - shifting involvements vorausgesetzt - auch ums Gemeinwohl kümmert, beginnt er pragmatisch immer wieder von vorn.[46] Restaurativ kann man durch zentrierende oder hierarchische Ansprüche in moralisch-politischer Delegation und aus Furcht vor der Freiheit den überzogenen Herrschaftsstaat wieder stärken. Oder man kann schließlich konstruktiv versuchen, die Bruchstücke neu zusammenzusetzen. Dazu habe ich einige Vorschläge lanciert: Zunächst mit dem Staat als Leitidee des politischen Systems, was zugleich impliziert, daß das Reflexivwerden des Staates sich auf die konkrete Problematik der politischen Steuerung einer konkreten Gesellschaft bezieht; weiterhin mit dem reflexiven Staat im weiteren Sinne - Staat einer nationalen Bürgergesellschaft - sowie engeren Sinne, das heißt Politik als professionelles System; sodann mit dem arbeitenden funktionalen Staat als verhandelndem Staat; schließlich mit unterschiedlichen informellen Verhandlungssystemen in jeweils spezifischen Zusammenhängen mit lernfähiger Demokratie. Was folgt nun daraus für eine neue Theorie des kooperativen Staates?

4. Schluß: Zur alten und neuen Theorie des kooperativen Staates

Konsenssuche und Kompromißbildung gehören zu den normalen Erscheinungen demokratischer Politik und somit auch der verhandelnde Staat. Die Konzeption eines über der Gesellschaft stehenden Wirkungszentrums, genannt Staat, war schon immer ein My-

---

45 Vgl. *Rorty* 1989.

46 Vgl. *Hirschman* 1984. Es hat etwas Ermutigendes, in einer Dramatik aus den Ereignissen selbst heraus - wie in der 'Chronik der Wende' (Ostdeutscher Rundfunk Brandenburg, 73 Folgen) - zu vergegenwärtigen, wieviele unterschiedliche Menschen und Gruppen geradezu aus dem Nichts heraus und mit großem persönlichen Aufwand eine demokratische Revolution zustandebrachten.

thos. Verhandlungen innerhalb der staatlichen Sphäre zwischen Parteien und zwischen Gebietskörperschaften wie zwischen dem Staat und gesellschaftlichen Organisationseinheiten sind kategorial nichts Neues. Neu ist eher das wissenschaftliche Interesse daran und möglicherweise auch die Intensität und Vielfalt solcher Verhandlungen. Klientelistische und korporatistische Politikformen finden sich seit dem 18. Jahrhundert. Der moderne Staat hat gerade nicht nur als Parteienstaat seine Karriere begonnen. Sieht man sich die staatlichen Interaktionen bis auf die Ebene der Kommunen hinab genauer an, so findet man seit Beginn des modernen bürgerlichen Staates ein vielfältiges Beziehungsgeflecht von staatlichen und gesellschaftlichen Akteuren, in dem ausgesprochen viel verhandelt wird. Eines der gesicherten Resultate der Korporatismusforschung zeigt meines Erachtens, daß entgegen der klassischen Pluralismustheorie und -kritik Staat und Gesellschaft nur unzureichend begriffen werden, wenn man sie grundsätzlich dichotomisch denkt. Speziell im Begriff der *Interessen-Vermittlung* - und eben nicht Interessen-Vertretung - wurde immer wieder zum Ausdruck gebracht, daß gesellschaftliche Interessen nicht einfach in der Gesellschaft vorgefunden werden, sondern in Interaktionen zwischen Staat und Gesellschaft kollektiv *erzeugt* werden. Die besondere Rolle des Staates in diesem Prozeß der (Er-)Findung von Interessen ist überzeugend herausgearbeitet worden und läßt Gedankenspiele einer staatsfreien (Zivil-)Gesellschaft als historisch-empirisch unzulänglich erscheinen.

Zudem hat erst das sozialdemokratische Politikmodell oder allgemeiner eine neue Mitte seit den 20er und 30er Jahren, die nicht immer eine linke Mitte unter sozialdemokratischer Hegemonie wie in Schweden zu sein brauchte, den Sozialstaat als ein Projekt der Ausbalancierung gesellschaftlicher Macht geschaffen[47]. Die Idee dieses kooperativen und korporativen Staates sehe ich als Reaktion auf zwei Entwicklungen, die Sorge bereiteten: als Reaktion auf die wirtschaftliche Krise zum einen und als Reaktion auf die zunehmende Heterogenisierung der Gesellschaft zum anderen. Von diesem alten kooperativen Staat erwartete man sich vor allen Dingen bessere und effizientere Problemlösungen sowie eine Dämpfung sozialer Verteilungskonflikte. Zudem sollte das freigesetzte Individuum über Mitgliedschaften in zahlreichen Organisationen, mithin über organisationelle statt normative soziale Kontrolle, in die gesamtgesellschaftliche Entwicklung eingebunden werden. Auch insofern ist also der kooperative Staat kategorial

47 Hier würde ich *Czada* widersprechen, wenn er kompromißfördernde Systeme nicht als "Ergebnis bewußter Gestaltung, sondern als Nebenprodukt geschichtlicher Umstände" (*Czada* 1994: 50) bezeichnet. Zumindest die schweizerische Konkordanzdemokratie basiert auf einem durchaus bewußten Projekt der Überwindung des Klassenkampfes, an dem bürgerliche wie sozialdemokratische Politiker aktiv zur Krisenbewältigung gearbeitet haben. Ähnliches lässt sich auch für die skandinavischen Länder behaupten. Es handelt sich hierbei um historische Lernprozesse, in denen *auch* ein neues politisches Denken eine Rolle spielt. Vgl. *Kleger* 1993 und 1994; *Morandi* 1995.

nichts Neues. Die Parallelen zu den 30er Jahren sind offensichtlich. Was also ist neu an der neuen Theorie des kooperativen Staates?

Die neue Theorie des kooperativen Staates stellt sich auf fünf Entwicklungen ein:

- erstens auf die Verabschiedung des allzuständigen Staates;
- zweitens auf die Problematisierung des Keynesianismus in einem Land;
- drittens auf die Themen der neuen sozialen Bewegungen;
- viertens auf die Herausforderungen des neuen Ostens für den alten Westen;
- fünftens auf die Transformation des Staates durch den europäischen Einigungsprozeß.

1. Die neue Theorie des kooperativen Staates nimmt zunächst Abschied von der Vorstellung eines allzuständigen und allkompetenten Staates. Diese Schlußfolgerung habe ich mit den ersten drei Überlegungsschritten vorbereitet. Diese Lektionen hat die politische Theorie vor allem in den 70er Jahren lernen müssen. Die Modernisierung des Großunternehmens Staat vermittels public management ist dabei noch der trivialste Schritt, obwohl er von Status quo-Interessen immer wieder hintertrieben wird.

2. Die neue Theorie muß sich ebenso wirtschaftspolitisch umorientieren: vom Keynesianismus in einem Land zu einer intelligenten staatlichen Industriepolitik. Dies ist die Lektion der 80er Jahre, in denen der allzu behäbige wohlfahrtsstaatliche und keynesianische Konsens der Nachkriegsentwicklung nachhaltig erschüttert worden ist. Selbstbindung der Gesellschaft durch Verhandlungsarrangements, Politiknetzwerke und pragmatische Koalitionsregierungen heißen nunmehr die altneuen Instrumente, um wieder motivierende Vorstellungen für Lebenschancen von morgen erzeugen zu können. Die Lehren der achtziger Jahre machen zudem einen umstandslosen Rückgriff auf die Modelle der zwanziger und dreißiger Jahre unmöglich. Zumal seit die neoliberale Wirtschaftspolitik bewiesen hat, daß es politisch erfolgreiche Alternativen zum liberalen Korporatismus gibt, sind die Bedingungen der Implementierung eines kooperativen Staates komplexer und voraussetzungsreicher geworden.

3. Dazu kommt die praktische Notwendigkeit von neuen sozialen Bewegungen sowie lokalen und größeren Bürgerbewegungen. Letztlich können aber grundlegende Reformen der Gesellschaft bei allen Auseinandersetzungen, die sie notwendigerweise hervorrufen, nur aus prozessualen gesellschaftlichen Kompromißbildungen in bezug auf einen neuen Produktivitäts- und Beschäftigungspakt hervorgehen. Aus und mit ihnen bildet sich historisch ein neuer kooperativer Staat.

4. Die historische Krisensituation, in der sich der Westen mit seinem Ideen- und Institutionentransfer in den Neuen Osten selber aufs Spiel setzt[48], trifft sich mit einer Neubestimmung von Verhandlungsdemokratie und Staat, die den Spielraum politischen Handelns im dichter gewordenen Geflecht von Abhängigkeiten über alles Engagement von Bürgern hinaus auszuloten sucht. In den Verhandlungssystemen wird dem Staat eine Rolle zuerkannt, die seine Bedeutung am Ende des 20. Jahrhunderts stärkt, denn er kann eine "offensive Vertretung eines fairen Interessenausgleichs übernehmen und mittels Aushandlung von Kopplungsgeschäften und Paketlösungen am erfolgreichen Abschluß bilateraler und zunehmend auch multilateraler Verhandlungen mitwirken".[49]

5. Die Integration des europäischen Nationalstaates in eine Europäische Union ist politisches Programm. Die bewußte Föderalisierung der westeuropäischen Länder führt als Fernziel zu einem Bundesstaat als Nationalit*äten*staat. Dieser europäische Verfassungspatriotismus würde in der Konsequenz ebenso zu einer neuen Zukunft des westeuropäischen Nationalstaates wie zu einer Verschweizerung Europas führen. Zur Zeit liegt indessen lediglich klar zutage, daß es einen europäischen Zentral- oder Superstaat nach dem Modell der USA wohl nicht geben wird und es sich bisher bei der EU und bis auf weiteres um einen Staatenbund mit gewissen supranationalen Elementen handelt.

Von der erneuerten Solidarität der Staatsbürgernationen hängt die Krisenbewältigung ab. *Krisenbewältigung* heißt heute angesichts eines kumulativen Krisenprozesses Reform gleichzeitig in institutionen-, industrie- und arbeitspolitischer sowie umwelt- und entwicklungspolitischer Hinsicht. Dabei geht es um mehr als um bessere *Konfliktbewältigung* über Moderationsverfahren usw. seitens einer rationalisierten Staatsorganisation. Krisenbewältigung in bezug auf eine krisenhafte historische Situation erfordert vielmehr eine *umfassende* reflexive Politikfähigkeit, die mit und über soziologische Aufklärung hinaus Bürger- und Staatsgesellschaft neu verschränkt. Politik wie das Verständnis von Staat werden darin in einem kulturell geprägten kollektiven Zielfindungsprozeß einer historischen Bürgergesellschaft verortet, die Nation und TransNation zivilisatorisch verknüpft. Neue Kompromisse, sei es in den bescheidenen Dimensionen eines Produktivitäts- und Beschäftigungspaktes, sei es in den weiterreichenden Dimensionen eines alternativen Entwicklungsmodells, wird es dabei in jedem Fall geben. In diesem Horizont steht die Auslegung des *weiten* Begriffs von einem neuen kooperativen Staat in einer interdependenten Welt. Dieser Staat ist *Moderator* innergesellschaftlicher Konflikte und *Katalysator* neuer Aufgaben nach innen wie nach außen. Er trägt ebenso die Verantwortung für den Nachweltschutz, die Kooperation zwischen den Generatio-

---

48 Vgl. *Offe* 1994.

49 *Böhret* 1992: 119 f.; *Böhret* 1993: 13 ff.

nen. Der *engere* Begriff eines neuen kooperativen Staates ist in diesem weiten historisch-politischen Rahmen als besseres und effizienteres Verwaltungshandeln, als Teil und nicht als Insgesamt der Bürgergesellschaft, angesiedelt. In diesem politischen System im engeren Sinne von Regierungssystem werden moderierende und katalysatorische Aufgaben professionalisiert und gegenüber dem Publikum interaktiv gestaltet. Das Reflexivwerden des Staates *als Leviathan*, *Moderator* und *Katalysator* verbessert die Kapazitäten einer Verhandlungsdemokratie, so wie diese die zivilstaatlichen Handlungsbezüge und Einheiten weiterentwickelt. Die Ausschöpfung verhandlungsdemokratischer Dispositionen und Strukturen, die schon längst den Rahmen einer postliberalen Demokratie bilden, sind zivilisatorische Medien der besseren politischen Problemlösung (governance), die lange, über mehrere Generationen führende, konfliktreiche historische Lernprozesse zu ihrer Ausbildung benötigen. Dahinter stehen letztlich *institutionelle Arrangements* als *Friedensformeln einer Bürgergesellschaft*, deren Minimaldefinition die Zivilisierung der Politik als sinnvolles und problemlösendes Handeln ist. Innergesellschaftlich und europäisch kam diese buchstäbliche Heilkraft von Institutionen, grob gesprochen, in drei großen Etappen zum Zuge: als Arbeitsschutzgesetzgebung, wirtschaftlicher Frieden und sozialer Frieden. Jede Demokratie ist als multiples Regelsystem auch Verhandlungsdemokratie und kooperativer Staat. Lediglich die Dominanzverhältnisse ändern sich. Ein anderes, mit der Verhandlungsdemokratie koexistentielles Moment, das wichtig bleibt, auch wenn es nicht in allen historischen Phasen als ebenso wichtig erscheint, ist das Bürgerengagement als solches, der öffentliche Einsatz von sozialen Bewegungen und Bürgerbewegungen für moralfähige Themen wie die verschiedenen verhandelbaren und nichtverhandelbaren Gerechtigkeitsfragen. Diese Tugend der Interventionsfähigkeit belebt die diskurs- und direktdemokratische Achse innerhalb einer Demokratie, deren Grundlage letztlich das zivile Handeln von Bürgern ist. Staat in diesem *komplexen Verständnis von ziviler Gliederung* gehört zu den differenziellen Vermögensbeständen einer Demokratie, die eine moralisch-historisch qualifizierte Gesellschaft zur Selbstwahrnehmung und Selbstregierung befähigt. Die Bürgergesellschaft nimmt dabei auf die Interrelation der unterschiedenen Staatsbegriffe Einfluß und damit darauf, was Staat in letzter Konsequenz bedeutet.

Literaturverzeichnis

Benz, Arthur, 1995: Kooperatives Verwaltungshandeln, Baden-Baden.

Böhret, Carl, 1992: Zur Handlungsfähigkeit des funktionalen Staates der spätpluralistischen Industriegesellschaft, in: Beate Kohler-Koch (Hrsg.), Staat und Demokratie in Europa, Opladen, 119 ff.

Böhret, Carl, 1993: Funktionaler Staat: Ein Konzept für die Jahrhundertwende? Frankfurt a.M.

Czada, Roland, 1993: Konfliktbewältigung und politische Reform in vernetzten Entscheidungsstrukturen, in: Roland Czada/Manfred G. Schmidt (Hrsg.), Verhandlungsdemokratie, Interessenvermittlung, Regierbarkeit, Opladen, 73 - 98.

Czada, Roland, 1994: Konjunkturen des Korporatismus, in: Wolfgang Streeck (Hrsg.), Staat und Verbände, PVS-Sonderheft 25, Opladen, 37 - 64.

Dewandre, Nicole/Lenoble, Jacques (Hrsg.), 1994: Projekt Europa. Mit einem Vorwort von Jacques Delors, Berlin.

Evans, Peter B./Rueschemeyer, Dietrich/Skocpol Theda (eds.), 1987: Bringing the State Back In, Cambridge, Mass.

Europa 96 - Reformprogramm für die Europäische Union, Gütersloh 1994.

Föderale Union - Europas Zukunft? München 1994.

Freiburghaus, Dieter (Hrsg.), 1994: Die Kantone und Europa, Bern.

Gellner, Ernest, 1991, Nationalismus und Moderne, Berlin.

Grande, Edgar, 1993, Die neue Architektur des Staates, in: Roland Czada/Manfred G. Schmidt (Hrsg.), Verhandlungsdemokratie, Interessenvermittlung, Regierbarkeit, Opladen, 51 - 72.

Grimm, Dieter, 1993: Der Staat in der kontinentaleuropäischen Tradition, in: Rüdiger Voigt (Hrsg.), 27 - 50.

Gruner, Erich, 1959, Der Einbau der organisierten Interessen in den Staat, in: Schweizerische Zeitschrift für Volkswirtschaft und Statistik 1/1959, 59 ff.

Gruner, Erich, 1965: Die Wirtschaftsverbände in der Demokratie, Erlenbach und Zürich.

Hesse, Joachim Jens/Wright, V. (eds.), 1993: Federalising Europe? Oxford.

Hirschman, Albert O., 1984: Engagement und Enttäuschung, Frankfurt a.M.

Kleger, Heinz, 1987: Verrechtlichung und Verrechtlichungskritik als Frage nach dem Staatskonzept, in: Studia Philosophica, Suppl. 13, 291 - 317.

Kleger, Heinz, 1993a: Lernfähige Demokratie und reflexiver Staat, in: Rüdiger Voigt (Hrsg), 443 - 457.

Kleger, Heinz, 1993b, Demokratiekonflikte und Staatssemantik 1919-1939, in: Kurt Imhof/Heinz Kleger/Gaetano Romano (Hrsg.), Zwischen Konflikt und Konkordanz, Zürich.

Kleger, Heinz, 1994: Orientierungskrise als Selbstfindung einer neuen politischen Gesellschaft, in: Kontinuität und Krise: Sozialer Wandel als Lernprozess, FS Siegenthaler, Zürich, 173 - 246.

Kleger, Heinz, 1995: Die nationale Bürgergesellschaft im Krieg und Nachkrieg 1943-1955, in: Kurt Imhof/Heinz Kleger/Gaetano Romano (Hrsg.), Von der Konkordanz in den Kalten Krieg, Zürich.

Kleger, Heinz/Kühne, Armin/Rüegg, Erwin, 1995, Metropolitan Transformation and Urban Regimes: Learning in and from Berlin - Brandenburg, ECPR Joint Sessions of Workshops, Bordeaux, spring 1995.

Lehmbruch, Gerhard, 1976: Parteienwettbewerb im Bundesstaat, Stuttgart.

Lehmbruch, Gerhard/Schmitter, Phillipe C. (eds.), 1982: Patterns of Corporatist Policy-Making, London.

Lijphart, Arend, 1975: The Politics of Accommodation: Pluralism and Democracy in the Netherlands, Berkeley.

Lijphart, Arend, 1977: Democracy in Plural Societies, New Haven.

Lijphart, Arend, 1984: Democracies: Patterns of Majoritarian and Consensus Government in Twenty-One Countries, New Haven.

Lübbe, Hermann, 1994: Abschied vom Superstaat, Berlin.

Marin, Bernd/Mayntz, Renate (eds.), 1991: Policy Networks. Empirical Evidence and Theoretical Considerations, Frankfurt a.M.

McConnell, Grant, 1966: Private Power and American Democracy, New York.

Morandi, Pietro, 1995: Krise und Verständigung, Zürich.

Neidhart, Leonhard, 1970: Plebiszit und pluralitäre Demokratie, Bern.

Nozick, Robert, 1974: Anarchy, State and Utopia, New York.

Nüssli, Kurt, 1983: Föderalismus in der Schweiz, Grüsch.

Offe, Claus, 1994: Der Tunnel am Ende des Lichts, Frankfurt a.M. und New York.

Paul, Jeffrey (ed.), 1981: Reading Nozick, New Jersey.

Rorty, Richard., 1989: Kontingenz, Ironie und Solidarität, Frankfurt a.M.

Rüegg, Erwin et al., 1991, Neokorporatismus und Ökologisierung von Politik: Zur Rolle des Parlamentes bei der Reform des institutionellen Designs, in: Parlamentsdienste (Hrsg.), Das Parlament - Oberste Gewalt des Bundes?, Bern und Stuttgart, 39 - 52.

Sartori, Giovanni, 1992, Demokratietheorie, Darmstadt.

Scharpf, Fritz W., 1970, Demokratietheorie zwischen Utopie und Anpassung, Konstanz.

Scharpf, Fritz W., 1993: Versuch über Demokratie im verhandelnden Staat, in: Roland Czada/Manfred. G. Schmidt (Hrsg.), Verhandlungsdemokratie, Interessenvermittlung, Regierbarkeit, Opladen, 25 - 50.

Scharpf, Fritz W./Reissert, Bernd/Schnabel, Fritz, 1976: Politikverflechtung: Theorie und Empirie des kooperativen Föderalismus, Kronberg/Ts.

Schmitter, Philippe C./Lehmbruch, Gerhard (eds.), 1979: Trends Toward Corporatist Intermediation, London.

Schmitter, Philippe C., 1994: Interests, Associations and Intermediation in a Reformed Post-Liberal Democracy, in: Wolfgang Streeck (Hrsg.), Staat und Verbände, PVS-Sonderheft 25, Opladen, 160 - 171.

Simon, Herbert A., 1962: The Architecture of Complexity, in: Proceedings of the American Philosophical Society, Vol. 106, 467 - 482.

Sorman, Guy, 1985: L'État minimum, Paris.

Stone, C. N., 1989: Regime Politics. Governing Atlanta 1946 - 1989, Atlanta.

Voigt, Rüdiger, 1993a: Abschied vom Nationalstaat - Rückkehr zum Nationalstaat?, in: Rüdiger Voigt (Hrsg.), 159 - 204.

Voigt, Rüdiger, 1993b: Abschied vom Staat - Rückkehr zum Staat?, Baden-Baden.

Weichselgartner, Bernhard, 1994: Verwaltungskultur als Bedingung kooperativen Verwaltungshandelns, Dipl.-Arbeit Universität Konstanz.

Willke, Helmut, 1983: Entzauberung des Staates, Königstein/Ts.

Willke, Helmut, 1992, Ironie des Staates, Frankfurt a.M.

Hierarchie und Kooperation als staatliche Handlungsmuster

Ein Plädoyer für Steuerungsrealismus und Rechtsstaatlichkeit[1]

Peter Nahamowitz

Hierarchisch-einseitige Anweisung und kooperativ-konsensuale Problemlösungen als zentrale Handlungsmuster des modernen Staates existieren offensichtlich sowohl in den internen Entscheidungsprozessen des politisch-bürokratischen Betriebs als auch im Außenverhältnis Staat/Bürger. In *Max Webers* klassischem Bürokratiemodell nimmt das organisationsinterne Prinzip der "Amtshierarchie" einen zentralen Platz ein, dessen Bedeutung auch gegenwärtig keineswegs geschwunden ist. Dies belegen die pyramidenförmig aufgebauten Organisationspläne von Ministerien und Verwaltungsbehörden, ein ausdifferenziertes System von Besoldungsstufen sowie vor allem die im Verwaltungsalltag weiterhin zur Routine gehörende Ausübung des Weisungsrechts des Vorgesetzten. Besonders der Geschäftsgang der mit einer Vielzahl von Fällen befaßten Verwaltungszweige wie Ordnungsämter, Finanz-, Arbeits- und Sozialverwaltungen ist durch hierarchische Weisungsstränge gekennzeichnet, deren Beachtung nicht nur mittels Einzelweisung an den Untergebenen, sondern vor allem durch Verwaltungsvorschriften und Richtlinien sichergestellt wird. Die spezifische Funktion der Verwaltungsvorschriften ist es, die gesetzlich eröffneten Entscheidungs- und Ermessensspielräume der Entscheider vor Ort zu minimieren. Dieser Modus interner Steuerung hat Folgen auch für die Außenbeziehung der Verwaltung zum Bürger: Die gleichsam maschinelle Erledigung der anfallenden Fälle steht einer kooperativen, und das heißt häufig: einer flexibleren und situationsgerechteren, Problemlösung prinzipiell entgegen.

Auch *Webers* Bürokratiemodell reflektiert bereits neben der verwaltungsinternen Dimension die externe Beziehung der Verwaltung zum Bürger. *Weber* spricht in diesem Zusammenhang von der "erforderlichen Befehlsgewalt" und "eventuell zulässigen Zwangsmitteln"[2]; er spricht damit das typisch hoheitlich-einseitige Instrumentarium an, wie es auch heute noch zum Kerninstrumentarium der modernen Ordnungs- und Leistungsverwaltung gehört und den Bürgern, Organisationen und Unternehmen gegenüber in Gestalt von Steuerbescheiden, Bafög-Bewilligungen, Partei- und Organisationsverboten, Subventionsvergaben, Betriebsschließungen, Grenzwertfestsetzungen und Fusionsverboten zur Anwendung kommt. Der Gedanke einer kooperativen oder "situativen"

1 Überarbeitete und erweiterte Fassung seines Habilitationsvortrags, den der Verfasser am 18. Juni 1993 am Fachbereich Rechtswissenschaften der Universität Hannover gehalten hat.

2 Zum Bürokratiemodell *Webers* vgl. näher *Schmid* und *Treiber* 1975: 21 ff.

Verwaltung[3] findet in *Max Webers* klassischem Bürokratiemodell noch keinen Ausdruck.

Angesichts der auch gegenwärtigen Ubiquität hierarchischer Anweisungsverhältnisse sowohl in der staatsinternen Sphäre als auch im Außenverhältnis Verwaltung/Gesellschaft kann es durchaus erstaunen, daß in Politik- und Verwaltungswissenschaft, Rechtssoziologie und Rechtswissenschaft in disziplinübergreifender Übereinstimmung ein Vordringen, teilweise sogar eine Dominanz kooperativer Handlungsformen behauptet wird[4].

Als entschiedenster Theoretiker und Fürsprecher des kooperativen Staates ist relativ früh schon *Ernst-Hasso Ritter* in Erscheinung getreten[5]. Die Komplexität und Kontingenz der Umwelt, die Nichtlinearität und Undurchschaubarkeit der Kausalverläufe im Steuerungsfeld sowie die Angewiesenheit auf die Mitwirkung der Steuerungsadressaten erzwingen seiner Analyse zufolge einen grundlegenden Formwandel politisch-rechtlicher Steuerung:

> "Die Veränderungen des realen Umfeldes führen zu weitreichenden Konsequenzen für das Staatsbild. Sie signalisieren den Weg von der regulativen Steuerung zur partnerschaftlichen Übereinkunft, von der zentralen Weisung zur dezentralen Koordination, von der Normsetzung zur Überzeugung, vom Einsatz hoheitlicher Machtmittel zum multilateralen Prozeß der Zusammenarbeit. Sie führen zum Bild vom kooperativen Staat"[6].

Daß das hiermit skizzierte Bild des kooperativen Staates nicht ohne Realitätsgehalt ist, zeigt bereits der nochmalige Blick auf einige der eben angeführten Beispiele: Mit dem Finanzamt im Einspruchsverfahren gegen den Steuerbescheid sich gütlich zu einigen, ist durchaus übliche Praxis; im Verfahren der Fusionskontrolle vor dem Bundeskartellamt nehmen Vorfeldverhandlungen einen breiten Raum ein. Umweltrechtliche Grenzwertfestsetzungen, sei es durch Gesetz, Rechtsverordnungen oder Verwaltungsvorschrift, werden erst nach umfangreichen und formalisierten Verhandlungen mit den "beteiligten Kreisen", d.h. in erster Linie mit den Unternehmensverbänden, getroffen und in späteren bargaining-Prozessen mit den Einzelunternehmen zum Tauschobjekt gemacht[7].

---

3 *Treutner, Wolff* und *Bonß* 1978.

4 *Hesse* 1990; *Hoffmann-Riem* und *Schmidt-Aßmann* 1990: Vorwort zu Bd. I und II; *Röhl* 1987: 561 ff; *Schulze-Fielitz* 1993; *Voigt* 1993a: 13.

5 *Ritter* 1979.

6 *Ritter* 1990: 73. Vgl. auch *Ritter* 1992.

7 Klassifikatorisch könnte man von gesetzesvorbereitenden (vgl. z.B. § 24 GGO II; § 51 BImSchG und § 16 AbfG), gesetzesvertretenden und gesetzesvollziehenden Absprachen zwischen staatlicher Umweltadministration und Wirtschaft sprechen. Vgl. näher *Wolf* 1990: 138 ff.

Diese Beispiele entstammen dem Außenverhältnis der Verwaltung zu ihrer wirtschaftlichen Umwelt. Für eine präzisere Behandlung meines Themas ist es angezeigt, systematisch zwischen den politisch-administrativen Innenbeziehungen und dem Außenverhältnis der Verwaltung zu unterscheiden und das Spannungsverhältnis von Hierarchie und Kooperation nach diesen Sphären getrennt zu diskutieren. In beiden Sphären, so lautet meine zentrale These, ist erstens die Existenz nichthierarchischer Beziehungen kein neues Phänomen und zeigt zweitens der kooperative Staat gravierende Funktionsdefizite. Damit soll nicht die Idee des "hoheitsreduzierten Staates"[8] in toto denunziert, aber etwas verwaltungsrechtshistorisch und steuerungsrealistisch angereichertes Wasser in den Wein des modischen Kooperationsparadigmas geschüttet werden.

1. Hierarchie und Kooperation in den politisch-administrativen Binnenbeziehungen

In jüngerer Zeit hat die Staatsrechts- und Verwaltungsrechtslehre den Bedeutungsverlust hierarchischer Anweisungsverhältnisse in den administrativen Entscheidungsprozessen zu einem wichtigen Thema gemacht. In seiner vor nunmehr vier Jahren erschienenen Habilitationsschrift über "Hierarchische Verwaltung im demokratischen Staat" konstatiert *Horst Dreier* eine verwaltungsinterne "Destabilisierung des Hierarchieprinzips" in einem doppelten Sinne. Erstens biete es sich bei den nur wenig standardisierbaren Verwaltungsaufgaben, vor allem bei den Planungs- und Gestaltungsaufgaben an, "vom strengen Linienmodell abzugehen, Arbeits- und Projektgruppen einzurichten, Innovationen an die Stelle von Routine, Teams und einen kooperativen Führungsstil an die Stelle hierarchischer Strukturen treten zu lassen"[9]. Der aktuelle empirische Gehalt dieser normativ gewendeten These ist freilich gering. *Dreier* stützt sich vorwiegend auf die verwaltungswissenschaftliche Reformliteratur der siebziger Jahre. Deren Vorschläge sind jedoch weitgehend unrealisiert geblieben. Die Prinzipien "der strikten Zuständigkeitsverteilung und der monokratischen Organisation" sind jedenfalls auf und vor allem unterhalb der Ministerialebene intakt geblieben[10].

Die These von der "Destabilisierung" des Hierarchieprinzips meint freilich nicht dessen Auflösung. Vor allem in den Verwaltungen, die mit der Erledigung administrativer "Massengeschäfte" befaßt sind, die nach eingefahrenen Routinen erledigt werden, ist,

---

8 Vgl. *Wolf* 1990.

9 *Dreier* 1991: 154.

10 *Arnold* 1990: 318. In Niedersächsisches Innenministerium (1993: 7) wird die Funktion kooperativer Organisationsformen nur bescheiden als Ergänzung bestimmt: "Arbeits- und Projektgruppen können als Formen der Arbeitsorganisation den herkömmlichen hierarchischen Behördenaufbau ergänzen und bei schwierigen Problemlösungsprozessen für die Zusammenarbeit in und zwischen den Behörden zusätzliche Möglichkeiten eröffnen".

das erkennt auch *Dreier*, der hierarchische Steuerungsmodus weiterhin klar dominierend.

Zweitens kontrastiert *Dreier* die Vorstellung von der Einheit der Verwaltung mit der Realität einer vielfach fragmentierten und pluralisierten Verwaltung, die sich in unzählige verselbständigte Verwaltungseinheiten ausdifferenziert hat, und zwar gleichermaßen auf Bundes-, Landes- und Gemeindeebene. Hier gibt es eine kaum überblickbare Zahl von teils rechtlich selbständigen, teils unselbständigen "Verwaltungstrabanten". Allein in der sozialen Selbstverwaltung existieren ca. 1750 rechtlich selbständige Sozialversicherungsträger[11].

Dreiers Diagnose einer pluralistisch fragmentierten und heterogenen Verwaltung kann der Vorwurf geringer Originalität nicht erspart werden, kennen wir diesen Befund doch seit langem aus der Verwaltungsforschung. Bereits in den siebziger Jahren prägte *Helmut Häußermann* den Begriff des "bürokratischen Pluralismus"[12] und griff damit die tradierte Vorstellung einer einheitlich strukturierten und homogen handelnden Verwaltung an. Zuvor schon hatte eine von *Renate Mayntz* und *Fritz Scharpf* geleitete Arbeitsgruppe bei der Analyse der Bonner Ministerialbürokratie die Referate als die operativen Basiseinheiten erkannt, die nicht nur im Stil "negativer Koordination" konkurrenzhaft mit- und gegeneinander agierten, sondern sogar die politische Spitze des Hauses "programmierten" (anstatt von dieser "programmiert" zu werden)[13]. Diese Analyse erwies die Vorstellung von der hierarchischen Einheitlichkeit der Verwaltung also sogar für den Bereich ein und derselben Behörde als trügerisch[14].

Die politik- und verwaltungswissenschaftlichen Forschungsergebnisse der siebziger Jahre sind noch unter einem anderen Aspekt lehrreich, denn sie sind dazu angetan, übertrieben positive Einschätzungen nichthierarchischer, staatsinterner Koordinationsbeziehungen, wie sie in der aktuellen Diskussion von prominenten Autoren geäußert werden[15], zu ernüchtern.

Analysiert wurden die Gemeinschaftsaufgaben und Finanzhilfen nach Art. 91a und 104a Abs. 4 GG, die bei ihrer Institutionalisierung durch die Große Finanzreform im Jahr 1969 als Ausdrucksformen des "kooperativen Föderalismus" gefeiert worden waren. Die Politikwissenschaft sprach nüchterner von "Politikverflechtung" und kam zum Ergebnis, daß diese Form der Bund/Länder-Kooperation zu Phänomenen der "Besitz-

---

11 *Dreier* 1991: 235.

12 *Häußermann* 1977.

13 Zusammenfassend *Schmid* und *Treiber* 1975: 122 ff. u. 187.

14 Zu Recht bezeichnet *Wolf* (1990: 135) das Bild des Staates als eines monolithischen Akteurs als "seit jeher kritisierbare Vorstellung".

15 Vgl. neben *Ritter* 1990 u. 1992 vor allem *Hesse* 1990.

standswahrung", des "politischen Immobilismus" sowie der "vertikalen Politikversäulung" führt[16]. Freilich darf man aus heutiger Sicht sagen, daß diese Forschungsergebnisse ein wenig zu negativ ausgefallen sind. So gelang es dem Planungsausschuß der Gemeinschaftsaufgabe "Verbesserung der regionalen Wirtschaftsstruktur" in seinem 10. Rahmenplan anfangs der achtziger Jahre, die Förderkulisse zu verringern, und zwar von ca. 60 % des Bundesgebiets mit 39 % der Bevölkerung auf ca. 50 % mit 30 % der Bevölkerung[17]. Freilich ist dadurch das Gießkannenprinzip nicht entscheidend außer Kraft gesetzt worden. Später ist es nur zu marginalen Veränderungen der Förderkulisse in Westdeutschland gekommen. Auch die Aufnahme von ganz Ostdeutschland in die Förderung im Jahr 1991 ist nicht durch entsprechende Reduktionen in den alten Bundesländern kompensiert worden. Damit ist die These vom politischen Immobilismus dieser Art kooperativen Staatshandelns im Ergebnis doch - wenn auch mit gewissen Abstrichen - valide geblieben.

Ein weiteres Beispiel für die Dysfunktionalität nichthierarchischer Koordination zwischen staatlichen Entscheidungsinstanzen liefert das Verhältnis Bundesbank - Bundesregierung, eines der klassischen Themen des Wirtschaftsverwaltungsrechts[18]. Gem. § 12 BBankG ist die Zentralbank zwar von Weisungen der Bundesregierung unabhängig, sie soll aber die Wirtschaftspolitik der Bundesregierung unterstützen. In dem "kondominialen" Verhältnis zwischen den beiden Institutionen[19] ist der Kooperationsgedanke gesetzlich verankert[20]. Freilich war in der Vergangenheit die strikte Geldpolitik der Zentralbank nicht nur mitursächlich für alle bisherigen Rezessionen in der Bundesrepublik (einschließlich der gerade überwundenen von 1992/93), sondern die Bank hat sich auch bis in die jüngere Gegenwart gegenüber den Wünschen der Bundesregierung als ziemlich halsstarrig erwiesen, ihre restriktive Politik zu lockern[21]. Da die Autonomie der Bundesbank es der Bundesregierung verbietet, die Kooperation zu erzwingen, findet sie auch kaum statt. Der Wirtschafts- und der Finanzminister machen häufig nur gute Miene zum bösen Spiel. Noch nie freilich war national und international die Kritik am rigiden monetären Kurs der Bundesbank so stark wie in den vergangenen zwei Jahren. Nicht zuletzt deswegen kam es dann doch zu nicht unbeträchtlichen Senkungen der Leitzinsen.

Ein drittes bedeutsames Beispiel für die Defizite nichthierarchischer Koordination zwischen staatlichen Entscheidungsebenen ist der Konjunkturrat für die öffentliche Hand,

---

16 *Scharpf, Reissert* und *Schnabel* 1976.

17 Vgl. *Faber* 1992: 372; *Nahamowitz* 1987: 424.

18 *Jarass* 1984: 115 ff.; *Stober* 1992: 98 ff.

19 *Massing* 1993: 83.

20 Der Kooperationsgedanke findet sich neben § 12 BBankG auch in § 13 Abs. 3 StabWachsG.

21 Allgemein zur geldpolitischen Problematik vgl. *Nahamowitz* 1989.

der gem. § 18 StabWachsG aus den Bundesministern für Wirtschaft und Finanzen, je einem Vertreter eines jeden Landes sowie vier Gemeindevertretern besteht, und die Aufgabe hat, alle zur Erreichung der Ziele des gesamtwirtschaftlichen Gleichgewichts erforderlichen konjunkturpolitischen Maßnahmen zu beraten. Diesem Koordinationsgremium ist es nicht gelungen, die Gemeinden, die mehr als Zweidrittel der öffentlichen Investitionen tätigen, zu einem antizyklischen Haushaltsgebaren, wie es ihnen § 16 Abs. 1 StabWachsG vorschreibt, zu veranlassen. Auch zu den Hochzeiten einer antizyklischen Finanzpolitik während der siebziger Jahre verhielten die Gemeinden sich durchgängig prozyklisch, indem sie in der Rezession ihre Investitionen kürzten und im inflationären Boom steigerten. Dadurch wurde die jeweilige negative Konjunkturphase verstärkt. Die Länder, die aus § 16 Abs. 2 StabWachsG die Pflicht haben, "durch geeignete Maßnahmen darauf hinzuwirken, daß die Haushaltswirtschaft der Gemeinden und Gemeindeverbände den konjunkturpolitischen Erfordernissen entspricht", zeigen sich nicht bereit und imstande, im Rahmen ihrer Haushaltsaufsicht dieser Rechtspflicht nachzukommen. In ihren Augen ist es der Bund, der in erster Linie für die Konjunkturpolitik zuständig ist. Die Gemeinden betreiben ihre prozyklische Haushaltspolitik bis auf den heutigen Tag. Zumindest in dieser negativen Hinsicht ist die These von der "Macht der Gemeinden"[22] nur allzu berechtigt.

2. Hierarchie und Kooperation im Verhältnis des Staates zur Gesellschaft

Das Verhältnis des Staates zu seiner Umwelt ist nicht nur generell, sondern auch unter dem speziellen Aspekt des Spannungsverhältnisses von Hierarchie und Kooperation bedeutsamer als die Strukturbeziehungen in und zwischen staatlichen Agenturen. Die Außenbeziehung ist bedeutsamer erstens unter dem demokratietheoretischen und partizipatorischen Aspekt, denn in ihr entscheidet es sich, welche Beteiligungschancen der Staat seinen Bürgern gewährt. Die Außenbeziehung ist bedeutsamer zweitens unter dem steuerungstheoretischen Blickwinkel, denn erst hier entscheidet es sich, ob die intendierten Wirkungen der staatlichen Politiken eintreten. Freilich besteht eine gewisse Korrelation zwischen den staatsinternen Strukturen und Handlungsmustern und der Wirkung nach außen. Denn man wird unterstellen dürfen, daß nichthierarchische staatsinterne Strukturen durchlässiger für Partizipationsforderungen von außen sind als hierarchische. Die Vermutung einer höheren Problemlösungskapazität nichthierarchischer Entscheidungsstrukturen gilt aber nicht ohne weiteres für Fragen der Steuerungswirksamkeit.

Unter dem Aspekt der Steuerungswirksamkeit muß die Alternative Hierarchie oder Kooperation für jedes Politikfeld, ja möglicherweise für jeden Maßnahmetyp gesondert, geprüft werden. Der Verkauf gesundheitsschädigender Lebensmittel z.B. muß ohne

22 *Faber* 1982.

Verzug verboten werden; notfalls, nämlich dann, wenn sie bereits beim Verbraucher angelangt sind, muß das Verkaufsverbot von einer öffentlichen Warnung flankiert werden, wie sie etwa in § 13 des baden-württembergischen Ausführungsgesetzes zum Lebensmittelgesetz vorgesehen ist[23]. Zumindest derartige Notfallmaßnahmen werden am effektivsten in einem hierarchischen Entscheidungssystem beschlossen und autoritativ durchgesetzt[24].

Ein zweites Beispiel für die höhere Steuerungswirksamkeit hierarchischer Koordinationsstrukturen liefert die Bundesbank, auf die ich hiermit zurückkomme. Im Gegensatz zum eben angeführten Beispiel geht es hier nicht um das Für und Wider regulativer Steuerung, sondern um die internen Funktionsvoraussetzungen einer wirksamen indikativen Steuerung (Geldpolitik). Nach der Aufstockung der Länder auf sechzehn im Zuge der deutschen Einheit hätte es eigentlich auch sechzehn Landeszentralbanken geben müssen, deren Präsidenten gem. § 6 Abs. 2 BBankG automatisch Mitglieder des Zentralbankrats sind. Durch eine Novelle zum BBankG vom Oktober 1992 ist die Anzahl der LZB auf neun reduziert worden, zwei weniger als vor der Vereinigung. Die von Bundesregierung und Bundesbank gemeinsam gegebene Begründung für die einschneidende Verringerung hob die Notwendigkeit effizienter Entscheidungsstrukturen im Zentralbankrat hervor. Die vorgenommene Hierarchisierung und Zentralisierung wurden als Voraussetzung einer wirksamen Geldpolitik angesehen. Zumindest in den Augen der geldpolitischen Entscheidungsträger, denen man einerseits eine intime Kenntnis ihrer eigenen Entscheidungsstrukturen kaum absprechen und andererseits nicht unterstellen kann, einen brisanten politischen Konflikt ohne Not vom Zaun gebrochen zu haben[25], erschienen die aus der Erweiterung des obersten Entscheidungsgremiums folgenden Kooperations- und Abstimmungserfordernisse als dysfunktional für eine wirksame geldpolitische Steuerung.

Soviel zum Verhältnis der staatsinternen Ebene zur Sphäre der politisch-administrativen Außenbeziehungen. Analog zu meiner Argumentation im vorigen Abschnitt möchte ich auch in diesem Abschnitt, der den staatlichen Außenbeziehungen gewidmet ist, angesichts einer gelegentlich allzu euphorischen Herausstreichung des Kooperationsparadigmas zur Nüchternheit raten. *Hasso Ritters* These vom "Siegeszug kooperativer

---

23 Vgl. näher *Hummel-Liljegren* 1991.

24 Das konzediert auch *Ritter* (1992: 647): "Bei Gefahr im Verzug gibt es kein Paktieren".

25 Die Länder, die sich durch die Zusammenlegung der Zentralbanken in ihrem währungspolitischen Einfluß geschmälert und um lukrative Karriereposten gebracht sahen, hatten während der Novellierungsberatungen mit Verfassungsklage gedroht. Ihrer Meinung nach bedurfte die Gesetzesänderung der Zustimmung des Bundesrats. Dies war freilich ein rein taktisches Manöver; nach Verabschiedung der Novelle war von Klage keine Rede mehr. Sie wäre auch, da Art. 88 GG die Bundesbank als Gegenstand der obligatorischen Bundesverwaltung normiert (*Jarass* und *Pieroth* 1989: RNr. 1 zu Art. 88 GG), ohne Aussicht auf Erfolg gewesen.

Handlungsmuster in der Staatspraxis"[26] wäre erst noch empirisch solide zu erhärten. Die Reform des Asylrechts jedenfalls zeigt ebenso in die Gegenrichtung wie die aktuellen Kürzungen im Sozialbereich.

Auf jeden Fall gilt auch für die Beziehung des Staates zu seiner Umwelt, daß die aktuelle Diskussion um den kooperativen Staat nichts grundsätzlich Neues zutage fördert. Dafür gibt es kaum einen besseren Zeugen als den Nestor der deutschen Verwaltungsrechtslehre, *Ernst Forsthoff*. In seinem 1950 in der 1. Auflage erschienenen Lehrbuch des Verwaltungsrechts findet sich die folgende erstaunliche Passage:

> "Die Beziehung des Einzelnen mit dem Staat aktualisiert sich nicht mehr in Einzelakten wie einer gelegentlichen Polizeiverfügung oder einer einmaligen Erlaubniserteilung. Sie ist ein Dauerzustand. Damit verschieben sich die Aspekte grundsätzlich. Für den Einzelnen kommt es nicht mehr entscheidend darauf an, im einzelnen Falle, in dem ihm Unrecht geschieht, sein Recht zu erstreiten, sondern diesen Dauerzustand so geräuschlos und vorteilhaft wie möglich zu gestalten. Je mächtiger er ist, um so mehr Möglichkeiten bieten sich ihm dafür, Möglichkeiten, die nicht mehr durch Rechtsmittel, sondern im Verhandlungsweg wahrgenommen werden. Man arrangiert sich nach den Regeln des 'do ut des'. Die Verwaltung hat an solchen Arrangements ebenfalls ein Interesse, da sie, je mehr sie in das Sozialleben eingreift, auf eine Kooperation mit den Sozialfaktoren angewiesen ist"[27].

Verhandlung, Arrangement, do ut des, der Machtaspekt - hiermit sind wesentliche Topoi der gegenwärtigen Diskussion bereits benannt. Das Phänomen einer Verwaltung, die sich mit ihrer Umwelt nach dem Tauschprinzip arrangiert, und zwar je mächtiger diese ist, um so mehr, war bereits vor über vierzig Jahren bekannt. *Forsthoffs* Beobachtungen stützen sich auf Erfahrungen bereits aus der Vorkriegszeit. Die Verwaltung in der Weimarer Zeit dürfte sich nicht prinzipiell anders verhalten haben. Ja, es gibt deutliche Hinweise dafür, daß bereits die Verwaltung des vorigen Jahrhunderts den Großgrundbesitzern und Wirtschaftsunternehmen gegenüber sich eines kooperativen Umgangstils befleißigt hat[28].

Bei aller Hellsichtigkeit - *Forsthoffs* Diagnose erscheint doch etwas überpointiert und wohl in erster Linie auf Wirtschaftsunternehmen und Verbände zugeschnitten. Der Normalbürger befindet sich auch am Ende des 20. Jahrhunderts glücklicherweise nicht in einem permanenten Dauerkontakt mit der Verwaltung. Und wo ein solcher stattfindet, z.B. bei der Arbeits- und Sozialverwaltung, herrscht eher ein rüder und autoritärer Umgangston vor. Aber es sind ja die Wirtschaftsunternehmen und Verbände, die in der

---

26 *Ritter* 1990: 78.

27 *Forsthoff* 1950: 62. Dank schulde ich *Arthur Benz* für den Hinweis auf diese Textstelle.

28 Vgl. auch *Püttner* 1991: 64 sowie die Beispiele bei *Faber* 1992: 44 f. Siehe jüngst auch *Ellwein* 1994, der aber den Kooperationsbegriff zu weit ausdehnt und auch die bloße Akzeptanz von Verwaltungsentscheidungen durch die Bürger unter ihn faßt.

gegenwärtigen Diskussion um den kooperativen Staat eine zentrale Rolle spielen. Und zumindest deren Beziehungen zur Verwaltung sind von *Forsthoff* im Kern zutreffend beschrieben worden.

Forsthoff liefert den Beleg für den fehlenden Neuigkeitsgehalt des Paradigmas vom kooperativen Staat. Diesen Abschnitt abschließend möchte ich drei sehr verschiedenartige Beispiele bringen für die fehlende Funktionsfähigkeit kooperativer bzw. korporatistischer Beziehungen zwischen Staat und Wirtschaft. Im ersten Beispiel kommen die Großverbände ins Spiel. Ich beziehe mich auf die konzertierte Aktion des StabWachsG, *das* korporatistische Großexperiment in der Geschichte der Bundesrepublik. Weder war die konzertierte Aktion während ihres Bestehens erfolgreich bei der Verfolgung des ihr in § 3 StabWachsG aufgegebenen Ziels, das "gesamtwirtschaftliche Gleichgewicht" zu wahren, noch sahen sich die Gewerkschaften gehindert, nach nur zehnjähriger Zugehörigkeit, provoziert durch die Mitbestimmungsklage der Arbeitgeber, das Gremium zu verlassen. Die konzertierte Aktion ist seitdem in der gesetzlich vorgeschriebenen Form nicht mehr zusammengetreten. Der kooperative Steuerungsmodus ist gerade da, wo er sich hätte bewähren sollen, nämlich in dem für die wirtschaftliche Entwicklung ungemein wichtigen Verhältnis von Staat, Gewerkschaften und Arbeitgebern, letztlich an den antagonistischen Interessengegensätzen gescheitert. Bezeichnenderweise wird das Scheitern der konzertierten Aktion von den Protagonisten des kooperativen Staates übergangen, zumindest nicht analysiert[29]. Übrigens: Auch die auf einer gesellschaftlichen Meso-Ebene angesiedelte konzertierte Aktion im Gesundheitswesen (§ 405a RVO) ist nur sehr begrenzt funktionsfähig, wie die erbitterten Auseinandersetzungen um die Gesundheitsreform, die letztlich autoritativ vom Gesundheitsminister durchgesetzt wurde, gezeigt haben.

Das zweite Beispiel liefert die VerpackVO vom 12.6.1991 (BGBl I, S. 1234). Mit ihr sind idealistische Hoffnungen auf das Funktionieren des Kooperationsprinzips im Abfallrecht zu Grabe getragen worden, wie sie sich in den Zielvorgaben zur freiwilligen Vermeidung, Verringerung oder Verwertung von Abfällen aus bestimmten Erzeugnissen artikulierten, welche die Bundesregierung im Jahr 1990 an die Privatwirtschaft gerichtet hatte. Nachdem die Zielvorgaben nicht im geplanten Umfang realisiert werden konnten, nahm die Bundesregierung die Ermächtigung des § 14 Abs. 2 S. 3 AbfG wahr und griff zum Mittel des regulatorischen Rechts. Für den Verpackungshersteller und -vertreiber wurden in den §§ 4, 5 und 6 VerpackVO Rücknahmepflichten für gebrauchte Transport-, Um- und Verkaufsverpackungen eingeführt, deren Verletzung nach § 12 VerpackVO als Ordnungswidrigkeit verfolgt werden kann. Die (kostenlose) Rücknahme

29 *Ritter* erwähnt an den einschlägigen Stellen (1979: 394, 405; 1990: 76; 1992: 647) das Scheitern der konzertierten Aktion mit keinem Wort. In *Willkes* Arbeit über die konzertierte Aktion wird auf das Ende dieser Institution nur ganz versteckt hingewiesen (*Willke* 1982: 202).

schließt die Pflicht zur Wiederverwendung oder stofflichen Verwertung ein. Freilich soll nicht verschwiegen werden, daß die VerpackVO partiell am Kooperationsprinzip festhält, indem sie von der Festlegung weiterer Verhaltenspflichten absieht, insbesondere für den Verbraucher, und sich mit der Aufstellung eines Ordnungsrahmens begnügt, der die Adressaten dazu bewegen soll, die Entsorgung vertraglich - auch unter Beteiligung Dritter (§ 11 VerpackVO) - zu regeln[30]. Inwieweit dieses weitere Vertrauen auf das Kooperationsprinzip realistisch ist, wird abzuwarten sein; die bisherigen Erfahrungen mit dem aufgrund der Freistellungsmöglichkeit des § 6 Abs. 3 VerpackVO gegründeten, privatorganisierten Dualen System Deutschland ("Grüner Punkt"), dessen Kosten an den Endverbraucher weitergegeben werden und der dem Bundeskartellamt von Anbeginn an starke wettbewerbsrechtliche Bauchschmerzen verursacht hatte und in der Vergangenheit zwei schwere Finanzkrisen nur mit knapper Not überstanden hat, sind jedenfalls ernüchternd genug[31].

Mit dem dritten Beispiel komme ich auf die regionale Wirtschaftsförderung zurück. In Reaktion auf die Steuerungsdefizite der tradierten, gem. § 1 GRW-Gesetz mittels Kapitalhilfen und Infrastrukturmaßnahmen arbeitenden regionalen Wirtschaftspolitik kam es vor allem in Nordrhein-Westfalen zu einem organisatorischen Modernisierungsschub in Gestalt der Etablierung von Landesentwicklungsgesellschaften, Public-Private-Partnerships, Technologie- und Gründerzentren, Regionalisierung und Konsensorientierung von Förderprogrammen. Ziel war die Überwindung altindustrieller Monostrukturen und die Ansiedlung von High-Tech-Industrien. "Hier sind die zukunftsweisenden Schaltstellen zumeist staatlich initiiert und moderiert, aber privatrechtlich organisiert"[32]. Heute erweist es sich leider, daß die gepriesenen kooperativen Förderstrukturen[33] nicht rezessionsfest sind. Bei Kohle und Stahl gehen gegenwärtig Zehntausende von Arbeitsplätzen verloren. Von regionaler Gemeinsamkeit kann keine Rede mehr sein. Die Wirtschaft in NRW fühlt sich von der Landesregierung "allein gelassen". Die Spitzenverbände der Wirtschaft beklagen die fehlende Effektivität der Wirtschaftsförderung (an Rhein und Ruhr sei das Sozialprodukt zwischen 1980 und 1992 nur um 18,5 % gewachsen, in den anderen alten Bundesländern hingegen um 34 %) sowie deren Asymmetrie (die kleinen und mittleren Unternehmen seien gegenüber den Großkonzernen benachteiligt worden). In einem Forderungskatalog werden eine verbesserte Infrastruktur, mehr Gewerbeflächen, eine kostengünstige Energieversorgung sowie eine effizientere Verwaltung verlangt[34]. Hiermit werden die klassischen Postulate der regionalen Wirt-

30 Vgl. näher *Strecker* 1993.

31 Vgl. vor allem § 6 Abs. 3 VerpackVO; näher dazu *Ekkenga* 1993 und *Weidemann* 1992.

32 *Wolf* 1990: 133.

33 "Das in Nordrhein-Westfalen inzwischen eingespielte Verfahren hat einen hohen Grad von regionaler Gemeinsamkeit erzeugt" (*Ritter* 1990: 91).

34 Vgl. Frankfurter Rundschau vom 6. Oktober 1993: 16.

schaftspolitik wiederaufgegriffen. Die weitere Lehre aus dem Vorgang ist, daß auch die harmonischsten Kooperationsstrukturen zwischen Staat und Wirtschaft zerbröseln, wenn die zentralstaatliche Konjunkturpolitik die angestammte und ihr grundgesetzlich aufgegebene Aufgabe (Art. 109 Abs. 2) vernachlässigt, die nationale Volkswirtschaft vor einer Rezession zu bewahren, zumindest diese angemessen zu bekämpfen. Denn konjunkturelle Krisen treffen in der Regel die strukturell benachteiligten Regionen besonders hart. Mit anderen Worten: Die gesamte, von Staat und Wirtschaft vorgenommene, kooperative Inszenierung in der Regionalpolitik hängt ohne ein überzeugendes konjunkturpolitisches Drehbuch, dessen Autor nur die Zentralregierung sein kann, in der Luft.

3. Fazit

Mit dem bisher Gesagten sollten einige kritische Schlaglichter auf die gegenwärtige, zu Übertreibungen neigende Diskussion um den "kooperativen" Staat geworfen werden, die sich zu folgenden sechs Thesen zuspitzen lassen:

a. Das hierarchisch-einseitige Handlungsmuster ist nach wie vor charakteristisch für modernes Verwaltungshandeln, und zwar sowohl im Innen- wie im Außenverhältnis. Vor allem im Alltag routinisierter administrativer Aufgabenerfüllung dominiert es weiterhin. Seine unverzichtbare demokratische Funktion besteht in der möglichst gesetzestreuen Umsetzung des parlamentarischen Willens, in der Gewährleistung der "Präponderanz des Gesetzgebers"[35]. Eine Trendaussage über die zunehmende Ablösung des Hierarchieprinzips durch das Kooperationsprinzip setzt eine Gesamtbilanz voraus, welche alle Verwaltungszweige und Rechtsgebiete erfaßt und erst noch zu erstellen ist. Es hat den Anschein, daß eine Zunahme kooperativer Handlungsformen in erster Linie in den relativ jungen und besonders dynamischen Gebieten des Wirtschaftsverwaltungs- und Umweltrechts stattfindet.

b. Unterschiedliche Formen kooperativen Handelns kennen Politik und Staat seit langem. Die "Destabilisierung des Hierarchieprinzips" ist kein neues Phänomen, und zwar weder im Außenrechtskreis Staat/Bürger noch im staatsinternen Bereich.

c. In wichtigen Bereichen wie der Geld- und Wirtschaftspolitik sowie bei den Gemeinschaftsaufgaben und Finanzhilfen funktioniert die nichthierarchische Zusammenarbeit der staatlichen Entscheidungsinstanzen nicht befriedigend. Das korporatistische Großexperiment einer Zusammenarbeit von Staat und Tarifparteien ist gescheitert. Im Umweltschutzrecht sowie bei der regionalen Wirtschaftsförderung zeitigt das Kooperationsprinzip unbefriedigende Ergebnisse. Kooperation droht in Ver-

---

35 *Dreier* 1991: 141 und öfter.

handlungsdilemmata zu versanden und kann zudem häufig nur "im Schatten der Hierarchie" gedeihen[36].

d. Kooperative und informelle Verhandlungsstrategien bergen die Gefahr asymmetrischer Interessenberücksichtigung in sich. Gerade in Zeiten hoher Arbeitslosigkeit und sinkenden Wachstums steigen Verhandlungsmacht und Drohpotential der größeren Wirtschaftsunternehmen, denn primär von ihren Investitionsentscheidungen hängen Wachstum und Steuereinnahmen ab. Seit einiger Zeit mehren sich die Anzeichen, daß sowohl die Sozial- als auch die Umweltpolitik auf dem Altar einer kurzsichtigen Verbesserung des "Industriestandortes Deutschland" erhebliche Opfer bringen müssen.

e. Die Maxime einer "guten" Regierung und Verwaltung kann daher nur lauten: Soviel Kooperation wie möglich, soviel Hierarchie wie nötig. Die Anwendung dieser Formel auf die unterschiedlichen Politikfelder und Rechtsgebiete dürfte zu je unterschiedlichen Strategiewahlen, möglicherweise zu unterschiedlichen Mischungsverhältnissen aus Hierarchie und Kooperation führen.

f. Neben Hierarchie und Kooperation existiert als weiteres staatliches Handlungsmuster die Konkurrenz. Nicht nur administrative Untereinheiten wie Referate, Abteilungen und Ressorts konkurrieren miteinander um Einfluß und Haushaltsmittel, sondern natürlich auch die Gebietskörperschaften. Konkurrenz findet aber auch im Außenverhältnis statt. In Gestalt der öffentlichen Unternehmen konkurriert der Staat mit den privaten Wirtschaftsunternehmen[37].

4. Der informierende und warnende Staat als Erscheinungsform kooperativen Staatshandelns

Die folgenden staatlichen Handlungsformen im Außenrechtskreis Staat/Bürger können unter dem Oberbegriff "kooperativer Staat" zusammengefaßt werden[38]:

- Die Zusammenarbeit und Arbeitsteilung des Staates mit Wirtschaftsverbänden und Unternehmen bei der Produktion von Normen (Gesetzen, Verordnungen, Verwaltungsvorschriften, DIN-Normen u. a.) sowie bei sonstigen Problemlösungsversuchen (z.B. konzertierte Aktionen, Regionalkonferenzen, Spitzentreffen mit Verbandsvertretern und industrielle Selbstbeschränkungsabkommen);

36 Vgl. näher *Scharpf* 1992.

37 Zu den öffentlichen Unternehmen vgl. ausführlich *Ambrosius* 1993.

38 Vgl. auch die Übersicht bei *Schulze-Fielitz* 1993: bes. 105 ff.

- der auf der Rechtsgrundlage der §§ 54 ff. VwVfG öffentlich-rechtliche Verträge abschließende Staat, der das einseitig-hoheitliche Anweisungsverhältnis verläßt und sich mit dem Bürger auf eine Ebene begibt[39];

- das vor allem im Wirtschaftsverwaltungs- und Umweltrecht beobachtbare und inzwischen auch von Juristen breit diskutierte und von konservativen Vertretern des Fachs anerkannte[40] sog. informale Verwaltungshandeln;

- die Privatisierung öffentlicher Aufgabenerfüllung, eine Tendenz, welche sich nicht auf die verstärkte Verwendung tradierter privatrechtlicher Organisations- und Handlungsformen (Stadtwerke AG) beschränkt, sondern bis zur Privatisierung von Bereichen führt, die in Deutschland zum Kernbestand des Staates gehörten (Bahn und Post)[41];

- die rechtliche Institutionalisierung von "Konfliktmittlern"; hierbei handelt es sich freilich erst um ein rechtspolitisches Anliegen[42];

- der informierende und warnende Staat.

Im zweiten Hauptteil meines Beitrags werde ich zentrale grundrechtsdogmatische Probleme des informierenden und warnenden Staates diskutieren. Der moderne Staat verwendet neben dem imperativen Steuerungsinstrumentarium, den monetären Anreizinstrumenten sowie prozeduralen und symbolischen Steuerungsmitteln auch das Steuerungsinstrument der Information und Warnung. Ob diese Art der Steuerung tatsächlich "Teil eines tiefgreifenden Wandels staatlichen Handelns" ist, wie *Schulze-Fielitz* meint[43], mag hier dahinstehen. Bereits zur Weimarer Zeit ist es zu einer Kontroverse gekommen über die Berechtigung des Reichsgesundheitsamtes zum Erlaß von Warnungen auf dem Gebiet des Lebensmittelverkehrs[44].

Verstärkt jedenfalls sind in neuerer Zeit Verwaltungsrechtsprechung und Verwaltungsrechtslehre mit den aus der staatlichen Informationstätigkeit erwachsenden Rechtsproblemen befaßt. Der Problemkomplex bedarf, so mein Postulat und zweite Hauptthese meines Beitrags, dringend der Regelung durch den Gesetzgeber. Im Bereich des Wirt-

---

39 Zu dieser Gleichordnungsvorstellung paßt es schlecht, wenn die Verwaltungsrechtslehre die Verträge zwischen Staat und Bürger als "subordinationsrechtliche" Verwaltungsverträge bezeichnet - im Gegensatz zu den "koordinationsrechtlichen" Verträgen zwischen Behörden. Vgl. *Faber* 1992: 273.

40 *Püttner* 1991.

41 Zu Bahn und Post vgl. Art. 87 GG in seiner alten und neuen Fassung sowie die neuen Art. 87e und 87f GG.

42 Vgl. die Diskussionsbeiträge in *Hoffmann-Riem* und *Schmidt-Aßmann* 1990.

43 *Schulze-Fielitz* 1993: 100.

44 *Lübbe-Wolff* 1987: 2705, Anm. 4.

schaftsverwaltungs- und Umweltrechts geht es zentral um die Frage des Grundrechtsschutzes der von einer behördlichen Information nachteilig betroffenen Produkthersteller und -vertreiber. Es zeigt sich, daß die oft als "weiche" Steuerungsform bezeichnete und als "schlicht-hoheitliches" Verwaltungshandeln zu qualifizierende Informationstätigkeit die von massiven Umsatzeinbußen betroffenen oder bedrohten Unternehmen ungleich härter treffen kann als das klassische imperative Steuerungsinstrumentarium, z.B. die Einziehung gesundheitsschädigender Lebensmittel nach § 52 LMBG. Die Umsatzeinbußen des von der staatlichen Warnung in seinem Ruf geschädigten Unternehmens erfassen in der Regel auch seine einwandfreien und nicht inkriminierten Erzeugnisse. Der informierende und warnende Staat verhält sich kooperativ allein gegenüber dem Verbraucher und/oder der umweltbewußten Öffentlichkeit, nicht gegenüber dem betroffenen Unternehmen, dessen Grundrechtssphäre ebenso oder sogar stärker als durch einen direkten Eingriff beeinträchtigt werden kann. Diesen Sachverhalt bringt *Rüdiger Zuck* pointiert mit dem Begriff der "Eingriffswarnung" auf den Punkt[45].

Bei der Behandlung der mit der staatlichen Informationstätigkeit zusammenhängenden Rechtsprobleme hat die Rechtsprechung noch keine einheitliche und rechtsstaatlich überzeugende Linie gefunden. Zwei Entscheidungen des BVerwG spielen in der Diskussion eine zentrale Rolle, das Transparenzlisten-Urteil von 1985 und das Glykolwein-Urteil von 1991. Ich diskutiere zunächst das Transparenzlisten-Urteil, beziehe das zweite Urteil aber z.T. bereits ein.

Die von der staatlich eingesetzten Transparenzkommission erstellten Arzneimittel-Transparenzlisten sollten für bestimmte Indikationsgebiete den verschreibenden Ärzten einen Vergleich über die apothekenpflichtigen Arzneimittel vor allem bezüglich Wirksamkeit, Preis und Nebenwirkungen sowie anhand sog. Qualitätskennzeichen ermöglichen; Ziel war die Senkung des Arzneimittelpreisniveaus. Der vorbeugenden Unterlassungsklage eines Arzneimittelherstellers hat das BVerwG im Gegensatz zu den Vorinstanzen mit der Begründung stattgegeben, das Transparenzlistenverfahren beeinträchtige die unternehmerische Betätigung aus Art. 12 Abs. 1 GG und bedürfe daher einer gesetzlichen Ermächtigungsgrundlage, an der es fehle[46]. Das Urteil trägt rechtsstaatlichen Erfordernissen Rechnung, ist in seinem Ergebnis aber aufklärungsfeindlich.

Weitgehend Einigkeit besteht darüber, daß der Unterlassungs- und Widerrufsanspruch von Unternehmen gegen Behördeninformationen unmittelbar auf die wirtschaftlichen Grundrechte der Art. 2, 12 und 14 GG gestützt werden kann. Er ist gegeben, wenn rechtswidrig in das Grundrecht eingegriffen wird. Dabei ist das Problem, ob es einer "Umschaltnorm" bedarf, um aus der Grundrechtsbeeinträchtigung einen Abwehran-

45 *Zuck* 1988.

46 BVerwGE 71: 183 ff.

spruch entstehen zu lassen[47], von nur grundrechtstheoretischer Bedeutung. Während das BVerwG aber in beiden Entscheidungen nahezu ausschließlich Art. 12 bei der Prüfung heranzieht und nur ganz am Rande auf Art. 14 und Art. 2 eingeht, hatte das OVG Münster als Berufungsinstanz im Glykolwein-Fall Art. 14 gleichberechtigt neben Art. 12 bei seiner Entscheidung berücksichtigt[48]. Dieser Auffassung ist zu folgen. Die spezielleren Art. 12 und 14 verdrängen den Auffangtatbestand des Art. 2; beide Grundrechte sind aber nebeneinander einschlägig, Art. 12 unter dem Gesichtspunkt der Freiheit der Berufsausübung, Art. 14 unter dem Aspekt des eingerichteten und ausgeübten Gewerbebetriebs[49].

Das zentrale grundrechtsdogmatische Problem stellt die Frage dar, ob bloß mittelbare Verschlechterungen der Erwerbsbedingungen in den Grundrechtsschutz der betroffenen Unternehmen eingreifen. Zwischen die behördliche Information und den befürchteten bzw. eingetretenen Umsatzrückgang des Unternehmens ist die autonome Entscheidung eines Dritten, des verschreibenden Arztes bzw. des Weinkonsumenten, geschaltet; daher liegt nur eine mittelbare und faktische Einwirkung vor. Setzt man derartige mittelbare Einwirkungen mit einem Grundrechtseingriff gleich, ist damit der Rechtsstreit häufig schon entschieden. Denn jeder Grundrechtseingriff setzt eine gesetzliche Ermächtigungsgrundlage voraus, an der es für die staatliche Informationstätigkeit häufig, so auch in unseren beiden Streitfällen, fehlt.

Nach Auffassung des BVerwG im Transparenzlisten-Urteil stellen nachhaltige, faktische Verschlechterungen der unternehmerischen Erwerbsbedingungen dann einen Eingriff in Art. 12 dar, wenn sie zielgerichtet (final) und grundrechtsspezifisch erfolgen. Das zweite Kriterium ist freilich in dem ersten bereits enthalten. Bei faktischer Betroffenheit und finaler Zielsetzung ist die "objektiv berufsregelnde Tendenz" immer gegeben[50]. Zutreffend sieht das BVerwG die Voraussetzung der Finalität als gegeben an, denn das mit der Transparenzliste verfolgte Ziel, die Kostendämpfung im Gesundheitswesen, umfaßte die Verringerung der Umsätze einzelner Unternehmen als notwendig mitgewollte Kehrseite. Die Beeinträchtigung der Berufsfreiheit dieser Unternehmen war damit nicht bloßer Reflex oder ungewollte Begleiterscheinung der staatlichen Maßnahme.

Mit dem Erfordernis der Finalität setzt sich das BVerwG in Gegensatz zur Rechtsprechung des BVerfG zur mittelbaren und faktischen Lenkungswirkung von Steuergesetzen. Das BVerfG nimmt eine Beeinträchtigung der Berufsfreiheit durch steuerrechtliche Vorschriften bereits dann an, wenn diese objektiv "eine berufslenkende Tendenz deut-

---

47 Dazu *Heintzen* 1990.

48 NJW 1986: 2783.

49 So auch *Sodan* 1987: 862.

50 *Lübbe-Wolff* 1987: 2709.

lich erkennen lassen"[51]. Das Vorliegen einer berufsregelnden Absicht wird vom Gericht ausdrücklich nicht verlangt[52]. Auf diesen dogmatischen Widerspruch zwischen BVerwG und BVerfG weist *Gertrude Lübbe-Wolff* hin[53], eine Autorin, die sich als Kritikerin des BVerwG in der Diskussion mit einer informationsfreundlichen Auffassung profiliert hat[54]. Der Widerspruch läßt sich allerdings mit der unterschiedlichen Qualität der Steuerung erklären, die bloß mittelbare und faktische Wirkung bewirkt eine nur oberflächliche Gleichartigkeit von steuerrechtlicher und informationeller Steuerung. Das Steuerrecht ist ein klassisches Instrument der indikativen Gesellschaftssteuerung mittels monetärer *incentives* und *disincentives*. Solche finanziellen Anreize negativer oder positiver Art werden bei der Steuerung durch Information gerade nicht eingesetzt. Die informationelle Steuerung ist eine eigenständige Steuerungsform; sie ist, um einen vom BVerwG jüngst benutzten Ausdruck zu verwenden, "informale" Steuerung[55], deren rechtliche Behandlung eigene Kriterien erfordert. Vor allem ist die Palette der informationellen Steuerungsmittel qualitativ sehr weit gefächert, sie reicht von ganz allgemeinen und scheinbar adressatlosen Empfehlungen, z.B. bei Sommersmog körperliche Anstrengungen zu meiden, bis zur gezielten Warnung vor einem Produkt unter Nennung des Herstellers. Damit ist der Wirkungsgrad informationeller Steuerung kaum überschaubar. Das Kriterium der Finalität hat die Funktion, da es enger als das objektive Kriterium der deutlich berufslenkenden Tendenz ist, die grundrechtliche Verantwortlichkeit der Verwaltung stärker zu begrenzen.

Auch ein anderer scheinbarer Widerspruch, diesmal in der Rechtsprechung des BVerwG selbst, auf den ebenfalls *Lübbe-Wolff* hinweist[56], läßt sich aufklären. Die Problematik ist ganz ähnlich wie die eben geschilderte. Das BVerwG hat bisher die Frage, unter welchen Voraussetzungen staatliche Subventionen die Grundrechte eines Konkurrenten beeinträchtigen, ohne Verwendung des Finalitätskriteriums beantwortet. Erforderlich ist, daß das Konkurrenzunternehmen durch die Subventionierung "unzumutbar" und "unerträglich" betroffen, daß es in seiner Existenz gefährdet ist[57]. Die Subvention gehört ebenso wie die steuerrechtliche Manipulation zum klassischen Arsenal monetärer Anreizsteuerung. Subventionen erfolgen sogar häufig, wie § 12 StabWachsG klarstellt, nicht in der Form der Finanzhilfe, sondern als Steuervergünstigung. Von daher ist die grundrechtsdogmatische Gleichstellung von Subvention und steuerrechtlicher Lenkung, die bei beiden Maßnahmen auf objektive Kriterien abstellt, einleuchtend. Bei bei-

---

51 BVerfGE 13: 181 (185 ff.); 47: 1 (21).

52 BVerfGE 47: 1 (21).

53 Vgl. *Lübbe-Wolff* 1987: 2710.

54 *Gröschner* 1991: 73.

55 BVerwG, DÖV 1992: 877.

56 Vgl. *Lübbe-Wolff* 1987: 2710.

57 BVerwGE 30: 191 (198 ff.); 65: 167 (174).

den Maßnahmen ist der Kreis potentiell Betroffener prinzipiell überschaubar, es sind in der Regel die Konkurrenzunternehmen derselben oder benachbarter Branchen. Steuerrecht und Subventionierung sind außerdem im Gegensatz zur informationellen Steuerung seit langem erprobte Steuerungsinstrumente, über deren Wirkung Gesetzgeber und Verwaltung ausreichend haben Erfahrungen sammeln können. Ein Bedürfnis wie bei der informationellen Steuerung mit ihrem diffusen Wirkungsspektrum, die grundrechtliche Verantwortlichkeit des Staates durch das Finalitätserfordernis einzugrenzen, besteht hier nicht.

Den Hauptangriff gegen das BVerwG führt *Lübbe-Wolff* freilich mit dem Argument, eine neutrale, objektive und sachkundige staatliche Produktaufklärung könne niemals ein Grundrechtseingriff sein. Das ergebe sich aus dem Prinzip der Wettbewerbsfreiheit, welches im Wege teleologischer Auslegung den Wirtschaftsgrundrechten als Ordnungsmodell zugeschrieben werden könne. Eine neutrale und sachkundige Information diene, da für Wettbewerbsfreiheit ein relativ hohes Maß an Transparenz konstitutiv sei, gerade der Verwirklichung des grundrechtlichen Ordnungsmodells. Diese Argumentation kann nicht überzeugen, ein irgendwie geartetes Ordnungsmodell marktwirtschaftlicher Provenienz kann nach der seit Jahrzehnten gefestigten, wenn auch nicht vollständig konsistenten Rechtsprechung des BVerfG und der überwiegenden Literaturauffassung, mit der sich die Autorin denn auch nicht auseinandersetzt, dem GG nicht entnommen werden[58]. Empirisch ist die real existierende Marktwirtschaft in weiten Bereichen auch eher durch Intransparenz als durch Transparenz gekennzeichnet. In diesen Verhältnissen haben sich die Unternehmen eingerichtet[59]. Die plötzliche staatliche Aufklärungsaktion kann daher sehr wohl ihre Grundrechte beeinträchtigen.

Schließlich ist auch die von der Autorin als Parallele herangezogene Rechtsprechung zur Verbraucheraufklärung durch Private nicht tragfähig. Hier fordert der BGH nur, daß die Information neutral, objektiv und sachkundig erfolgt[60]. Gegen die Übertragung dieser Rechtsprechung auf behördliche Informationstätigkeit ist zunächst einzuwenden, daß die Verbraucheraufklärung durch Private sich im Gegensatz zur staatlichen Behörde auf das Grundrecht der freien Meinungsäußerung stützen kann (so auch BVerwGE 71: 196). Außerdem hat die mit staatlicher Autorität vorgebrachte Information bei den Adressaten in der Regel erheblich mehr Gewicht als z.B. die vergleichenden Analysen der Stiftung Warentest. Die verordnenden Ärzte waren sogar rechtlich gehalten, die Transparenzlisten zu beachten. Der höhere öffentliche Aufmerksamkeitswert folgt zusätzlich aus dem Umstand, daß der Staat in der Regel sehr viel seltener und punktueller informiert als die regelmäßig erscheinenden und teilweise sehr differenzierten vergle-

58 Vgl. *Jarass* 1984: 76 ff.

59 Intransparente Marktverhältnisse können sogar stimulierend auf Produktion und Wachstum wirken.

60 BGHZ 65: 325 (334).

chenden Warentests. Die staatliche Information ist daher sehr viel eher geeignet, die Grundrechte der nachteilig betroffenen Unternehmen zu beeinträchtigen, an sie müssen daher strengere Anforderungen gestellt werden als an die Verbraucheraufklärung durch Private; vor allem muß eine dem Verhältnismäßigkeitsgrundsatz genügende Ermächtigungsgrundlage vorhanden sein.

Nun in aller Kürze zum Glykolwein-Urteil[61], das in der Literatur auf Ablehnung und Empörung gestoßen ist[62]. Das Bundesministerium für Jugend, Familie und Gesundheit hatte 1985 im Zusammenhang mit dem sog. Glykolskandal eine Liste diethylenglykolhaltiger Weine unter namentlicher Bezeichnung der Abfüller veröffentlicht. Dadurch hatte die Klägerin erhebliche Umsatzeinbußen erlitten, und zwar auch bei den nicht kontaminierten Weinen. Ihre Feststellungsklage, daß die Veröffentlichung der Liste unberechtigt erfolgt sei, ist vom BVerwG in einem im Ergebnis verbraucherfreundlichen, aber rechtlich unhaltbaren Urteil abgewiesen worden. Der Gegensatz zum Transparenzlisten-Urteil, bei dem es nur um die Beurteilung staatlicher Kostendämpfungsbemühungen ging, erklärt sich wohl zu einem guten Teil aus der Bedeutung der durch die Weinpanscherei gefährdeten Rechtsgüter Leben und Gesundheit und der öffentlichen Skandalisierung des Vorgangs. Auf drei Problemkreise des Urteils möchte ich eingehen.

Zunächst erweitert der Senat das Finalitätskriterium. Auch die staatlichen Informationshandlungen, "die als nicht bezweckte, aber voraussehbare und in Kauf genommene Nebenfolge eine schwerwiegende Beeinträchtigung der beruflichen Betätigungsfreiheit bewirken"[63], sind prinzipiell einem direkten Eingriff gleichzustellen. Die Begrenzungsfunktion des Finalitätskriteriums wird hiermit freilich spürbar reduziert. Damit kann das Gericht im Gegensatz zur Vorinstanz bezüglich des Verkaufsrückgangs des einwandfreien Weins von einer Grundrechtsbeeinträchtigung ausgehen. In der Tat ist es angemessen, die grundrechtliche Verantwortlichkeit des Staates auch auf solche, gewissermaßen mit dolus eventualis vorgenommene Informationen zu erstrecken.

Sodann entwickelt der Senat eine differenziertere Sicht des Grundrechtsschutzes *unerlaubter* gewerblicher Betätigung. Der Zusatz von Diethylenglykol in Wein verstieß unstreitig gegen das Weingesetz i.V. mit der einschlägigen EG-Verordnung. Gem. § 52 Abs. 3 Nr. 2 WeinG entfiel die Verkehrsfähigkeit des kontaminierten Weins[64]. Die Vorinstanz hatte unter Berufung auf das BVerfG und das Transparenzlisten-Urteil für eine unerlaubte gewerbliche Tätigkeit einen Grundrechtsschutz aus Art. 12 und 14 von vorneherein abgelehnt. Eine gesetzliche Eingriffsermächtigung sei daher nicht erforder-

61 BVerwGE 87: 37 ff.

62 *Faber* 1992: 281; *Schoch* 1991.

63 BVerwGE 87: 43 f.

64 BVerwGE 87: 49.

lich[65]. In der Literatur waren schon immer Einwände gegen diese Auffassung erhoben worden. Auch für den Gesetzesbrecher gelte der Grundsatz der Gesetzmäßigkeit der Verwaltung[66]. Die Behandlung rechtswidriger Berufstätigkeit sei eine Frage des Schrankenvorbehalts des Art. 12, nicht seines Schutzbereichs[67]. Allein bei einer die verfassungsrechtliche Wertordnung in toto und evident verletzenden Betätigung, Beispiel Drogenhandel, käme die Herausnahme aus dem grundrechtlichen Schutzbereich in Betracht[68]. Die differenzierende Sicht des Senats besteht nun in der Feststellung, daß die Unerlaubtheit einer bestimmten beruflichen Betätigung den Staat nicht von der Prüfung entbinde, welche Maßnahmen er gegen diese Tätigkeit von Verfassungs und Gesetzes wegen ergreifen darf[69]. Unklar bleibt freilich, ob damit der Verzicht auf das Vorliegen einer gesetzlichen Eingriffsermächtigung wieder rückgängig gemacht wird.

Die im Verkaufsrückgang des einwandfreien Weins liegende Beschränkung der Berufsfreiheit aber erforderte auf jeden Fall gem. Art. 12 Abs. 1 S. 2 eine gesetzliche Ermächtigungsgrundlage. An der fehlte es indessen, auch auf Polizeirecht konnte sich das Bundesministerium, da Landesrecht, nicht stützen. Wie das BVerwG diese Hürde nimmt, darin liegt die eigentliche Crux des Urteils. Das Gericht beteiligt sich an den seit einiger Zeit feststellbaren Bestrebungen, "Wesentlichkeitsdoktrin" und Gesetzesvorbehalt zugunsten der Exekutive zu schwächen[70]. Das Gericht beruft sich auf kollidierendes Verfassungsrecht, das in der Tat auch für Grundrechte mit Regelungsvorbehalt wie Art. 12 abwägungsrelevant werden kann[71]. Das kollidierende Verfassungsrecht wird aber nicht in seiner Funktion als Eingriffsrechtfertigung gesehen, sondern als bereits den Schutzumfang der Berufsfreiheit begrenzendes Abwägungsmaterial. Das Gericht entwirft dann das vom GG vorgegebene Modell einer vermittels Aufklärung der Öffentlichkeit aktiv krisensteuernden Regierung[72], welches die eigentliche verfassungsrechtliche Legitima-

---

65 OVG Münster, NJW 1986: 2783.

66 *Zuck* 1988: 1022.

67 *Lübbe-Wolff* 1987: 2712, Anm. 74.

68 *Sodan* 1987: 861.

69 BVerwGE 87: 41.

70 Vgl. *Schulze-Fielitz* 1993: 112.

71 *Jarass* und *Pieroth* 1989: Vorb. vor Art. 1 RNr. 29.

72 Der aufrechte Liberale wendet sich mit Grausen, wenn er das interventionistische Politikmodell des BVerwG zur Kenntnis nehmen muß, welches ganz allgemein verfassungsrechtliche Gültigkeit beansprucht und nicht auf informierende Tätigkeit begrenzt wird (vgl. BVerwGE 87: 46): "Die Verfassung geht ersichtlich davon aus, daß schon in dem Begriff der Regierung das dem so bezeichneten Organ übertragene Aufgabenfeld hinreichend gekennzeichnet sei. Nach allgemeiner Auffassung gehört es jedenfalls zu diesen im Grundgesetz vorausgesetzten Aufgaben der Bundesregierung, die gesellschaftliche Entwicklung ständig zu beobachten, Fehlentwicklungen oder sonst auftretende Probleme möglichst rasch und genau zu diagnostizieren, Möglichkeiten ihrer Verhinderung oder zumindest Behebung zu erdenken und die dazu erforderlichen Maßnahmen in die Wege zu leiten". Von den Zwei-

tion für die Listenveröffentlichung liefert. Da diese Maßnahme auch dem Grundsatz der Verhältnismäßigkeit genügt habe, sei sie verfassungsrechtlich nicht zu beanstanden. Der Verhältnismäßigkeitsgrundsatz mutiert hier von einer Eingriffsschranke zu einer Eingriffsermächtigung. Das Gericht verkennt außerdem und vor allem, daß der dem Institut des kollidierenden Verfassungsrechts zugrunde liegende Abwägungsvorgang nur vom Gesetzgeber vorgenommen werden kann, eine gesetzliche Grundlage ist also auch hier erforderlich[73]. Das gilt natürlich allemal für die Grundrechte mit Gesetzesvorbehalt. Daher wäre der Klage stattzugeben gewesen.

5. Schlußbemerkung

Der kooperative Staat zeigt nicht nur gravierende Funktionsdefizite, die ich im ersten Teil exemplarisch herauszuarbeiten versucht habe, sondern auch erhebliche rechtsstaatliche Mängel. Dieses Fazit ist das Ergebnis einer zugleich steuerungstheoretischen und (grund-)rechtsdogmatischen Analyse.

Auf der grundrechtsdogmatischen Ebene bestätigen meine Überlegungen im Ergebnis das "aufklärungsfeindliche" Transparenzlisten-Urteil und ergeben einen Dissens zum "verbraucherfreundlichen" Glykolwein-Urteil. Dennoch sollten sie nicht als verbraucher- und aufklärungsfeindlich abgestempelt werden. Ich plädiere für die rechtsstaatliche Disziplinierung der staatlichen Informationstätigkeit durch am Verhältnismäßigkeitsgrundsatz orientierte, gesetzliche Ermächtigungsgrundlagen auf Bundes- und Landesebene.

Auf Landesebene ist dies mittlerweile durch den baden-württembergischen Gesetzgeber für den Bereich des Lebensmittelrechts erfolgt. Das Ausführungsgesetz zum Lebensmittel- und Bedarfsgegenständegesetz (AGLMBG) vom 9. Juli 1991 (GBl. 1991, S. 473) regelt in vorbildlicher Weise die unterschiedlichen Instrumente: Neben dem Verkaufsverbot (§ 11) und dem veröffentlichten Verkaufsverbot (§ 12) ist bei gesundheitsgefährdenden Produkten die Öffentliche Warnung (§ 13) und bei nicht gesundheitsschädlichen, aber ekelerregenden Lebensmitteln die Information der Öffentlichkeit (§ 15) vorgesehen.

---

feln in die Steuerungsfähigkeit des Staates, wie sie seit Jahren von führenden ökonomischen und soziologischen Theorien artikuliert werden, sind jedenfalls diese Richter nicht angekränkelt.

73 *Jarass* und *Pieroth* 1989: Vorb. vor Art. 1 RNr. 30.

Literaturverzeichnis

Ambrosius, Gerold, 1993: Abbau und Ausbau der öffentlichen Wirtschaft in den 80er Jahren, in: Rüdiger Voigt (Hrsg.), 265 - 284.

Arnold, Peter, 1990: Diskussionsbeitrag, in: Wolfgang Hoffmann-Riem/Eberhard Schmidt-Aßmann (Hrsg.), Konfliktbewältigung durch Verhandlungen, Bd. I, 317 - 321.

Dreier, Horst, 1991: Hierarchische Verwaltung im demokratischen Staat, Tübingen.

Ekkenga, Jens, 1993: Die Verpackungsverordnung zwischen Administration und privatwirtschaftlicher Kooperation, in: Betriebs-Berater, 48. Jhrg., Heft 14, 945 - 949.

Ellwein, Thomas, 1994: Kooperatives Verwaltungshandeln im 19. Jahrhundert, PoSt-Diskussionspapiere, hrsg. von Rüdiger Voigt, Universität der Bundeswehr München.

Faber, Heiko, 1982: Die Macht der Gemeinden, Bielefeld.

Faber, Heiko, 1992: Verwaltungsrecht, 3. Auflage, Tübingen.

Forsthoff, Ernst, 1950: Lehrbuch des Verwaltungsrechts. Allgemeiner Teil, 1. Auflage, München.

Gröschner, Rolf, 1991: Aufklärung der Öffentlichkeit in Umweltfragen - wirtschaftspolitisches Ziel und wirtschaftsverwaltungsrechtliche Aufgabe, in: Wirtschaftsverwaltungs- und Umweltrecht, 2. Jhrg., Heft 2, 71 - 78.

Häußermann, Hartmut, 1977: Die Politik der Bürokratie. Einführung in die Soziologie der staatlichen Verwaltung, Frankfurt a.M.

Heintzen, Markus, 1990: Staatliche Warnungen als Grundrechtsproblem, in: Verwaltungs-Archiv, 81. Jhrg., 532 - 556.

Hesse, Joachim-Jens, 1990: Verhandlungslösungen und kooperativer Staat, in: Wolfgang Hoffmann-Riem/Eberhard Schmidt-Aßmann (Hrsg.), Bd. I, 97 - 112.

Hoffmann-Riem, Wolfgang/Schmidt-Aßmann, Eberhard (Hrsg.), 1990: Konfliktbewältigung durch Verhandlungen, Bd. I: Informelle und mittlergestützte Verhandlungen in Verwaltungsverfahren, Baden-Baden.

Hoffmann-Riem, Wolfgang/Schmidt-Aßmann, Eberhard (Hrsg.), 1990: Konfliktbewältigung durch Verhandlung, Bd. II: Konfliktmittlung in Verwaltungsverfahren, Baden-Baden.

Hummel-Liljegren, Hermann, 1991: Staatliche Warnungen vor unschädlichen Lebensmitteln sind unverhältnismäßig, unzumutbar und verfassungswidrig, in: Zeitschrift für das gesamte Lebensmittelrecht, 18. Jhrg., Heft 2, 126 - 139.

Jarass, Hans D., 1984: Wirtschaftsverwaltungs- und Wirtschaftsverfassungsrecht, 2. Auflage, Frankfurt a.M.

Jarass, Hans D./Pieroth, Bodo, 1989: Grundgesetz für die Bundesrepublik Deutschland, München.

Lübbe-Wolff, Gertrude, 1987: Rechtsprobleme der behördlichen Umweltberatung, in: Neue Juristische Wochenschrift, 40. Jhrg., Heft 43, 2705 - 2712.

Massing, Otwin, 1993: Souveränität - ein unverzichtbarer Anachronismus?, in: Rüdiger Voigt (Hrsg.), 51 - 94.

Nahamowitz, Peter, 1987: Effektivität wirtschaftsrechtlicher Steuerung, in: Kritische Justiz, 20. Jhrg., Heft 4, 411 - 433.

Nahamowitz, Peter, 1989: Bundesbankgesetz und Tarifvertragsgesetz als Instrumente einer aktiven Beschäftigungspolitik, in: Demokratie und Recht, 17. Jhrg., Heft 3, 257 - 278.

Niedersächsisches Innenministerium (Hrsg.), 1993: Allgemeine Handlungsziele für die niedersächsische Landesverwaltung und Allgemeine Grundsätze für Zusammenarbeit und Führung in der Niedersächsischen Landesverwaltung, Hannover.

Püttner, Günther, 1991: Der informale Rechtsstaat, in: Kritische Vierteljahresschrift für Gesetzgebung und Rechtswissenschaft, 74. Jhrg., Heft 1, 63 - 73.

Ritter, Ernst-Hasso, 1979: Der kooperative Staat, in: Archiv des öffentlichen Rechts, 104. Jhrg., Heft 3, 389 - 413.

Ritter, Ernst-Hasso, 1990: Das Recht als Steuerungsmedium im kooperativen Staat, in: Dieter Grimm (Hrsg.), Wachsende Staatsaufgaben - sinkende Steuerungsfähigkeit des Rechts, Baden-Baden, 69 - 112.

Ritter, Ernst-Hasso, 1992: Von den Schwierigkeiten des Rechts mit der Ökologie, in: Die öffentliche Verwaltung, 45. Jhrg., Heft 15, 641 - 649.

Röhl, Klaus F., 1987: Rechtssoziologie, Köln u.a.

Scharpf, Fritz W., 1992: Einführung: Zur Theorie von Verhandlungssystemen, in: Arthur Benz/Fritz W. Scharpf/Reinhard Zintl, Horizontale Politikverflechtung, Frankfurt a.M., 11 - 27.

Scharpf, Fritz W./Reissert, Bernd/Schnabel, Fritz, 1976: Politikverflechtung: Theorie und Empirie des kooperativen Föderalismus in der Bundesrepublik, Kronberg/Ts.

Schmid, Günther/Treiber, Hubert, 1975: Bürokratie und Politik. Zur Struktur und Funktion der Ministerialbürokratie in der Bundesrepublik Deutschland, München.

Schoch, Friedrich, 1991: Staatliche Informationspolitik und Berufsfreiheit, in: Deutsches Verwaltungsblatt, 106. Jhrg., Heft 13, 667 - 674.

Schulze-Fielitz, Helmuth, 1993: Der Leviathan auf dem Weg zum nützlichen Haustier?, in: Rüdiger Voigt (Hrsg.), 95 - 120.

Sodan, Helge, 1987: Gesundheitsbehördliche Informationstätigkeit und Grundrechtsschutz, in: Die öffentliche Verwaltung, 40. Jhrg., Heft 19, 858 - 866.

Stober, Rolf, 1992: Wirtschaftsverwaltungsrecht, 7. Auflage, Stuttgart u.a.

Strecker, Arthur, 1993: Der "Grüne Punkt" - ein Fragezeichen - ?, in: Betriebs-Berater, 48. Jhrg., Heft 11, 743 - 746.

Treutner, Erhard/Wolff, Stephan/Bonß, Wolfgang, 1978: Rechtsstaat und situative Verwaltung. Zu einer sozialwissenschaftlichen Theorie administrativer Organisation, Frankfurt a.M.

Voigt, Rüdiger (Hrsg.), 1993: Abschied vom Staat - Rückkehr zum Staat?, Baden-Baden.

Voigt, Rüdiger, 1993a: Abschied vom Staat - Rückkehr zum Staat?, in: Rüdiger Voigt (Hrsg.), 9 - 24.

Weidemann, Clemens, 1992: Die behördliche Feststellung nach § 6 Abs. 3 Verpackungsverordnung, in: Deutsches Verwaltungsblatt, 107. Jhrg., Heft 24, 1568 - 1577.

Willke, Helmut, 1982: Die Disjunktion von Rechtsformen und Machtformen - am Beispiel der konzertierten Aktion, in: Rechtsformen der Verflechtung von Staat und Wirtschaft, Jahrbuch für Rechtssoziologie und Rechtstheorie, Bd. 8, hrsg. von Volkmar Gessner und Gerd Winter, Opladen, 200 - 212.

Wolf, Rainer, 1990: Normvertretende Absprachen und normvorbereitende Diskurse: Konfliktmanagement im "hoheitsreduzierten Staat" - Aufgabenfelder für Konfliktmittler?, in: Wolfgang Hoffmann-Riem/Eberhard Schmidt-Aßmann (Hrsg.), Bd. II, 129 - 153.

Zuck, Rüdiger, 1988: Die Eingriffswarnung, in: Monatsschrift für Deutsches Recht, 42. Jhrg., Heft 12, 1020 - 1022.

2. Kapitel

Politikverflechtung im vielfach gegliederten Bundesstaat

Kooperation und Verflechtung im Bundesstaat

Zur Leistungsfähigkeit verhandlungsbasierter Politik

Klaus H. Goetz

1. Kooperation, Verflechtung und Verhandlung

Die wissenschaftliche Diskussion um den kooperativ-verhandelnden Staat - wie er im Mittelpunkt dieses Bandes steht - und Untersuchungen zu Prozessen der Entscheidungsfindung und -umsetzung im Rahmen des föderalstaatlichen Systems haben bislang kaum voneinander Notiz genommen. Diese wechselseitige Vernachlässigung kann nicht überraschen. Während sich das empirisch-analytische Interesse der Forschungen zur verhandlungsorientierten Staatspraxis ganz überwiegend auf die Außenbeziehungen öffentlicher Institutionen richtet, dominiert in der bundesdeutschen Föderalismusforschung eine staats- und verwaltungszentrierte Sichtweise, bei der die gesellschaftliche Umwelt des bundesstaatlichen Systems weitgehend ausgeblendet bleibt. Die Problematisierung des Verhältnisses zwischen Staat und Gesellschaft und die damit einhergehende empirische und konzeptionelle Neubestimmung von Strukturen und Prozessen ihrer Interaktion bilden den Schwerpunkt der wissenschaftlichen Beschäftigung mit dem kooperativ-verhandelnden Staat. Dagegen konzentrieren sich Analysen des Bundesstaates auf die territoriale Binnendifferenzierung des öffentlichen Institutionengefüges. In der Tradition eines intergouvernementalen Föderalismusverständnisses geht es hier um den gleichsam mit sich selbst kooperierenden, verhandelnden und verflochtenen Staat. Übereinstimmungen in der zur Beschreibung des deutschen Föderalismus herangezogenen Begrifflichkeit - wie 'kooperativer Föderalismus', 'Politikverflechtung' oder 'Verhandlungssystem' - mit der Charakterisierung öffentlich-privater Interaktionen - wie 'kooperativer Staat', 'staatlich-private Verflechtung' oder 'verhandelnde Verwaltung' - suggerieren daher eine Gemeinsamkeit der Sichtweisen, die auf empirischer, konzeptioneller und theoretischer Ebene noch nicht besteht.

Daß sich der Versuch einer systematischen Verknüpfung beider Untersuchungsperspektiven lohnen könnte, liegt nahe. Dabei wäre nicht nur der Frage nachzugehen, inwieweit Grenzverwischungen und Anzeichen einer Enthierarchisierung im Verhältnis zwischen Trägern staatlicher Souveränität und privaten Akteuren ihre Entsprechung in einer Abschwächung, wenn nicht der Auflösung von Hierarchieverhältnissen innerhalb des öffentlichen Sektors finden. Es spricht auch vieles dafür, daß sich binnenorientierte Verhandlungsprozesse im öffentlichen Sektor und außengerichtetes Verhalten von Staat und Verwaltung nur in ihrer wechselseitigen Bedingtheit adäquat erfassen lassen. Das Desideratum einer Zusammenführung der beiden Untersuchungsperspektiven zum verhandelnden Staat kann indes im folgenden nicht eingelöst werden. Vielmehr konzentriert sich die Analyse auf das Ausmaß, die Voraussetzungen, die Vor- und Nachteile sowie die Krisentauglichkeit verhandlungsorientierter Politik im Bundesstaat. Die dabei gewonnen Erkenntnisse sind zwar nicht unmittelbar auf öffentlich-private Verhandlungssysteme übertragbar; sie unterstreichen aber die Notwendigkeit einer differenzierten Analyse des Problemlösungspotentials verhandlungsbasierten Entscheidens.

Drei Begriffe stehen im Mittelpunkt der Untersuchung: Kooperation, Verflechtung und Verhandlung. Dabei sollen Kooperation und Verflechtung als Kürzel für sich in mehrfacher Hinsicht unterscheidende verhandlungsbasierte Entscheidungssysteme gelten. Von besonderer Bedeutung sind dabei folgende Aspekte der Differenzierung:

1. Eintrittsbedingungen: Ist der Beitritt zu einem Verhandlungssystem das Ergebnis einer auf Freiwilligkeit beruhenden Entscheidung oder resultiert er aus rechtlichem oder faktischem Zwang?

2. Austrittsbedingungen: Ist ein einseitiger Austritt aus dem Verhandlungssystem möglich, und wenn ja, unter welchen Bedingungen?

3. Entscheidungsregeln: Werden Entscheidungen einstimmig gefällt oder besteht die Möglichkeit der Majorisierung?

4. Entscheidungsverbindlichkeit: Ist die Umsetzung von Beschlüssen in das Ermessen der einzelnen Verhandlungspartner gestellt oder kann die Umsetzung erzwungen werden?

5. Ausschließlichkeit: Existieren alternative Entscheidungsmechanismen oder besitzt das Verhandlungssystem ein Entscheidungsmonopol für bestimmte Sachfragen?

Unter Rückgriff auf diese Definitionsmerkmale soll Kooperation dann für diejenigen verhandlungsbasierten Entscheidungssysteme stehen, die sich durch freiwilligen Beitritt, eine realistische Austrittsoption, konsensuale Entscheidungsregeln, geringe Sanktionsbewehrung bei Mißachtung von Beschlüssen und fehlendes Entscheidungsmonopol auszeichnen. Dagegen steht Verflechtung für Beitrittszwang, fehlende 'exit option', die Möglichkeit der Majorisierung, glaubhaftes Sanktionspotential und ausschließliche Entscheidungszuständigkeit. Offensichtlich stellen Kooperation und Verflechtung, so verstanden, nur sehr vereinfachte Varianten von verhandlungsbasierten Entscheidungssystemen dar. Wollte man deren für den deutschen Bundesstaat so typische 'Artenvielfalt' mit größerer Trennschärfe klassifizieren, müßten nicht nur weitere Dimensionen der Differenzierung mit einbezogen werden (z.B. die Anzahl der Verhandlungsteilnehmer und der vertretenen Ebenen), sondern es wären im Hinblick auf qualitative Merkmale auch feinere Unterscheidungen zu bestimmen. Kooperation und Verflechtung bezeichnen hier demnach lediglich zwei in mehrfacher Hinsicht deutlich voneinander abweichende Grundvarianten verhandlungsbasierter Entscheidungssysteme. Gleichwohl ist auch diese zugegebenermaßen grobe Unterteilung hilfreich, wenn es um die Bestimmung des Ausmaßes, der Funktionsvoraussetzungen, der Vor- und Nachteile und schließlich der Problemlösungsfähigkeit verhandelnder Politik geht.

Kooperation und Verflechtung ist gemeinsam, daß Verhandlungen eine zentrale Rolle im Entscheidungsprozeß zukommt. Damit ist allerdings über ihren Einfluß auf Politikergebnisse noch nichts ausgesagt. Es liegt aber nahe, daß unter den Vorzeichen der Freiwilligkeit, des Konsenses, der Unverbindlichkeit und relativ leicht zu aktivierender Ausweichmöglichkeiten geführte Verhandlungen zu Entscheidungsinhalten führen, die sich substantiell von jenen unterscheiden, die auf majoritäre und flächendeckende Entscheidungen angelegte Zwangsverhandlungssysteme hervorbringen. Verhandlungsbasierte Entscheidungssysteme folgen somit keiner universellen Logik, und sie sind nicht generell mit spezifischen Politikergebnissen in Verbindung zu setzen. Erst aus der näheren Beschreibung des Verhandlungs- und Entscheidungssystems und seiner Kontextualisierung läßt sich seine Problemlösungsfähigkeit erschließen.

2. Reichweite und Vielfalt verhandelnder Politik

Die unter Begriffen wie 'kooperativer Föderalismus' und 'vertikale Politikverflechtung' diskutierte Verschränkung zwischen unterschiedlichen Trägern exekutiv-administrativer Entscheidungskompetenz auf Bundes- und Landesebene gilt als eines der zentralen Merkmale des deutschen politischen Systems.[1] Institutionell findet diese Verschränkung ihren Ausdruck in einer fast unüberschaubaren Anzahl von Gremien und Einrichtungen, in denen Vertreter des Bundes und der Länder, bei unterschiedlicher Zusammensetzung und mit unterschiedlichen Rechten und Pflichten ausgestattet, 'Politik gemeinsam gestalten'. In Verfahrenskategorien beschrieben bedeutet dies, daß Abstimmung und Koordination, Aus- und Verhandeln, Konsens- und Kompromißsuche und multilaterale Entscheidungsfindung im exekutivischen Policy-Prozeß dominieren. Diese Struktur- und Verfahrenselemente werden häufig in direkte Beziehung zu Politikinhalten gestellt. Wo der rechtliche oder faktische Imperativ des Interessenausgleichs dominiert, erscheinen Policy-Innovationen, noch dazu solche, die gegen das Gebot der 'Fairness', sprich der adäquaten Berücksichtigung der Interessen aller am Entscheidungsprozeß Beteiligten, verstoßen, unwahrscheinlich. Insbesondere *Fritz W. Scharpfs* Untersuchungen zu vertikalen Verbundsystemen[2] legen einen solchen struktur- und prozeßbedingten Konservativismus nahe, wenn sich auch "ein invarianter Zusammenhang zwischen Institutionen und Outcomes nicht ableiten läßt".[3]

1 Vgl., statt vieler, *von Beyme* 1991: 327 ff.

2 Vgl. *Scharpf, Reissert* und *Schnabel* 1976.

3 *Scharpf* 1988b: 275.

Folgt man der einschlägigen Literatur, ergibt sich das Bild einer stetigen Ausweitung und Intensivierung verschränkter Politikerzeugung.[4] Standen lange Zeit vor allem die Bund-Länder Beziehungen im Mittelpunkt der Aufmerksamkeit, wird seit Ende der 70er Jahre zunehmend deren Einbindung in einen erweiterten intergouvernementalen Kontext betont. So wird auf die Notwendigkeit der Einbeziehung der kommunalen Ebene in Analysen föderalstaatlicher Entscheidungsprozesse hingewiesen[5], insbesondere wenn es darum geht, deren Flexibilität und Anpassungsfähigkeit an sich verändernde Rahmenbedingungen einzuschätzen.[6] Gleichzeitig betont eine rasch anwachsende Literatur die Verknüpfung zwischen dem deutschen bundesstaatlichen System und der Ebene der Europäischen Gemeinschaft bzw. der Europäischen Union. Unter dem Stichwort der "doppelten Politikverflechtung"[7] geht es hierbei vor allem um die Rolle der Bundesländer in integrationsbezogenen Entscheidungsprozessen und deren Rückwirkung auf das Gewicht der Länder im nationalen bundesstaatlichen System.[8]

Der Eindruck einer beständigen Ausweitung verhandelnder Politik verstärkt sich zusätzlich, wenn auch die Zwischen-Länder Zusammenarbeit Beachtung findet. Dabei geht es nicht nur um die bekannte "Kooperation auf der dritten Ebene"[9], bei der die Ländergesamtheit in verhandlungsbasierte Entscheidungssysteme eingebunden wird (man denke nur an den Bundesrat oder die Ständige Konferenz der Kultusminister); vielmehr scheinen bi- und trilaterale Formen des Zusammenwirkens, die bislang vor allem für die norddeutschen Länder untersucht wurden[10], von zunehmender Bedeutung für das Verständnis föderalstaatlicher Politik zu sein. Zieht man schließlich in Betracht, daß verhandelnde Politik sich anschickt, auch noch in die letzten bislang dem bundesstaatlichen Verhandlungsmodus weitgehend entzogenen Politikfelder vorzudringen - hier läßt sich inbesondere an die neuen Regeln zur innerstaatlichen Willensbildung in Angelegenheiten der Europäischen Union denken[11] - verdichtet sich der Eindruck einer Universalisierung verschränkter Politikbildung.

Für viele Beobachter des deutschen Föderalismus geht die Ausweitung von Verhandlungssystemen durch die Einbeziehung zusätzlicher Ebenen, das Aufkommen neuartiger Formen des Zusammenwirkens und das Vordringen in neue Aufgabenfelder mit einer

---

4 Vgl. z.B. *Laufer* 1992: 168 ff.

5 Vgl. *Hesse* 1977; *Fürst und Hesse* 1978; *Hesse* et al. 1983.

6 Vgl. *Hesse* 1987.

7 Vgl. *Hrbek* 1986.

8 Vgl., statt vieler, *Hrbek* und *Thaysen* 1986; *Magiera* und *Merten* 1988; *Fuhrmann-Mittlmeier* 1991 oder *Borkenhagen* 1992.

9 Vgl. z.B. *Scharpf* 1989, mit zahlreichen weiteren Nachweisen.

10 Vgl. *Scharpf* und *Benz* 1991; *Benz, Scharpf* und *Zintl* 1992; *Benz* 1993a.

11 Vgl. z.B. *Scholz* 1992; *Everling* 1993; *Goetz* 1995; *Pernice* 1993.

deutlichen Intensivierung von Aushandlungsprozessen einher. In der oben vorgeschlagenen Begrifflichkeit ließe sich dieser Prozeß als allmähliches Vordringen von Verflechtungssystemen beschreiben, die an die Stelle weniger formalisierter und institutionalisierter Kooperationsformen treten. Dabei ist allerdings eine wichtige Einschränkung zu beachten: während Zwangsverhandlungssysteme mit Entscheidungsmonopol auf Freiwilligkeit basierende Kooperationsverhältnisse abzulösen scheinen, wird immer wieder der Zwang zur konsensuellen Einigung, wie *Scharpf* ihn für den Fall der Entscheidungsfindung im Bereich der Gemeinschaftsaufgaben exemplarisch herausgearbeitet hat, unterstrichen. Die oft beklagten "Pathologien" verflochener Politik, insbesondere die Tendenz zu Handlungsblockaden, werden typischerweise gerade auf dieses Merkmal gemeinsamen Entscheidens zurückgeführt.

Das so gezeichnete Bild eines umfassenden föderativen Verflechtungssystems, das nicht nur alle Ebenen der Exekutive einbezieht, sondern darüber hinaus auch die überstaatlichen europäischen Institutionen einbindet, bedarf nun allerdings in mehrfacher Hinsicht deutlicher Korrekturen. Zunächst ist daran zu erinnern, daß auch im auf gemeinsame Kompetenzausübung angelegten deutschen Föderalismus durchaus substantielle Möglichkeiten zu lokal und regional konzipierter und weitgehend unabhängig durchgeführter Politik verbleiben. Zwar haben sich die gerade Anfang der 80er Jahre bisweilen geäußerten Hoffnungen auf eine "Reföderalisierung" im Sinne einer konsequenten Entflechtung von Ressourcen- und Entscheidungssystemen[12] nicht erfüllt; andererseits hat die während des vergangenen Jahrzehnts intensiv geführte Regionalisierungsdiskussion die Chancen einer sich zumindest teilweise außerhalb bundesstaatlicher Kooperations- und Verflechtungssysteme vollziehenden Politikgestaltung nachdrücklich vor Augen geführt.[13] Daß es in diesem Zuammenhang auf sektorale Unterscheidungen ankommt, bedarf kaum der näheren Erläuterung.

Ein vielleicht gewichtigerer Einwand gegen das vorherrschende Bild verflochtener Politik liegt in der Tatsache begründet, daß längst nicht alle Formen des bundesstaatlichen Zusammenwirkens dem oben skizzierten Verflechtungsmodell entprechen. Selbst wenn man vom Merkmal der möglichen Majorisierung absieht, bildet Verflechtung eher die Ausnahme als die Regel. Tatsächlich spielt sich das horizontale und vertikale Zusammenwirken oft selbst noch unterhalb der Schwelle der Kooperation ab. Durch Erfahrungsaustausch, Abstimmung und Koordination werden zwar die Aktivitäten anderer Handlungs- und Entscheidungseinheiten zur Kenntnis genommen und fließen in die eigene Entscheidungsfindung ein; sie mögen oft sogar zur Richtschnur des eigenen Handelns erhoben werden. Entscheidungskompetenzen werden aber nicht gemeinsam ausgeübt. Soweit dies geschieht, wird in der Regel sowohl in vertikalen als auch in hori-

---

12 Vgl. z.B. *Schneider* 1981; *Klatt* 1982; *Thaysen* 1985.

13 Vgl. hierzu aus der englischsprachigen Literatur z.B. *Allen* 1989 oder *Anderson* 1992.

zontalen Formen des Zusammenwirkens Kooperationsbeziehungen der Vorzug gegenüber Verflechtungssystemen gegeben. Die mit dieser spezifischen Variante verhandlungsbasierter Entscheidungssysteme verbundenen Vor- und Nachteile (siehe unten) können daher auch nicht als typisch für föderative Politikbildung angesehen werden.

Schließlich ist bei der Bestimmung des Ausmaßes und der Reichweite verhandelnder Politik in Rechnung zu stellen, daß sich selbst in Politikfeldern, in denen hochverflochtene Entscheidungsfindung vorherrscht, häufig Möglichkeiten zur ihrer vergleichsweise unproblematischen Umgehung finden. Am Beispiel der Forschungsförderungspolitik läßt sich dies eindrücklich belegen.[14] So gelten die gemeinsame Hochschulbauförderung nach Artikel 91a GG und die gemeinsame institutionelle Forschungsförderung nach Artikel 91b GG gemeinhin als typische Fälle verflochtener Politik im Sinne der *Scharpf*schen Politikverflechtungsanalyse[15]; im Rahmen von Einrichtungen wie dem Planungsausschuß für die Hochschulbauförderung und der Bund-Länder-Kommission für Bildungsplanung und Forschungsförderung (BLK) ist das Zusammenwirken von Bund und Ländern in besonderer Weise institutionalisiert. Dieser Planungs-, Entscheidungs- und Finanzierungsverbund schließt aber einseitiges Tätigwerden des Bundes oder einzelner Länder dann nicht aus, wenn es gelingt, geplante Förderprojekte so umzuformulieren, daß sie nicht unter die Regeln gemeinschaftlicher Entscheidungsfindung fallen. Die Praxis liefert für ein solches Vorgehen reichliches Anschauungsmaterial.[16]

Im Ergebnis ist bundesstaatliche Politik also weniger intensiv und extensiv verflochten, als es bisweilen scheinen mag. Eine differenzierende Betrachtung föderativer Koordination, Kooperation und Verflechtung unterstreicht den geringen Spielraum für generalisierende Aussagen im Hinblick auf die Verfaßtheit bundesstaatlicher Verhandlungssysteme. Aus diesem Befund ergeben sich für die weitere Untersuchung wichtige Konsequenzen. So hängen nicht nur die Voraussetzungen für die Einrichtung und erfolgreiche Perpetuierung verhandlungsbasierter Entscheidungssysteme entscheidend von der Frage ab, ob die Form bundesstaatlichen Zusammenwirkens eher dem Kooperations- oder dem Verflechtungsmodus entpricht; mindestens ebenso wichtig ist eine solchermaßen differenzierende Betrachtung föderalstaatlicher Praxis, wenn es um die Einschätzung von Vor- und Nachteilen verhandelnder Politik und ihrer Fähigkeit zur Bewältigung politischer Krisen geht.

---

14 Vgl. *Goetz* 1992b.

15 Vgl. *Scharpf, Reissert* und *Schnabel* 1976; *Bentele* 1979.

16 Vgl. *Goetz* 1992b: 191 ff.

3. Kooperation und Verflechtung als voraussetzungsreiche Formen politischer Problemverarbeitung

Gegenüber ausgeprägt zentralisierter oder dezentralisierter politischer Entscheidungsfindung, bei der separate Handlungseinheiten ihre Kompetenzen weitgehend unabhängig voneinander ausüben, stellen kooperativ-verflochtene Entscheidungssysteme besonders voraussetzungsreiche Formen politischer Organisation dar. Dabei lassen sich mehrere Ebenen der Betrachtung unterscheiden. So ist zunächst ganz allgemein an die Voraussetzungen föderalisierter Staatlichkeit und die ihr Zustandekommen und ihren Bestand bedingenden Faktoren zu denken. Aus einer Reihe von Gründen kommt dieser Frage seit einigen Jahren wachsende Aufmerksamkeit zu.[17] Der für viele Beobachter unerwartete Zerfall zumindest formal föderal verfaßter Staaten in Mittel- und Osteuropa (UdSSR, Tschechoslowakei, Jugoslawien) und Auflösungserscheinungen in der belgischen und kanadischen Föderation rücken die Überlebensbedingungen föderativer Strukturen ins Blickfeld der Föderalismusforschung. Gleichzeitig stellt sich im Zusammenhang der Diskussion um die Fortentwicklung der Europäischen Union die Frage, ob sich in absehbarer Zeit die Voraussetzungen herstellen lassen, die die Schaffung einer stabilen föderalen europäischen Ordnung erlauben. Über länderspezifische Aussagen ist die einschlägige Literatur allerdings bislang noch kaum hinausgekommen. Zwar fehlt es in Analysen föderaler Entwicklungsdynamik nicht an Verweisen auf politische, kulturelle, soziale und ökonomische Gegebenheiten; komparative Untersuchungen hierzu fehlen aber. Dennoch weisen die geringe Zahl lebensfähiger Föderationen und die Fragilität föderal verfaßter Strukturen auf die besonderen Bedingungen dieser Form politischer Organisation hin.

Ohne ein Mindestmaß intergouvernementalen Zusammenwirkens lassen sich föderalstaatliche Systeme nicht denken. Kooperation und Verflechtung stellen aber, wie oben erläutert, besondere Formen der horizontalen und vertikalen Verknüpfung dar. Die Wahrscheinlichkeit ihres Zustandekommens und längerfristigen Überlebens hängt entscheidend von ihrer jeweils spezifischen Ausformung ab. Grundsätzlich läßt sich aber ein eindeutiger Zusammenhang zwischen den Voraussetzungen des Entstehens von Kooperations- und Verflechtungsbeziehungen und ihrer Stabilität konstruieren. So ist im Falle von Kooperationsverhältnissen die Eintrittsschwelle niedrig, was ihr Zustandekommen begünstigt; ebenso gering sind jedoch die Kosten des Austritts, woraus sich die Instabilitiät kooperativer Beziehungen erklärt. Der Nutzen der Kooperation für alle Beteiligten muß daher stets aufs neue demonstriert werden. Demgegenüber kommt Verflechtung kaum spontan zustande, da sie den Entscheidungs- und Handlungsspielraum der Teilnehmer ganz erheblich einschränkt. Ist sie jedoch einmal institutionalisiert, ten-

---

17 Vgl. z.B. *Hesse* und *Renzsch* 1991a; *Goetz* 1992a; *Kramer* 1993.

diert Verflechtung, wegen der oft unüberwindlichen Austrittsschwelle, zur Verstetigung.

Wichtig ist nun, daß die Schaffung der Voraussetzungen für verhandlungsbasierte Entscheidungssysteme nicht ins Belieben potentieller Kooperations -und Verflechtungsteilnehmer gestellt ist. Dies gilt zunächst im Hinblick auf rechtliche Voraussetzungen, und zwar insbesondere verfassungs- und europarechtliche Regelungen, die Kooperation und Verflechtung auch dann verhindern können, wenn sie von allen potentiellen Teilnehmern gewollt sind. Für die Praxis dürfte aber die Notwendigkeit der Rückkoppelung dieser Akteure mit nicht direkt an der geplanten Kooperation oder Verflechtung Beteiligten von besonderer Bedeutung sein.[18] So kann zum Beispiel eine verflechtungswillige Landesregierung auf den Widerstand der sie stützenden Landtagsmehrheit treffen, die sich im Falle gemeinschaftlichen exekutiv-administrativen Entscheidens um ihre Einflußmöglichkeiten gebracht sieht.

Bei der Begründung von Kooperationen und Verflechtungsverhältnissen spielen Nutzenerwägungen in aller Regel eine gewichtige, wenn nicht die entscheidende Rolle. Der in Aussicht gestellte Kooperations- und Verflechtungsgewinn wird ins Feld geführt, wenn es gilt, Bedenken und Widerstände gegen die Aufgabe unabhängig ausgeübter Entscheidungskompetenzen zu überwinden. Über die tatsächlichen relativen Vor- und Nachteile dieser Form der Entscheidungsbildung, deren Inzidenz sowie die hier besonders interessierende Problemlösungsfähigkeit in Krisensituationen sagt dies allerdings noch nichts. Mit anderen Worten: auch wenn sich die Voraussetzungen für Kooperation und Verflechtung schaffen lassen, ist deren Erfolg noch keineswegs garantiert.

4. Vor- und Nachteile kooperativ-verflochtener Politik

In Abwandlung eines bisweilen auf die Psychoanalyse zielenden Bonmots könnte man für Kooperation und mehr noch für Verflechtung feststellen: sie sind das Problem, für dessen Lösung sie sich ausgeben. Eine solche Kennzeichnung bedarf natürlich der Qualifizierung; trotzdem steckt in ihr ein Kern von Wahrheit insofern, als diese Spielarten verhandlungsbasierter Entscheidungssysteme zur Selbstproblematisierung tendieren. Damit ist gemeint, daß die Regeln, nach denen sich Verhandlungen abspielen und Entscheidungen gefällt werden, selbst häufig zum Gegenstand von Auseinandersetzungen werden, die Sachprobleme zumindest zeitweise in den Hintergrund drängen oder ihre Thematisierung gänzlich unmöglich machen. Hinzu kommt, wie bereits oben angedeutet, daß hohe Austrittsschwellen die Rückentwicklung von Verflechtungssystemen in weniger anspruchsvolle Formen intergouvernementalen Zusammenwirkens unwahr-

---

18 Vgl. insbesondere *Benz* 1992a. Aufschlußreiche empirische Belege aus neuerer Zeit finden sich bei *Scharpf* und *Benz* 1991 und *Benz* 1992b.

scheinlich machen. Aus diesem Grund tendieren sie zur Perpetuierung, auch wenn die ursprünglichen, sachlichen Beweggründe für die Etablierung verflochtener Strukturen und Prozesse schon lange obsolet geworden sein mögen.

Den wichtigsten Ausgangspunkt für eine über solche noch recht allgemeine Aussagen hinauszielende Beurteilung kooperativ-verflochtenen Entscheidens stellen sicher die "Politikverflechtungsanalysen" von *Fritz W. Scharpf* und seinen Mitarbeitern aus den 70er Jahren dar.[19] Die *Scharpf*sche Definition von Politikverflechtung, von der die hier vorgeschlagene in einigen Punkten abweicht, und seine Beschreibung der ihr zugrundeliegenden Entscheidungsdynamik haben so breiten Eingang in die deutsche Föderalismusliteratur gefunden, daß sie hier nicht wiederholt zu werden brauchen. Erinnert sei hier lediglich an zwei im gegenwärtigen Zusammenhang besonders hervorzuhebende Charakteristika vertikaler Verbundsysteme: ihre "inhärente Tendenz zur Selbstblockierung"[20] und die "pathologies of public policy associated with joint decisions".[21] Zu letzteren zählen Konfliktvertagung, Gleichbehandlung, Besitzstandswahrung und Eingriffsverzicht.

Grundsätzliche Kritik an der Beschreibung der "Politikverflechtungsfalle" und ihrer Konsequenzen blieb selten.[22] Obwohl sich die Aussagen Scharpfs und seiner Koautoren auf eine sehr spezifische Form bundesstaatlichen Zusammenwirkens - die grundgesetzlich definierten Gemeinschaftsaufgaben - bezogen, sind die Ergebnisse ihrer Analyse in der Folgezeit oft umstandslos auf nach anderen Regeln ablaufende intergouvernementale Verhandlungs- und Entscheidungsprozesse übertragen worden. Mangelnde Innovationsfähigkeit sowie Problemverdrängung und -vertagung sind so häufig zu allgemeingültigen Merkmalen des mit sich selbst verhandelnden Staates erhoben worden.

Auch wenn man der *Scharpf*schen Analyse im Grundsatz zustimmt, ist doch auf ihre begrenzte Reichweite hinzuweisen, da das Verhandlungs- und Entscheidungssystem im Bereich der Gemeinschaftsaufgaben in mehrfacher Hinsicht eben nicht typisch für das intergouvernementale Zusammenwirken ist (worauf ja die Notwendigkeit einer ausdrücklichen grundgesetzlichen Normierung schon hinweist). Rechtlicher Zwang zum Eintritt in das Verhandlungs- und Entscheidungssystem, die Unmöglichkeit eines einseitig erklärten Austritts, der hohe Grad der Verbindlichkeit von gemeinsamen Beschlüssen sowie auf Einstimmigkeit angelegte Entscheidungsregeln verursachen spezifische Kosten, die im Falle von Kooperationsbeziehungen und bei auf Mehrheitsentscheidungen basierenden Verflechtungssystemen so nicht anfallen.

---

19 *Scharpf, Reissert* und *Schnabel* 1976.

20 *Scharpf* 1985: 348.

21 *Scharpf* 1988a: 265.

22 Vgl. *Schmid* 1987.

Unternimmt man nun den Versuch einer Kategorisierung von Vor- und Nachteilen verhandelnder Politik im Bundesstaat bietet sich in erster Linie der Rückgriff auf wohlfahrts- und demokratietheoretische Überlegungen an. Das aus der ökonomischen Theorie entwickelte Konzept der Allokationseffizienz verweist dabei auf eine primär Output-orientierte gesamtgesellschaftlich oder gruppenspezifisch definierte Nutzenkategorie, mit deren Hilfe sich unterschiedliche institutionelle Arrangements der Entscheidungsfindung im Hinblick auf ihre Politikergebnisse vergleichen lassen.[23] Demgegenüber sind aus der Theorie liberal-demokratischer Systeme gewonnene Maßstäbe eher Input-orientiert. Dabei geht es insbesondere um die Frage, inwieweit bundesstaatliche Kooperation und Verflechtung mit dem Postulat repräsentativ-parlamentarischer Partizipation und Kontrolle in Einklang stehen.[24]

Nun ist es durchaus denkbar, für beide Beurteilungsmaßstäbe Skalen zu konstruieren, auf denen sich spezifische Formen der Kooperation und Verflechtung verorten ließen; damit wäre es möglich, erste vergleichende Aussagen über ihre relative Fähigkeit zur Nutzenmaximierung und ihre Vereinbarkeit mit den normativen Grundsätzen liberal-demokratischer Verfassung zu treffen. Für die Beurteilung der Staatspraxis wirft ein solches Vorgehen aber eine Reihe von Problemen auf. Allokationstheoretische und demokratietheoretische Maßstäbe stehen in einem Verhältnis der Inkommensurabilität, das sich nur normativ auflösen läßt. Dieses Problem verschärft sich noch, wenn neben wohlfahrts- und demokratietheoretischen Kriterien weitere, für die praktische Politik eminent wichtige Beurteilungsmaßstäbe herangezogen werden. So mag Verflechtung allokationseffizient sein und Forderungen nach parlamentarischer Legitimierung entsprechen. Was aber, wenn die politische Situation zum Beispiel nach einer vor allem besonders schnellen oder umstandslos zu vollziehenden Entscheidung verlangt?

Vor- und Nachteile kooperativ-verflochtener Politik lassen sich somit nur im Hinblick auf die an sie gestellten materiellen und verfahrensmäßigen Erwartungen bestimmen. Daß diese entscheidend von der jeweiligen politischen Problemdefinition und Problemdeutung und teils vorgegebenen, teils situationsspezifischen Handlungspräferenzen abhängen, läßt sich deutlich am Beispiel der hier im Mittelpunkt stehenden Fähigkeit von verhandlungsbasierter Kooperation und Verflechtung zur Krisenbewältigung zeigen. Dabei ist zunächst zu fragen, wie denn die zu bewältigende Krise definiert ist. Anders ausgedrückt: Mit welcher Problemstruktur sehen sich Kooperation und Verflechtung konfrontiert? Zwar lassen sich bestimmten Problemlagen keine idealen Formen und Instrumente staatlichen Handelns zuordnen[25]; wohl aber ist es möglich, Umstände zu be-

---

23 Vgl. *Scharpf* 1992: 15 ff.

24 Vgl. *Scharpf* 1993. Die Literatur zur Rolle der Parlamente in kooperativ-verflochtenen Entscheidungssystemen ist umfangreich. Siehe, statt vieler, *Klatt* 1989, mit weiteren Nachweisen.

25 Vgl. z.B. *König* und *Dose* 1993.

nennen, unter denen Kooperation und Verflechtung im Vergleich mit anderen Entscheidungs- und Handlungssystemen mehr oder weniger zur Problemlösung geeignet erscheinen. In der Regel ist hier vor allem an sektoral begrenzte Policy-Probleme zu denken. Weiter gefaßten Systemkrisen jedoch, die ihren Grund in der mangelnden Legitimation oder unzureichenden Leistungsfähigkeit von Grundbausteinen des politischen Systems haben, ist mit dem Auswechseln einzelner Bestandteile des Formen- und Instrumentenkastens staatlichen Handelns zumindest kurzfristig kaum zu begegnen. Hinzu kommt, daß sich politische Krisen ja gerade durch eine schwer auflösbare Vermengung disparater Unzulänglichkeiten und Probleme auszeichnen, die eine weitgehend sektoral operierende Politik vor besondere Koordinationsprobleme stellt.

Einer generalisierenden Einschätzung von Vor- und Nachteilen kooperativ-verflochtener Politik und deren Leistungsfähigkeit sind also enge Grenzen gesetzt. Wohlfahrtstheoretische und demokratietheoretische Kriterien bilden zwar den Ausgangspunkt einer Kosten-Nutzen Analyse; ihr relatives Gewicht ist aber nur normativ zu entscheiden, und sie decken auch im politischen Kalkül bedeutsame Überlegungen nur zum Teil ab. Vor- und Nachteile von Kooperation und Verflechtung erschließen sich dementsprechend nur aus den an sie herangetragenen Erwartungen und auf der Grundlage der weitgehend politisch definierten Problemstruktur. Dies gilt insbesondere, wenn dabei weniger die Fähigkeit zur Lösung politischer Routineprobleme, sondern vor allem ihre Kapazität zur Krisenbewältigung interessiert. Der Grund hierfür ist einmal in dem Umstand zu suchen, daß politischen Krisen eine besonders komplexe Problemstruktur eigen ist, bei der Polity, Politics und Policy-Aspekte oft unauflösbar miteinander verknüpft sind; sektoralisierte staatliche Problemverarbeitung steht solchen Krisenphänomenen oft hilflos gegenüber. Der komplexen Problemlage entsprechen häufig ebenso diffuse Erwartungen an die staatliche Problemlösungsfähigkeit. Die sich daraus ergebenden Schwierigkeiten einer realistischen Einschätzung der Krisentauglichkeit verhandlungsbasierter Kooperation und Verflechtung sollen im folgenden am Beispiel der Vereinigungskrise näher beleuchtet werden.

5. Kooperation und Verflechtung im Test: Vereinigung und Krisenbewältigung

Neben dem europäischen Integrationsprozeß gilt die Vereinigung der beiden deutschen Staaten als die zentrale Herausforderung an die Leistungs- und Anpassungsfähigkeit des föderalen Systems in den 90er Jahren.[26] So besteht unter Beobachtern des deutschen Föderalismus weitgehend Einigkeit darüber, daß die Vereinigung das deutsche politische System insgesamt, und gerade auch die föderalstaatlichen Strukturen und Prozesse,

26 Aus der Vielzahl der Literatur zu den Konsequenzen der Vereinigung für den bundesdeutschen Föderalismus vgl. nur *Hesse* und *Renzsch* 1991a; *Donner* und *Derlit* 1992; *Klatt* 1992; *Laufer* und *Münch* 1992; *Benz* 1993b; *Hesse* 1993; *Schultze* 1993, alle mit weiteren Verweisen.

vor quantitiv wie qualitativ neuartige Probleme stellt, die ihre Leistungsfähigkeit bis an die Grenzen fordern.[27] Vor dem Hintergrund dieser Problembeschreibung gilt es gemeinhin als ausgemacht, daß der deutsche Bundesstaat seine Bewährungsprobe nur dann bestehen kann, wenn es gelingt, das föderale System umfassend auf die neuen Problemkonstellationen einzustellen. Anpassungsfähigkeit, sei es im Wege struktureller Reformen oder eher prozeßorientierter und gradueller Anpassung, ist daher die notwendige Voraussetzung bundesstaatlicher Leistungsfähigkeit.

Bezüglich der Problemdiagnose besteht unter Beobachtern des deutschen Föderalismus weitgehend Einigkeit. Aus der Vereinigung ergeben sich neue Spannungslinien, die die Kohäsionskapazität des bundesstaatlichen Systems zu überfordern drohen. Der hohe Grad an wirtschaftlicher, politischer und sozial-kultureller Homogenität, die weitgehende 'Einheitlichkeit der Lebensverhältnisse', welche die Bundesrepublik vor der Vereinigung auszeichneten, wird von neuen Disparitäten grundsätzlich in Frage gestellt: "Die deutsche Einheit hat das organisatorische Gefüge des kooperativen Föderalismus grundlegend erschüttert. Es ist kaum übertrieben, wenn von einer Krise des Bundesstaats geprochen wird."[28] Obgleich die ökonomische Entwicklung in den neuen Bundesländern durchaus unterschiedlich verläuft, werden sie doch auf absehbare Zeit im Niveau ihrer wirtschaftlichen Entwicklung beträchtlich hinter der Gesamtheit der westlichen Länder zurückbleiben. Die politische Einheit wurde zwar mit dem Inkrafttreten des Einigungsvertrages formal hergestellt; aber wenn es auch falsch wäre, von zwei politischen Systemen innerhalb eines Staates zu sprechen, lassen sich doch deutliche Unterschiede in der politischen Kultur zwischen West und Ost feststellen, die durch westlichen Institutionenexport, zum Beispiel des Parteiensystems, wohl abgemildert, aber nicht gänzlich aufgehoben werden.

Die Fähigkeit des föderalen Systems, dieser Probleme Herr zu werden, wird häufig skeptisch eingeschätzt. So wird argumentiert, die finanzielle Ausstattung der neuen Bundesländer sei angesichts des gewaltigen Problemstaus ungenügend, auch wenn der Solidarpakt hier zu Verbesserungen geführt haben mag. Unfähig, die ihnen im System föderaler Arbeitsteilung zugedachte Rolle voll auszufüllen, finden sich die neuen Bundesländer in Abhängigkeit von permanenten Ressourcenzuweisungen von seiten des Bundes. Die föderale Machtbalance im intergouvernementalen System wird so nachhaltig gestört. Gleichzeitig erschweren etablierte Routinen bundesstaatlicher Willensbildung, die auf die Probleme der alten Bundesrepublik zugeschnitten wurden und von westdeutschen Interessen dominiert sind, eine Anpassung auf neue Gegebenheiten und Notwendigkeiten.

---

27 Vgl., statt vieler, *Hesse* und *Ellwein* 1992: 90 ff.

28 *Benz* 1993a: 9.

Während der Untergang der DDR das föderale System vor neue Herausforderungen gestellt hat, greifen die in der akademischen und politischen Debatte vorgetragenen Vorschläge, wie der föderalen Krise beizukommen wäre, in ihren Grundzügen ganz überwiegend auf altbekannte, lange vor der Vereinigung entwickelte Reform- und Modernisierungsstrategien zurück. Die wichtigsten seien hier nur in Stichworten benannt: Länderneugliederung, Neuabgrenzung der Kompetenzen von Bund und Ländern mit dem Ziel der Entflechtung und der Aufgabenverlagerung auf die Gliedstaaten sowie damit einhergehend eine umfassende Neuordnung des bundesstaatlichen Finanzausgleichs. Geändert haben sich also die Probleme des deutschen Föderalismus, nicht die Rezepte zu ihrer Lösung.

Folgt man dieser Beschreibung der Herausforderungen an den deutschen Bundesstaat und seinen Problemlösungskapazitäten, wird die Innovationsfähigkeit des Föderalismus zur entscheidenden Voraussetzung seiner Krisenfestigkeit. Gerade an der Fähigkeit, Inhalte, Strukturen und Verfahren föderalstaatlicher Politik effektiv auf die Vereinigungskrise anzupassen, werden aber oft erhebliche Zweifel geäußert. So sprechen Beobachter von einer "non-reform" des bundesstaatlichen Systems nach der Vereinigung und kommen daher zum Schluß: "Future years may well show that unification has irretrievably hastened a decline in the substance of German federalism".[29] In Anbetracht der vereinigungsbedingten Herausforderungen gelten "inkrementalistische Anpassungsreformen" als nicht mehr ausreichend[30]; es sind aber "bestenfalls Anpassungsreformen auf eingefahrenen Gleisen"[31], zu denen die deutsche Politik in der Lage scheint.

Um die Fähigkeit verhandlungsbasierter Kooperation und Verflechtung zur effektiven Krisenbewältigung scheint es somit schlecht bestellt. Es fragt sich allerdings, ob eine solche generalisierende Einschätzung der komplexen föderalen Praxis wirklich gerecht wird. Will man ein differenziertes Bild von Kooperation und Verflechtung im Test der Vereinigung gewinnen, ist es notwendig, zum einen die mit dem Kürzel Vereinigungskrise beschriebene Problemstruktur näher zu beleuchten, sowie zum anderen zwischen unterschiedlichen Varianten verhandlungsbasierter Politik zu unterscheiden.

Im Mittelpunkt der Diskussion um vereinigungsbedingte Anpassungsnotwendigkeiten im föderalstaatlichen Gefüge stehen Umverteilungsprobleme. Dies folgt aus der vorherrschenden Problemsicht, die vor allem auf die ökonomisch-sozialen Disparitäten zwischen alten und neuen Ländern verweist und im Bild des West-Ost-Gefälles ihren sinnfälligen Ausdruck findet. Massiver Finanzbedarf der neuen Länder bei im Vergleich zum Westen unterentwickelter Finanzaustattung aus Eigenmitteln macht eine Umverteilung von West nach Ost unumgänglich. Es kann nun nicht überraschen, daß ver-

29 *Jeffery* 1993: 42.

30 *Schultze* 1993: 241.

31 *Schultze* 1993: 251.

handlungsbasierte Politik sich mit einer solchen Problemstellung schwertut, insbesondere dann, wenn die Entscheidungsregeln Einstimmigkeit unter den Beteiligten, also sowohl den potentiell Begünstigten wie den Benachteiligten, vorsehen. Wie die Verhandlungen um die Neuregelung des bundesstaatlichen Finanzausgleiches und den Solidarpakt allerdings gezeigt haben, besitzt auch ein solches Entscheidungssystem durchaus die Fähigkeit zu Beschlüssen mit weitreichender Umverteilungswirkung.[32] Zwar war dies nur möglich, weil ein Verhandlungspartner, nämlich der Bund, massive finanzielle Zugeständnisse zu machen gewillt war; die Bereitschaft, finanziell definierte Interessen dem Streben nach politisch vorzeigbaren Erfolgen unterzuordnen, ist aber für intergouvernementales Handeln weniger untypisch, als sich vermuten ließe, zumal, wenn über Koppelgeschäfte und Paketlösungen nichtmonetäre Ausgleichsleistungen ins Spiel gebracht werden können.

Die Neuausrichtung von Ressourcenströmen stellt aber natürlich nur eine, wenn auch zentrale, Herausforderung an vereinigungsbezogene Politik dar. Mindestens ebenso wichtig ist jedoch die effektive Eingliederung der neuen Länder in die politischen Strukturen und Prozesse des Gesamtstaates und die Vermeidung des Entstehens neuer politisch virulenter Cleavages. Gerade im Hinblick auf die politisch-soziale Integration jedoch sind dem föderalen System durchaus beachtliche Leistungen zu bescheinigen. Dies gilt zunächst für die Integration der neuen Länder in das komplexe intergouvernementale Institutionensystem. Hier wurde nicht nur die formale Eingliederung sehr schnell vollendet; es gibt auch wenig Anzeichen dafür, daß die neuen Länder im Institutionengeflecht des kooperativen Föderalismus als Akteure zweiter Klasse behandelt würden. Solche integrativen Tendenzen werden durch ein föderalisiertes Parteiensystem noch befördert. Die Ausdehnung des dezentralisierten westdeutschen Parteiensystems auf die neuen Länder[33] hat dabei die Voraussetzungen dafür geschaffen, daß die politisch so bedeutsame Abstimmung zwischen Länderexekutiven gleicher politischer Couleur umstandslos auf die neuen Bundesländer ausgedehnt werden konnte.

Verläßt man die Ebene der makroinstitutionellen Betrachtung und wendet sich inhaltlichen Policy-Aspekten zu, wird man auf absehbare Zeit sicherlich von einem territorial differenzierten Policy-Regime auszugehen haben. Anders ausgedrückt: trotz einer weitgehenden Angleichung der rechtlich-institutionellen Rahmenbedingungen staatlichen Handelns zwischen West und Ost unterscheiden sich die Inhalte öffentlicher Aktivitäten in den neuen Bundesländern ganz erheblich vom westlichen Policy-Profil. Man wird aus dieser Tatsache allein aber schwerlich einen integrationsfeindlichen Dualismus ab-

---

32 Vgl. hierzu den Beitrag von *Wolfgang Renzsch* in diesem Band.

33 Aus der Fülle der Literatur zur Entwicklung des deutschen Parteiensystems seit der Vereinigung sei hier nur auf die neueren englischsprachigen Veröffentlichungen von *Dalton* 1993 und *Padgett* 1993 verwiesen.

leiten können; vielmehr ist zu fragen, inwieweit territorial differenzierte Politik zum Abbau von Entwicklungsrückständen beiträgt oder aber diese perpetuiert, wenn nicht gar verstärkt. Zumindest für letzteres finden sich keine Belege.

Hinter der Vereinigungskrise verbergen sich also für das föderale System heterogene Problemkonstellationen und Entscheidungssituationen, die sich nicht ausschließlich auf Umverteilungsprobleme reduzieren lassen. Offen ist nun, ob kooperativ-verflochtene Politik die Lösung vereinigungsbezogener Probleme befördert oder eher behindert. Konkreter: stellen die bislang erzielten Umverteilungs- und Integrationserfolge das Resultat von Kooperation und Verflechtung dar, oder wurden sie gleichsam trotz widriger Umstände erzielt?

Blickt man zunächst auf eher kooperativ angelegte Formen verhandlungsbasierten gemeinsamen Handelns, wird man eine positive Bilanz ziehen dürfen. Beispiele finden sich hier in großer Zahl. Erinnert sei nur an die Rolle der Partnerländer beim Aufbau der neuen Bundesländer, die weit über Hilfe bei der Institutionenentwicklung hinausgeht, die vom Bund in großem Umfang geleistete Verwaltungshilfe oder auch das Zusammenwirken west- und ostdeutscher Kommunen.[34] Gerade weil freiwillige intergouvernementale Kooperation in der alten Bundesrepublik weit verbreitet war, konnte diese Variante verhandlungsbasierten Zusammenwirkens für die Lösung von Vereinigungsproblemen umstandslos aktiviert werden. Daß die vielfältigen integrationsfördernden Kooperationsbeziehungen sich kaum zu einem planvollen Gesamtbild fügen wollen, muß ihre Wirksamkeit nicht beeinträchtigen. Sie sind bedeutender Bestandteil jener "ad-hoc-cracy", die gerade während der ersten Phasen der "improvisierten Vereinigung" (*Lehmbruch*) von herausragender Bedeutung war.

Ein ebenso rascher Rückgriff auf Formen des intergouvernementalen Zusammenwirkens, die sich dem Typus der Verflechtung annähern, ist nicht möglich. Vielmehr müssen die Beteiligten in der Regel erst vom rechtlichen oder faktischen Zwang zum Zusammenwirken überzeugt werden, damit Verflechtung zustande kommt. Neue Zwangsverhandlungsysteme ohne glaubhafte Austrittsoption wurden denn auch im Zuge der Vereinigung nur in Ausnahmefällen etabliert. Sofern die neuen Länder in Zwangsverhandlungssysteme eingebunden sind, bestanden diese meist bereits vor der Vereinigung und wurden lediglich auf die neuen Bundesländer ausgeweitet. Die Gemeinschaftsaufgaben können hier als Beispiel gelten.

Der Beitrag verflochtener Politik zur vereinigungsbezogenen Krisenbewältigung ist ohne breitere empirische Untersuchungen kaum im einzelnen einzuschätzen. Sofern Krise mit der Notwendigkeit zur Umverteilung und zu raschen Entscheidungen gleichgesetzt wird, sind Verflechtungssysteme sicherlich anfällig für Kritik. Die Beurteilung

---

34 Vgl. *Goetz* 1993.

wird allerdings anders ausfallen, wenn auf die Vorteile von Entscheidungsverbindlichkeit oder erschwerter Reversibilität verwiesen wird.

6. Kooperation und Verflechtung ohne Alternative?

Reale und vermeintliche Nachteile kooperativ-verflochtener Politik haben immer wieder Anlaß zu weitreichenden Forderungen nach Dezentralisierung und Entflechtung gegeben. Die Stärkung des eigenverantwortlichen Handlungsspielraumes der Länder und das Zurückdrängen von Planungs-, Finanzierungs- und Entscheidungsverbünden stehen dabei zumeist im Mittelpunkt ambitiöser "Reföderalisierungsstrategien". Den Kosten von Kooperation und Verflechtung werden üblicherweise die Vorteile dezentralisierter Staatlichkeit und wechselseitiger Entscheidungsautonomie gegenübergestellt; die umgekehrte Rechnung wird nur selten aufgemacht.

An passionierter Kritik herrscht also kein Mangel.[35] Angesichts der föderalstaatlichen Praxis gleicht sie allerdings dem Kampf gegen Windmühlen, denn weitgehende Struktur- und Prozeßreformen des föderalstaatlichen Systems, die auf eine umfassende Entflechtung hinausliefen, sind noch nicht einmal im Ansatz zu erkennen. Die im Rahmen der Ratifizierung des Maastrichter Vertrages verabschiedeten Grundgesetzänderungen, insbesondere der neue Artikel 23 GG, unterwerfen die Europapolitik tendenziell gerade jenem bundesstaatlichen Verhandlungszwang, der für die Innenpolitik häufig so heftig kritisiert wird; und auch bei wohlwollender Betrachtung wird man die von der Gemeinsamen Verfassungskommission im 2. Kapitel ("Bund und Länder") ihres Berichtes[36] formulierten Empfehlungen schwerlich als Signal zum energischen Zurückdrängen des kooperativen Föderalismus werten können.

Eine Föderalismusforschung, der es um Einfluß auf die Staatspraxis zu tun ist, wird daher vor allem der Frage nachzugehen haben, wie sich die Nutzen von Kooperation und Verflechtung maximieren und ihre Kosten minimieren lassen. Es geht also um die Leistungs- und Effizienzsteigerung von verhandlungsbasierten Entscheidungssystemen bei sehr begrenztem Spielraum für umfassendere Struktur- und Prozeßveränderungen. Wie oben ausgeführt, kann dabei die politikwissenschaftlich orientierte Forschung zwar auf wohlfahrts- und demokratietheoretisch abgeleitete Kriterien zurückgreifen; sie erfassen das Spektrum möglicher Beurteilungsmaßstäbe aber nur teilweise und lassen sich auch nur normativ gewichten. Werden solche normativen Vorgaben aber expliziert, ist es durchaus möglich, Kosten-Nutzen-Analysen anzustellen. Der Definition und Deutung der jeweiligen Problemstruktur kommt dabei eine entscheidende Rolle zu.

---

35 Vgl. aus jüngerer Zeit nur *Abromeit* 1992 und *Schultze* 1993.

36 Gemeinsame Verfassungskommission 1993.

In der Zusammenfassung bleibt festzuhalten: Verhandlungsbasierte Kooperation und Verflechtung sind zentrale Merkmale des deutschen intergouvernementalen Systems. Obgleich vielfacher Kritik ausgesetzt, hat ihre Bedeutung während der vergangenen Jahrzehnte zugenommen. Der mit sich selbst verhandelnde Staat wurde dabei auf nahezu alle Felder öffentlichen Handelns ausgedehnt. Die sich aus dem Vordringen von Verhandlungssystemen ergebenden Folgen lassen sich aber nur bestimmen, wenn die für sie konstitutiven Eintritts- und Austrittsbedingungen, Entscheidungsregeln, das Maß an Entscheidungsverbindlichkeit und ihr Monopolisierungsgrad näher bestimmt werden. Es sind diese Faktoren, die den Charakter von Verhandlungen ganz wesentlich prägen und damit auch über ihre Tauglichkeit für die Lösung politischer Krisen entscheiden.

Literaturverzeichnis

Abromeit, Heidrun, 1992: Der verkappte Einheitsstaat, Opladen.

Allen, Christopher S., 1989: Corporatism and Regional Economic Policies in the Federal Republic of Germany: The "Meso" Politics of Industrial Adjustment, in: Publius, Vol. 19, No. 4, 147 - 164.

Anderson, Jeffery J., 1992: The Territorial Imperative, Cambridge.

Bentele, Karlheinz, 1979: Kartellbildung in der Allgemeinen Forschungsförderung (Politikverflechtung III), Meisenheim am Glan.

Benz, Arthur, 1992a: Mehrebenen-Verflechtung: Verhandlungsprozesse in verbundenen Entscheidungsarenen, in: Arthur Benz/Fritz W. Scharpf/Reinhard Zintl, Horizontale Politikverflechtung: Zur Theorie von Verhandlungssystemen, Frankfurt a.M. und New York, 147 - 205.

Benz, Arthur, 1992b: Zusammenarbeit zwischen den norddeutschen Bundesländern: Probleme, Lösungsversuche und Lösungsvorschläge, in: Arthur Benz/Fritz W. Scharpf/ Reinhard Zintl, Horizontale Politikverflechtung: Zur Theorie von Verhandlungssystemen, Frankfurt a.M. und New York, 29 - 49.

Benz, Arthur, 1993a: Neue Formen der Zusammenarbeit zwischen den Ländern, in: Die Öffentliche Verwaltung, 46. Jhrg., Heft 3, 85 - 95.

Benz, Arthur, 1993b: Reformbedarf und Reformchancen des kooperativen Föderalismus nach der Vereinigung Deutschlands, in: Wolfgang Seibel/Arthur Benz/Heinrich Mäding (Hrsg.), Verwaltungsreform und Verwaltungspolitik im Prozeß der deutschen Einigung, Baden-Baden, 454 - 473.

Benz, Arthur/Scharpf, Fritz W./Zintl, Reinhard, 1992: Horizontale Politikverflechtung: Zur Theorie von Verhandlungssystemen, Frankfurt a.M. und New York.

von Beyme, Klaus, 1991: Das politische System der Bundesrepublik Deutschland nach der Vereinigung, München und Zürich.

Borkenhagen, Franz H. U. et al. (Hrsg.), 1992: Die deutschen Länder in Europa, Baden-Baden.

Dalton, Russel J. (ed.), 1993: The New Germany Votes: Unification and the Creation of a New German Party System, Providence und Oxford.

Donner, Hartwig/Berlit, Uwe, 1992: Verfassungsrechtliche und verfassungspolitische Konsequenzen der Wiedervereinigung für die Bundesstaatlichkeit Deutschlands, in: Zeitschrift für Parlamentsfragen, 23. Jhrg., Heft 2, 316 - 338.

Everling, Ulrich, 1993: Überlegungen zur Struktur der Europäischen Union und zum neuen Europa-Artikel des Grundgesetzes, in: Deutsches Verwaltungsblatt, 108. Jhrg., Heft 17, 936 - 947.

Fuhrmann-Mittlmeier, Doris, 1991: Die deutschen Länder im Prozeß der Europäischen Einigung, Berlin.

Fürst, Dietrich/Hesse, Joachim Jens, 1978: Zentralisierung oder Dezentralisierung politischer Problemverarbeitung? Zur Krise der Politikverflechtung in der Bundesrepublik, in: Joachim Jens Hesse (Hrsg.), Politikverflechtung im föderativen Staat, Baden-Baden, 191 - 204.

Gemeinsame Verfassungskommission, 1993: Bericht der Gemeinsamen Verfassungskommission, Bundestags-Drucksache 12/6000.

Goetz, Klaus H., 1992a: Federalising Europe? The Costs, Benefits and Preconditions of Federal Political Systems, in: Staatswissenschaften und Staatspraxis, 3. Jhrg., Heft 1, 149 - 167.

Goetz, Klaus H., 1992b: Intergovernmental Relations and State Government Discretion: The Case of Science and Technology Policy in Germany, Baden-Baden.

Goetz, Klaus H., 1993: Rebuilding Public Administration in the New German Länder: Transfer and Differentiation, in: West European Politics, Vol. 16, No. 3, 449 - 469.

Goetz, Klaus H., 1995: National Governance and European Integration: Intergovernmental Relations in Germany, in: Journal of Common Market Studies, Vol. 33, No. 1, 91 - 116.

Hesse, Joachim Jens, 1977: Gemeinschaftsaufgaben, in: Fritz W. Scharpf/Bernd Reissert/Fritz Schnabel (Hrsg.), Politikverflechtung II: Kritik und Berichte aus der Praxis, Kronberg, 5 - 17.

Hesse, Joachim Jens, 1987: The Federal Republic of Germany: From Co-operative Federalism to Joint Policy-Making, in: West European Politics, Vol. 10, No. 4, 70 - 87.

Hesse, Joachim Jens, 1993: Das föderative System der Bundesrepublik Deutschland vor den Herausforderungen der deutschen Einheit, in: Wolfgang Seibel/Arthur Benz/Heinrich Mäding (Hrsg.), Verwaltungsreform und Verwaltungspolitik im Prozeß der deutschen Einigung, Baden-Baden, 431 - 447.

Hesse, Joachim Jens/Ellwein, Thomas, 1992: Das Regierungssystem der Bundesrepublik Deutschland, Band 1, 7. Auflage, Opladen.

Hesse, Joachim Jens/Renzsch, Wolfgang (Hrsg.), 1991a: Föderalstaatliche Entwicklung in Europa, Baden-Baden.

Hesse, Joachim Jens/Renzsch, Wolfgang, 1991b: Zehn Thesen zur Entwicklung und Lage des deutschen Föderalismus, in: diesselben (Hrsg.), Föderalstaatliche Entwicklung in Europa, Baden-Baden, 29 - 47.

Hesse, Joachim Jens et al. (Hrsg.), 1983: Staat und Gemeinden zwischen Konflikt und Kooperation, Baden-Baden.

Hrbek, Rudolf, 1986: Doppelte Politikverflechtung: Deutscher Föderalismus und Europäische Integration. Die deutschen Länder im EG-Entscheidungsprozeß, in: Rudolf Hrbek/Uwe Thaysen (Hrsg.), Die Deutschen Länder und die Europäischen Gemeinschaften, Baden-Baden, 17 - 36.

Hrbek, Rudolf/Thaysen, Uwe (Hrsg.), 1986: Die Deutschen Länder und die Europäischen Gemeinschaften, Baden-Baden.

Jeffery, Charlie, 1993: Plus ça change...The Non-Reform of the German Federal System After Unification, Leicester University Discussion Papers in Federal Studies, FS92/2.

Klatt, Hartmut, 1982: Parlamentarisches System und bundesstaatliche Ordnung. Konkurrenzföderalismus als Alternative zum kooperativen Bundesstaat, in: Aus Politik und Zeitgeschichte, B 31/82, 3 - 24.

Klatt, Hartmut, 1989: Die Rolle der Parlamente im föderalen Entscheidungsprozeß, in: Jahrbuch zur Staats- und Verwaltungswissenschaft, Bd. 3, 119 - 156.

Klatt, Hartmut, 1992: Deutsche Einheit und bundesstaatliche Ordnung, in: Verwaltungsarchiv, 82. Jhrg., Heft 3, 430 - 458.

König, Klaus/Dose, Nicolai, 1993: Klassifikationsansätze zum staatlichen Handeln, in: Klaus König/Nicolai Dose (Hrsg.), Instrumente und Formen staatlichen Handelns, Köln, 1 - 150.

Kramer, Jutta (Hrsg.), 1993: Föderalismus zwischen Integration und Sezession, Baden-Baden.

Laufer, Heinz, 1992: Das föderative System der Bundesrepublik Deutschland, München.

Laufer, Heinz/Münch, Ursula, 1992: Die Neugestaltung der bundesstaatlichen Ordnung, in: Eckhard Jesse/Armin Mitter (Hrsg.), Die Gestaltung der deutschen Einheit, Bonn, 215 - 245.

Magiera, Siegfried/Merten, Detlev (Hrsg.), 1988: Bundesländer und Europäische Gemeinschaft, Berlin.

Padgett, Stephen (Hrsg.), 1993: Parties and Party Systems in the New Germany, Aldershot.

Pernice, Ingolf, 1993: Europäische Union: Gefahr oder Chance für den Föderalismus in Deutschland, Österreich und der Schweiz?, in: Deutsches Verwaltungsblatt, 108. Jhrg., Heft 17, 909 - 924.

Scharpf, Fritz W., 1985: Die Politikverflechtungsfalle: Europäische Integration und deutscher Föderalismus im Vergleich, in: Politische Vierteljahresschrift, 26. Jhrg., Heft 4, 323 - 256.

Scharpf, Fritz W., 1988a: The Joint-Decision Trap: Lessons from German Federalism and European Integration, in: Public Administration, Vol. 66, No. 3, 239 - 278.

Scharpf, Fritz W., 1988b: Von Fug und Unfug institutioneller Erklärung, in: Politische Vierteljahresschrift, 29. Jhrg., Heft 2, 271 - 275.

Scharpf, Fritz W., 1989: Der Bundesrat und die Kooperation auf der "dritten Ebene", in: Bundesrat (Hrsg.), Vierzig Jahre Bundesrat, Baden-Baden, 121 - 162.

Scharpf, Fritz W., 1992: Einführung: Zur Theorie von Verhandlungssystemen, in: Arthur Benz/Fritz W. Scharpf/Reinhard Zintl, Horizontale Politikverflechtung: Zur Theorie von Verhandlungssystemen, Frankfurt a.M und New York, 11 - 27.

Scharpf, Fritz W., 1993: Versuch über Demokratie im verhandelnden Staat, in: Roland Czada/Manfred G. Schmidt (Hrsg.), Verhandlungsdemokratie, Interessenvermittlung, Regierbarkeit, Opladen, 25 - 50.

Scharpf, Fritz W./Benz, Arthur, 1991: Kooperation als Alternative zur Neugliederung? Zusammenarbeit zwischen den norddeutschen Ländern, Baden-Baden.

Scharpf, Fritz W./Reissert, Bernd/Schnabel, Fritz, 1976: Politikverflechtung: Theorie und Empirie des kooperativen Föderalismus in der Bundesrepublik Deutschland, Kronberg/Ts.

Schmid, Josef, 1987: Wo schnappt die Politikverflechtungsfalle eigentlich zu? Kritische Anmerkungen zu einer These von F. W. Scharpf, in: Politische Vierteljahresschrift, 28. Jhrg., Heft 4, 446 - 452.

Schneider, Hans-Peter, 1981: Kooperation, Konkurrenz oder Konfrontation? Entwicklungstendenzen des Föderalismus in der Bundesrepublik, in: Arno Klönne et al., Lebendige Verfassung - das Grundgesetz in Perspektive, Neuwied, 91 - 126.

Scholz, Rupert, 1992: Grundgesetz und europäische Einigung, in: Neue Juristische Wochenschrift, 45. Jhrg., Heft 41, 2593 - 2601.

Schultze, Rainer-Olaf, 1993: Statt Subsidiarität und Entscheidungsautonomie - Politikverflechtung und kein Ende: Der deutsche Föderalismus nach der Vereinigung, in: Staatswissenschaften und Staatspraxis, 4. Jhrg., Heft 2, 225 - 255.

Thaysen, Uwe, 1985: Mehrheitsfindung im Föderalismus. Thesen zum Konsensualismus der westdeutschen Politik, in: Aus Politik und Zeitgeschichte, B 35/85, 3 - 17.

Konfliktlösung im parlamentarischen Bundesstaat

Zur Regelung finanzpolitischer Bund-Länder-Konflikte im Spannungsfeld von Administration und Politik - Vorläufige Überlegungen[1]

Wolfgang Renzsch

"In most federal states political parties bring together what institutions divide."[2]

1. Einleitung

Die deutsche Einheit hat die Bundesrepublik vor Herausforderungen gestellt, die zu Recht Mammutherausforderungen genannt worden sind. Insbesondere die dabei anstehenden innerstaatlichen finanzpolitischen Verteilungsprobleme galten als Nagelprobe für die Problemlösungsfähigkeit des Staates überhaupt und für den Erhalt der föderalen Substanz im Besonderen.[3] Die Fähigkeit des bundesdeutschen Regierungssystems, diese finanzpolitischen Herausforderungen - konkret: die vollständige Einbeziehung der neuen Länder in eine möglichst reformierte Finanzverfassung - adäquat zu bewältigen, wurden seitens der Politikwissenschaft, aber auch der Nachbardisziplinen, wie der Rechts- und Finanzwissenschaft, überwiegend skeptisch beurteilt.[4]

Die Rahmenbedingungen, unter denen diese Herausforderung zu bewältigen war, vor allem die institutionellen Veränderungen infolge der Einheit, aber auch die finanziellen Restriktionen ("leere Kassen") gaben in der Tat wenig Anlaß zu Optimismus: Die Vermehrung der Zahl der Länder, so wurde befürchtet, würde den ohnehin schon schwierigen Abstimmungsprozeß unter den Ländern sowie zwischen Bund und Ländern noch weiter komplizieren und die Gefahr von Handlungsblockaden vergrößern. Solidarität der alten mit den neuen Ländern sei aufgrund der finanzpolitischen Interessengegensätze nicht zu erwarten. Das "klassische" Rezept der Lösung solcher Probleme, nämlich

---

1 Im folgenden handelt es sich um einige Anmerkungen zur jüngeren Diskussion föderalstaatlicher Entscheidungsprozesse, in der - so scheint es mir - der politischen Dimension zu wenig Gewicht beigemessen wird. Grundlage der Überlegungen sind meine eigenen Arbeiten über Finanzverfassung und Finanzausgleich sowie - noch wichtiger - meine Erfahrungen aus den Verhandlungen über die volle Einbeziehung der neuen Länder in den bundesstaatlichen Finanzausgleich ab 1995, an denen ich als Mitarbeiter des Finanzministeriums des Landes Brandenburg teilnahm. Wegen des Thesencharakters des Beitrages verzichte ich auf ausführliche Literaturangaben.

2 *Bogdanor* 1988: 85.

3 Vgl. *Lehmbruch* 1992: 38.

4 Vgl. z.B. *Mäding* 1992: 210.

Umverteilen von steuerlichen Zuwächsen ohne Eingriffe in die ökonomische Substanz der betroffenen Gebietskörperschaften, erschien erstmals in der Geschichte der Bundesrepublik nicht realistisch. Den neuen Länder bliebe daher nichts anderes übrig, als die enge Anlehnung an den Bund zu suchen. Daher erwarteten - oder besser: befürchteten zahlreiche Beobachter eine weitere Stärkung der Bundeskompetenzen durch einen neuerlichen Zentralisierungsschub.[5] Die Erfahrung lehrt ja tatsächlich, daß der Zentralstaat interveniert und Zuständigkeiten an sich zieht, wenn die schwächeren Gliedstaaten ihren Aufgaben nicht gerecht werden können. *Johannes Popitz* hat das bereits 1927 für die Weimarer Republik konstatiert.[6] *Fritz W. Scharpf* hat darauf hingewiesen, daß letztlich die schwachen Länder die Handlungsspielräume der starken bestimmen.[7]

Es stellte sich damit die Frage, ob die Verarbeitung dieser Herausforderung im fragmentierten und verflochtenen politischen System der Bundesrepublik überhaupt ohne weiteren Verlust föderaler Substanz möglich sei.

Entgegen vielfachen Erwartungen konnten jedoch Bundestag und Bundesrat im Mai 1993 den Solidarpakt mit dem Kernpunkt Neuregelung des Finanzausgleichs verabschieden.[8] Aber auch andere "Anpassungsleistungen", die hier nicht diskutiert werden sollen, wie die Novellierung des Asylrechts[9], die Bahnreform[10] und die Neufassung des Art. 23 Grundgesetz[11], wurden verabschiedet. Diese Aufzählung legt keinen Wert auf Vollständigkeit, vor allem sagt sie nichts über die Qualität dieser Maßnahmen und auch nichts über die Bewältigung anderer Probleme, insbesondere derer, die außerhalb der Bund-Länder-Beziehungen liegen. Sie deutet aber darauf hin, daß von generellen Handlungsblockaden nicht die Rede sein kann. Auch ist schwerlich eine weitere Aushöhlung der föderalen Substanz der Bundesrepublik zu erkennen. Im Gegenteil, es scheint eher, daß die Länder an Gewicht und Handlungsmöglichkeiten gewonnen haben. Welche Folgerungen sind daraus für die politikwissenschaftliche Theoriebildung zu ziehen?

2. Zur Theoriebildung über Entscheidungsprozesse im parlamentarisch-föderalen Regierungssystem

Das Regierungssystem der Bundesrepublik Deutschland verbindet zwei verschiedene Entscheidungsmuster miteinander, nämlich das des Parteienwettbewerbs und das des

5 Vgl. *Scharpf* 1990: 581 ff.

6 Vgl. *Popitz* 1927: 384.

7 Vgl. *Scharpf* 1990: 583.

8 Vgl. *Renzsch* 1994.

9 BGBl. I, 1993, S. 1002.

10 BGBl. I, 1993, S. 2089, 2378.

11 BGBl. I, 1992, S. 2086.

Aushandelns, das Mehrheitsprinzip und das "konsensuale" Prinzip.[12] *Gerhard Lehmbruch* bezeichnete 1976 diese Spielregeln des Parteiensystems und des Bundesstaates als inkongruent, als im politischen Entscheidungsverfahren "gegenläufig" und ihre Verbindung im System als Strukturbruch. Aufgrund der zunehmenden Aufgabenverflechtung zwischen Bund und Ländern und der daraus folgenden starken Stellung des Bundesrates würden die Konfliktregelungsmechanismen des Parteienwettbewerbs zunehmend durch koalitionsähnliche Aushandlungsmuster ersetzt. Diese beiden Formen der Entscheidungsfindung seien tendenziell nicht kompatibel und implizierten die Gefahr der Blockade, insbesondere dann, wenn in den beiden Kammern der Bundeslegislative verschiedene Parteien über die Mehrheit verfügten.[13]

Ebenfalls eine "inhärente Tendenz zur Selbstblockierung" verbunden mit der Gefahr, in "Verflechtungsfallen"[14] hineinzugeraten, attestiert *Scharpf* dem deutschen föderalen System in seiner Theorie der "Politikverflechtung"[15]. Das fragmentierte politische System der Bundesrepublik Deutschland ermögliche Entscheidungen und politisches Handeln in weiten Bereichen der Innenpolitik nur im Verbund, in der Verflechtung über mehrere staatliche Ebenen. Tendenziell sei bei Mehrebenen-Entscheidungsprozessen Einstimmigkeit oder näherungsweise Einstimmigkeit gefordert, die nur in komplizierten und schwierigen Aushandlungsprozessen aller Beteiligten erreicht werden könne. Mit der zunehmenden Zahl von Akteuren werde der Prozeß der Konsensfindung erschwert. Es bestehe daher die Gefahr, daß die Kosten der Entscheidungsfindung in ein unangemessenes Verhältnis zum politischen Ergebnis geraten. Die Bedingungen der Aushandlungsprozesse erlaubten systematisch nur suboptimale Lösungen.

Aus einer weniger systemtheoretischen, mehr empirisch-vergleichenden Perspektive haben *Joachim Jens Hesse* und *Arthur Benz* dem bundesdeutschen Föderalismus im Vergleich zu den politischen Systemen anderer westlicher Demokratien durchaus Handlungsfähigkeit und hinreichende Flexibilität zugebilligt, um seine Herausforderungen bewältigen zu können. Über das fast schon etwas verwundert klingende "it works"[16] hinausgehend sprechen *Hesse* und *Benz* von "prozessualen Anpassungen"[17]: Die Institutionen differenzierter Regierungssysteme entwickelten bei entsprechenden Herausforderungen eigendynamische Anpassungsprozesse, die auch effizienzsteigernd wirkten. Die funktionale Aufgabenteilung im deutschen Bundesstaat, in der *Scharpf* die Ursachen für eine drohende Handlungsunfähigkeit des Staates angelegt sieht, weist aus

12 Vgl. *Lehmbruch* 1976: 16.

13 Vgl. *Lehmbruch* 1976: 11 ff. u. 158 ff.

14 *Scharpf* 1985: 348.

15 *Scharpf*, *Reissert* und *Schnabel* 1976.

16 *Benz* 1989: 181.

17 *Hesse* und *Benz* 1990: 225.

der Sicht von *Hesse* und *Benz* keine grundsätzlichen Nachteile auf, sondern sie sei hinreichend flexibel, um auf Veränderungen der nationalen, regionalen und lokalen Aufgabenstellung zu reagieren.

Die Differenzen zwischen diesen Einschätzungen sind nicht durch unterschiedliche empirische Befunde begründet. Vielmehr gehen die Analysen von unterschiedlichen theoretischen Ausgangspositionen aus: Das systemtheoretisch geprägte Argument, die Formen und Strukturen der Entscheidungsprozesse im deutschen Regierungssystem erlaubten keine optimalen Problemlösungen, widerspricht dem empirisch-vergleichenden nicht, nach dem das parlamentarisch-föderale Regierungssystem zu beachtlichen Anpassungsleistungen in der Lage sei.

Der normative Anspruch unterscheidet sich aber: Auf der einen Seite wird zumindest indirekt ein Optimum zum Maßstab erklärt, das bestenfalls asymptotisch angestrebt werden kann, weil die Bedingungen nichts anderes erlauben. Aufgrund der institutionellen Strukturen und institutioneller Eigeninteressen sind für *Scharpf* nur suboptimale Lösungen möglich. Auf der anderen Seite verzichten *Hesse* und *Benz* darauf, "Ideallösungen" zum Maßstab zu erklären. Sie heben auf "vorläufige, auf der Grundlage vorhandener Kenntnisse akzeptable und gleichzeitig wiederum revidierbare Entscheidungen" ab.[18] Denn erst der Verzicht auf "Ideallösungen" ermögliche die Konsensbildung in föderativen Entscheidungsprozessen. Ideallösungen könnten nämlich nicht aus der Vermittlung von gegenläufigen Interessen und aus Prioritätensetzungen bei sich widerstreitenden Zielen erwachsen. "Optimale" Lösungen sind bei Zielkonflikten wohl nur im Ausnahmefall möglich.

Die jüngere Diskussion[19] stellt die unterschiedlichen normativen Aspekte in den Hintergrund und entwickelt auf der Grundlage der empirischen Analyse von Verhandlungssituationen, konkret der Zusammenarbeit von Hamburg und Schleswig-Holstein[20], Entwürfe zu einer Theorie der Verhandlungssysteme, die die Frage nach der Leistungsfähigkeit verschiedener Verfahren der Entscheidungsfindung thematisieren. Ein solcher Ansatz soll weitergehende Aussagen über die Möglichkeiten und Reichweiten sowie über systembedingte Restriktionen von Verhandlungs- und Entscheidungssystemen erlauben. Damit ist dieser Ansatz nicht nur theoretisch interessiert, sondern auch politisch-praktisch.

In dieser vorwiegend verwaltungswissenschaftlich geprägten Debatte bleibt allerdings unbefriedigend, daß die Rolle der Politik, wie sie vor allem durch die politischen Parteien repräsentiert wird, zwar nicht ignoriert wird, aber doch peripher bleibt. Auch an-

18 *Hesse* und *Benz* 1990: 225.

19 Vgl. *Scharpf, Benz* und *Zintl* 1992; *Benz* 1991.

20 Vgl. *Scharpf* und *Benz* 1991.

gesichts der von *Lehmbruch* entwickelten These der Verschiedenartigkeit, der "Inkongruenz", ja der "Gegenläufigkeit" von parlamentarisch-kompetetiven und föderal-konsensualen Entscheidungsmustern stellt sich die Frage, ob die Rolle der politischen Parteien in politischen Systemen, die konsensuale und kompetitive Entscheidungsmuster miteinander verbinden, zureichend erfaßt wird, wenn sie nur als Faktoren unter anderen in Verhandlungsszenarien thematisiert werden. Dies gilt um so mehr, als die das bundesrepublikanische Regierungssystem prägende Verbindung von konkurrenz- und konsensdemokratischen Entscheidungsmustern aus vergleichender Sicht nicht als Ausnahme gelten kann.[21] Eine Ursache dafür mag sein, daß Parteienlehre und Föderalismusforschung in verschiedenen Zirkeln der arbeitsteiligen Politikwissenschaft diskutiert werden und es kaum Überschneidungen gibt[22]; und dies, obwohl der Zusammenhang von Föderalismus und Parteiensystem an anderer Stelle schon vor geraumer Zeit deutlich herausgestellt wurde.[23]

Die Diskussion des Verhältnisses von konsensualen und kompetitiv-majoritären Entscheidungsmustern, von Föderalismus und Parteiensystem im parlamentarischen Bundesstaat Deutschland in den letzten Jahren ist - im Unterschied zur Literatur zur Entwicklung des Parteiwesens insgesamt, auf die hier nicht eingegangen werden soll - leicht überschaubar. *Oscar W. Gabriel* unterscheidet nach den Funktionen der politischen Parteien und kommt zu dem Schluß, daß die Parteien im parlamentarisch-föderalen System der Bundesrepublik durchaus funktionsfähig sind.[24] Zu Recht weist er auf die Anpassung der Parteien an den Staatsaufbau hin.[25] Für die CDU hat *Josef Schmid*[26] den Einfluß der Landesebene auf die Bundespolitik der Partei unterstrichen. Der Blick auf die Führungsgremien der großen Parteien belegt das Gewicht, daß die Landesebene gewonnen hat. In der CDU - die CSU steht für sich - sind die Spitzenpolitiker der Landesebene traditionell in den Führungsgremien auf Bundesebene stark vertreten, in der SPD haben sie in den letzten Jahren einen erheblichen Einfluß gewonnen. Als symptomatisch für das Gewicht der Landespolitik bzw. der Landespolitiker kann die Auswahl

---

21 *Lijphardt* (1984: 219) spricht von einer "majoritarian-federal category", die "two logically opposite models of democracy" verbinde. Die Empirie zeige jedoch: "the two opposite sets of characteristics are not incompatible."

22 Vgl. *Lehmbruch* 1990: 7; *Schmid* 1990: 14 f.

23 So *Riker* 1964: 129: "The federal relationship is centralized according to the degree to which the parties organized to operate the central government control the parties organized to operate the constituent governments". Ähnlich auch *Elazar* (1987: 178): "The existence of a noncentralized party system is perhaps the most important single element in the maintenance of federal noncentralization." Vgl. auch *Elazar* 1987: 217 ff.

24 Vgl. *Gabriel* 1994[2].

25 Vgl. *Gabriel* 1994[2]: 103.

26 Vgl. *Schmid* 1990: 246 f.

der sozialdemokratischen Kanzlerkandidaten für die letzten Bundestagswahlen gelten: Mit Ausnahme des Jahres 1982 hatten Ministerpräsidenten der Länder Vortritt vor dem Führer der Opposition im Bundestag. Die Veränderungen der innerparteilichen Strukturen der SPD sind als Anpassung der Partei an die Funktionsweisen des bundesrepublikanischen Regierungssystems zu verstehen.[27] Dezentralisierung, horizontale und vertikale Fragmentierung sowie Verflechtung der Ebenen bestimmen das Bild der SPD heute weit mehr als Hierarchie und der traditionelle Zentralismus. *Peter Lösche* und *Franz Walter* charakterisieren die innerparteilichen Strukturen der SPD als "lose verkoppelte Anarchie".[28]

Hesse und *Benz*[29] heben in diesem Zusammenhang zu Recht hervor, daß die Parteien des Bundestages föderativ untergliedert sind und damit ein wichtiges Element der Verflechtung im Bundesstaat darstellen. Über sie werde ein beträchtliches Maß an Kooperation zwischen Vertretern des Bundes, der Länder und der Gemeinden vermittelt.

Heidrun Ambromeit meint hingegen, die föderalen Aushandlungsmuster würden von der Parteienkonkurrenz überformt und hätten an Relevanz verloren.[30] Zu diesem Urteil kommt sie aus der Perspektive eines normativ begründeten Föderalismusbildes[31], das sich eher am dualen Föderalismusmodell der Schweiz und der Vereinigten Staaten als am "verflochtenen" deutschen Typ orientiert.

3. Zur Struktur der Konfliktlagen im Bundesstaat

Im Hinblick auf die Rolle der Politik und damit der politischen Parteien bei der Konfliktlösung im fragmentierten und verflochtenen Regierungssystem wird man unterscheiden müssen zwischen parteiideologisch geprägten Konflikten einerseits und kompetentiellen (vertikalen) sowie territorialen (horizontalen) Konfliktlagen, die in der Regel nicht parteiideologisch motiviert sind, andererseits.

Bei parteiideologisch definierten Konflikten gilt das majoritäre Entscheidungsprinzip, das heißt in den Entscheidungsgremien wird nach dem Schwarz-Rot bzw. A-B-Schema entschieden. Bei solchen Konflikten, zumal wenn sie kaum spezifische Bedeutung für die Landespolitik selbst haben oder zumindest landespolitische Aspekte den bundespolitischen nachgeordnet sind - z.B. bei der Pflegeversicherung, den Folgegesetzen zum

---

27 Vgl. *Lösche* und *Walter* 1992: 186.

28 *Lösche* und *Walter* 1992: 192 ff.

29 Vgl. *Hesse* und *Benz* 1990: 113.

30 Vgl. *Abromeit* 1993: 142.

31 Vgl. *Abromeit* 1992.

§ 218 StGB oder der Steuergesetzgebung[32] im allgemeinen -, dominiert die Parteienkonkurrenz den Entscheidungsprozeß. Kann eine "oppositionelle" Mehrheit im Bundesrat die Bundesregierung und die sie tragenden Parteien zu Verhandlungen im Vermittlungsausschuß zwingen, wird man darin kaum föderale Aushandlungsprozesse sehen können, sondern vielmehr koalitionsähnliche, von parteitaktischen Gesichtspunkten geprägte Kompromißbildungen, sofern es unter wahl- oder parteitaktischen Gesichtspunkten nicht opportun erscheint, Gesetzesvorlagen auch scheitern zu lassen. Kompromiß oder Blockade ist sehr weitgehend eine Frage der Opportunität, die unter dem Gesichtspunkt der Stimmenmaximierung entschieden wird. Landespolitische Interessen können allerdings parteitaktischen Erwägungen eine Grenze setzen.[33]

Anders sind jedoch die Verfahren bei nicht parteipolitisch besetzten Konfliktlagen oder bei Konflikten, bei denen die Auseinandersetzungen quer durch die Parteien laufen und sich nicht auf das Schema des Parteienwettbewerbs reduzieren lassen. Nicht parteipolitisch besetzt sind typischerweise institutionelle Konflikte zwischen den staatlichen Ebenen (Bund vs. Länder, z.B. bei Fragen der weiteren Entwicklung der EU) oder bei dem Gegeneinander von territorialen Interessen (Länder vs. Länder, z.B. besondere Interessen der "altindustrialisierten Länder gegenüber denen mit jüngeren Industrien).[34]

Nicht durch die Parteienkonkurrenz strukturiert sind die Entscheidungsprozesse bei föderalen Finanzbeziehungen. Die Interessen und die Inhalte lassen sich nicht auf den "binären Code" des Parteienwettbewerbs[35] reduzieren. Im Grundsatz geht es hier nicht um Entscheidungen nach einem Schwarz-gegen-Rot-Schema, sondern die finanzpolitischen Interessen sind i.d.R. territorial gebunden und die Konfliktlinien verlaufen im Regelfall quer zu den parteipolitischen. Es wäre kontraproduktiv, wenn Parteien Position bezögen und sich damit zwangsläufig gegen die vitalen Interessen einzelner Länder stellen wür-

---

32 Die Sozialgesetzgebung wie auch die Steuergesetzgebung haben meist sowohl parteipolitische als auch institutionelle Konfliktlinien, denn durch sie wird oftmals indirekt in die Lastenverteilung zwischen Bund und Ländern bzw. unter den Ländern eingegriffen. Im föderalen Gefüge sind sie im Regelfall nicht verteilungsneutral.

33 Dies war beispielsweise der Fall, als das SPD-geführte Brandenburg entgegen der sozialdemokratischen Mehrheitsposition der Erhöhung der Umsatzsteuer von 14% auf 15% zum 1.1.1993 zustimmte (Steueränderungsgesetz vom 25.2.1992, BGBl. I S. 297 (318)). Der Grund für das Ausscheren Brandenburgs aus der Reihe der A-Länder war ein landespolitisches Motiv: Die Erträge dieser Erhöhung sollten in den Fonds "Deutsche Einheit" fließen und damit den neuen Ländern zugute kommen. Vgl. Deutscher Bundestag, 12. Wahlperiode, 76. Sitzung, 12.2.1992, S. 6274 ff.; Bundesrat, 639. Sitzung, 14.2.1992, S. 14 f. u. 29.

34 *Lehmbruch* (1976: 146) spricht von länderspezifischen Interessen, die - jenseits von parteipolitischer Ausrichtung - bei Entscheidungen des Bundesrates Relevanz besitzen.

35 *v. Beyme* 1993: 26.

den. Sie müßten mit erheblichen Loyalitätsverlusten vor allem auch im Bereich der eigenen Landesorganisationen rechnen.

Gleichwohl spielten die politischen Parteien letztlich bei der Formulierung der Gesetz gewordenen Kompromisse die entscheidende Rolle; die politische, die parteipolitisch motivierte Verfahrenssteuerung bewahrte den administrativen Verhandlungsprozeß vor einer Selbstblockade und ermöglichte letztlich die Zustimmung aller Beteiligten zum Kompromiß. Die Parteien gewannen, obwohl sie in diesen Fällen keine unmittelbar eigenen Interessen verfolgten, bei der verfahrensmäßigen Steuerung des Entscheidungsprozesses eine dominante Funktion und konnten Blockadesituationen des administrativen Entscheidungsprozesses auflösen.

4. Die Bedingungen des Entscheidungsprozesses

Im Rahmen der Bund-Länder-Finanzbeziehungen konkurrieren unabhängig von den jeweiligen parteipolitischen Mehrheitsverhältnissen Bund und Länder um dieselbe begrenzte Finanzmasse. Die Standpunkte, die vom Bund und den einzelnen Ländern in diesem Bereich vertreten werden, sind unabhängig von der jeweiligen politischen Couleur der Bundes- oder Landesregierungen. Im Regelfall vertreten die Parteigliederungen aller Parteien die Interessen "ihrer" Gebietskörperschaft.[36] Regierungswechsel haben keine grundlegenden Auswirkungen auf die Interessenkonstellationen.

Die Interessenkonstellation ist komplex. Die vertikale Konfliktlinie zwischen Bund und Ländern ist mit der horizontalen zwischen den Ländern verbunden: Der Bund sucht bei vertikalen Verteilungskonflikten Verbündete unter den Ländern durch finanzielle Angebote an einzelne Ländergruppen, i.d.R. sind dies die finanzschwachen. Seine Strategie ist die des "divide et impera".[37] Auf der Ebene der Länder sind die Auseinandersetzungen um den Finanzausgleich von den unterschiedlichen finanziellen Interessen der zahlenden und empfangenden Länder geprägt. Gemeinsames Länderinteresse ist es, den Bund für die Verbesserung der Finanzkraft der finanzschwachen Länder in die Pflicht

---

36 Tendenziell kann gelten, daß Bundespolitiker - unabhängig von ihrer regionalen Einbindung - eher Bundesinteressen vertreten, Landespolitiker - unabhängig von der Partei - die Interessen ihres Landes.

37 Klassisch war in diesem Zusammenhang das Modell des Bundes für die Einbeziehung der neuen Länder in den bundesstaatlichen Finanzausgleich: Ausgehend von drei Interessengruppen - alte finanzstarke, alte finanzschwache, neue Länder - hatte der Bundesfinanzminister ein Modell vorgelegt, das unter Schonung des Bundes bei der vertikalen Steuerverteilung durch einen Abbau der Intensität des Länderfinanzausgleichs sowohl die alten finanzstarken Länder als auch durch hohe Zuweisungen des Bundes die neuen Länder gewinnen sollte. Die finanzpolitische Integration der neuen Länder wäre dann im wesentlichen zu Lasten der alten finanzschwachen (einschließlich der Länder im mittleren Bereich - Bayern, NRW) erfolgt. Vgl. *Renzsch* 1994: 122 f.; BT-Drs. 12/4401, S. 34 ff.

zu nehmen. Die Länder neigen dazu, nach Möglichkeit Verteilungskonflikte unter sich zu Lasten des Bundes zu lösen.[38]

Die Verhandlungssituation bei Finanzausgleichsfragen kann, wenn vielleicht nicht als optimal, so doch als günstig bezeichnet werden. Die Umstände sind für alle Beteiligten sehr weitgehend kalkulierbar, subjektive Faktoren spielen höchstens eine untergeordnete Rolle. Bluffs, Tricks, Täuschungen sind kaum möglich.

Die Umstände sind gekennzeichnet durch

- das Fehlen ideologisch motivierter Gegensätze;
- die Bekanntheit aller relevanten Informationen (finanzpolitische Rahmenbedingungen) einschließlich einer offenen und allen Beteiligten bekannten Interessenlage der jeweils anderen Akteure[39];
- hohe Professionalität der Akteure, die die Relevanz von personengebundenen Faktoren nahezu ausschließt;
- eine niedrige Zahl der Beteiligten;
- Kontinuität unter den Akteuren über den einzelnen Aushandlungsprozeß hinaus;
- einen engen Rahmen möglicher Lösungsvarianten aufgrund der Vorgaben aus mehreren Urteilen des Bundesverfassungsgerichtes;
- einen hohen Argumentationsbedarf und hohe Begründungszwänge sowohl für Forderungen einzelner Akteure wie auch für Lösungsvorschläge;
- einen gemeinsamen Maßstab, an dem Verhandlungsergebnisse intersubjektiv gemessen werden könnten, nämlich Geld;
- das Fehlen der Möglichkeit von Koppel- oder Tauschgeschäften auf der Basis von Gütern mit subjektiv unterschiedlicher Wertigkeit[40];
- jedoch genügend einzeln gestaltbare Elemente ("Schräubchen") im System, die das Erreichen nahezu jeden gewünschten Ergebnisses erlauben;

---

38 Ohne in Einzelheiten zu gehen: Die Entwicklung der Bundesergänzungszuweisungen folgt diesem Schema, teilweise auch die Gesetze über Finanzhilfen nach Art. 104 a Abs. 4 GG.

39 Gesprächs- und Verhandlungsrunden einzelner Gruppen, gegebenenfalls unter Einschluß des Bundes, sind üblich und lassen sich im Regelfall nicht geheim halten.

40 Bisher ist nicht ernsthaft ausgelotet worden, ob die von den wirtschaftsstarken Ländern geforderte Steuergesetzgebung für die Länder auch von den schwächeren Ländern unterstützt werden würde, wenn die starken Länder im Gegenzug zu einer Intensivierung des Länderfinanzausgleich, z.B. durch die volle Einbeziehung der kommunalen Steuerkraft anstelle der bisher hälftigen, bereit wären.

- großes öffentliches Interesse an Abschluß und Ergebnis der Verhandlungen.

Die funktionalen Systemleistungen der politischen Parteien bei föderalen Aushandlungsprozessen - einschließlich der Bund-Länder-Finanzbeziehungen - gelten als noch weitgehend ungeklärt.[41] Deutlich erscheint zumindest, daß die Parteien bei diesen Aushandlungsprozessen eine wichtige Rolle innehaben; nicht, indem sie bestimmte inhaltliche Positionen vertreten, sondern indem sie bei drohenden Verhandlungsblockaden prozedural so eingreifen können, daß diese überwunden werden.

Grundlage der folgenden Überlegungen sind die Finanzreformen von 1955 und 1969[42], die partielle Einbeziehung der Ölfördergewinne in den horizontalen Finanzausgleich 1982 und das Strukturhilfegesetz von 1988[43] sowie die Neuregelung des bundesstaatlichen Finanzausgleichs zur Einbeziehung der neuen Länder ab 1995[44].

Zu unterscheiden sind hierbei zwei verschiedene politische Konstellationen: Zum einen Mehrheitsverhältnisse in Bundestag und Bundesrat, unter denen die Bundesregierung und die sie tragenden Fraktionen auf die Einbeziehung der parlamentarischen Opposition und insbesondere der ihr nicht "nahestehenden" Landesregierungen in den Entscheidungsprozeß verzichten kann. Dies war der Fall bei der Formulierung des Kompromisses zur partiellen Einbeziehung der Ölförderabgabe in den Länderfinanzausgleich und beim Strukturhilfegesetz. Zum anderen Umstände, in denen dies nicht möglich ist und die Interessen aller Landesregierungen im Entscheidungsprozeß berücksichtigt werden müssen. Dies ist der Fall, wenn wegen Verfassungsänderungen Zweidrittelmehrheiten im Bundestag und Bundesrat benötigt werden, wenn im Bundesrat andere parteipolitische Mehrheiten als im Bundestag bestehen oder wenn aus anderen Gründen eine Beschränkung des Entscheidungsprozesses auf die der Bundesregierung "nahestehenden" Landesregierungen nicht opportun ist.

5. Entscheidungsfindung unter der Bedingung parteipolitisch gleichgerichteter Mehrheitsverhältnisse im Bundestag und Bundesrat

5.1 Der Ölförderkompromiß

Während der Regierungszeit der sozial-liberalen Koalition 1969 bis 1982, die sich einer Mehrheit von CDU/CSU-geführten Landesregierungen im Bundesrat gegenübersah, gelang es nicht, notwendig gewordene Anpassungsprozesse der föderalen Finanzbezie-

41 Vgl. *Murswieck* 1991: 120 ff.

42 Vgl. *Renzsch* 1991: 162 ff. u. 246 ff.

43 Vgl. *Renzsch* 1989: 331 ff.

44 Vgl. *Renzsch* 1994.

hungen zu erreichen. Die rasant gestiegen Einnahmen Niedersachsens aus der Ölförderabgabe und die überproportionale Verbesserung der Steuereinnahmen Bayerns einerseits sowie die Nachteile, die Nordrhein-Westfalen und Bremen aufgrund der Stahl- und Werftenkrise hinnehmen mußten, sprachen für eine Korrektur des Länderfinanzausgleichs und der Bundesergänzungszuweisungen.[45] Weil zumindest seit dem Regierungswechsel in Niedersachsen von 1976 die Vorteile der Verwerfungen mit Ausnahme Baden-Württembergs einseitig unionsregierten Ländern zugute kamen, die Nachteile hingegen sozialdemokratisch regierten Ländern, war zwischen der sozial-liberalen Bundesregierung und der christdemokratischen Mehrheit im Bundesrat bis Herbst 1982 keine Änderung dieses Zustandes möglich. Die letztlich zufällige Übereinstimmung von parteipolitischen Mehrheitsverhältnissen und finanzpolitischen Interessen blockierte eine Anpassung des Finanzausgleichsgesetzes.

Seit der Bildung der ersten Regierung Kohl im Herbst 1982 bis 1991 - mit einer kurzen Unterbrechung kurz vor der staatlichen Vereinigung Deutschlands - verfügten die der Bundesregierung parteipolitisch "nahestehenden" Landesregierungen im Bundesrat über eine hinreichende Mehrheit, die es der Bundesregierung erlaubte, mit diesen Landesregierungen unter faktischem Ausschluß der anderen Landesregierungen (und der parlamentarischen Opposition) Gesetzgebungsprozesse abzuschließen.

Auf Drängen Baden-Württembergs wurden nach dem Regierungswechsel von 1982 begrenzte Korrekturen am Finanzausgleichsgesetz vorgenommen. Diese wurden jedoch nicht unter den Ländern insgesamt ausgehandelt, sondern die CDU/CSU-regierten Länder verständigten sich mit der neuen Bundesregierung auf einen von Baden-Württemberg und Niedersachsen ausgehandelten Kompromiß, dem eine "Formulierungshilfe" des Bundesfinanzministeriums zugrunde lag. Dieses Verfahren entsprach dem Ziel der Bundesregierung, Entscheidungen im Vermittlungsausschuß möglichst zu umgehen und Lösungen im Rahmen der "eigenen" Mehrheit zu vereinbaren.[46] Tatsächlich war es eine Regelung zu Lasten der nicht an den Verhandlungen beteiligten Länder, die zur Regierungszeit der sozial-liberalen Koalition schon wegen der Loyalität der Bundesregierung gegenüber den SPD-geführten Landesregierungen nicht möglich gewesen wäre. Die vereinbarte Regelung wurde 1986 vom Bundesverfassungsgericht verworfen - allerdings nicht wegen des Verfahrens, sondern wegen mangelnder Verfassungskonformität der materiellen Regelung.[47]

Die Umsetzung des Urteils des Bundesverfassungsgerichtes folgte bekannten Verhandlungsmustern: Auf Länderebene sowie zwischen Bund und Ländern wurde auf Arbeitsebene verhandelt, die Länder richteten ihre Forderungen und Wünsche an den

45 Vgl. *Renzsch* 1991: 262; *Renzsch* 1989: 332 f.

46 Vgl. *Haungs* 1991: 118 f.

47 Vgl. *Renzsch* 1989: 337.

Bund, der Bund wiederum suchte Entlastungen auf Kosten der Länder. Insgesamt zeichnete sich eine gemeinsame parteienübergreifende Position der Länder gegenüber dem Bund ab. Die sachlichen Gesichtspunkte waren so weit diskutiert, daß man in die politische Entscheidung im Vermittlungsausschuß oder auf der Ebene der Regierungschefs von Bund und Ländern hätte eintreten können. In dieser Phase suchte die Bundesregierung das "vertrauliche Gespräch" mit den CDU/CSU-Ministerpräsidenten. In diesem Kreis verständigte man sich auf eine andere Lösung, die zwar für den Bund wegen der Aufstockung der Bundesergänzungszuweisungen nicht "billiger" wurde, die jedoch die Interessen der unionsregierten Länder in weit höherem Maße berücksichtigte als die der von der Entscheidungsfindung ausgeschlossenen SPD-regierten Länder.[48]

5.2 Das Strukturhilfegesetz

Auch das Strukturhilfegesetz konnte mit den Stimmen der CDU-geführten Regierungskoalition und den Stimmen der von CDU- und CSU-Ministerpräsidenten geführten Landesregierungen verabschiedet werden. Die christlich-liberale Bundesregierung nutzte diese Mehrheiten, um unter faktischem Ausschluß der Opposition eine parteiintern ausgehandelte Regelung durchzusetzen.

Die ursprüngliche Initiative (Albrecht-Initiative), die zum Strukturhilfegesetz führte, intendierte etwas anderes, nämlich eine hälftige Beteiligung des Bundes an den Sozialhilfelasten. Sie ging aus von den vier norddeutschen Küstenländern, von denen zwei von christdemokratischen, zwei von sozialdemokratischen Ministerpräsidenten regiert wurden. Der Initiative schlossen sich Berlin, Nordrhein-Westfalen und das Saarland an, die alle in überproportionalem Maß diese Lasten zu tragen hatten.

Der Entscheidungsprozeß, der dann zum Strukturhilfegesetz von 1988 führte, folgte in seiner Endphase einer ähnlichen Struktur wie der zum Ölförderkompromiß. Ausgehend von einer parteiübergreifenden Initiative der vier norddeutschen Küstenländer schienen Mehrheiten aufgrund der Unterstützung durch zwei weitere Länder (ohne Berlin, das im Bundesrat nicht stimmberechtigt war) sowie durch die SPD auf Bundesebene und die CDU-Landesorganisationen der genannten Länder sowohl im Bundesrat als auch im Bundestag möglich. Widerstand wurde von der Bundesregierung selbst und den vier süddeutschen Ländern, zu der Zeit alle unionsregiert, formuliert. Der Bund lehnte es dezidiert ab, sich neue, tendenziell steigende Ausgabeverpflichtungen im Sozialbereich aufzubürden. Das Finanzierungskonzept - Erhöhung der Mineralölsteuer - entsprach zudem nicht seinen steuerpolitischen Vorstellungen. Die süddeutschen Länder, die - bezogen auf den Einwohner - geringere Sozialhilfekosten zu tragen hatten, folgten der Initiative ebenfalls nicht, weil sie befürchten mußten, daß sich der Bund langfristig über

48 Vgl. *Renzsch* 1989: 338 ff.

die Umsatzsteuerverteilung refinanzieren würde. Damit hätte eine Verlagerung von Teilen der Sozialhilfe auf den Bund nicht nur in die vertikale Finanz- und Lastenverteilung, sondern auch in die horizontale Verteilung zu Lasten der süddeutschen Länder eingegriffen.

Eine Verständigung wurde nicht im Kreis des Bundes und aller Länder gesucht, sondern in den CDU-Führungsgremien, in denen die Gegner dieser Initiative eine Mehrheit besaßen. Das Ergebnis war ein Kompromiß, nämlich das Strukturhilfegesetz, dessen finanziellen Ergebnisse sich weniger an tatsächlichen Bedarfssituationen, vielmehr an politischen Opportunitäten und Machtverhältnissen orientierten.[49]

6. Entscheidungsprozesse unter Beteiligung aller Landesregierungen

Von den Entscheidungsprozessen, die zu den beiden Finanzreformen von 1955 und 1969 führen, waren keine Minderheitsgruppierungen ausgeschlossen.

Die Finanzreform von 1955 bedurfte, obwohl durch sie das Grundgesetz geändert wurde, aufgrund einer Sonderbestimmung des damaligen Art. 107 GG keiner qualifizierten Mehrheit, sondern nur der einfachen von Bundestag und Bundesrat.[50] Sowohl im Bundestag wie auch im Bundesrat verfügte die Bonner Regierungskoalition über eine solche Mehrheit. Allein unter dem Aspekt der Mehrheitsverhältnisse wäre eine Beteiligung der nicht der Bundesregierung nahestehenden Landesregierungen nicht notwendig gewesen. Gleichwohl war es in der ersten Hälfte der fünfziger Jahre kaum denkbar, einen Teil der Länder faktisch vom Entscheidungsprozeß auszuschließen. Ein solches Verfahren wäre mit dem Selbstverständnis der weitgehend noch ersten Generation der Ministerpräsidenten nicht zu vereinbaren gewesen.

Für die Finanzreform von 1969 wurden hingegen Zweidrittelmehrheiten im Bundesrat und im Bundesrat benötigt. Eine Verständigung der großen Parteien sowohl im Bund als auch unter den Ländern war durch die Große Koalition in Bonn und in mehreren Ländern gesichert; sie schloß Verfahren, die ein Koalitionspartner als diskriminierend empfunden hätte, aus. Die Finanzreform war zudem ein zentrales Anliegen der Bundesregierung, sie war Bestandteil der Legitimation der Koalition. Eine *inhaltliche* Konkurrenz der beiden großen Parteien war damit ausgeschlossen, jedoch nicht eine prozedurale: Es galt für beide Parteien, Reformfähigkeit zu beweisen und sich als diejenige präsentieren zu können, die in der Lage sei, größere Reformanliegen durchzusetzen.

49 Vgl. *Renzsch* 1989: 340 ff.

50 Vgl. *Renzsch* 1991: 130 f.; Art. 107 i.d.F. vom 23.5.1949 lautete: "Die endgültige Verteilung der der konkurrierenden Gesetzgebung unterliegenden Steuern auf Bund und Länder soll spätestens bis zum 31. Dezember 1952 erfolgen, und zwar durch Bundesgesetz, das der Zustimmung des Bundesrates bedarf." Die genannte Frist wurde durch zwei Grundgesetzänderungen um drei Jahre verlängert.

Die Neuregelung des Finanzausgleichs zur Einbeziehung der neuen Länder ab 1995 bedurfte zwar keiner qualifizierten Mehrheit, jedoch waren die parteipolitischen Mehrheiten im Bundestag und Bundesrat unterschiedlich. Der Koalitionsmehrheit im Bundestag stand eine Stimmenmehrheit der SPD-regierten Länder im Bundesrat gegenüber. Ohne eine Verständigung mit den der Opposition nahestehenden Landesregierungen wäre eine Regelung zur Einbeziehung der neuen Länder in den Finanzausgleich nicht möglich gewesen.

Die vollständige Einbeziehung der neuen Länder in die Finanzverfassung des Grundgesetzes spätestens zum 1. Januar 1995 war ein Auftrag des Einigungsvertrages an den Bundesgesetzgeber. Seitens des Bundes wurde zwar ein Konzept dazu vorgelegt, das jedoch von den Ländern in toto abgelehnt wurde. Die Länder wiederum hatten im Rahmen der Diskussion um eine Reform des Grundgesetzes auch Fragen einer Finanzreform erörtert. Diese Diskussion blieb zwar im Hinblick auf eine Reform der Finanzverfassung ohne Ergebnis, erarbeitet wurde jedoch ein Länderkonzept zur Integration der neuen Länder in den bundesstaatlichen Finanzausgleich. Dieses Konzept der Länder, nicht das des Bundes, wurde Gesetz.

7. Gemeinsamkeiten und Unterschiede im Verfahren

Allen hier diskutierten Gesetzgebungsverfahren war gemeinsam, daß sie in der ersten Beratungsphase im üblichen administrativen Aushandlungsverfahren auf Referenten- und Finanzministerebene entweder nur unter den Ländern oder zwischen Bund und Ländern behandelt oder entwickelt wurden. Das Verfahren zielte erst einmal auf Interessenabklärung und das Ausloten von übergreifenden Kompromißmöglichkeiten, nicht auf eine Beschränkung der an der Entscheidung Beteiligten. In allen Fällen gerieten jedoch die Verhandlungen, wenn auch in unterschiedlichen Phasen, ins Stocken, so daß Blockaden drohten.

Das Kernstück der Finanzreform von 1955, das Finanzverfassungsgesetz, drohte nach zwei Verfahren im Vermittlungsausschuß aufgrund der gegensätzlichen Interessen von Bund und finanzstarken Ländern zu scheitern. Gegen die Vorstellungen des Bundesfinanzministers opponierten vor allem die Landesregierungen von Nordrhein-Westfalen und Rheinland-Pfalz, beide zu dieser Zeit von CDU-Ministerpräsidenten regiert. Um die Konflikte zwischen dem von der CSU gestellten Bundesfinanzminister und den CDU/CSU-Ministerpräsidenten zu kanalisieren, sie nicht zu einem öffentlichen Schlagabtausch werden zu lassen, wurde CDU-intern im April 1954 ein Ausschuß "Große Steuerreform" als Plattform für Gespräche zwischen dem Bundesfinanzminister, den Ministerpräsidenten der Union und deren Finanzministern sowie Vertretern der CDU/CSU-Bundestagsfraktion gebildet. Ziel dieses Ausschusses war es, öffentliche Auseinandersetzungen zwischen Unionspolitikern in der Steuer- und Finanzpolitik zu vermeiden und parteiintern das formelle Vermittlungsverfahren zwischen Bundestag und Bundesrat vorwegzunehmen und es nach Möglichkeit entbehrlich werden zu lassen.[51] Das formelle Vermittlungsverfahren konnte dieser parteiinterne Gesprächskreis zwar nicht ersetzen, wohl aber entsprach der im dritten Vermittlungsverfahren vereinbarte Kompromiß in seinen Grundzügen einer Absprache von der Bonner Regierungskoalition nahestehenden Mitgliedern des Vermittlungsausschusses.[52]

Die Finanzreform von 1969 war vor allem in der SPD umstritten: Für die Spitzen der Bundestagsfraktion und damit die Parteiführung galt, durch die Verabschiedung der Finanzreform die eigene Regierungsfähigkeit zu beweisen. Widerstand gegen das Konzept der Bundesregierung, das von der SPD-Bundestagsfraktion unterstützt wurde, formulierten die Ministerpräsidenten der finanzstarken Länder, die mehrheitlich von der SPD gestellt wurden: Sie sahen in dem vorgelegten Konzept eine Verschiebung der föderalen Machtbalance zu Lasten der Länder.[53] Die politische Konfrontation verlief in der Schlußphase der Verhandlungen quer durch die politischen Lager: In der SPD stand die Bundestagsfraktion mehrheitlich gegen die vier sozialdemokratischen Ministerpräsidenten der finanzstarken Länder Bremen (1969 noch finanzstark!), Hamburg, Hessen und Nordrhein-Westfalen. Lediglich das SPD-geführte finanzschwache Niedersachsen war auf Seiten des Bundes zu finden. Allerdings setzten sich im Verlauf der Verhandlungen in der SPD-Bundestagsfraktion mehr und mehr die bevölkerungs- und zugleich finanzstarken Länder durch. Die von CDU-Ministerpräsidenten regierten Länder unterstützten - mit Ausnahme des finanzstarken Baden-Württemberg - das Bundeskonzept. In der CSU verlief die Konfliktlinie zwischen dem Parteivorsitzenden Bundesfinanzminister Strauß einserseits und der bayerischen Staatsregierung andererseits. Weil in der Schlußphase die finanzschwachen Länder eine Vetoposition im Hinblick auf die anstehende Verfassungsänderung hatten, drohte - falls keine Verständigung möglich war - die Große Koalition handlungsunfähig zu werden.[54] Zentral für die Kompromißbildung im zweiten Vermittlungsverfahren wurden die inhaltlich nahezu identischen Kompromisse, die zum einen auf der SPD-Schiene zwischen der Bundestagsfraktion, Hamburg als finanzstarkem Land und Niedersachsen als finanzschwachem Land sowie zum anderen zwischen Bundesfinanzminister Strauß und der bayerischen CSU-Landesregierung ausgehandelt worden waren.[55]

Bei der Neuregelung des Finanzausgleichs ab 1995 bestanden unterschiedliche parteipolitische Mehrheitsverhältnisse in Bundestag und Bundesrat. Dieser Umstand schloß

51 Vgl. *Renzsch* 1991: 164 ff.

52 Vgl. *Renzsch* 1991: 161.

53 Vgl. *Renzsch* 1991: 241 ff.

54 Vgl. *Renzsch* 1991: 246 ff.

55 Vgl. *Renzsch* 1991: 259.

Verhandlungen allein im Kreis der Mehrheitsfraktion aus. Die Länder konnten sich mit ihrem Modell gegenüber dem Bund durchsetzten, weil sie sich auf ein gemeinsames Konzept hatten verständigen können.[56] Der Verhandlungsprozeß unter den Ländern, der schließlich zu einem von allen Ländern unterstützten und damit gegenüber dem Bund durchsetzungsfähigen Vorschlag führte, war schwierig und wurde sowohl unter allen 16 Ländern wie auch in sich überschneidenden kleineren Gruppen (West- und Ost-, A- und B-Länder) geführt. Entscheidend wurden letztlich Verhandlungen im Kreis der sechs finanzschwachen SPD-regierten Länder, die ein von Bayern entworfenes Konzept, das auch von Nordrhein-Westfalen und Hessen unterstützt wurde, so modifizierten, daß es nach schwierigen Verhandlungen auch für die anderen Länder akzeptabel wurde.

Unterschiedliche finanzpolitische Interessen von Bund und Ländern und/oder unter den Ländern drohten in den diskutierten Fällen regelmäßig den Aushandlungsprozeß auf der Fachebene in eine Sackgasse zu leiten. Blockaden wurden durch politische Interventionen gelöst, sei es durch Ausschluß von Minderheiten durch parteipolitisch definierte Mehrheiten, die unter sich einen Kompromiß formulierten - eventuell zu Lasten der ausgeschlossenen Minderheit -, sei es, daß bei innerparteilichen Verhandlungen in einer der großen Parteien Lösungen gefunden wurden, die von allen Akteuren mitgetragen werden konnten.

Die Entscheidungsprozesse wurden, auch wenn sie formal konsensual beendet wurden, von politischen Weichenstellungen hinsichtlich der angestrebten Mehrheitsbildung strukturiert. Offensichtlich ist dies bei einem Ausschluß von parteipolitischen Minderheiten vom Entscheidungsprozeß: Die Regelung wird Vorteile für diese Gruppe und vermutlich Nachteile für die von den Verhandlungen Ausgeschlossenen enthalten. Mit einem Konsens ist nicht zu rechnen. Aber auch bei einstimmig getroffenen Regelungen ist es für die Inhalte entscheidend, in welcher Form sich während der Verhandlungen dominante Koalitionen herausbilden. Die Frage ist, ob es dem Bund gelingt, während der Verhandlungen die Länder zu fraktionieren und eine Koalition mit einer Ländergruppe zu schließen - so bei den Finanzreformen von 1955 und 1969 - oder ob es den Ländern gelingt, eine Fraktionierung zu verhindern und geschlossen dem Bund gegenüberzutreten, wie bei den Solidarpaktverhandlungen 1993. Die Finanzreformen von 1955 und 1969 reflektieren deutlich die gemeinsamen Interessen von Bund und finanzschwachen Ländern, wenn auch die Zugeständnisse an die finanzstarken Länder hinreichten, ihre - 1969 wegen der Verfassungsänderung notwendige - Zustimmung zu gewinnen. Der Solidarpakt ist deutlich stärker von den Interessen der Länder geprägt als von denen des Bundes.

---

56 Vgl. *Renzsch* 1994; *Stauch, Klusewitz* und *Gurgsdies* 1993.

8. Sechs Thesen zu administrativen und politischen Entscheidungsprozessen im parlamentarisch-föderalen Regierungssystem

These 1: Anpassungen der föderalen Finanzordnung werden dann erbracht, wenn die Gefahr eines Funktionsverlustes des bestehenden Systems unmittelbar droht oder zumindest die Risiken der Beibehaltung geltender Regelungen in naher Zukunft größer sind als die einer Neuregelung.

Staatliches Handeln ist auf Berechenbarkeit und Risikovermeidung hin angelegt. Unberechenbare Veränderungen werden, wenn es geht, vermieden.

Allen Modifikationen der föderalen Finanzbeziehungen sind krisenhafte Entwicklungen oder Verwerfungen vorausgegangen, die im Rahmen der geltenden Regelungen nicht hinreichend gelöst werden konnten. Die vor der Finanzreform von 1955 jährlich oder zweijährlich notwendigen Anpassungen des Finanzausgleichs waren derartig problembelastet, daß die notwendigen Gesetzesnovellierungen im Regelfall erst nach oder zum Abschluß der Haushaltsjahre rückwirkend in Kraft traten. Mit der Finanzreform von 1969 wurde versucht, ein ganzes Flechtwerk nicht transparenter bilateraler Finanzströme zwischen dem Bund und einzelnen Ländern zu systematisieren und auf einer geregelten multilateralen Basis durchschaubar werden zu lassen. Eine Regelung der Berücksichtigung der Ölfördereinnahmen wurde nötig, weil es politisch nicht vertretbar war, daß das Land, das die größten Leistungen aus dem Länderfinanzausgleich erhielt, mit diesen Einnahmen "reicher" wurde als das größte Zahlerland. Mit der "Albrecht-Initiative", dann dem Strukturhilfegesetz, sollten die Verwerfungen infolge des zunehmenden ökonomischen Süd-Nord-Gefälles aufgefangen werden, für deren Bewältigung das Finanzausgleichssystem keine hinreichenden Instrumente bot (bzw. die vorhandenen nicht hinreichend genutzt wurden). Im Fall der staatliche Vereinigung Deutschlands war absehbar, daß eine einfache Einbeziehung der neuen Länder in das Finanzausgleichssystem dieses überfordert und zu kaum kalkulierbaren finanzpolitischen Folgen geführt hätte.

These 2: Die Rationalität, oder genauer: die Ökonomie des politischen Systems tendiert dahin, die geringstmöglichen Anpassungsleistungen zu erbringen, um seine Funktionsfähigkeit und Berechenbarkeit hinreichend oder angemessen sicherzustellen.

Es ist in den eingangs dargestellten Theorien oder Theorieentwürfen unstreitig, daß in dem fragmentierten und verflochtenen politischen System der Bundesrepublik politische Entscheidungsfindungen vergleichsweise aufwendig sind. Die Akteure sind bestrebt, ihre Kosten, ihre Zugeständnisse gering zu halten. Der Gewinn aus den Verhandlungen muß den Preis legitimieren können. Der politische "Grenznutzen" des Aufwandes für Lösungen, die mehr Veränderungen als nötig beinhalten, ist aus der Sicht von egoistisch-rational Handelnden zweifelhaft.

Die Finanzreformen von 1955 und 1969 veränderten tatsächliche Zustände und Verfahren nur in geringem Maß; zumindest blieben sie, so weit sie es taten, in der Logik vorangegangener Entwicklungen. Sie waren eher Ausdruck von Kontinuität als von Veränderung. Sie systematisierten und verstetigten eher, als daß sie materiell reformierten.

Auch die Regelung der Einbeziehung der Ölförderabgabe in den Finanzausgleich und das Strukturhilfegesetz suchten möglichst geringfügige Anpassungen, um Verwerfungen möglichst schonend aufzufangen. Eine Beteiligung des Bundes an der Sozialhilfe hätte im System erheblich mehr und vor allem dauerhafter verändert als die nach dem Strukturhilfegesetz gewährten Investitionshilfen. Dieser Versuch einer Reform wie auch spätere Anläufe dazu scheiterten allerdings.

Auch bei der Einbeziehung der neuen Länder in den Finanzausgleich ab 1995 wurde eine Lösung gefunden, die - wie *Rolf Peffekoven* zu Recht anmerkte - alles "beim alten" beläßt.[57] Alternative Modelle, die von einigen Ländern zur Diskussion gestellt wurden, hatten keine wirkliche Aussicht auf Realisierung. In der Tat reichte es, eine nach dem Deckungsquotenverfahren ohnehin fällige Korrektur der Umsatzsteuerverteilung den neuen Ländern über den Umsatzsteuerausgleich zugute kommen zu lassen. Leicht modifiziert, reichten die Instrumente der Finanzreform von 1969 dafür aus. Die Regelungen zum Belastungsausgleich unter den alten Ländern und die Mittel zur Deckung teilungsbedingter Lasten sind als temporäre Übergangsmaßnahmen konzipiert. Im Rahmen des bestehenden Finanzausgleichssystems ist das eine für die nächsten Jahre vermutlich hinreichende Lösung, die mit einem kaum unterbietbar geringen Veränderungsaufwand erreicht wurde. Unter "hinreichend" soll dabei nicht verstanden werden, daß es in den nächsten Jahren keine Finanzausgleichsprobleme geben wird. Im Gegenteil, damit ist zu rechnen; aber das unmittelbar anstehende Problem, die Einbeziehung der neuen Länder, wurde im Rahmen der Möglichkeiten hinreichend geregelt.

In keinem Fall war ein theoretisches Konzept handlungsleitend. Auch das Gutachten der Troeger-Kommission[58], auf dem der Entwurf der Bundesregierung für die Finanzreform 1969 beruhte, präsentierte kaum einen "großen Wurf". Das verabschiedete Finanzreformgesetz verwässert den ursprünglichen Ansatz zudem erheblich.

Anders gesagt: Mehr zu erwarten als "inkrementalistische", bestenfalls mittelfristige Lösungen, hieße die Entscheidungsrationalität des bundesdeutschen Regierungssystems zu verkennen.

---

57 *Pfeffekoven* 1993.

58 Vgl. Kommission für die Finanzreform 1966.

These 3: Die Verhandlungsformen und -stile zwischen Bund und Ländern und insbesondere unter den Ländern fördern die Tendenz zu einvernehmlichen Lösungen, bei denen möglichst umfassend alle beteiligten Interessen berücksichtigt werden.

Bei den Verhandlungen unter den Ländern und zwischen Bund und Ländern begegnen sich sowohl auf Beamtenebene wie auch auf der politischen Führungsebene (Fachminister) immer wieder dieselben Personen. Innerhalb einer Ressortschiene sind an den Entscheidungen auf Arbeitsebene pro Land ein bis zwei Personen, der Bundesratsreferent (Finanzreferent) und vielleicht ein weiterer, je nach Themenbereich wechselnder Fachreferent, in entscheidender Weise beteiligt.

Die Ausgangspositionen bei Bund-Länder-Verhandlungen sind bei den einzelnen Akteuren von deren jeweiligen, allerdings sehr unterschiedlichen Optimalitätsgesichtspunkten geprägt. Da jedoch die Interessenlagen der anderen Beteiligten bekannt oder zumindest berechenbar sind, den Beteiligten deutlich ist, daß ein Ausgleich zwischen den verschiedenen Interessen notwendig ist, werden teils öffentlich, teils nur intern Minimalpositionen und Rückfallinien formuliert, wird festlegt, bis zu welchen Schmerzpunkten Zugeständnisse möglich sind.

Der Verhandlungsstil ist von Rücksichtnahme auf die verschiedenen Interessen geprägt. Das schließt sachliche Härte im Einzelfall nicht aus. Jedoch weiß jeder, daß nach Abschluß eines Tagesordnungspunktes oftmals noch am gleichen Tag mit denselben Personen über das nächste Thema verhandelt werden muß, daß auf vorteilhafte Koalitionen rasch nachteilige folgen können. Der Umstand des Aufeinander-angewiesen-Seins moderiert das Vertreten eigener Interessen und legt Rücksichtnahme nahe.

Zugleich ist die Beamtenebene bestrebt, möglichst viele Verhandlungsgegenstände einvernehmlich zu regeln. In einem ritualisierten Verfahren werden Tagesordnungspunkte, über die auf Arbeitsebene Einvernehmen erzielt wurde, in Listen zusammengefaßt. Im Regelfall werden diese Punkte ohne weitere Beratung auf der politischen Ebene in toto "abgesegnet". Konsens unter Beamten entlastet damit die politische Führung, die dafür meist dankbar ist. Umgekehrt bewahrt Konsens die Beamten vor (nicht immer als hilfreich empfundenen) Interventionen ihrer politischen Führungen.

Zwar konnte in etlichen Details auf Beamtenebene ein Konsens formuliert werden, nie aber in den entscheidenden Fragen. Wegen der sachlichen Interessengegensätze und begrenzten Spielräumen endeten die Verhandlungen auf Arbeitsebene regelmäßig in einer Blockade, die es dann auf der politischen Ebene zu lösen galt.

These 4: Bund-Länder-Konfliktlagen führen nicht notwendigerweise zu weiteren Zentralisierungen und Kompetenzverlusten der Länder.

Die Theoriediskussion der letzten Jahre erweckte teilweise den Eindruck einer unumkehrbaren Entwicklung einer fortschreitenden Zentralisierung und einer zunehmenden Aushöhlung der föderativen Substanz der Bundesrepublik. Sicherlich ist diese Sichtweise für einige, aber eben nicht alle Phasen der Geschichte der Bundesrepublik gerechtfertigt.

Erklärungsbedürftig ist nun, warum nach der deutschen Vereinigung der vielfach erwartete Zentralisierungsschub zu Lasten der Länder nicht eintrat. Es scheint eher, daß die Neuregelung des Finanzausgleichs die Länder gegenüber dem Bund stärkte. Dieses auf eine doppelte Weise: Zum einen konnten die Länder, weil sie sich untereinander verständigten, zumindest im Rahmen der gesamtstaatlichen Finanzverteilung eine Schwächung ihrer Position verhindern. Zum anderen machten die Länder auf der Handlungsebene die Erfahrung, daß es möglich ist und sich lohnen kann, in zweifellos schwierigen Aushandlungsprozessen gemeinsame Positionen zu entwickeln. Es hat sich gezeigt: Wenn die Länder in der Lage sind, sich trotz ihrer Interessengegensätze auf eine gemeinsame Position zu verständigen, dann sind sie stärker als der Bund. Sie haben gelernt, daß Aushandlungs- und Konsensbildungsstrategien allen Ländern nützen, sie haben gelernt, daß erfolgreiche Interaktionsbeziehungen zwischen den Ländern als Barriere gegen weitere Zentralisierungsschübe wirken.[59] Auch ohne übertriebenen Optimismus ist nicht auszuschließen, daß solche Erfahrungen fortwirken.

These 5: Bei Bund-Länder-Konflikten vollziehen sich die Kompromißformlierungsprozesse im wesentlichen in den politischen Parteien. Dies gerade dann, wenn es um Konflikte geht, die nicht parteipolitisch besetzt sind.

Die Parteien haben eine entscheidende Funktion bei der Lösung von Bund-Länder-Konflikten. Sie bilden so etwas wie eine "Klammer"[60], wie ein "Scharnier", das die verschiedenen Ebenen des Bundesstaates zusammenhält, "versäult"[61]: "Political parties bring together what institutions divide."[62]

Von Interesse ist hier die Lösung nicht-parteipolitisch besetzter Konflikte im Bund-Länder-Verhältnis unter der Bedingung, daß die Bundestagsmehrheit und die ihr parteipolitisch nahestehenden Landesregierungen nicht "durchregieren", also nicht einen Teil

59 Vgl. *Benz* 1991: 62.

60 *Lösche* 1989: 287.

61 *Hesse* und *Renzsch* 1991: 31 f.

62 *Bogdanor* 1988: 85.

der Bundesratmitglieder aus den informellen Entscheidungsprozessen ausschließen können.

Wenn im "normalen" Verfahren des Interessenausgleichs auf Beamten- und Fachministerebene eine Konfliktregulierung oder die Bildung der notwendigen Mehrheiten nicht zu erreichen ist, wenn es in eine Blockade führt, dann gewinnt die Politik, gewinnen die Parteien eine entscheidende Funktion. Die Vermittlung zwischen den verschiedenen Interessen und die Entwicklung von konsensfähigen Lösungen gelingt unter parteipolitisch befreundeten Regierungen eher als im Kreis aller Länder.

In Verhandlungen unter den Landesregierungen einer Partei oder bei innerparteilichen Bund-Länder-Verhandlungen gilt das Konsensprinzip. Nur dadurch kann die Loyalität und gemeinsames Handeln als parteipolitisch definierte Ländergruppe in den Entscheidungsgremien gesichert werden. Hierarchische Entscheidungsstrukturen, z.B. durch Vorgaben von Führungsgremien einer Partei, würden die notwendige Loyalität unterminieren.

Die Verhandlungen im kleineren Kreis der befreundeten Regierungen führen eher zu tragfähigen Ergebnissen als die unter allen Ländern. Die Beschränkung auf eine kleinere Zahl Beteiligter und eine Reduzierung der Interessenkonstellationen vereinfacht für sich bereits das Aushandeln von Kompromissen. Weil man als Partei handlungsfähig bleiben will, steigt auf der einen Seite die Kompromißbereitschaft der Beteiligten, zumal Zugeständnisse eher ohne Gesichtsverlust möglich sind. Auf der anderen Seite nimmt aber auch der Druck auf die Beteiligten zu, sich Lösungsmöglichkeiten nicht zu verschließen. Die Grenzziehung zu den anderen Parteien verstärkt die Verpflichtung gegenüber der eigenen Organisation.[63] Die gegenseitige Erwartung parteipolitischer Loyalität moderiert die Interessenvertretung. Der Kompromiß mit dem parteipolitisch verbundenen Verhandlungspartner fällt leichter als mit dem der parteipolitisch anderen Seite, man kommt dem Parteifreund, nicht dem politischen Gegner entgegen.

Konnte im Fall eines nicht-parteipolitisch besetzten Konflikts innerhalb einer der großen Parteien ein Konsensvorschlag entwickelt werden, dann spricht eine gewisse Wahrscheinlichkeit dafür, daß dieser Vorschlag auch im anderen parteipolitischen Lager eine Akzeptanzchance hat. Im Regelfall unterscheiden sich die interessenpolitischen Gemengelagen in den großen Parteien nicht erheblich, denn in ihnen sind alle wesentlichen Interessen repräsentiert: So fanden sich im Lager der SPD 1992/93 Regierungen

---

63 Vgl. *Benz* 1992: 162.

von finanzstarken und finanzschwachen alten Ländern und die eines neuen Landes, bei der CDU fehlten lediglich die Regierungen aus alten finanzschwachen Ländern.[64]

Die innerparteilichen Koordinierungsprozesse haben damit für die föderalen Aushandlungsprozesse ganz offensichtlich eine effizienzsteigernde Funktion. Das Interesse der Parteien am Erhalt und an der Darstellung ihrer Handlungsfähigkeit erscheint hier als ein Gegengewicht zu den der Politikverflechtung inhärenten Tendenzen zur Selbstblockierung. Effiziente Lösungen dienen der Legitimation der Parteien und der Stimmenmaximierung. Den Parteien als den politischen Akteuren kann damit eine wesentliche Katalysatorfunktion in föderativen Entscheidungsprozessen zugebilligt werden.

These 6: Föderative Entscheidungsprozesse werden, wenn sie zu einem Ergebnis führen, nicht unter dem Gesichtspunkt der Maximierung sachlicher Optimalität, sondern dem der politischen Akzeptanz gelöst. Unter sachlichen Gesichtspunkten sind das i.d.R. "Lösungen der zweiten Wahl".

Verhandlungsprozesse über Verteilungsprobleme der hier diskutierten Art laufen Gefahr, wegen der sachlichen Interessengegensätze der Akteure in Blockadesituationen zu geraten. Trotzdem gelang es immer wieder, durch politische Intervention Blockaden zu vermeiden und mittelfristige Problemlösungen zu vereinbaren. Die Lösungen sind dann zweifellos aus der Sicht der Beteiligten solche der "zweiten Wahl"[65], sachlich keine optimalen. Gleichwohl ist nicht zu verkennen, daß die so ausgehandelten Kompromisse ein hohes Maß zumindest an formaler politischer Akzeptenz besitzen. Das politische Optimum - hohe politische Akzeptanz - ist offensichtlich ein anderes als das sachliche Optimum.[66]

Für den politischen Entscheidungsprozeß, für die Politik, und damit für die parteipolitischen Akteure sind Sachfragen instrumentell.[67] Im Vordergrund des politischen Prozesses steht das Sichern und Ausüben von Macht und Einfluß; der Gegenstand, an dem der politische Machtkampf ausgetragen wird, ist letztlich zufällig und austauschbar. Für den politischen Akteur steht das eigene Ansehen als Gestalter, als "Macher" im Vordergrund, sein Erfolg (und der seiner Partei) ist das primäre Ziel seiner Bemühungen, die sachlich angemessene Problemlösung das sekundäre, wenn auch ein wichtiges Ziel.

---

64 Diese Interessenkonstellation im Unionslager erklärt, warum die Bundesregierung ein Modell für einen gesamtdeutschen Finanzausgleich favorisierte, nach dem die alten finanzschwachen Länder die höchsten Lasten der Einbeziehung der neuen Länder zu tragen gehabt hätten; vgl. dazu Anm. 37.

65 *v. Beyme* 1993: 26.

66 "Politik ist letzten Endes nicht die Kunst, die richtigen Sachlösungen zu finden, sondern die Kunst, Folgebereitschaft für möglichst effektive Sachlösungen zu schaffen. Sachlich nachrangige Lösungen sind dabei oft die politisch erstrangigen." (*Münch* 1993: 154).

67 Vgl. *Fürst* 1975: 236.

Zwischen dem Ziel des Erfolges im Machtkampf und dem einer sachlich angemessenen Lösung besteht nicht notwendigerweise ein Widerspruch, denn der vertretbare Kompromiß dient der Legitimation der Akteurs (und seiner Partei) wie der des politischen Systems generell. Aus diesem Grunde haben die politischen Akteure ein hohes Interesse an dem Vermeiden von Blockaden und an der Bildung von handlungsfähigen Mehrheiten oder Konsenslösungen. Ein Scheitern, das im Regelfall schwieriger politisch zu legitimieren sein dürfte, schwieriger zu "verkaufen" als ein vertretbarer Kompromiß, droht tendenziell die Funktionsfähigkeit des politischen Systems infrage zu stellen. In diesem Sinne verbindet alle politischen Akteure das gemeinsame Interesse am Funktionieren des Systems. Eine politisch abgesicherte, von einer möglichst breiten Mehrheit getragene "Lösung der zweiten Wahl" kann auf Dauer mehr Stabilität produzieren als eine umstrittene optimale Lösung. Aus der politischen Entscheidungsfindung erwachsen daher Gegengewichte zu den Blockadetendenzen des administrativen Aushandlungsprozesses.

Literaturverzeichnis

Abromeit, Heidrun, 1992: Der verkappte Einheitsstaat, Opladen.

Abromeit, Heidrun, 1993: Interessenvermittlung zwischen Konkurrenz und Konkordanz, Opladen.

Benz, Arthur, 1989: Regierbarkeit im Bundesstaat - Eine Bilanz der Föderalismusforschung, in: Stephan von Bandemer/Göttrik Wewer (Hrsg.), Regierungssystem und Regierungslehre. Fragestellungen, Analysekonzepte und Forschungsstand, Opladen.

Benz, Arthur, 1991: Umverteilung durch Verhandlungen? Kooperative Staatspraxis bei Verteilungskonflikten, in: Staatswissenschaften und Staatspraxis, 2. Jhrg., Heft 1, 46 - 75.

Benz, Arthur, 1992: Mehrebenen-Verflechtung: Verhandlungsprozesse in verbundenen Entscheidungsarenen, in: Arthur Benz/Fritz W. Scharpf/Reinhard Zintl (Hrsg.), Horizontale Politikverflechtung. Zur Theorie von Verhandlungssystemen, Frankfurt a.M. und New York, 147 - 205.

von Beyme, Klaus, 1993: Die politische Klasse im Parteienstaat, Frankfurt a.M.

Bogdanor, Vernon, 1988: Federalism in Switzerland, in: Government and Opposition, Vol. 23, No. 1, 69 - 126.

Elazar, Daniel J., 1987: Exploring Federalism, Tuscaloosa, AL.

Fürst, Dietrich, 1975: Kommunale Entscheidungsprozesse. Ein Beitrag zur Selektivität politisch-administrativer Prozesse, Baden-Baden.

Gabriel, Oscar W., 1994^2: Föderalismus und Parteiendemokratie in der Bundesrepublik Deutschland, in: Arthur G. Gunlicks/Rüdiger Voigt (Hrsg.), Föderalismus in der Bewährungsprobe: Die Bundesrepublik Deutschland in den 90er Jahren, 2. Auflage, Bochum, 101 - 124.

Haungs, Peter, 1991: Parteipräsidien als Entscheidungszentren der Regierungspolitik - Das Beispiel der CDU, in: Hans-Hermann Hartwich/Göttrik Wewer (Hrsg.), Formale und informale Komponenten des Regierens (=Regieren in der Bundesrepublik II), Opladen.

Hesse, Joachim Jens/Renzsch, Wolfgang 1991: Zehn Thesen zur Entwicklung und Lage des deutschen Föderalismus, in: Joachim-Jens Hesse/Wolfgang Renzsch (Hrsg.), Föderalstaatliche Entwicklung in Europa, Baden-Baden.

Hesse, Joachim Jens/Benz, Arthur, 1990: Die Modernisierung der Staatsorganisation. Institutionenpolitik im internationalen Vergleich: USA, Großbritannien, Frankreich, Bundesrepublik Deutschland, Baden-Baden.

Kommission für die Finanzreform, 1966: Gutachten über die Finanzreform in der Bundesrepublik Deutschland, Stuttgart.

Lehmbruch, Gerhard, 1976: Parteiendemokratie im Bundesstaat, Stuttgart.

Lehmbruch, Gerhard, 1990: Vorwort, in: Josef Schmid, Die CDU. Organisationsstrukturen, Politiken und Funktionsweisen einer Partei im Föderalismus, Opladen.

Lehmbruch, Gerhard, 1992: Die deutsche Vereinigung. Strukturen der Politikentwicklung und strategische Anpassungsprozesse, in: Beate Kohler-Koch (Hrsg.), Staat und Demokratie in Europa. 18. Wissenschaftlicher Kongreß der Deutschen Vereinigung für Politische Wissenschaft, Opladen.

Lijphardt, Arend, 1984: Democracies. Pattern of Majoritarian and Consensus Government in Twenty-One Countries, New Haven und London.

Lösche, Peter, 1989: Parteienstaat Bundesrepublik - Koalitionsstaat USA. Überlegungen zum Vergleich von Regierungssystemen, in: Zeitschrift für Parlamentsfragen, 20. Jhrg., Heft 2, 283 - 291.

Lösche, Peter/Walter, Franz, 1992: Die SPD: Klassenpartei - Volkspartei - Quotenpartei, Darmstadt.

Mäding, Heinrich, 1992: Die föderativen Finanzbeziehungen im Prozeß der deutschen Einigung - Erfahrungen und Perspektiven, in: Hans-Hermann Hartwich/Göttrik Wewer (Hrsg.), Ökonomische und fiskalische Bestimmungsfaktoren des Regierens (=Regieren in der Bundesrepublik IV), Opladen, 183 - 214.

Münch, Richard, 1993: Das Projekt Europa. Zwischen Nationalstaat, regionaler Autonomie und Weltgesellschaft, Frankfurt a.M.

Murswieck, Axel, 1991: Die Notwendigkeit der Parteien für die funktionelle Integration der Regierungsgeschäfte, in: Hans-Hermann Hartwich/Göttrik Wewer (Hrsg.), Systemsteuerung und "Staatskunst" (=Regieren in der Bundesrepublik III), Opladen.

Peffekoven, Rolf, 1993: Im Finanzausgleich alles beim alten, in: Süddeutsche Zeitung, 26. April 1993.

Popitz, Johannes, 1927: Der Finanzausgleich, in: Handbuch der Finanzwissenschaften, Bd. II, Tübingen, 338 - 375.

Renzsch, Wolfgang, 1989: Föderale Finanzbeziehungen im Parteienstaat. Eine Fallstudie zum Verlust politischer Handlungsmöglichkeiten, in: Zeitschrift für Parlamentsfragen, 20. Jhrg., Heft 3, 331 - 345.

Renzsch, Wolfgang, 1991: Finanzverfassung und Finanzausgleich. Die Auseinandersetzungen um ihre politische Gestaltung in der Bundesrepublik Deutschland zwischen Währungsreform und deutscher Vereinigung (1948 bis 1990), Bonn.

Renzsch, Wolfgang, 1994: Föderative Problembewältigung: Zur Einbeziehung der neuen Länder in einen gesamtdeutschen Finanzausgleich ab 1995, in: Zeitschrift für Parlamentsfragen, 25. Jhrg., Heft 1, 116 - 138.

Riker, William H., 1964: Federalism. Origin, Operation, Significance, Boston und Toronto.

Scharpf, Fritz W., 1985: Die Politikverflechtungs-Falle: Europäische Integration und deutscher Föderalismus im Vergleich, in: Politische Vierteljahresschrift, 26. Jhrg., Heft 4, 323 - 355.

Scharpf, Fritz W., 1990: Föderalismus an der Wegscheide: Eine Replik, in: Staatswissenschaften und Staatspraxis, 1. Jhrg., Heft 4, 579 - 587.

Scharpf, Fritz W./Reissert, Bernd/Schnabel, Fritz, 1976: Politikverflechtung: Theorie und Empirie des kooperativen Föderalismus in Deutschland, Kronberg/Ts.

Scharpf, Fritz W./Benz, Arthur 1991: Kooperation als Alternative zur Neugliederung? Zusammenarbeit zwischen den norddeutschen Länder, Baden-Baden.

Schmid, Josef, 1990: Die CDU. Organisationsstrukturen, Politiken und Funktionsweisen einer Partei im Föderalismus, Opladen.

Stauch, Matthias/Klusewitz, Stefan/Gurgsdies, Manfred, 1993: Die Neuordnung des bundesstaatlichen Finanzausgleichs durch die Finanzreform 1995 einschließlich der Regelungen zur Haushaltssanierung Bremens und des Saarlandes, in: Neuordnung des Finanzausgleichs zwischen Bund und Ländern und ihre Auswirkungen auf das Land Bremen, hrsg. vom Senator für Finanzen der Freien Hansestadt Bremen (=Schriften zur Finanz- und Verwaltungspolitik, Bd. 3), Bremen.

3. Kapitel

Akteure im kooperativen Staat

Der "kooperative Staat" im Prozeß der deutschen Vereinigung*

Roland Czada

> Unser Weg in die Zukunft ist unsicherer, als er es noch vor fünf oder zehn Jahren war. Die Zukunft, in die wir hineingehen, ist schwierig. Sie ist nicht ohne weiteres mehr kalkulierbar, so wie das einige Jahrzehnte in der Vergangenheit war.
>
> *Roman Herzog*[1]

Die zweite deutsche Republik ist durch eine bemerkenswerte Erwartungsstabilität und Berechenbarkeit im politischen Akteursystem gekennzeichnet, die nicht zuletzt in dem von *Ernst-Hasso Ritter* geprägten Begriff des "Kooperativen Staates" zum Ausdruck kommen.[2] Es handelt sich um ein politikverflochtenes und von korporatistischer Verbändeeinbindung geprägtes Regierungssystem, dessen komplizierte innere Machtverteilung wechselseitige Abhängigkeit und Verpflichtung hervorbringt.

Die deutsche Vereinigung ist für dieses System eine besondere Herausforderung. Sie verlangt von den politischen Akteuren ein hohes Maß der situativen Anpassung. Dies betrifft sowohl die Fülle neuer Probleme und Aufgaben als auch die Anpassung an ein verändertes institutionelles Umfeld, das durch die Errichtung von fünf neuen Bundesländern und der Treuhandanstalt geprägt ist. Das Ausmaß der Erwartungsunsicherheit und schwindenden Kalkulierbarkeit des politischen Handelns unterscheidet die Nachvereinigungsphase von der alten Bundesrepublik. Der Unterschied erscheint umso folgenreicher, je geringer man die Fähigkeit der Politik, mit Unsicherheit umzugehen, veranschlagt. Sind ihre Konfliktregelungsmechanismen und Konzepte auf flexibles Handeln eingerichtet, dann erscheinen Veränderungen in der Problemumwelt kaum dramatisch. Dies ist nicht zuletzt eine Frage der Anpassungsreserven bzw. des "organizational slack" im Regierungssystem.[3] Je größer diese Reserven sind, desto flexibler kann die Politik neue Probleme lösen, ohne die Grundlinien des Institutionengefüges korrigieren zu müssen. Erst wenn die Problem so neuartig sind und Konflikte so massiv werden, daß sie in den bestehenden Strukturen des "kooperativen Staates" nicht bewältigt wer-

---

* Bei dem Beitrag handelt es sich um eine durch Zitationen und Zwischentitel ergänzte Antrittsvorlesung vom 25. Mai 1994, die der Autor anläßlich seiner Ernennung zum Privatdozenten der Fakultät für Verwaltungswissenschaft an der Universität Konstanz gehalten hat.

1 In seiner Rede nach der Wahl zum Bundespräsidenten am 23. Mai 1994. Vgl. Frankfurter Allgemeine Zeitung, 25.5.1994: 4.

2 *Ritter* 1979: 37 f.

3 Vgl. zum Begriff des "organizational slack": *Cyert* und *March* 1963: 37 f.

den können, stellt sich die Frage nach der Notwendigkeit und den Schranken einer institutionellen Reformpolitik. Sie richtet sich auf das Thema der Politikentwicklung in den Akteursnetzwerken der Vereinigungspolitik. Insofern geht es weniger um die Anpassung der politischen Wertordnung an die Bedürfnisse des vereinigten Deutschland bzw. um die normativ zu erörternde Frage einer Verfassungsreform, sondern darum, wie neue, drängende Problemlagen von den Akteuren im politischen System verarbeitet werden, und inwiefern sich dabei dieses System in seiner Betriebsweise und Struktur selbst verändert.[4]

1. Überraschungen im Vereinigungsprozeß

Das auffallendste Merkmal des deutschen Vereinigungsprozesses bestand darin, daß über Jahre hinweg vieles anders kam als man zuvor gedacht hatte. Niemand konnte im November 1989 als die Berliner Mauer gefallen war, voraussehen, woran sich nur wenige Monate später, im Frühjahr und Sommer 1990, übersteigerte Hoffnungen knüpfen sollten. Die deutsche Einheit kam auch für Experten völlig unvermutet. Und mit ihrer Verwirklichung am 3. Oktober 1990 war die Zeit der Überraschungen noch keineswegs zu Ende. Wo Voraussagen gemacht wurden - eine neue deutsche Verfassung, blühende Landschaften im Osten, ein friedliches Zeitalter nach dem Ende des kalten Krieges - wurden sie meist enttäuscht. Politiker, die 1990 in der Privatisierung der DDR-Wirtschaft einen Beitrag zur Tilgung der Staatsschulden gesehen hatten, waren überrascht als sich in Wirklichkeit eine Fiskalkrise ankündigte; oder als die Massenarbeitslosigkeit bedrohlich anschwoll, wo viele ein zweites Wirtschaftswunder erhofft hatten.

In der Vereinigungspolitik folgte auf anfängliche Zuversicht oft Skepsis, hier und da auch tiefgründiger Pessimismus, der zuletzt weniger die Zukunft und Leistungsfähigkeit der Wirtschaft, zunehmend aber die Anpassungsflexibilität des politischen Systems betrifft. Von politischer Lähmung sprach Jürgen Habermas, und er meinte die Unfähigkeit der Politik, realistisch auf die Fülle der Probleme einzugehen, die sich seit dem Ende des kalten Krieges und infolge der deutschen Vereinigung ergeben haben.[5] Ähnlich äußerte sich *Arnulf Baring*. Er meint: "Lethargisch wird das Land von einer visionslosen Politikerklasse verwaltet, die müde nach den Regeln der letzten vierzig Jahre weiter-

---

4 Dies ist ein policy-analytisches Vorgehen (*Lowi* 1964; *Windhoff-Héritier* 1987), das - ebenso wie organisationswissenschaftliche Kontingenztheorien (*Thomson* und *Tuden* 1959; *Emery* und *Trist* 1965; *Thomson* 1967) - den äußeren Herausforderungen an ein Handlungssystem stil- und strukturprägende Eigenschaften zubilligt. Es steht in Kontrast zu den in der Vereinigungsforschung vorherrschenden ökonomischen Analysen und zu Ansätzen der Politikwissenschaft, die auf institutionelle Beharrungskräfte abheben und darüber die Freiheitsgrade politischen Handelns eher gering einschätzen.

5 Vgl. *Habermas*' Beitrag "Gelähmte Politik" in Der Spiegel, 12.7.1993: 50; sowie seine Aufsatzsammlung mit dem bezeichnenden Titel "Vergangenheit als Zukunft"; *Habermas* 1993b.

wurstelt".[6] Und er fragt an anderer Stelle, wie "diese chronische Blindheit" zu erklären sei, "wo doch jedes Kind begriffen hat, was wirklich geschah".[7] Liegt es am politischen System, das "nicht flexibel genug ist, um mit dem Gewicht und der Masse der Probleme, die sich ihm stellen, fertig zu werden"?

Diese mit Kritik durchsetzte Sorge teilt er mit vielen weiteren Analysen zur Vereinigungspolitik. Sie skizzieren die Vereinigungspolitik als eine "Leporello-Arie der Fehler und Versäumnisse".[8] Diese Sicht ist mit der in der Politikwissenschaft vorherrschenden durchaus im Einklang. Auch hier findet sich - zum Beispiel in einigen Forschungsbeiträgen das Bild einer im ganzen verhängnisvollen Vereinigungspolitik, die Veränderungen in ihrem Problemumfeld zu ignorieren scheint, wenn sie mit althergebrachten Rezepten völlig neuen Herausforderungen begegnet.[9] Daß es diese Herausforderungen gibt, ist - so meine ich - unumstritten. Die Aufgaben und Handlungsbedingungen der Politik haben sich infolge der deutschen Vereinigung sogar fundamental verändert. Dies gilt für nahezu alle Politikbereiche: Wirtschaftspolitik, Finanzpolitik, Sozialpolitik, die Außen- und Sicherheitspolitik, die Bildungspolitik, und so weiter.

1.1 Veränderungen im Institutionengefüge

Auch das politische Institutionengefüge hat sich verändert: Während die Bundesrepublik nach außen Souveränität gewann, ist ihr innerer Aufbau komplizierter geworden. Anstelle von vormals elf gibt es jetzt 16 Bundesländer. Deren ökonomische Strukturen und Leistungskräfte divergieren so stark, daß hergebrachte Ausgleichsmechanismen zu versagen drohen wenn man an bisherigen Homogenitätsansprüchen festhält.[10] Außerdem wird die Unterscheidung von A- und B-Ländern gemäß ihrer parteipolitischen Stellung zur Bundesregierung fragwürdig angesichts einer vielfältigen, in den neuen Bundesländern zudem brüchigen Koalitionslandschaft. Die Zahl der den Parteienwettbewerb prägenden "relevanten Parteien" mit mehr als 2 Prozent Wählerstimmenanteil[11] hat sich von drei im Jahre 1980 auf sechs im Vereinigungswahljahr 1990 verdoppelt.[12] Dies alles kann, wenn nicht situative Besonderheiten entgegenwirken, die föderalen

6 *Baring* 1993: 12.

7 *Baring* 1994: 12.

8 so *Hankel* 1993. Ähnlich: *Schmidt* 1993; *Dettling* 1994.

9 *Lehmbruch* 1991, 1992 und 1994; *Seibel* 1992b.

10 *Biedenkopf* 1994: 63.

11 *Beyme* 1992: 327.

12 Mehr als zwei Prozent der Gesamtstimmen erhielten neben CDU/CSU, SPD und FDP, Grünen und Republikanern die beiden damals nur in den neuen Bundesländern wählbaren Parteien: PDS und Bündnis 90. Die PDS wird aller Voraussicht nach in den Landtagen der neuen Bundesländer ihre Stellung längerfristig halten und mancherorts sogar ausbauen können.

Verhandlungssysteme und die politischen Handlungsbedingungen auf Bundesebene nachhaltig beeinträchtigen. Insbesondere die Bildung von Koalitionsregierungen in Bund und Ländern droht durch vereinigungsbedingte Veränderungen im Parteiensystem so kompliziert zu werden, daß nicht nur zwischen, sondern auch innerhalb der Parteien ganz neue politische Frontstellungen und Unsicherheiten entstehen können.

Weiterhin ist auf der Zwischenebene von Bund und Ländern sowie im Grenzbereich von Staat und Wirtschaft ein weitläufiger Treuhand-Komplex entstanden.[13] In seinem Zentrum steht die im März 1990 durch Erlaß des DDR-Ministerrates gegründete Treuhandanstalt (THA). Den frühere Bundeskanzler Helmut Schmidt nannte sie eine "für alle sechs ostdeutschen Landesregierungen sehr mächtige Nebenregierung".[14] In ihr ist das Ziel des marktwirtschaftlichen Aufbaus rechtlich und organisatorisch verankert. Wir wissen inzwischen, daß diese Aufgabe auch in einem Jahrzehnt nicht vollständig erfüllt sein kann. Die Nebenregierung Treuhandanstalt wird daher zu einer Dauereinrichtung. Sie wird ihre nach 1994 verbleibenden Aufgaben als "Bundesanstalt für Vereinigungsbedingte Sonderaufgaben" (BVS) fortführen. Der Treuhand-Komplex ist schon heute reich an Formen der Politikverflechtung zwischen Bund und Ländern, der gemischtwirtschaftlichen Aufgabenerledigung und der "private-public-partnerships". Sie entwikkelten sich ständig und können Vorbildcharakter für künftige Verwaltungsstrukturen gewinnen, soweit sie dem Leitbild des "schlanken Staates" folgen, in dem öffentliche Aufgaben an verselbständigte Verwaltungseinheiten und parastaatliche Trägerorganisationen ausgelagert sind.[15]

1.2 Institutionentransfer und Vereinigungskrise

Die skizzierten Neuerungen im Bund-Länder Verhältnis, im Parteiensystem und im Verwaltungsaufbau sind direkte und offenkundige Folgen der deutschen Vereinigung. Sie verändern das politische Akteursystem ohne daß damit zwangsläufig neue, innovative Problemlösungen verbunden wären.

Anpassungshandeln ist vielmehr an ein Programm geknüpft, das eigentlich die Kontinuität der alten Bundesrepublik sichern sollte. Die Übertragung der westdeutschen Institutionen in die neuen Bundesländer führte zu einer spezifischen Form der situativen Problemanpassung. Da die politischen Institutionen einschließlich aller gesetzlichen

---

13 Hierzu: *Schuppert* 1992; *Czada* 1993; *Czada* 1994.

14 *Schmidt* 1993: 110, 32.

15 Das Konzept des "schlanken Staates" meint die Auslagerung von Staatsaufgaben auf verselbständigte Verwaltungseinheiten und parastaatliche Aufgabenträger. Nach Vorstellungen dieses z.B. in Brandenburg kursierenden Verwaltungsreformkonzepts soll auf diese Weise das Regierungszentrum entlastet und aufgrund größerer Problemnähe und Flexibilität die Effizienz der Aufgabenerledigung gesteigert werden.

und untergesetzlichen Regelwerke der alten Bundesrepublik unverändert übertragen wurden, erwiesen sich die mit ihnen transferierten Problemlösungen oft als untauglich. Wo sie scheiterten kam es zu Anpassungshandeln auf der operativen Ebene der Vereinigungspolitik.

Bevor ich diesen Übergang vom Programm des Institutionentransfers zum lokalen Anpassungshandeln in den Netzwerken der Vereinigungspolitik näher beschreibe, wäre allerdings eine Frage zu beantworten: Wie kam es zu der folgenreichen Entscheidung für die unveränderte Übertragung des gesamten westdeutschen Rechtssystems in die neuen Bundesländer. Die Frage ist deshalb zu stellen, weil maßgebliche politische Akteure die Vereinigung mit institutionellen Reformen verknüpfen wollten. Im Frühjahr 1990 hatte sich *Ulf Fink*, Mitglied im Bundesvorstand der CDU und einer der stellvertretenden DGB-Vorsitzenden, vehement dagegen ausgesprochen, die "in der Bundesrepublik bekannten Systemmängel unreflektiert auf die DDR zu übertragen".[16] Diese Meinung war noch viel ausgeprägter in der SPD anzutreffen und auch die FDP war bestrebt, die Vereinigung als ein Vehikel für ihre ordungspolitischen Ziele auszunutzen. Und auch etliche Interessenverbände - z.B. der AOK-Bundesverband und der Verband der Ersatzkassen" wandten sich - ich zitiere aus einer Pressemitteilung vom Frühjahr 1990 - "gegen eine kritiklose Übertragung bundesdeutscher Regelungen in die neuen Bundesländer".

Wolfgang Schäuble begründete vor dem Hintergrund solch kritischer Stimmen die Entscheidung für den Beitritt nach Artikel 23 GG, weil - so schreibt er in seinem Buch "Der Vertrag", jeder andere Weg (namentlich eine Rekonstitution der Bundesrepublik nach Artikel 146) "auf etwas ganz neues hinausgelaufen" wäre, was vor allem die Bundesregierung im Unterschied zu vielen anderen politischen Akteuren unter keinen Umständen wollte.[17] Später hat sich dann selbst Schäuble kritisch zum Institutionentransfer geäußert, und zwar weil er in vieler Hinsicht für den Aufbau-Ost hinderlich gewesen ist. Ich darf noch einmal zitieren, und zwar den sächsischen Innenminister *Heinz Eggert*. Er schreibt:

> "Wenn die Bundesrepublik Deutschland 1955 die Gesetzlichkeiten des Jahres 1993 gehabt hätte, dann hätte Ludwig Erhard noch soviele Zigarren rauchen können - der Wirtschaftsaufschwung wäre nie gekommen. Selbst einer der Architekten des Einigungsvertrages, Wolfgang Schäuble, stellt sich mittlerweile die Frage, ob es richtig war, die ganze Rechts- und Verwaltungsordnung von heute auf morgen in die neuen Bundesländer zu übertragen. Hätte man nicht besser Schwerpunkte setzen sollen?"[18]

---

16 zit. nach *Manow* 1994: 50.

17 *Schäuble* 1991: 115 f.

18 *Eggert* 1994: 23.

Der Institutionentransfer und mit ihm die Übertragung herkömmlicher Problemlösungen auf neue Sachverhalte gilt als einer der Gründe für die Vereinigungskrise, die spätestens 1992 weite Bereiche der Innen- und Außenpolitik erfaßt hatte. In der Wirtschaftspolitik war sie unübersehbar geworden, als der für seine neoklassische Orthodoxie bekannte Sachverständigenrat zur Begutachtung der wirtschaftlichen Lage in seinem Jahresgutachten 1992 lapidar gestehen mußte: "Das Vertrauen in den mit viel Zuversicht eingeschlagenen marktwirtschaftlichen Weg ist erschüttert".[19] Zugleich empfahl er eine Anpassung des institutionellen Rahmens und der regulativen Politik an die neuen Problemlagen.[20]

2. Kompetenz-Schwierigkeitslücke im Vereinigungsprozeß

Angesichts der durch den Institutionentransfer mitverursachten Vereinigungskrise stellt sich umso dringlicher die Frage: Warum beharrte die Vereinigungspolitik trotz einzigartiger Herausforderungen zunächst und in vielen Bereichen sogar nachhaltig auf Konzepten, Instrumenten und Institutionen die unter ganz anderen Bedingungen in der alten Bundesrepublik entstanden sind? Sie wird einerseits mit Verweis auf "institutionelle Engpässe" des Regierungsystems beantwortet, wozu vor allem auch die föderale Politikverflechtung gezählt wird.[21] Zum anderen werden "Lethargie"[22], psychologische Streßreaktionen[23] und "Unkenntnis" bzw. Inflexibilität der politischen Führung[24] als Ursachen angeführt. Diese institutionellen und an Persönlichkeitsfaktoren festgemachten Erklärungen können - so meine ich - nicht ganz befriedigen, vor allem weil nach 1992 am Programm des Institutionentransfers deutliche Korrekturen sichtbar werden, die in den gleichen Institutionen und von den gleichen Akteuren bewerkstelligt wurden, die zuvor noch als Hemmfaktoren benannt werden.

Um diesem Umschwung gerecht zu werden, ist den gängigen Erklärungen eine weitere hinzufügen, nämlich die Kompetenz-Schwierigkeitslücke, in welche die Politik aufgrund der Problemdynamik, der ständigen Überraschungen und Handlungsunsicherheiten unvermeidlich geraten mußte. Kompetenz-Schwierigkeitslücke bezeichnet im Anschluß an den Entscheidungstheoretiker *Ronald Heiner* die Distanz zwischen der Kompetenz der in der Vereinigungspolitik relevanten Akteure und der Schwierigkeit bzw. Neuartigkeit ihrer Aufgabe.[25] Wachsender Zeit- und Problemdruck bei gleichzeitiger

19 SVR 1992: 179.

20 SVR 1992: 180; SVR 1991: 167; *Hüther* 1993: 31 u. 37.

21 zuerst: *Lehmbruch* 1991: 598 ff.

22 *Baring* 1993: 12.

23 *Seibel* 1992: 340.

24 *Schmidt* 1993: 24 u. 29 ff.; *Hankel* 1993.

25 *Heiner* 1994.

Verknappung der Lösungsmöglichkeiten vergrößern diese Distanz. Die Folge ist, daß eine unerwartete Eröffnung von Handlungsspielräumen zwar Chancen erweitert, gleichzeitig aber die Möglichkeit rational-kalkulierter Chancenwahrnehmung einschränkt. Der in der Vereinigungspolitik beobachtbare Aufschub von Anpassungsverhalten erscheint vor diesem Hintergrund plausibel; ebenso die langsame Einstellung auf neue Verhaltensmuster im Gefolge veränderter Problemlagen.

Das läßt sich für verschiedene Politikfelder belegen. *Manow*[27] berichtet in seiner Untersuchung zur Vereinigungspolitik im Gesundheitssektor von erratischen Strategieformulierungen der beteiligten Verbände und Parteien, die in den Monaten von März bis Juni 1990 letztlich doch zu einer gemeinsam verfolgten Politik des Status-quo Erhaltes führte. Ähnliche Umorientierungen sind *Renate Mayntz* zufolge im Forschungssektor zu beobachten, wo die westdeutschen Akteure spätestens dann, als sie ihre eigene Identität und Integrität gefährdet sahen, die vollständige Umstrukturierung des ostdeutschen Forschungssystems nach westdeutschem Muster betrieben haben.[26] Ebenso scheint in den Debatten um die Neuordnung des föderalen Finanzausgleichs das status-quo Interesse in dem Maß zuzunehmen, in dem sich die künftigen Schwierigkeiten des Vereinigungsprozesses offenbaren. Viele Experten meinten, die Probleme der Einheit könnten nur durch eine grundlegende Finanzrefom bewältigt werden.[27] Dafür gab es auch gute Gründe - vor allem als bekannt wurde, daß keine Privatisierungserlöse der Treuhandanstalt anfielen und stattdessen langandauernde Aufbauhilfen in den Osten fließen müssten. Der Sachverständigenrat hatte daher in seinem Jahresgutachten 1992/93 eine Fundamentalreform des föderalen Finanzausgleichs vorgeschlagen.[28] Das Modell sah eine Absenkung der Ausgleichsintensität vor und sollte die Länder im Gegensatz zum bestehenden System vor wechselseitiger Ausbeutung schützen, ja sie sogar anspornen, ihre originäre Finanzkraft zu steigern - ein Ziel, das in wissenschaftlichen Stellungnahmen seit langem angestrebt wird.

Tatsächlich ist auch hier eine Gelegenheit zur Reform verstrichen. Mit der Einbeziehung der neuen Länder in die bundesstaatliche Finanzverfassung hat sich an der gewohnten Praxis nichts geändert.[29] Lediglich auf der Aufbringungsseite ergab sich eine neue Steuer- und Lastenverteilung zum Nachteil des Bundes. Ein aus Bayern kommender Vorschlag konnte sich gegenüber Reformüberlegungen aus Baden-Württemberg und Bremen sowie der Bundesregierung durchsetzen, weil er sich am engsten an das bestehende System anlehnte. *Renzsch* zeigt, daß in der wissenschaftlichen Diskussion zum

---

27 *Manow* 1994.

26 *Mayntz* 1992: 52 - 77.

27 *Scharpf* 1990; *Mäding* 1992; *Lehmbruch* 1991; SVR 1992.

28 SVR 1992: 212 ff.

29 *Renzsch* 1994: 124.

föderalen Finanzausgleich der Reformbedarf überschätzt wurde, und gleichzeitig "die Reichweite kleinschrittiger Strukturanpassungen unterschätzt".[30] Die Logik des Anpassungsprozesses zielt nach seiner Beobachtung auf "die geringstmögliche Änderung des bestehenden Zustandes, die notwendig ist, um ein Problem zu lösen.[31] Er erklärt dies damit, daß Veränderungen aus der Sicht der Politik kontrollierbar bleiben müssen und daher eher vorsichtig angegangen werden. Das Ergebnis ist demnach keineswegs institutionellen oder kognitiven Beharrungskräften zuzuschreiben, sondern den Interessen aller an einer Situationsbeherrschung, die mit geringstmöglichen Risiken behaftet ist.

Das Beharrungsverhalten, das im Programm des Institutionentransfers zum Ausdruck kommt, ist demnach eine rationale Antwort auf die besondere Situation. Sie ist nicht ein Zeichen institutionellen, normationalen Handelns, sondern situativen, zweckrationalen Handelns. Die vorhandenen Leitbilder und Institutionen der Bundesrepublik konnten in einer turbulenten Umbruchsituation den situativen Handlungsbedarf der relevanten Akteure rascher, verlässlicher und kostengünstiger befriedigen, als es eine umfassende Problemanalyse je vermocht hätte.

2.1 Anpassungslernen in Politiknetzwerken

Die Frage nach vereinigungsbedingtem Wandel ist also bis dahin eindeutig negativ zu beantworten. Das Festhalten an hergebrachten Wahrnehmungen und Problemlösungen der alten Bundesrepublik heißt jedoch nicht, daß es überhaupt keine Anpassung an die veränderte Problemumwelt gegeben hätte. Wenn man fragt, wie diese Anpassung der Vereinigungspolitik zustande kam, ohne die sie zweifellos fundamental gescheitert wäre, stößt man auf eine Vielzahl informeller Arrangements. Sie finden sich in zahlreichen, von der Bundesregierung, Landesregierungen und der Treuhandanstalt eingerichteten Koordinationsgremien zum Aufbau-Ost.

Neben der Treuhandanstalt, den Kommunen und den neuen Ländern ist vor allem die Regierungszentrale selbst, das Bundeskanzleramt mit seiner Aufbaugruppe-Ost an informellen Problemlösungen beteiligt. Oft waren es Finanzierungskonzepte zur Rettung einzelner Unternehmen, die hier durch die Herstellung entsprechender Kontakte entstanden sind. In mehr als zwanzig Kanzlergesprächen zum Aufbau-Ost wurden unter anderem der "Solidarpakt", die "Bankeninitiative", die "Einkaufsoffensive-Ost" etc. vereinbart.[32] Zu den bedeutsamsten Koordinationsgremien gehört die "Ludewig-Runde". Sie tagte auf Einladung des Bundeskanzlers unter Vorsitz des wirtschaftspolitischen Kanzlerberaters *Johannes Ludewig* erstmals am 13. Mai 1991 und daraufhin in

---

30 *Renzsch* 1994: 135.

31 *Renzsch* 1994: 135.

32 *Czada* 1993; *Sally* und *Webber* 1994.

mehrwöchigen, zuweilen auch kürzeren Abständen meist in der Berliner Außenstelle des Bundeskanzleramtes. Aufgabe sollte es sein, die Umsetzung der Beschlüsse zum Aufbau Ost, die in den ersten Monaten des Jahres 1991 gefallen waren, zu begleiten und wohl auch wechselseitig zu überwachen. Mit Beginn des Jahres 1992 diente die Zusammenkunft auch der Vorbereitung von Gesprächen des Bundeskanzlers mit den Ministerpräsidenten der neuen Bundesländer und dem Regierenden Bürgermeister von Berlin.

Teilnehmer der "Ludewig-Runde" sind das Bundeskanzleramt, vertreten durch Ministerialdirektor Johannes Ludewig und den Leiter der Außenstelle Berlin, die Chefs der Staatskanzleien der neuen Bundesländer sowie der Generalbevollmächtigte der Treuhandanstalt. Hier wurden zum Beispiel die endgültigen Vergabekriterien für Hermes-Bürgschaften und ein Konzept für das Vermögensänderungsgesetz erarbeitet. Die Treuhandanstalt hat auf diesem Wege, aber auch im direkten Kontakt mit dem Bundestag und einzelnen Bundesministerien Gesetzgebungsinitiativen mitgestaltet.[33]

Die meisten Gremien wurden nach Verabschiedung der zwischen den Beteiligten vereinbarten "Grundsätze zur Zusammenarbeit von Bund, neuen Ländern und Treuhandanstalt für den Aufschwung Ost" vom 14. März 1991 eingerichtet, so auch die Treuhand-Wirtschaftskabinette und die Treuhand-Monatsgespräche als Schnittstellen zwischen den Regierungen der neuen Länder und der Treuhandanstalt.[34] Die Aufbaugruppe im Bundeskanzleramt veranstaltet im übrigen seit Herbst 1992 in Problemregionen der neuen Länder auch sogenannte "Regionalgespräche", zu denen in Zusammenarbeit mit den Industrie- und Handelskammern alle regionalwirtschaftlich relevanten Akteure eingeladen werden. Dem Verwaltungsaufbau dienten weiterhin Kommunalkonferenzen, die abwechselnd von den Bundesministerien für Finanzen und Inneres für Landräte und Bürgermeister der neuen Bundesländer veranstaltet wurden und an denen auch die mit der Vermögenszuordnung betrauten Treuhandstellen teilnahmen. Es gibt für eine solch umfängliche Befassung der Regierungszentrale mit Entwicklungsproblemen einzelner Regionen und Kommunen in der Geschichte der Bundesrepublik kein Vorbild.

Problemadäquate Reaktionen der Politik finden sich, wenn man von der allerersten Phase zwischen dem Mauerfall und der Entscheidung für die Wirtschafts- und Währungsunion absieht, vor allem dort, wo dezentrale Anpassungsprozesse stattfanden. In

33 Die Treuhandanstalt gab zum Beispiel den Anstoß zu einzelnen Regelungsinhalten des Vermögenszuordnungsgesetzes, und des Investitionsvorranggesetzes (Interview mit *Martin Keil*, THA-Abt. Recht, am 23.2.1993), zur Novelle des Arbeitsförderungsgesetzes (Interviews mit *Werner Bayreuther* am 24.2.1993, *Peter Gemählich* am 5.4.1993, beide THA-Abt. Personal, Arbeit und Soziales) und zum Treuhandanstalt-Kreditaufnahmegesetz (Interview mit Dr. *Paul Hadrys*, THA-Abt. Finanzen, am 6.4.1993).

34 *Czada* 1993: 153.

den um die Treuhand gebildeten Kontaktnetzwerken der Vereinigungspolitik konnten die Problemlagen besser zur Geltung kommen als aus der Warte einzelner Bearbeiter etwa in einer Treuhandabteilung oder im Finanzministerium, die zwangsläufig immer nur einen kleinen Problemausschnitt wahrnehmen konnten.

Das Verhältnis von Kontinuität bzw. Institutionentransfer und situativer Anpassung läßt sich im Zeitablauf idealtypisch folgendermaßen zusammenfassen: Wir haben zunächst die vollständige Kontinuierung der alten Bundesrepublik durch die Einigungsgesetzgebung. Darauf folgt eine Phase situativer Minimalanpassungen durch die Ausschöpfung von Anpassungsreserven - von organizational slack - des politischen Systems. In einem dritten Schritt, bei Auszehrung dieser Anpassungsreserven, kommt es zur Ausfüllung von Regelungslücken durch strategisches Anpassungshandeln in den Netzwerken der Vereinigungspolitik.

2.2 Strukturwandel im Gefolge neuer "Policies"

Man kann demnach typischerweise die folgenden Problemlösungsansätze unterscheiden: 1. Herstellung der Einheit durch Gesetz. 2. Ausschöpfung von - meist dezentralen - Anpassungsreserven. 3. Strategisches Anpassungshandeln in den Netzwerken der Vereinigungspolitik. Daraus entsteht ein Vierfelderschema, das Kontinuität und Anpassung in Anhängigkeit von formaler und informaler Politik darstellt (siehe Schaubild Nr. 1). Die ersten beiden Handlungsformen - Einigungsgesetzgebung und Ausschöpfung von Anpassungsreserven - kontinuieren die alte Bundesrepublik. Die strategische Interaktion in den Netzwerken der Vereinigungspolitik bringt dagegen nicht nur neue Problemlösungen ins Spiel, sondern auch Abweichungen prozeduraler Art, die von Fall zu Fall in Reparaturgesetzen nachholend kodifiziert werden. Auf diese Weise gelangt das politische System schrittweise in den Zustand einer neuen Üblichkeit, die man als "Dritte Republik" bezeichnen könnte.

Das läßt sich am Beispiel der Arbeitsmarktpolitik zeigen. Der marktwirtschaftliche Umbau verursachte eine Beschäftigungskrise ungeahnten Ausmaßes, die mit den Instrumenten des Arbeitsförderungsgesetzes nicht bewältigt werden konnte.[35] Noch ehe mit den Sondervorschriften des erst zum 1. Januar 1993 novellierten Arbeitsförderungsgesetzes eine großangelegte aktive Arbeitsmarktpolitik der Bundesanstalt für Arbeit möglich wurde, sind Ländern und Kommunen beschäftigungspolitische Aufgaben zugewachsen - und zwar in Abkehr von dem in der alten Bundesrepublik Üblichen und außerhalb des durch Gesetz gedeckten Verwaltungsaufbaus. Die Kommunen sind z.B. in Sachsen an einem Drittel der dort bestehenden Beschäftigungsgesellschaften beteiligt. Wie sich dies in Zukunft auswirken wird, ist offen. Es ist denkbar, daß angesichts

35 Vgl. *Heinelt, Bosch* und *Reissert* 1994.

der Entkoppelung von Wachstum und Beschäftigung auf diesem Gebiet ein nachhaltiger Aufgabenwandel einsetzt, der auch auf Westdeutschland übergreift. Die Anwendung der Sondervorschriften-Ost auch auf die westdeutsche Arbeitsmarktpolitik wird diskutiert. Dies bedeutete die Institutionalisierung eines zweiten Arbeitsmarktes - die Beschäftigung von Arbeitslosen in lohnsubventionierten Beschäftigungsgesellschaften, die von den verschiedensten Trägerorganisationen betrieben werden - unter anderem von den Kommunen oder mit kommunaler Beteiligung. Dadurch verändert sich auch die Struktur der Arbeitsverwaltung. Ihre zentrale Programmierung, wie sie bei der nur kompensatorischen Bewältigung individueller Arbeitslosigkeit noch möglich war, gerät in die Krise, weil der "zweite Arbeitsmarkt" erhebliche Koordinationsprobleme aufwirft und Handlungsspielräume vor Ort erfordert. Eine künftige Dezentralisierung der Arbeitsverwaltung, wie sie auf Länderebene gelegentlich gefordert wurde, erscheint vor diesem Hintergrund unausweichlich.

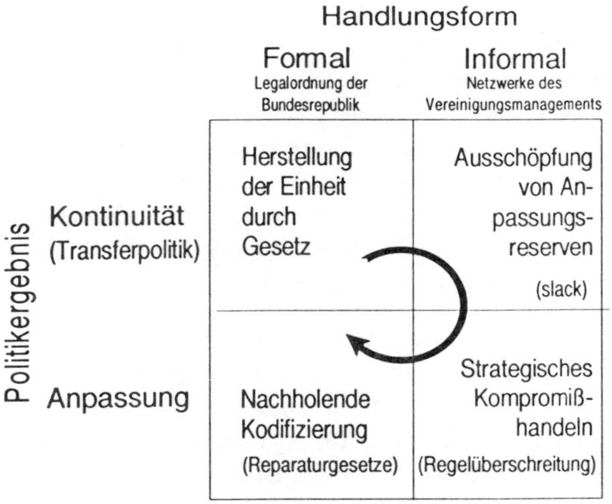

Schaubild Nr. 1: Institutionentransfer und situative Anpassung.

Ein vom Westen abweichender Aufgabenzuwachs der Ost-Kommunen ist vor allem auf dem Gebiet der sozialen Dienstleistungen feststellbar. 1991 waren zum Beispiel 91 Prozent der Jugendhilfeeinrichtungen der neuen Bundesländer und Ost-Berlins in öffentlicher Hand, weil freie Wohlfahrtsverbände, die in der alten Bundesrepublik die Mehrzahl (69 Prozent) dieser Einrichtungen tragen, nicht vorhanden sind, oder sich diese Aufgabe nicht aufbürden wollten, oder weil die selbstverwalteten Ostkommunen das Leitbild öffentlicher Aufgabenerfüllung in der Jugendhilfe pflegen.[36]

36 *Deiniger* 1993.

2.3 Regelverletzungen und Reparaturgesetze

Bei den Abweichungen von dem Programm des Institutionentransfers handelt es sich zunächst nur um die Ausschöpfung von Anpassungsreserven, durch die Kontinuität der alten Bundesrepublik nicht unmittelbar gefährdet wird.

Solche pragmatischen, informellen und durchaus innovativen Problemlösungen lassen als vereinzelte lokale Maßnahmen das politische Institutionensystem unverändert. Solange sie nur dessen Flexibilitätsreserven ausbeuten, also auf "organizational slack"[37] zurückgreifen oder vorhandene Regelungslücken ausfüllen, stabilisieren sie sogar das bestehende Regelsystem. Je mehr informelle Abweichungen zusammenkommen, desto dringlicher stellt sich jedoch die Frage nachhaltiger Anpassungen im institutionellen Akteursystem. Dies liegt daran, daß Regelverletzungen, wenn sie gehäuft auftreten, Inkompatibilitäten hervorkehren, die dann in der Form externer Effekte massive Störungen verursachen.

Es ist wie im Straßenverkehr: Wenn ab und zu ein Autofahrer die Verkehrsregeln verletzt, kann dies zur Verbesserung des Verkehrsflusses beitragen, wenn es die meisten tun, bricht der Verkehr zusammen. Solche Störquellen lassen sich nun in den Netzwerken der Vereinigungspolitik vielerorts ausmachen. Das eigentliche Problem bestand hier nicht darin, daß der Gesetzgeber und die Treuhandanstalt unkonventionelle Lösungen gescheut haben. Es resultiert daraus, daß es sie vor Ort trotzdem gegeben hat und dabei - meist unbeabsichtigt - prekäre Entscheidungen getroffen wurden mit unvorhergesehenen, schwer kontrollierbaren Konsequenzen.

Der Institutionentransfer führte dazu, daß bestimmte Probleme unerkannt blieben und Regelungslücken entstanden, die zusammen mit Informationsdefiziten solche Fehlentscheidungen provozierten. So hat die Treuhandanstalt im Rahmen von Unternehmensverkäufen häufig auch die Privatisierung von Sportplätzen, Bildungseinrichtungen oder Gefängnissen betrieben, die früher Verwaltungseigentum waren, in der DDR aber den Kombinaten und VEBs übertragen wurden.[38] Da fand sich eine Rostocker Werft plötzlich im Besitz eines Gefängnisses, in dem zu DDR-Zeiten gefangene Werftarbeiter untergebracht waren, oder eines Landungssteges, der früher der Stadt gehört hatte. Solche Situationen waren vom Gesetzgeber nicht vorgesehen. Die aus einer DDR-spezifischen Aufgabenabgrenzung zwischen Staatsverwaltung und Staatswirtschaft resultierende Transferproblematik war überhaupt nicht bedacht worden, obwohl dazu Informationen vorlagen. Die Treuhandprivatisierer wurden gleichwohl überrascht und mußten, soweit entsprechende Revisionsklauseln in den Verträgen vereinbart und Grundbucheinträge noch nicht erfolgt waren, solche Privatisierungsentscheidungen auf der Grundlage eines

37 *Cyert* und *March* 1963: 37 f.

38 Vgl. *König* und *Heimann* 1993.

novellierten Vermögenszuordnungsgesetzes und einschlägiger Gerichtsurteile zurücknehmen.[39]

Damit sind wir bei dem Phänomen der Reparaturgesetzgebung und der nachholenden Kodifizierung informeller Problemlösungen angelangt. Bereits im Frühjahr 1991 und verstärkt im Verlauf des Jahres 1992 gab es Neuregelungen, die frühe Fehleinschätzungen oder Versäumnisse korrigieren sollten. Dazu gehören das Hemmnisbeseitigungsgesetz und das Investitionsgesetz. Später sind es neben dem novellierte Arbeitsförderungsgesetz, das Treuhandanstalt-Kreditaufnahmegesetz, das Vermögenszuordnungsgesetz, das "Gesetz über die Vereinfachung und Beschleunigung registerrechtlicher und anderer Verfahren" vom 20. Dezember 1993 und zuletzt - im Jahre 1994 - das Treuhandstrukturgesetz.

Aufschlußreich ist die Phasenabfolge im Gesetzgebungsprozess. Die Regelwerke der ersten Transformations- und Vereinigungsphase sind ganz vom Modell des Institutionentransfers geprägt - gleich, ob es sich um Gesetze der DDR-Volkskammer aus dem Vereinigungsjahr 1990, um den Einigungsvertrag oder um privatrechtliche Vereinbarungen unter Beteiligung der Treuhandanstalt (Stromverträge, Geschäftsbesorgungsverträge) handelt.[40] Bei dem mehrfach geänderten Vermögenszuordnungsgesetz, dem Investititonsvorranggesetz und dem Registerverfahrensbeschleunigungsgesetz[41] handelt es sich dagegen durchweg um "Reparaturgesetze" (*G.F. Schuppert*), die Mängel der frühen Regelwerke der Vereinigungspolitik ausbügeln sollten. Wesentliche "Reparaturen" betrafen zum Beispiel die Schmälerung des Prinzips der Rückübertragung von Alteigentum zugunsten des Investitionsvorranges, die Klärung strittiger Fragen im Aufgabenzuschnitt des öffentlichen Sektors, die Beschleunigung der Vermögenszuordnung oder die Vereinfachung von Verwaltungsverfahren.

---

39 Das entsprechende Grundsatzurteil wurde erst im Frühjahr 1994 gefällt - zu spät um alle Fehlentscheidungen revidieren zu können (BVerwG. 7C 34.93 v. 24. März 1994).

40 Für den Einigungsvertrag hat der westdeutsche Verhandlungsführer *Wolfang Schäuble* die Vereinigung durch Beitritt nach Artikel 23 des Grundgesetzes vehement verteidigt, weil jeder andere Weg (Artikel 146) "auf etwas ganz neues hinausgelaufen" wäre, was die Regierung unter keinen Umständen wollte (*Schäuble* 1991: 115 f.).

41 Bereits im Frühjahr 1991 novellierte das Hemmnisbeseitigungsgesetz ein Bündel von Gesetzen sowohl des Bundestages als auch der Volkskammer aus der ersten Transformationsphase, die dem wirtschaftlichen Aufbau entgegenstanden. Darauf folgten weitere "Reparaturgesetze", so das "Gesetz über den Vorrang für Investitionen bei Rückübertragungsansprüchen nach dem Vermögensgesetz vom 14. Juli 1992 (BGBl. I, 1257, 1268), das "Gesetz über die Feststellung der Zuordnung von ehemals volkseigenem Vermögen" vom 3. August 1992 (BGBl. I, 1464), das "Gesetz über die Vereinfachung und Beschleunigung registerrechtlicher und anderer Verfahren" vom 20. Dezember 1993 (BGBl I, 2181).

Fast durchwegs kamen die Anregungen zur Gesetzgebung aus dem unmittelbaren Vereinigungsmanagement. Die Treuhandanstalt gab zum Beispiel den Anstoß zu einzelnen Regelungsinhalten des Vermögenszuordnungsgesetzes, des Investitionsvorranggesetzes, zur Novelle des Arbeitsförderungsgesetzes, zum Treuhandanstalt-Kreditaufnahmegesetz und zu dem erst im Dezember vergangenen Jahres verabschiedeten "Gesetz über die Vereinfachung und Beschleunigung registerrechtlicher und anderer Verfahren".[42]

Die Reparaturgesetzgebung und nachholende Kodifizierung informeller Praktiken des Vereinigungsmanagements schließen den Kreis von Kontinuität und Anpassung. Damit entsteht eine dynamisierte Kontingenztafel, die durchaus prognostischen Wert besitzt (siehe Schaubild Nr. 1). In vielen Politikfeldern befindet sich die Vereinigungspolitik erst im zweiten oder dritten Quadranten, und sie kann dort lange verweilen - denken Sie zum Beispiel an die Agrartransformation, die auf Jahrzehnte ausgelegt ist, oder den spannungsreichen Transformationsprozeß im Energiesektor, wo das in Westdeutschland übliche unter anderem durch Vorgänge in den neuen Bundesländern strittig geworden ist.

3. Logik der Vereinigungspolitik

Damit stellt sich abschließend die generelle Frage nach der Voraussehbarkeit und Steuerungsfähigkeit in der Vereinigungspolitik. Die Vorstellung, daß Umbruchsituationen erweiterte Gelegenheiten schüfen, die sich leichthin realisieren ließen, ist von den bisherigen Erfahrungen widerlegt worden. Die Geschichte hat sich nach 1989 als ein unerwartet offener Prozess erwiesen. Darin sind Chancen gesehen worden, ohne zu bedenken, daß mit der Dynamik und Offenheit einer Entwicklung ihre politische Lenkbarkeit keineswegs wächst sondern - im Gegenteil - abnimmt.[43] Wer heute - wie *Jürgen Habermas* - kritisch von "gelähmter Politik"[44] spricht, sollte bedenken, daß es diese Politik vielfach mit gesellschaftlichen Prozessen zu tun hat, die - durchaus wünschenswert - außerhalb politischer Kontrolle ablaufen. Die Dynamik gesellschaftlicher Prozesse ist eine der Ursachen politischen Unvermögens; zugleich trägt sie den Keim neuer Problemlösungen in sich. Die in turbulenten Prozessen wie der deutschen Vereinigung kaum beeinflußbare Entwicklung der Sachprobleme und Interessenkonflikte verändert nämlich nach und nach die Handlungsbedingungen der Politik. Zum einen bewirkt sie neue Wahrnehmungsmuster und Präferenzänderungen bei den betroffenen Akteuren, die sich in zeitraubenden Interaktionen zu neuen kollektiven Wirklichkeitsbildern ver-

---

42 Interviews 930224a, 930405a, 930406.

43 Die prekären Erfolgsbedingungen politischer Eingriffe in eigendynamische gesellschaftliche Teilsysteme hat die sozialwissenschaftliche Forschung zur Steuerung komplexer Industriegesellschaften eindrucksvoll bestätigt, vgl. *Mayntz* 1987.

44 *Habermas* 1993a: 50.

dichten. Zum anderen kann Politik einen Prozeß erst steuern, wenn sie sich seiner Komplexität hinreichend bemächtigt hat. Auch dies erfordert Zeit. Und es bedeutet vor allem, daß schleichende Anpassungen an neue Handlungsbedingungen viel wahrscheinlicher sind als ruckartige Veränderungen - ganz unabhängig davon, wie die politische Institutionen beschaffen sind.

Der Verlauf in den ersten, von Kontinuität geprägten Phasen könnte als Bestätigung institutioneller Beharrungskräfte gelten, die nur in Performanzkrisen Anpassungshandeln zulassen. Diese institutionalistische etwa von *Johan Olsen* vertretene These erscheint vor dem Hintergrund der Vereinigungspolitik modifizierungsbedürftig.[45] Der Politikverlauf deutet darauf hin, daß situative Komplexität die bedeutsamere Handlungsschranke darstellt.[46] Kontinuität der Politik folgt nicht notwendig aus institutionellen Restriktionen, sondern aus einem dominanten Interesse an Situationsbeherrschung, das umso mehr in den Vordergrund tritt, je unberechenbarer die Situation wird. Anpassung erfolgte dabei im Interesse reibungsloser Aufgabenerledigung auf der operativen Ebene von Politik und Verwaltung und keineswegs in der Form eines policy-designs, wie es Phasenmodelle der technokratischen Politikfeldanalyse erwarten ließen. Die Politik wurde vielfach im Vollzug gemacht.

Es geht bei dem dort vorfindbaren Anpassungshandeln auch nicht in erster Linie um die kognitive oder affektive Flexibilität individueller oder korporativer Akteure, sondern um Reaktionen auf Umweltveränderungen in weitläufigen Akteursnetzwerken. In unserem Fall hat sich die Zahl der interessierten und beteiligten Organisationen ständig vergrößert. Die Regierungen der fünf neuen Länder, zahlreiche Behörden des Bundes, gesellschaftliche Interessenverbände und Finanzierungsinstitutionen betraten nach und nach den Schauplatz der ökonomischen Transformationspolitik, auf dem zuerst die Treuhandanstalt tätig geworden war. Damit treten Interaktionsprobleme zwischen den am Aufbau-Ost beteiligten staatlichen und gesellschaftlichen Akteuren ins Blickfeld. Deren Bewältigung - etwa durch Kompromißhandeln - bildet den Grundstein für die Erprobung neuer Problemlösungen. Die Strategie der rationalen Problemvereinfachung im Vereinigungsprozess wurde mit dem Aufkommen neuer Akteure - besonders der Treuhandanstalt und der neuen Länder - erschwert, weil diese Akteure näher an den Problemen operierten und in dem ab 1991 ständig erweiterten Netzwerk der Vereinigungspolitik stetig mehr Interessen artikuliert wurden. Dadurch konnte die tatsächliche Problemstruktur besser erkannt werden, als dies in den vergleichsweise kleinen und problemfernen Kreisen der Anfangsphase möglich war.

In den Netzwerken der Vereinigungspolitik haben sich die Probleme des Aufbaues-Ost zu neuen, situationsgerechteren Wirklichkeitsbildern verdichtet. Auf diese Weise wurde

45 Vgl. *Olsen* 1991.

46 Vgl. *Scharpf* 1972.

die anfängliche Kompetenz-Schwierigkeitslücke langsam geschlossen. Nicht der hierarchische Verwaltungsstaat, dem oft das größere Handlungsvermögen zugesprochen wird, sondern die vernetzten Strukturen des informellen Vereinigungsmanagements bildeten den Nährboden für Innovationen, die auf die formale Ebene des Regierungssystems zurückwirken. Die Erwartung einer gezielten und zudem richtungsstabilen Systemanpassung - der baldige Übergang in eine "Dritte Republik" - mußte aus diesen Gründen notwendig enttäuscht werden; ebenso die Vorstellung, die deutsche Einheit bedeute lediglich eine Gebietserweiterung, die im Westen alles beim alten ließe. Was wir vor uns sehen, ist die langsame, verzögerte Anpassung an neue Herausforderungen, deren Ursachen ich mit diesem Beitrag darlegen wollte. Der Schleichweg in die "Dritte Deutsche Republik" schließt an den Entwicklungspfad der alten Bundesrepublik an, setzt ihn aber nicht geradlinig fort. Und er scheint unaufhaltsam.

Literaturverzeichnis

Baring, Arnulf, 1994: L'empire des illusions, in: Géopolitique, 44. Jhrg., 34 - 35.

Benz, Arthur, 1993: Reformbedarf und Reformchancen des kooperativen Föderalismus nach der Vereinigung Deutschlands, in: Wolfgang Seibel/Arthur Benz/Heinrich Mäding (Hrsg.), Verwaltungsreform und Verwaltungspolitik im Prozeß der deutschen Einigung, Baden-Baden, 474 - 773.

Beyme, Klaus von, 1993: Parteiensystem, in: Lexikon der Politik Bd. 3: Die westlichen Länder, München, 326 - 332.

Biedenkopf, Kurt, 1994: Die neuen Bundesländer. Eigener Weg statt "Aufholjagd", in: Warnfried Dettling (Hrsg.), Perspektiven für Deutschland, München, 62 - 78.

Bourdieu, Pierre, 1988: Vive la crise! For heterodoxy in social science, in: Theory and Society, Vol. 17, No. 5, 773 - 787.

CDU/CSU Bundestagsfraktion (Hrsg.), 1992: Die Zukunft des Grundgesetzes. Beiträge zur Verfassungsdiskussion in der Bundesrepublik Deutschland, Bonn.

Cyert, Richard, M./March, James G., 1963: A Behavioral Theory of the Firm, Englewood Cliffs, N.J.

Czada, Roland, 1991: Muddling through a "Nuclear-Political" Emergency. Multi-level crisis management after radioactive fallout from Chernobyl, in: Industrial Crisis Quarterly, Vol. 5, 293 - 322.

Czada, Roland, 1993: Die Treuhandanstalt im Umfeld von Politik und Verbänden, in: Wolfram Fischer/Herbert Hax/Hans Karl Schneider (Hrsg.), Treuhandanstalt. Das Unmögliche wagen, Berlin, 148 - 173.

Czada, Roland, 1994: Die Treuhandanstalt im politischen System der Bundesrepublik, in: Aus Politik und Zeitgeschichte, B 44/94, 31 - 42.

Deiniger, Dieter, 1993: Einrichtungen der Jugendhilfe in den neuen Ländern und Berlin-Ost 1991, in: Wirtschaft und Statistik, Heft 4, 292 - 300.

Derlien, Hans-Ulrich, (Hrsg.) 1993: Programm "Gemeinschaftswerk Aufschwung-Ost" - Planung, Vollzug, Evaluation (Werkstattbericht der Gesellschaft für Programmforschung in der Öffentlichen Verwaltung e.V.), München.

Dettling, Warnfried, 1994: Für eine andere Politik. Zu diesem Band, in: Warnfried Dettling (Hrsg.), Perspektiven für Deutschland. München, 7 - 16.

Eggert, Heinz, 1994: Die Entwicklung der Verwaltung in den neuen Ländern, in: Hermann Hill (Hrsg.), Erfolg im Osten III, Baden-Baden, 17 - 31.

Emery, F.E./Trist, E.L., 1965: The Causal Texture of Organizational Environment, in: Human Relations, Vol. 18, No. 1, 21 - 32.

Evers, Tilmann, 1994: Entsorgte Einigung. Warum die Verfassungsdiskussion erfolgreich scheiterte, in: Bernd Guggenberger/Andreas Meier (Hrsg.), Der Souverän auf der Nebenbühne. Essays und Zwischenrufe zur deutschen Verfassungsdiskussion, Opladen, 50 - 60.

Friedrich, Peter/Lindemann, Steffen, 1993: Die Treuhandanstalt ein Instrument zum Aufbau des Föderalismus?, in: Karl-Heinrich Hansmeyer (Hrsg.), Finanzierungsprobleme der deutschen Einheit I ("Schriften des Vereins für Sozialpolitik" Bd. 229/1), Berlin, 77 - 173.

Guggenberger, Bernd, 1994: Klammheimlicher Themenwechsel. Die deutsche Verfassungsdiskussion zwischen Widervereinigung und Maastricht, in: Bernd Guggenberger/ Andreas Meier (Hrsg.), Der Souverän auf der Nebenbühne. Essays und Zwischenrufe zur deutschen Verfassungsdiskussion, Opladen, 14 - 20.

Habermas, Jürgen, 1993a: Gelähmte Politik, in: Der Spiegel 28/1993 v. 12.7.1993, 50 - 55.

Habermas, Jürgen, 1993b: Vergangenheit als Zukunft. Das alte Deutschland im neuen Europa? (Hrsg. v. Michael Haller), München.

Hankel, Wilhelm, 1993: Die sieben Todsünden der Vereinigung, Berlin.

Heinelt, Hubert/Gerhard Bosch/Bernd Reissert, 1994: Arbeitsmarktpolitik nach der Vereinigung. Einleitende Bemerkungen, in: Hubert Heinelt/Gerhard Bosch/Bernd Reissert (Hrsg.), Arbeitsmarktpolitik nach der Vereinigung. Berlin, 7 - 12.

Heiner, Ronald A., 1983: The Origin of Predictable Behavior, in: American Economic Review, Vol. 73, No. 4, 560 - 595.

Hollingsworth, J. Rogers/Schmitter Philippe/Streeck, Wolfgang (eds.), 1994: Governing Capitalist Economies: Performance and Control of Economic Sectors, New York.

Hüther, Michael, 1993: Integration der Transformation. Überlegungen zur Wirtschaftspolitik für das vereinigte Deutschland, in: Jahrbuch für Sozialwissenschaft, 44. Jhrg., Heft 1, 31 - 52.

König, Klaus/Heimann, Jan, 1994: Vermögenszuordnung im Aufgabenzuschnitt des öffentlichen Sektors der neuen Bundesländer (Speyerer Forschungsberichte 133), Speyer.

Lehmbruch, Gerhard, 1991: Die deutsche Vereinigung: Strukturen und Strategien, in: Politische Vierteljahresschrift, 32. Jhrg., Heft 4, 585 - 604.

Lehmbruch, Gerhard, 1993: Institutionentransfer im Prozeß der Vereinigung. Zur politischen Logik der Verwaltungsintegration in Deutschland, in: Wolfgang Seibel/Arthur Benz/Heinrich Mäding (Hrsg.), Verwaltungsreform und Verwaltungspolitik im Prozeß der deutschen Einigung. Baden-Baden, 41 - 66.

Lehmbruch, Gerhard, 1994: Institutionen, Interessen und sektorale Variationen in der Transformationsdynamik der politischen Ökonomie Ostdeutschlands, in: Wolfgang Seibel/Arthur Benz/Rüdiger G. Klimecki (Hrsg.), Regierungssystem und Verwaltungspolitik, Beiträge zu einem Symposium zu Ehren von Thomas Ellwein anläßlich seines 65. Geburtstags, Opladen.

Lepenies, Wolf, 1992: Folgen einer unerhöhrten Begebenheit, Berlin.

Lindblom, Charles E., 1959: The Science of "Muddling Through", in: Public Administration Review, Vol. 19, No. 2, 79 - 88; deutsch: Inkrementalismus: Die Lehre vom "Sich-Durchwursteln", in: Wolf-Dieter Narr/Claus Offe (Hrsg.), Wohlfahrtsstaat und Massenloyalität, Köln 1975, 161 - 177.

Lowi, Theodore J., 1964: American Business, Public Policy, Case Studies and Political Theory, in: World Politics, Vol. 16, No. 4, 677 - 715.

Mäding, Heinrich, 1992: Die föderativen Finanzbeziehungen im Prozeß der deutschen Vereinigung: Erfahrungen und Perspektiven, in: Hans-Hermann Hartwich/Göttrik Wewer (Hrsg.), Regieren in der Bundesrepublik IV. Finanz- und wirtschaftspolitische Bestimmungsgründe des Regierens im Bundesstaat unter besonderer Berücksichtigung des deutschen Vereinigungsprozesses, Opladen, 183 - 214.

Manow, Philip, 1994: Gesundheitspolitik im Einigungsprozeß, Frankfurt a.M.

March, James G./Olsen, Johan P., 1989: Rediscovering Institutions. The Organizational Basis of Politics, New York und London.

Mayntz, Renate (Hrsg.), 1980: Implementation politischer Programme (II), Empirische Forschungsberichte, Königstein.

Mayntz, Renate, 1987: Politische Steuerung und gesellschaftliche Steuerungsprobleme - Anmerkungen zu einem theoretischen Paradigma, in: Thomas Ellwein et al. (Hrsg.) Jahrbuch zur Staats- und Verwaltungswissenschaft 1, Baden-Baden, 89 - 110.

Mayntz, Renate, 1992: Die außeruniversitäre Forschung im Prozeß der deutschen Einigung, in: Leviathan, 20. Jhrg., Heft 20, 64 - 82.

North, Douglass C., 1990: Institutions, Institutional Change and Economic Performance, Cambridge.

Offe, Claus, 1994: Der Tunnel am Ende des Lichts - Erkundungen der politischen Transformation im Neuen Osten, Frankfurt a.M.

Olsen, Johan P., 1993: Political Science and Organization Theory. Parallel Agendas but Mutual Disregard, in: Roland M. Czada/Adrienne Windhoff-Héritier (Hrsg.), Political Choice. Institutions, Rules and the Limits of Rationality, Frankfurt a.M. und New York, 87 - 120.

Parsons, Talcott, 1993: Aktor, Situation und normative Muster. Ein Essay zur Theorie sozialen Handelns, Frankfurt a.M.

Priewe, Jan/Hickel, Rudolf, 1991: Der Preis der Einheit, Frankfurt a.M.

Reißig, Rolf (Hrsg.), 1993: Rückweg in die Zukunft. Über den schwierigen Transformationsprozeß in Ostdeutschland, Frankfurt a.M.

Renzsch, Wolfgang: Föderative Problembewältigung: Zur Einbeziehung der neuen Länder in einen gesamtdeutschen Finanzausgleich ab 1995, in: Zeitschrift für Parlamentsfragen, 25. Jhrg., Heft 1, 116 - 138.

Ritter, Ernst Hasso, 1979: Der kooperative Staat. Bemerkungen zum Verhältnis von Staat und Wirtschaft, in: Archiv des öffentlichen Rechts, 104. Jhrg., Heft 3, 389 - 413.

Rosenthal, Uriel/Pijnenburg Bert (Hrsg.), 1991: Crisis Management and Decision Making, Dordrecht und London.

Ross, Alexander G., 1978: Organizational Innovation in Disaster Settings, in: E.L. Quarantelli (Hrsg.), Disasters. Theory and Research, London, 215 - 233.

Sally, Razeen/Webber, Douglas, 1993: The German Solidarity Pact: A Case Study in the Politics of the Unified Germany, in: German Politics, Vol. 3, 18 - 46.

Scharpf, Fritz W., 1972: Komplexität als Schranke politischer Planung, in: Politische Vierteljahresschrift, Sonderheft 4, 168 - 192.

Scharpf, Fritz W., 1991: Entwicklungslinien des bundesdeutschen Föderalismus, in: Bernhard Blanke/Hellmut Wollmann (Hrsg.), Die alte Bundesrepublik, Opladen, 146 - 159.

Schäuble, Wolfgang, 1991: Der Vertrag. Wie ich über die deutsche Einheit verhandelte, Stuttgart.

Schmidt, Helmut, 1993: Handeln für Deutschland. Wege aus der Krise, Berlin.

Schuppert, Gunnar Folke, 1992: Die Treuhandanstalt - Zum Leben einer Organisation im Überschneidungsbereich zweier Rechtskreise, in: Staatswissenschaften und Staatspraxis, 3. Jhrg., 186 - 210.

Schuppert, Gunnar Folke, 1994: Die Rechtsstellung der Treuhandanstalt im Verfahren parlamentarischer Untersuchungsausschüsse. Unveröffentlichtes Rechts- und Verwaltungswissenschaftliches Gutachten, Berlin (Treuhandanstalt).

Seibel, Wolfgang, 1992a: Das Mülleimermodell in der Verwaltungspraxis - oder: wie sich Lösungen ihre Probleme suchen, in: Arthur Benz/Wolfgang Seibel (Hrsg.), Zwischen Kooperation und Korruption. Abweichendes Verhalten in der Verwaltung, Baden-Baden, 135 - 151.

Seibel, Wolfgang, 1992b: Notwendige Illusionen: Der Wandel des Regierungssystems im vereinten Deutschland, in: Journal für Sozialforschung, 32. Jhrg., Heft 3/4, 337 - 362.

Seibel, Wolfgang, 1993: Die organisatorische Entwicklung der Treuhandanstalt, in: Wolfram Fischer/Herbert Hax/Hans Karl Schneider (Hrsg.), Treuhandanstalt. Das Unmögliche wagen, Berlin, 111 - 147.

Siebert, Horst, 1992: Das Wagnis der Einheit, Stuttgart.

SVR 1992: Jahresgutachten 1992/93 des Sachverständigenrates zur Begutachtung der gesamtwirtschaftlichen Entwicklung. (BT Drs. 12/3774), Bonn.

SVR 1993: Jahresgutachten 1993/94 des Sachverständigenrates zur Begutachtung der gesamtwirtschaftlichen Entwicklung. (BT Drs. 12/6170), Bonn.

Thompson, J. D./Tuden A., 1959: Strategies, Structures, and Processes of Organizational Decision, in: J. D. Thompson et al. (eds.), Comparative Studies in Administration, Pittsburgh, 195 - 216.

Thompson, J. D., 1967: Organizations in Action: Social Science base of Administrative Theory, New York.

Wiesenthal, Helmut, 1990: Unsicherheiten und Multiple-Self-Identität: Eine Spekulation über die Voraussetzungen strategischen Handelns (MPIFG Discussion Paper 90/2), Köln.

Windhoff-Héritier, Adrienne, 1987: Policy-Analyse. Eine Einführung, Frankfurt a.M.

Windhoff-Héritier, Adrienne, 1991: Institutions, Interests, and Political Choice, in: Roland Czada/Adrienne Windhoff-Héritier (Hrsg.), Political Choice. Institutions, Rules, and the Limits of Rationality, Frankfurt a.M., 27 - 52.

Wollmann, Hellmut, 1991: Vierzig Jahre alte Bundesrepublik zwischen gesellschaftlich-politischem Status quo und Veränderung. Zwischenbilanz einer politikwissenschaftlichen Diskussion, in: Bernhard Blanke/Hellmut Wollmann (Hrsg.), Die alte Bundesrepublik, Opladen, 547 - 576.

Kooperation und Regionalisierung als innovative Ansätze der Strukturpolitik

Volker Eichener, Rolf G. Heinze und *Helmut Voelzkow*[1]

1. Neue Muster in der Strukturpolitik

Neben der Ordnungs- und der Konjunkturpolitik bestimmt die Strukturpolitik die Parameter staatlichen Handelns in marktwirtschaftlichen Wirtschaftssystemen. Sie wird in der Bundesrepublik in den letzten Jahren zunehmend von den Ländern mitgestaltet.
Seit jeher markieren in der Bundesrepublik zwei gegensätzliche Pole die ordnungspolitische Diskussion der Strukturpolitik: das neoliberale und das staatsinterventionistische Paradigma.
Die praktische Strukturpolitik[2], oftmals konzentriert auf sektorale Subventionspolitik, hat traditionelle Schwächen. Vor allem Mitnahmeeffekte bei Subventionen und die mangelnde Abstimmung von Politikfeldern durch horizontale und vertikale Fragmentierung kennzeichnen die Defizite. Zudem stößt die landespolitisch konzipierte Strukturpolitik nach wie vor auf gegenseitige Blockaden lokaler Akteure, die sich vornehmlich als Konkurrenten verstehen.
Liberale Ökonomen kritisieren an der Strukturpolitik insbesondere die Verzögerung des Strukturwandels durch konservierende Politik. Hierbei offenbart sich auch die Skepsis an der Handlungsfähigkeit und Kompetenz des Staates, was Eingriffe in Märkte anbetrifft. Auch in der politikwissenschaftlichen Diskussion werden diese Zweifel mit Blick auf die immer ineffektivere hierarchische Steuerung angemeldet[3]. Nur in Netzwerken und neuen Verhandlungsbeziehungen läßt sich demnach politisch steuern, nicht mehr nach hierarchisch-etatistischen Mustern. Die staatliche Steuerung ist dadurch u.E. allerdings nicht obsolet geworden, anders als etwa Marktradikale oder manche Systemtheoretiker meinen. Sie muß aber auf weitere Instrumente als nur die klassischen zurückgreifen.

---

1 Wir bedanken uns besonders bei cand. rer. soc. Christoph Strünck, der an Projekten zur Strukturpolitik und Regionalisierung beteiligt war und wie gewohnt hilfreich und diskussionsfreudig an dem vorliegenden Beitrag mitgearbeitet hat.

2 Der Begriff der *Strukturpolitik* bezeichnet gemeinhin ein weiteres Instrumentenspektrum als die auf direkte Subventionierung konzentrierte *Industriepolitik*, also etwa auch Technikförderung, Wissenschafts- und Forschungspolitik, Verkehrsinfrastruktur oder auch spezielle Arbeitsmarktpolitik. In modernen Konzepten überlappen sich die beiden Begriffe *Strukturpolitik* und *Industriepolitik*, so daß sie hier als Synonyme verwendet werden.

3 Vgl. *Scharpf* 1991; *Voigt* 1993.

In der neueren Diskussion über die praktische Strukturpolitik hat sich neben der *liberalistischen* und *internationalistischen* Linie das Muster einer *neomerkantilistischen* Strategie herausgeschält. Vertreter des letzteren Konzepts, einer Schattierung des staatsinterventionistischen Paradigmas, wollen den industriellen Strukturwandel politisch steuern und setzen dabei auf der sektoralen oder regionalen Ebene an[4]. Zur Zeit liefert die Praxis verschiedene Beispiele für neue strukturpolitische Steuerungsformen im Zeichen neomerkantilistischer Ambitionen. Sowohl in den alten, als auch in den neuen Bundesländern haben unterschiedliche Akteurskonstellationen ebenso unterschiedliche Strategien der Strukturpolitik entwickelt[5]. Auch die Ausgangsvoraussetzungen dieser vom neoliberalen Credo abweichenden Politikformen sind verschieden. Dennoch sind in den parteipolitisch unterschiedlich regierten Ländern die Grundmuster eines "mesokorporatistischen" Arrangements unterhalb der Zentralstaatsebene offenkundig.

Die neuen Ansätze in der Strukturpolitik unterscheiden sich allerdings nicht nur in den Instrumenten, sondern auch in den Zielen. So kreist etwa in Baden-Württemberg die Politik um die Sicherung der Wettbewerbsfähigkeit, während in Nordrhein-Westfalen ein langwieriger Umstrukturierungsprozeß von traditionellen zu modernen Industrien verbessert werden soll[6]. Auch die Akteurskonstellationen variieren: In Sachsen dominieren die Landesregierung und der regionale IG Metall-Bezirk, in Baden-Württemberg steht mit Daimler-Benz ein Großunternehmen im Vordergrund. In Nordrhein-Westfalen hingegen ist die soziopolitische Zusammensetzung der mesokorporatistischen Strukturen relativ breit gestreut.

Das Instrument der Regionalisierung ist am stärksten in Nordrhein-Westfalen ausgeprägt. Die Konzeption der regionalisierten Strukturpolitik (im Gegensatz zur herkömmlichen *regionalen* Strukturpolitik) hält den Anspruch einer politischen Steuerung des Strukturwandels aufrecht und stützt sich dabei auf die endogenen Potentiale der Regionen. Durch eine Strategie der Dezentralisierung soll der Entwicklungspfad von der Konkurrenz über den Konsens hin zur Kooperation regionaler wirtschaftspolitischer Akteure gefestigt werden. Das Land bzw. die Landesregierung übernimmt dabei die Rolle eines "Moderators".

Nachdem der neue Ansatz sich Ende der 80er Jahre noch auf die Montanregionen beschränkt hatte ("Zukunftsinitiative Montanregionen" ZIM), wurde er mit der "Zukunftsinitiative der Regionen Nordrhein-Westfalens" (ZIN) seit 1989 auf das gesamte Bundesland ausgedehnt. Nach der Etablierung von Regionalkonferenzen in den meisten Regionen seit 1990 und der Verabschiedung der Regionalen Entwicklungskonzepte (REK)

---

4 Vgl. *Fricke* 1992; *Jürgens* und *Krumbein* 1991; *Kremer* 1992; *Sturm* 1991.

5 Vgl. *Heinze* und *Schmid* 1994.

6 Vgl. *Heinze* und *Schmid* 1994: 25.

soll die regionalisierte Strukturpolitik in NRW jetzt in eine neue Phase treten[7]. In ihr sollen die Entwicklungskonzepte die Entscheidungsgrundlage für den Einsatz von Fördermitteln des Landes sein.
An der Entwicklung der ersten Phase und mit einem Ausblick auf die folgende lassen sich die Möglichkeiten und Probleme dieses innovativen Steuerungsmodells analysieren.

2. Regionalisierung und Kooperation als neue Steuerungsansätze

2.1 Die Konzeption der regionalisierten Strukturpolitik

Das Grundproblem der herkömmlichen Strukturpolitik war auch in NRW stets ihre Fragmentierung auf einer horizontalen Ebene (Ressorts) und einer vertikalen (Gebietskörperschaften und Akteure).
Durch diese Fragmentierung konnten potentielle Synergieeffekte nicht genutzt werden, die Förderung verfehlte ihr Wirkungsoptimum. Zudem konkurrierten die regionalen Akteure um die Fördermittel, mit einem Wachstum der Gelder wuchs die Konkurrenz an. Boykotte und Blockaden lokaler Gegenspieler um Ansiedlungen und Fördermaßnahmen verhinderten ein regionales Gesamtkonzept. Trotz der grundlegenden Konkurrenzsituation formen die Akteure in den Grenzen ihrer Regionen jedoch ein wichtiges Wissenspotential, das die zentral gesteuerte Strukturpolitik brachliegen ließ.
Die Regionalisierung der Strukturpolitik hat folglich verschiedene, in der Hauptsache prozessuale Ziele: Sie soll Anreize für eine Transformation der Konkurrenz in Kooperationsbeziehungen setzen und insbesondere die interkommunale Kooperation erleichtern; dadurch soll außerdem eine Effizienzsteigerung der Verwaltung erreicht werden. Und durch Konsens auf der Seite der regionalen Akteure sowie eine regionsspezifische Ausrichtung der Strukturpolitik auf der Seite der Landesregierung soll auch die staatliche Politik effizienter werden. Institutionell zeichnet sich durch eine interministerielle Arbeitsgruppe auf der Landesebene bereits eine Neuerung ab.
Hauptinstrumente der Regionalisierung in NRW sind die dezentral organisierten Regionalkonferenzen mit wirtschaftlich und politisch relevanten Akteuren (siehe 2.3). Sie tagen seit 1990 und haben mittlerweile für alle Regionen die Entwicklungskonzepte erarbeitet.
Die 15 Regionen entsprechen in ihren Abgrenzungen den Kammerbezirken. Ihre regionalen Entwicklungskonzepte (REK) sollen in einer weiteren Phase als Entscheidungs-

---

7 Die Phase von 1990 bis 1992 wurde wissenschaftlich begleitet, vgl. *Heinze* und *Voelzkow* 1994 sowie Ministerium für Wirtschaft, Mittelstand und Technologie des Landes Nordrhein-Westfalen 1992 (Kurzfassung).

grundlage für die Prioritäten und Fördermaßnahmen des Landes gelten, sind aber auch Dokumente eines regionalen Konsenses, im besten Falle eines regionalen Leitbildes.
Trotz ihrer materiell faßbaren Ergebnisse sind sie allerdings weniger ein Ziel als vielmehr ein Instrument der Regionalisierungspolitik[8]. Die Entstehung von langfristiger Kooperation lokal denkender und handelnder Akteure und die Festigung prozeduraler Steuerung sind über das Instrument der REK das wesentliche Ziel und die wichtigste Innovation der regionalisierten Strukturpolitik.

2.2 Die Bedeutung der regionalen Ebene für die Strukturpolitik

In den Debatten über Wirtschafts- und Unternehmensstrukturen spielt neben der Formel der zwischenbetrieblichen Kooperation vor allem das wirtschaftspolitische Potential der Regionen eine große Rolle. Mit der "neuen Doktrin endogenen Wachstums"[9] verbindet sich die Erwartung, daß regional verankerte Akteure durch kollektives Verhalten bessere Wachstumsbedingungen schaffen können als zentrale politische Vorgaben. Das Scheitern zentralistischer Regionalpolitiken lenkte den Blick auf die endogene Entwicklungskraft[10], die von unterschiedlichen Faktoren abhängt, etwa der Art der Konfliktregulierung, der Wirtschafts- und Sozialstruktur oder auch der Stärke des regionalen Bewußtseins. Die Region als Nutzungs-, Identifikations- und Entscheidungsraum ist nach *Brugger* durch ein dialektisches Verhältnis von "territorialer und funktionaler Sichtweise"[11] geprägt. Kulturelle und politische Orientierungen werden kleinräumiger, die ökonomischen Zusammenhänge hingegen scheinen sich zu weiten.
Die Verbindung von Region, Wirtschaftsstruktur und Strukturpolitik hat vor allem *Charles F. Sabel* analysiert[12]. In der zunehmenden Verdrängung der standardisierten Massenproduktion durch spezialisierte Fertigung in westlichen Industriegesellschaften liegt gleichzeitig die Ursache für ein Doppelmuster aus Konkurrenz und Kooperation. Systeme "flexibler Spezialisierung" sind gekennzeichnet durch eine Reintegration von getrennten Arbeitstätigkeiten und eine abflachende Hierarchie. Dadurch wächst der Bedarf an innerbetrieblicher Kooperation. Parallel dazu führt die Dezentralisierung zu verstärkter außerbetrieblicher Kooperation, etwa bei den Zulieferbeziehungen.
Ein solches Netz von kooperierenden Unternehmen kann einen sogenannten "industrial district" bilden: einen räumlichen und produktionstechnischen Zusammenhang, der nicht mit den topographischen Definitionen von Regionen zu erfassen ist. Strukturpolitik kann demnach nur wirken, wenn sie entweder vorhandene Netzwerke stabilisiert und

---

8 Vgl. Ministerium für Wirtschaft, Mittelstand und Technologie 1992: 46.

9 *Sabel* 1989: 35. Der Begriff "endogenes Wachstum" bleibt, obwohl ausgiebig verwendet, ein unscharfer und flexibel definierter Terminus.

10 Vgl. *Kilper* 1991: 5 f.

11 *Brugger* 1984: 7.

12 Vgl. *Sabel* 1989 und 1992.

ausbaut oder die Bildung von aktionsfähigen regionalen Netzwerken fördert. Solche Beziehungen sind dann allerdings nicht mehr auf zwischenbetriebliche Kooperationen beschränkt, sondern betreffen sämtliche wirtschaftspolitischen Akteure in der Region. *Sabels* Strategie der endogenen Entwicklung bündelt Systeme flexibler Spezialisierung, neue Netzwerke kooperierender kleiner Unternehmen und breite Infrastrukturmaßnahmen (Bildung, Forschung und Entwicklung, Verkehr). Innovative Strukturpolitik kann nach diesem Konzept nur dezentral und regionalisiert funktionieren, da die Region Basis für die "industrial districts" ist.
Doch auch in der defizitären Organisation der herkömmlichen Strukturpolitik liegen Argumente für eine Stärkung regionaler Akteure. Kennzeichnend für die bisherige Implementation der Politik ist eine tayloristische Verwaltungsfragmentierung, deren unkoordinierte Genehmigungsverfahren nicht selten dazu führen, daß ein öffentliches Gesamtinteresse in Partikularinteressen aufgelöst wird. Bei einem Kooperationsmodell auf regionaler Ebene hingegen ist der Druck auf eine ex-ante Gesamtwürdigung von Projekten groß; das regionale Interesse ist das erste Kriterium für die Auswahl von Projekten und blockt dadurch eine Fragmentierung von Politikfeldern ab.
Wenn ein solcher Konsens über Abstimmungsverfahren von allen relevanten Gruppen getragen wird, könnte dieses Maß an Zusammenarbeit vom Staat auch über vereinfachte und beschleunigte Genehmigungsverfahren honoriert werden. Ein solcher Anreiz könnte helfen, Konkurrenzverhalten in Kooperationsverhalten zu transformieren.

2.3 Die Akteure in der regionalisierten Strukturpolitik

Ein wesentliches Ziel der regionalisierten Strukturpolitik, die Kooperation regionaler Akteure, betrifft in den nordrhein-westfälischen Regionen folgende Gruppen:

- die Kommunen mit Verwaltung und Räten,
- die Mittelbehörden (Regierungspräsidien),
- die Kammern,
- die regionalen Einzelgewerkschaften und Gliederungen des DGB,
- die betrieblichen und überbetrieblichen Aus- und Weiterbildungseinrichtungen,
- die Zentren der Wirtschafts- und Technikförderung,
- die Hochschulen und Forschungstransferstellen,
- die regional arbeitenden zentralstaatlichen Institutionen, wie z.B. die Arbeitsämter sowie die regional ansässigen Unternehmen.

Neben diesen klassischen "alten" Akteuren spielen aber auch jüngere eine Rolle, wie etwa Umweltverbände oder arbeitsmarktpolitische Initiativgruppen. Diese Akteure können ihre eigenen Organisationszwecke allerdings häufig effizienter verfolgen, wenn sie Ressourcen nicht in regionalen Entwicklungskonferenzen binden, sondern stattdessen auf Öffentlichkeitsarbeit setzen.
Für die Partizipationsfähigkeit und -bereitschaft regionaler Akteure gibt es drei Voraussetzungen: Erstens müssen sie überhaupt organisationsfähig sein, über ausreichend sachliche, personelle und organisatorische Ressourcen verfügen. Bei den "neuen sozialen Bewegungen" ist das nicht immer der Fall. Zweitens müssen die Akteure Zugang sowohl zu formellen als auch insbesondere zu informellen Kanälen haben, ohne die eine Mitarbeit für die Organisationen selbst ineffektiv wäre. Und drittens müssen die Akteure in das zentrale Politikfeld der regionalisierten Strukturpolitik, die Wirtschaft, eingebunden sein, damit sich der Einsatz der Ressourcen lohnt.
Aus diesen Gründen laufen die nicht-wirtschaftlichen Interessengruppen Gefahr, sich in einer "Partizipationsfalle" zu verfangen: Sie verbreitern mit ihrer Beteiligung das legitimatorische Fundament der Entwicklungskonzepte, ohne jedoch mit ihrer marginalen Stellung und ihren begrenzten Ressourcen wirklich Einfluß auf die Inhalte nehmen zu können.
Aus diesen Bedingungen für breite Partizipation resultiert, daß in einem mesokorporatistischen Steuerungsmodell solchen Akteuren Hilfen angeboten werden müßten, um ihre Organisationsfähigkeit zu stabilisieren.
Für die Vertretungen von Unternehmen und Arbeitnehmern bedeutet die Anforderung der Kooperation, daß ihr Organisationszweck unmittelbar berührt wird. Vielerorten gilt den Kammern und den Gewerkschaften ihre (eingespielte) Konfliktbeziehung als sakrosankt. Aber auch zwischen Kommunen und Industrie- und Handelskammern dominieren zumeist Konfliktbeziehungen.
Ihre Glaubwürdigkeit nach außen und nach innen kann durch kooperatives Verhalten angegriffen werden. Eine aus Gründen der Organisationsstabilität festgefügte Freund-Feind-Programmatik kann jedoch auch zur "ideologischen Falle" werden, wenn geänderte Umweltbedingungen andere Verhaltens- und Handlungsstrategien erfordern.
Prägend bei nahezu allen Adressaten der Strukturpolitik ist das Bewußtsein, bei der Förderpolitik einem Nullsummen-Spiel ausgeliefert zu sein. Wenn sich bei Gemeinschaftsprojekten ein anderer Akteur relativ besser profilieren kann, sinkt dadurch die Teilnahmebereitschaft anderer Akteure. Das gilt neben den Unternehmen und Gewerkschaften insbesondere für die Kommunen. Bei Infrastrukturmaßnahmen oder Standortentscheidungen für Technologiezentren ist deshalb eine interkommunale Kooperation unwahrscheinlich. Kollektive Rationalität (positive Entwicklungseffekte in der gesamten Region) und individuelle Rationalität (wahlpolitisch relevante Ansiedlungserfolge in den Grenzen der eigenen Kommune) fallen auseinander. Bei der regionalen

Entwicklung befinden sich die meisten Akteure folglich in der Situation des Gefangenen-Dilemmas.
Ihr Engagement wird zudem tendenziell negativ vom Kollektivgutcharakter erfolgreicher Kooperation beeinflußt. An einer gelungenen strukturverbessernden Kooperation partizipieren auch Gruppen, die keinen Beitrag zu gemeinschaftlichem Handeln geleistet haben. Darüber hinaus sind die individuellen Kosten schnell ersichtlich, die langfristigen Erträge hingegen unsicher.
Als ein gravierendes Defizit der regionalisierten Strukturpolitik hat sich die mangelhafte Einbindung der Unternehmen in den Regionen herausgestellt. Die Kammern, die in den Regionalkonferenzen als Stellvertreter agieren, sind als Zwangskörperschaften keine echten Repräsentanten der Unternehmen. Daß die zentralen wirtschaftlichen Akteure dadurch am Rande der Regionalisierung stehen, erschwert die kooperative Strategie. Dieses Defizit müßte bei einer Stabilisierung in der Regionalisierung behoben werden, was auch auf der Landesebene inzwischen so gesehen wird.
Doch auch bei den Akteuren selbst besteht Reorganisationsbedarf. Um ein neues Steuerungsmodell nicht nur auf der staatlich-administrativen Ebene zu reintegrieren, müssen sich auch Gruppen wie etwa die Unternehmensverbände stärker regionalisieren, was zu nicht unerheblichen Organisationsproblemen führt.

2.4 Neue korporatistische Gremien: die Regionalkonferenzen in NRW

Seit 1990 fanden in allen Regionen zahlreiche Regionalkonferenzen statt, mit dem Ziel, regionale Entwicklungskonzepte zu erarbeiten.
In fast allen 15 Regionen[13] haben sich die Regionalkonferenzen dabei nach dem gleichen Muster strukturiert: Die "Vollversammlung" bereitet eine Lenkungsgruppe vor, in der in der Regel die Hauptverwaltungsbeamten der Städte und Kreise, die Geschäftsführer der IHKn und ein oder zwei andere regional bedeutsame Vertreter sitzen. Den Vorsitz der Lenkungsgruppe haben nach dem Rotationsprinzip alternierend die Hauptverwaltungsbeamten inne.
Daß die Regionalkonferenzen auf die Kammerbezirke in NRW zugeschnitten sind, vermittelt ihnen einen Kompatibilitätsvorsprung. Die Lenkungsgruppen der Regionalkonferenzen sind allerdings mit Akteuren bestückt, die die "alten Politik- und Machtstrukturen weitgehend reproduzieren"[14]. Zudem wird es eine Aufgabe bei der Fortschreibung der Regionalisierungspolitik sein, wie sich die Konferenzen von den lokalen institutionellen Eigeninteressen emanzipieren können, um wirksamer kollektive Interessen entwickeln zu können. Denn dominante Vertreter wie etwa die Hauptverwaltungsbeamten vermitteln in erster Linie lokale Interessen.

---

13 Mit einer Ausnahme wurden die Grenzen der ZIN-Regionen beibehalten; nur in einem Fall wurden die Grenzen neu gezogen.

14 *Fürst* und *Kilper* 1993: 16.

Im Prozeß der Erarbeitung der regionalen Entwicklungskonzepte sollten vor allem die interkommunale Kooperation und die Integration von fragmentierten Fachpolitiken gefestigt werden. Ersteres ist weiterhin ein zentraler Engpaß in der Strukturpolitik, denn die wichtigen lokalen Akteure dominieren nach wie vor mit ihren Eigeninteressen, innerhalb und außerhalb der Regionalkonferenzen.
Die Regionen haben verschiedene Strategien bei der Umsetzung der landespolitischen Vorgaben in regionale Entwicklungskonzepte verfolgt, die sich in drei Dimensionen aufteilen lassen. Diese Dimensionen lassen auch Rückschlüsse auf die Effizienz der einzelnen Strategien zu[15].
Die *administrative* Strategie hat gegenüber der *politischen* den Vorteil, daß sie kurzfristig effizienter ist. Bestehende interkommunale Kontakte werden genutzt, Verwaltungsbeamte können ohne großen Koordinationsaufwand die Konzepte erarbeiten. Im nachhinein werden die Inhalte jedoch meist von politischer Seite problematisiert, was in einer zweiten Runde die Konsensbildung erschwert. Langfristig verspricht daher die politische Strategie eine höhere Effizienz.
Bei der Erarbeitung der Entwicklungskonzepte schälten sich in den Regionen außerdem eine *top-down-* und eine *bottom-up*-Strategie heraus. In der "top-down"-Strategie bereiten auf höherer Ebene Mitarbeiter des Regierungspräsidiums und der kommunalen Verwaltungsspitzen das Entwicklungskonzept vor. Anschließend wird es den Gemeinden quasi zur Ratifizierung vorgelegt.
Bei der "bottom-up"-Strategie sind die Gemeinden von vornherein an der Formulierung und Diskussion beteiligt. Die "top-down"-Strategie löst die Konsensproblematik zwar durch die geringe Zahl von Akteuren; beim Vollzug hingegen treten meist große Akzeptanz- und Vollzugsdefizite auf. Sie hat sich in der prozessualen Begleitforschung als nachteilig erwiesen, wenn keine politischen Vorabklärungen vorgeschaltet wurden[16].
Schließlich gibt es noch eine Dimension bei der Beteiligung gesellschaftlicher Gruppen an den Entwicklungskonzepten. In der *exklusiven* Strategie wird die Grundkonzeption von einem kleinen Kreis erarbeitet, während in der *inklusiven* Strategie ein breites Spektrum organisierter Interessen beteiligt ist. Trotz der Schwierigkeiten einer breiten Beteiligung ist ex-post auch die Zustimmung breiter. Zudem geht bei einer Verengung auf die exklusive Strategie der Haupteffekt der Regionalisierung verloren: die Verbesserung der Kooperation zwischen den Akteuren.
Dennoch ist erkennbar, daß bislang eine echte inklusive Strategie nirgendwo verfolgt worden ist. Das Politikfeld Wirtschaft mit seinen organisierten Interessen dominiert die Strukturpolitik auch in ihrer innovativen Variante.

---

15 Vgl. die Beiträge in *Heinze* und *Voelzkow* (Hrsg.) 1994.

16 Ministerium für Wirtschaft, Mittelstand und Technologie 1992: 48.

2.5 Kooperation statt Konkurrenz

Das Dilemma bei der Aktivierung endogener Potentiale in den Regionen ist, daß kooperatives Verhalten eher die Ausnahme darstellt. Im Regelfall befinden sich die Akteure der regionalen Ebene in einer Art Gleichgewichtskonkurrenz (z.T. sogar in einem Kooperationsboykott), in der auf der Basis eines Grundkonsenses Eingriffe von außen gemeinschaftlich abgewehrt werden (Ausnahme: Branchensubventionen). Eine solche Figuration ist daher äußerst resistent gegen Innovationen[17].

An diesem Dilemma setzt die Regionalisierung der Strukturpolitik an, indem sie über die positive Sanktionierung von Kooperation die als Nullsummenspiel empfundene Politik in ein Positivsummenspiel umzuwandeln versucht.

Dabei genügt es allerdings nicht, Konsens mit Fördermaßnahmen zu honorieren, denn Konsens ist noch keine Kooperation. Auch in den konsensuell konstruierten Regionalkonferenzen herrschen Macht- und Mehrheitsverhältnisse, die sich in Kompromissen niederschlagen. Die Konferenzen laufen daher Gefahr, zu neuen Foren alter Konkurrenzen zu verkümmern[18].

Genaugenommen setzt die neue Form der Strukturpolitik Verhältnisse voraus, die sie selbst schaffen will: die Konsensfähigkeit in den Regionen. Regionale Disparitäten würden sogar vertieft, wenn die Landesförderung die unterschiedliche Dialog- und Konsensbildungsfähigkeit in der nächsten Phase sanktionieren würde[19].

Die praktische regionalisierte Strukturpolitik in NRW hat inzwischen das Stadium der regionalen Entwicklungskonzepte erreicht. Deren Hauptnutzen liegt vor allem in "process benefits" und weniger in handhabbaren Inhalten. Das machen die verbreiteten modischen Konzeptionen deutlich. In ihren Inhalten unterscheiden sich die regionalen Entwicklungskonzepte nur wenig voneinander: Im Prinzip versteht sich nahezu jede Region wie selbstverständlich als Industrie- und Dienstleistungsregion mit Technologieförderung, Logistikzentren, Qualifizierungspolitik und einer ökologischen Note.

Die Unterschiede und der eigentliche Nutzen liegen jedoch in ihrem Entstehungszusammenhang, der in den Regionen prozessuale Effekte freigesetzt hat. Diese (idealtypischen) Effekte sind folgende:

- Verbesserungen der Kooperationsbereitschaft,
- Entwicklung bzw. Verstärkung einer regionalen Identität,
- Steigerung des Kontaktniveaus zwischen den regionalen Akteuren,
- Gründung von kooperativen Strukturen (Arbeitsgruppen, Regionalkonferenzen u.ä.),

17 Vgl. zu den Wirkungen verschiedener Figurationen *Eichener* 1989.

18 Vgl. *Heinze* und *Voelzkow* 1991.

19 Vgl. *Heinze* und *Voelzkow* (Hrsg.) 1994.

- Entwicklung von kooperativen Verfahren,
- Reduzierung des Konfliktniveaus, Steigerung des Konsensgrades sowie gemeinsame Ressourcenmobilisierung,
- Integration von Fachpolitiken auf regionaler Ebene sowie
- wechselseitige politische Unterstützung.

Vor allem durch Effekte wie das höhere Kontaktniveau zwischen den regionalen Akteuren kann das staatlich induzierte kooperative Verhalten auch an Eigendynamik gewinnen. Kooperation kann nur erfolgreich sein, wenn sie auch nach dem Wegfall unmittelbarer Anreize andauert und nicht zusammenbricht. Handfeste Kooperationsprojekte sind bislang in den Regionen zwar selten installiert worden, dafür läßt sich aber eine andere bedeutsame Entwicklung beobachten: In vielen Regionen sind gemeinsame Institutionen wie interkommunale Marketingagenturen oder regionale Entwicklungsagenturen gegründet worden. In ihren Aufsichtsräten sitzen meist Vertreter von Kommunen, Unternehmen und regionalen Organisationen, so daß institutionell die Akteure in Kooperationsbeziehungen eingebunden werden. Es ist aber auch denkbar, daß über die Vetopositionen lokaler Mitglieder solche Marketingagenturen langfristig impotent bleiben.

Dagegen sprechen zwei Gründe: Erstens wird bei einer gemeinsamen Institution die Kooperation als Entscheidungsgrundlage vorausgesetzt; die Schwelle für eine negative Entscheidung, also die Beendigung der Kooperation, ist daher relativ hoch. Zweitens entwickeln die Agenturen durch ihre tragenden Akteure (Geschäftsführer, Mitarbeiter) im Verhältnis zum Aufsichtsrat eine institutionelle Eigendynamik. Durch das unmittelbare Eigeninteresse der Mitarbeiter an Kooperation und dem Wachstum von Ressourcen und Aufgaben stabilisieren und katalysieren sie die Kooperationsbeziehungen.

Ein Beispiel für eine solche langfristige politisch-institutionelle Strukturverbesserung liefert das Dortmunder Technologiezentrum. An ihm konnte unter indirekter Berücksichtigung der Gewerkschaften die erfolgreiche Kooperation von Stadt und IHK demonstriert werden.

Ein Desiderat der zukünftigen Regionalisierung bleibt es aber, die geschaffenen generellen Kooperationsbeziehungen auf spezifische regionale Kooperationsprojekte herunterzubrechen. Hier zeigt sich dann auch, daß die Unternehmen verstärkt eingebunden werden müssen. Denn regionale Qualifizierungsnetzwerke, regionale Wohnungspolitik oder andere Projekte machen nur Sinn, wenn die in diesem Bereich dominierenden Anbieter kooperieren.

Große Unternehmen können dabei kaum durch Kammern repräsentiert werden, sondern treten als eigene Organisationen auf. Kleine und mittlere Unternehmen hingegen müßten ihre Partizipationsfähigkeit über Branchenverbände verbessern.

2.6 Die Rolle des Staates in der regionalisierten Strukturpolitik

Die neue Rolle des Staates in der Strukturpolitik ist häufig als die eines Moderators beschrieben worden. Die herkömmliche Konzeption, Fördermittel nach zentral fixierten Maßstäben zu verteilen, ist angesichts einer komplexen Standortdiskussion kaum noch funktionsfähig.

Die Mobilisierung der zentralen Ressource, der Kooperation, ist jedoch ohne staatliches Handeln nicht möglich. Um die Akteure aus Ideologie- und Rationalitätsfallen zu befreien, braucht es vermittelnde, übergeordnete Initiatoren und Promotoren. Ohne regionale Steuerungsinstanzen führt der Konflikt zwischen lokaler und regionaler Loyalität zu Illoyalitätsverhalten einzelner Akteure.

Den Begriff des Staates in der Strukturpolitik auf die Landesregierung und die Ministerien zu verengen, würde aber die Bedeutung regionaler staatlicher Instanzen vernachlässigen. Die Regierungspräsidien als Mittelbehörden spielen in manchen Regionen geradezu idealtypisch die Rolle des regionalen Moderators und Initiators. An den Handlungsstrategien der Regierungspräsidien lassen sich jedoch auch die staatlichen Steuerungsdefizite im Konzept der regionalisierten Strukturpolitik ablesen.

In den exekutiven Funktionen sind die Mittelbehörden hochprofessionalisiert, bei den gestaltenden und planenden Funktionen hingegen wirken die hierarchischen und sektoralisierten Strukturen der Regierungspräsidien eher hemmend[20].

Dazu kommen legitimatorische Engpässe. Die Moderation und Steuerung über Regierungspräsidien als einzige bürokratische Regionalinstanzen in NRW ist ein genuin administratives Verfahren. Es hat den Vorzug hoher Effizienz, geringeren Koordinationsaufwandes und kann sich auf bestehende interkommunale Kontakte stützen. Die Arbeitsergebnisse wurden allerdings meist im nachhinein von politischen Akteuren infragegestellt, so daß in einer zweiten Phase die Konsensbildung erschwert war. Eine enge Abstimmung von Politik und Verwaltung ist daher für eine erfolgreiche Regionalisierungspolitik essentiell.

Solange sich die Eigendynamik der Regionalisierung nicht gefestigt hat, steuert das Land die Anreize über seine zentralen Ressourcen. Auch hat das Land (bisher) die Sanktionsmacht bei eventuellem nicht-kooperativen Verhalten. Daher bleiben die Landesministerien, aber auch das Parlament, treibende und initiierende Kraft an der Spitze. Ob aber für die innovative Moderation kooperativen Verhaltens auf der Ebene der Regionen in Zukunft nicht *regionale* Instanzen bessere Akteure sein könnten, bleibt eine entscheidende Frage.

Staatlichen Institutionen kommt mit der Moderation und der potentiellen Sanktionsmacht jedenfalls eine Rolle zu, die mit den neueren Thesen der Systemtheorie[21] nur begrenzt zu deuten ist. Nach wie vor hat der Staat in korporatistischen Verhandlungssy-

20 Vgl. *Wirtz* 1993: 37.

21 Vgl. insbesondere *Willke* 1983 und 1992 sowie *Luhmann* 1989.

stemen eine qualitiativ andere Position als alle anderen Akteure, die sich nicht nur durch die Bereitstellung von Kollektivgütern auszeichnet.

2.7 Institutionalisierung oder Offenheit?

Der prozedurale Ansatz der regionalisierten Strukturpolitik ist auch im Hinblick auf die neue Subsidiarität in der Industriepolitik der Europäischen Union ein innovatives Modell[22]. Ihr Grundmuster ist mit der regional bezogenen Reorganisation des EU-Strukturfonds kompatibel. Daher wird auch eine stärkere Institutionalisierung der neuen Strukturpolitik diskutiert. Eine partielle Institutionalisierung ist dort schon Realität, wo gemeinsame Marketing- oder Entwicklungsagenturen gegründet worden sind.

In der ersten Phase der Regionalisierung, bei der Ausarbeitung der regionalen Entwicklungskonzepte, waren Offenheit und regionale Verantwortung ein wichtiger Katalysator für die Entstehung von Kooperation. In der jetzt beginnenden Phase, der Umsetzung der Konzepte, könnten auch neue Entscheidungsgremien vonnöten sein. Die Struktur und der Institutionalisierungsgrad sind dabei ein wesentlicher Aspekt.

Einer umfassenden Institutionalisierung steht entgegen, daß die Regionalisierung von der Landesregierung bewußt als offener Prozeß konzipiert worden ist. Diese Haltung hat zunächst viel Verwirrung in den Regionen ausgelöst, ist aber mittlerweile ein wichtiger Katalysator für das Engagement regionaler Akteure geworden.

Die prozessuale Begleitforschung zur regionalisierten Strukturpolitik in NRW hat außerdem ergeben, daß eine der Diskussion der regionalen Entwicklungskonzepte vorgeschaltete Erörterung neuer bürokratischer Institutionen die Akteure demotivieren könnte[23]. Neue Bürokratien würden meist als "verlängerter Arm" der Landesregierung begriffen, und sie könnten die sich entfaltende, regional motivierte Kooperation erdrosseln. Auch der Vorschlag, die Kommunen zu stärken, würde kontraproduktiv wirken. Angesichts des zentralen Engpasses mangelnder interkommunaler Kooperation könnte durch eine Kommunalisierung der Strukturpolitik die hemmende "Kirchturmspolitik" sogar noch Auftrieb bekommen.

Andererseits verlangen auch schwach institutionalisierte Gremien wie die Regionalkonferenzen repräsentative politische Beteiligung, die eine stärkere Formalisierung zwangsläufig erscheinen läßt. Das Legitimationsproblem, und damit auch das Problem einer adäquaten Institutionalisierung, ist nach wie vor ein zentrales Thema von Netzwerken auf der Meso-Ebene[24].

Es stellt sich außerdem die Frage, ob die keineswegs eliminierten intraregionalen Verteilungskonflikte sich auf die Dauer mit offenen regionalen Netzwerken ohne legitimierte Mittlerinstanz in Formen der Kooperation transformieren lassen. In Regionen, in

---

22 Vgl. *Heinze* und *Voelzkow* 1990.

23 Vgl. *Heinze* und *Voelzkow* (Hrsg.) 1994.

24 Vgl. *Fürst* und *Kilper* 1993: 26.

denen der Regierungspräsident maßgeblicher Moderator ist, konnte er die Vetomacht regionaler Akteure in der Regionalkonferenz brechen. Ein neuerer Vorschlag, Legitimation und institutionalisierte Moderation zu koppeln, erwägt, die Mittelbehörden über Regionalwahlen zu parlamentarisieren[25] und sie in politische Regionalinstanzen umzuwandeln. Eine solche Transformation stärke und legitimiere nicht nur die Moderation, es könne sich auch eine kritische Öffentlichkeit bilden, so die Argumentation. Vereinzelt kursieren auch Vorschläge, die Bezirksplanungsräte ohne den Wahlmechanismus zu halbautonomen Instanzen mit eigenem Budget auszubauen, die dann weniger die Rolle eines Moderators spielen als vielmehr den Part einer Regionalregierung übernehmen würden.
Somit stehen sich Befürworter einer "härteren Institutionalisierung" der Regionalkonferenzen und Anhänger offener Netzwerke sowie schneller politischer Umsetzung der regionalen Entwicklungskonzepte gegenüber. Letztere betonen, daß vor einer Debatte über die Institutionalisierung zumindest einige Vorschläge der Entwicklungskonzepte in Projekte umgesetzt werden müssen, um den Prozeß der Kooperation nicht frühzeitig abzuschneiden.

3. Die regionalisierte Strukturpolitik: prozedurale Innovation mit Problemen

Die entscheidende Innovation der regionalisierten Strukturpolitik ist die Mobilisierung kooperativen Verhaltens über neue prozedurale Steuerungsmechanismen. Die Transformation des üblichen Konkurrenzverhaltens in Kooperation und die Einbindung des endogenen Entwicklungspotentials setzen sich deutlich von herkömmlichen Mustern einer zentral gesteuerten, sektoralen Strukturpolitik ab.
Die inhaltlichen Defizite mancher regionalen Entwicklungskonzepte werden dabei durch die prozessualen Effekte kompensiert. Ein wichtiger Effekt, der auch kooperatives Verhalten stützt, ist die allmähliche Entstehung regionaler Leitbilder in Teilen Nordrhein-Westfalens.
Ein zentraler Engpaß liegt in der künftigen Berücksichtigung der neuen regionalen Entwicklungspolitik in der Förderpolitik des Landes. Sollte die Landesregierung in der derzeitigen Situation der regionalisierten Strukturpolitik ihre Prioritäten nur marginal an den Entwicklungskonzepten ausrichten und sie nur oberflächlich diskutieren, drohen eine breite Demotivation in den Regionen und eine Erosion des Kooperationsansatzes. Schon in der Anfangsphase der Regionalkonferenzen gab es einzelne Einbrüche, wenn die Landesregierung Prämien aus Gründen der Finanznot zurückhielt. In konkreten Entscheidungssituationen stellten sich regionale Akteure sogar die Frage, ob das Land statt

25 Vgl. *Wirtz* 1993: 42. *Alfred Wirtz* ist Regierungsvizepräsident des Regierungsbezirks Münster.

wirklicher regionaler Kooperation nicht vielmehr die Verantwortung für wirtschaftsstrukturelle Probleme nach unten abschieben will[26].

Genauso wichtig für die Stabilisierung des innovativen Ansatzes ist es, daß die interkommunale Kooperation verbessert wird. Hier gibt es noch weitere Anreizinstrumentarien, um kommunale Konkurrenz in Zusammenarbeit zu wandeln.

Die Zukunft der regionalisierten Strukturpolitik hängt auch davon ab, inwieweit sie sich von einzelnen engagierten Personen emanzipieren und ein institutionelles Eigengewicht gewinnen kann.

Eine generelle Frage bleibt auch für die Zukunft virulent: Vor allem in der Ministerialbürokratie, aber auch bei anderen Akteuren bestehen Zweifel, ob man eine mit guten Argumenten landespolitisch konzipierte, übergreifende Industriepolitik überhaupt mit einer institutionell verankerten, regionalisierten Strukturpolitik vereinbaren kann. Landespolitisch orientierte Akteure melden nach wie vor gewichtige Ansprüche auf industriepolitische Koordinierung an; zudem waren sie es, die den Prozeß der Regionalisierung initiiert haben. Daher werden sie maßgeblich mitbestimmen wollen, ob die offene Politik versiegt oder auf Dauer in feste Strukturen hineinwächst.

---

26 Vgl. *Fürst* und *Kilper* 1993: 23.

Literaturverzeichnis

Brugger, Ernst A., 1984: "Endogene Entwicklung": Ein Konzept zwischen Utopie und Wirklichkeit, in: Informationen zur Raumentwicklung 1/2, 1 - 19.

Eichener, Volker, 1989: Ratio, Kognition und Emotion. Der Modus menschlichen Handelns als abhängige Variable des Gesellschaftsprozesses, in: Zeitschrift für Soziologie, 18. Jhrg., Heft 5, 346 - 361.

Fricke, Werner (Hrsg.), 1992: Jahrbuch Arbeit und Technik. Schwerpunktthema: Industriepolitik, Bonn.

Fürst, Dietrich/Kilper, Heiderose, 1993: Die Innovationskraft regionaler Politiknetzwerke. Nordrhein-westfälische Ansätze politischer Modernisierung im Vergleich, Institut Arbeit und Technik, Gelsenkirchen.

Heinze, Rolf G./Schmid, Josef, 1994: Industrieller Strukturwandel und die Kontingenz politischer Steuerung: Mesokorporatistische Strategien im Vergleich. Forschungsstelle für Sozialwissenschaftliche Innovations- und Technologieforschung (SIT), Arbeitspapier 2-94, Bochum.

Heinze, Rolf G./Voelzkow, Helmut, 1990: Subsidiarität und Binnenmarktintegration. Konzeptionelle Überlegungen zur europäischen Regionalpolitik, in: Ulrich von Alemann/Rolf G. Heinze/Bodo Hombach (Hrsg.), Die Kraft der Region. Nordrhein-Westfalen in Europa, Bonn, 252 - 268.

Heinze, Rolf G./Voelzkow, Helmut, 1991: Kommunalpolitik und Verbände. Inszenierter Korporatismus auf lokaler und regionaler Ebene?, in: Hubert Heinelt/Hellmut Wollmann (Hrsg.), Brennpunkt Stadt, Basel, Boston und Berlin, 187 - 206.

Heinze, Rolf G./Voelzkow, Helmut (Hrsg.), 1994: Die Regionalisierung der Strukturpolitik in Nordrhein-Westfalen, Opladen (i.E.).

Jürgens, Ulrich/Krumbein, Wolfgang (Hrsg.), 1991: Industriepolitische Strategien. Bundesländer im Vergleich, Berlin.

Kilper, Heiderose, 1991: Konzeptionen und Strategien regionaler Entwicklung, discussion paper PS 01, Institut Arbeit und Technik, Gelsenkirchen.

Kremer, Uwe, 1992: Industriepolitik im Vormarsch? Eine Zusammenstellung zur aktuellen industriepolitischen Debatte, in: WSI-Mitteilungen, 45. Jhrg., Heft 3, 274 - 283.

Luhmann, Niklas, 1989: Politische Steuerung, in: Politische Vierteljahresschrift, 30. Jhrg., Heft 1, 4 - 9.

Ministerium für Wirtschaft, Mittelstand und Technologie des Landes Nordrhein-Westfalen (Hrsg.), 1992: Prozessuale Begleitforschung der Regionalisierung der Strukturpolitik in Nordrhein-Westfalen (Kurzfassung).

Sabel, Charles F., 1989: The Reemergence of Regional Economies, discussion paper FS I 89-3, Wissenschaftszentrum Berlin.

Sabel, Charles F., 1992: Studied trust: Building new forms of co-operation in a volatile economy, in: Industrial districts and local economic regeneration, ed. by Fred Pike and Werner Sengenberger (International Institute for Labour Studies), Geneva, 215 - 250.

Scharpf, Fritz W., 1989: Politische Steuerung und Politische Institutionen, in: Politische Vierteljahresschrift, 30. Jhrg., Heft 1, 10 - 21.

Scharpf, Fritz W., 1991: Die Handlungsfähigkeit des Staates am Ende des zwanzigsten Jahrhunderts, in: Politische Vierteljahresschrift, 32. Jhrg., Heft 4, 621 - 634.

Sturm, Roland, 1991: Die Industriepolitik der Bundesländer und die europäische Integration. Unternehmen und Verwaltungen im erweiterten Binnenmarkt, Baden-Baden.

Voelzkow, Helmut, 1990: Mehr Technik in die Region. Neue Ansätze zur regionalen Technikförderung in Nordrhein-Westfalen, Opladen.

Voigt, Rüdiger (Hrsg.), 1993: Abschied vom Staat - Rückkehr zum Staat? Baden-Baden.

Willke, Helmut, 1983: Die Entzauberung des Staates. Überlegungen zu einer sozietalen Steuerungstheorie, Frankfurt a.M.

Willke, Helmut, 1992: Die Ironie des Staates. Grundlinien einer Theorie des Staates polyzentrischer Gesellschaften, Frankfurt a.M.

Wirtz, Alfred, 1993: Koreferat zu "Intermediäre Organisationen zwischen offenen Netzwerken und festen Strukturen", in: Dietrich Fürst/Heiderose Kilper (Hrsg.), Effektivität intermediärer Organisationen für den regionalen Strukturwandel. Dokumentation der Tagung am 18.06.1993 im Institut Arbeit und Technik, Gelsenkirchen.

4. Kapitel

Kooperative Steuerung in ausgewählten Politikfeldern

Kooperative Verwaltungspolitik und die Steuerungsfähigkeit des Staates

Der Aufbau der Umweltverwaltungen in Sachsen und Brandenburg zwischen Technokratismus und Dilettantismus

Andreas Eisen und *Wolfgang Seibel*

1. Vorbemerkung

Die staatliche Einheit Deutschlands und der Prozeß der deutschen Einigung bedeutete nicht nur das Ende der DDR, sondern auch eine elementare Herausforderung für die Anpassungsfähigkeit des politisch-administrativen Systems der Bundesrepublik. Die künftige Entwicklung der bundesrepublikanischen Verfassungswirklichkeit wird entscheidend von der Integrationsfähigkeit der politisch-administrativen Institutionen in den neuen Bundesländern abhängen. Mit dem Zusammenbruch des SED-Regimes wurde zugleich das Regierungssystem der Bundesrepublik in eine Art Ausnahmezustand versetzt.[1] Welche neuen institutionellen Gleichgewichte sich einstellen werden, läßt sich noch nicht endgültig absehen. Es muß allerdings von weitaus heterogeneren Strukturen ausgegangen werden, als man das von der alten Bundesrepublik gewöhnt war.[2]

Dem Um- und Neubau der politisch-administrativen Institutionen in den neuen Bundesländern kommt eine entscheidende Rolle im Entwicklungs- und Integrationsprozeß gesamtdeutscher Staatlichkeit zu.[3] Formen kooperativer Steuerung, para-staatlicher Aufgabenerfüllung und die Nutzung gesellschaftlicher Selbststeuerungskapazitäten können dabei in Ostdeutschland nach den Erfahrungen mit dem zentralistischen SED-Regime mutmaßlich eine größere Legitimationskraft entfalten als Formen hoheitlich-hierarchischer Steuerung. Die Steuerungsleistung kooperativer Formen staatlicher Verwaltungspolitik bezüglich des Aufbaus effizienter und aufgabengerechter Verwaltungsstrukturen ist dabei, wie der Beitrag zeigen soll, nicht generell höher einzustufen als diejenige hoheitlich-hierarchischen Staatshandelns.

Für den Aufbau der Verwaltungen in den neuen Bundesländern besteht das aus Westdeutschland geläufige Spannungsverhältnis zwischen Effektivitätsanforderungen einerseits und Integrationswert der öffentlichen Verwaltung andererseits.[4] Dieses Span-

1 Vgl. *Lehmbruch* 1990.

2 Vgl. *Lehmbruch* 1991: 590 ff.; *Seibel* 1993: 27 ff.

3 Vgl. *Seibel, Benz* und *Mäding* 1993.

4 Vgl. *Wagener* 1969.

nungsverhältnis wird durch die zeitgleiche Notwendigkeit der Schaffung effizienter und von Vertrauen in die neuen politisch-administrativen Institutionen getragenen Verwaltungsstrukturen zu einem verwaltungspolitischen Dilemma. Dies wird im vorliegenden Beitrag am Beispiel der Entwicklung der Umweltverwaltung in Brandenburg und Sachsen vergleichend dargestellt. Dabei steht der Vergleich verwaltungspolitischer Entscheidungs- und Legitimationsmuster im Zentrum. Es geht also nicht um die Phänomene umweltrechtlichen Handelns der Verwaltung, die mit Begriffen wie kooperatives Staatshandeln oder informelles Verwaltungshandeln als Ausdruck verflochtener Entscheidungsmuster zwischen staatlichen Institutionen und gesellschaftlichen Organisationen und Akteuren verbunden sind.[5] Im vorliegenden Zusammenhang interessieren vielmehr die innerstaatlichen Entscheidungsmuster und die Strukturen entsprechender Mehrebenenverflechtungen innerhalb der beiden Vergleichsländer. Dies betrifft im Rahmen umweltrechtlicher Vollzugsstrukturen vor allem das Verhältnis zwischen Landkreisen, in ihrer speziellen Situation sowohl als untere staatliche Vollzugsbehörde als auch als Träger kommunaler Selbstverwaltung, und der Landesregierung bzw. der Landespolitik.[6]

2. Staat und Staatliche Steuerung

Empirisch lassen sich für das politisch-administrative System der Bundesrepublik Deutschland nicht nur erhebliche Steuerungsprobleme hierarchischer Steuerungsmodi, sondern auch vielfältige Formen kooperativen Staatshandelns und informellen Verwaltungshandelns feststellen.[7] In der Verfassungswirklichkeit der Bundesrepublik Deutschland zeigt sich dies in verzweigten, von Interdependenzen und Verhandlungsbeziehungen geprägten Netzen gesellschaftlicher Entscheidungsfindung, wie sie seit längerem unter Begriffen wie Neo-Korporatismus[8], Politikverflechtung[9] oder Policy-Netzwerke[10] beschrieben werden. Es ist demnach von einer "Fiktion der Staatsperson"[11] auszugehen, dem die empirische Realität eines fragmentierten, in sich und mit gesell-

5 Vgl. u.v. *Mayntz* und *Derlien* 1978; *Bohne* 1981; *Lübbe-Wolff* 1992.

6 Dieser Beitrag basiert auf den vorläufigen Ergebnissen einer vergleichenden Studie zur Entwicklung administrativer Institutionen der Umweltverwaltung in den Bundesländern Brandenburg und Sachsen, die von der Fritz-Thyssen-Stiftung gefördert wird. Die empirischen Erhebungen beruhen außer auf Dokumentenanalysen vor allem auf ca. 50 Interviews mit Führungspersonal aller Verwaltungsebenen und Behördentypen der Umweltverwaltung in den beiden Vergleichsländern sowie politischen Mandatsträgern auf Landes- und Kommunalebene.

7 Vgl. *Benz* und *Seibel* 1992.

8 Vgl. *Schmitter* und *Lehmbruch* 1979.

9 Vgl. *Scharpf, Reissert* und *Schnabel* 1976; *Benz, Scharpf* und *Zintl* 1992.

10 Vgl. *Marin* und *Mayntz* 1991.

11 *Hesse* 1990: 15.

schaftlichen Organisationen komplex verwobenen und verflochtenen, nur schwer zu lokalisierenden 'Staatswesens' gegenübersteht. Die Erkenntnisse der Systemtheorie bezüglich der Steuerbarkeit bzw. Nicht-Steuerbarkeit von Systemen[12] sind insofern hilfreich für die Analyse staatlicher Steuerungsmöglichkeiten, als daß sie die Logik, nach der gesellschaftliche Teilsysteme im wesentlichen funktionieren, transparent machen und dadurch übertriebene Steuerungserwartungen dämpfen. Den Staat auf eine Selbstbeschreibung des politischen Systems zu reduzieren[13] und politische Steuerung als kontrafaktische Hoffnung zu charakterisieren[14], erscheint allerdings empirisch nicht haltbar. Das Phänomen Staat ist in seinen Institutionen und hier nicht zuletzt der öffentlichen Verwaltung 'leibhaftig' erfahrbar. So kann in den verschiedenen gesellschaftlichen Teilsystemen oder Politikfeldern ein teilweise erhebliches Maß an politischer Steuerung verzeichnet werden.[15] Es erscheint danach weder realistisch, allein auf die gesellschaftliche Selbststeuerung zu vertrauen, noch, die Wiederbelebung des Leviathan zu fordern.[16]

"Steuerung" ist im wesentlichen von den institutionellen Designs des öffentlichen Sektors abhängig. Der Verwaltungspolitik kommt also eine entscheidende Funktion bei der Schaffung neuer staatlicher Steuerungsmöglichkeiten zu, die über das Maß struktureller Verwaltungsorganisation hinausgeht. Das gilt sowohl für die Beziehungen staatlicher Institutionen zu gesellschaftlichen Organisationen und Akteuren als auch für die Kooperation innerhalb des Staatswesens.

3. Verwaltungspolitik und verwaltungspolitische Stile

Der unmittelbare Prozeß der "improvisierten Vereinigung"[17], darauf hat *Gerhard Lehmbruch* hingewiesen, setzte die für das politische System der Bundesrepublik charakteristischen Funktionslogiken für einen kurzen, aber entscheidenden Zeitraum zu Gunsten eines kaum eingeschränkten Primats der Politik außer Kraft. Es spricht aber auch wenig dafür, daß der Einigungsprozeß ohne Auswirkungen auf das politisch-administrative System der Bundesrepublik bleiben wird. Zwar wurde das Grundgesetz der Bundesrepublik durch der Vereinigungsprozeß wenig tangiert, die Auswirkungen auf die 'Verfassung' des politisch-administrativen Systems können aber letztlich noch nicht abgeschätzt werden.[18]

---

12 Vgl. *Luhmann* 1988.

13 Vgl. *Luhmann* 1987: 77 ff.

14 Vgl. *Ronge* 1994: 64.

15 Vgl. *Schuppert* 1989: 100.

16 Vgl. *Hesse* 1987: 81; *Schuppert* 1990: 217 ff.

17 Vgl. *Lehmbruch* 1990.

18 Vgl. *Seibel* 1992: 349 ff.

Hoffnungen, mit dem Verwaltungsaufbau in den neuen Bundesländern einen innovativen Prozeß von grundlegenden Verwaltungsreformen anstoßen zu können, erweisen sich mehr und mehr als Illusionen.[19] Aber nicht nur diese -ohnehin meist akademischen- Hoffnungen erwiesen sich als illusionär, sondern auch der Glaube daran, ein bloßer "Institutionentransfer"[20], eine Transplantation westdeutscher politisch-administrativer Muster nach Ostdeutschland, würde genügen, die institutionelle Integration in Deutschland zu ermöglichen. Dieses Vertrauen in die Anpassungsfähigkeit und Flexibilität der westdeutschen politisch-administrativen Institutionen kann als eine der "notwendigen Illusionen"[21] charakterisiert werden, die gerade wegen ihres ideologischen Charakters zur Beschleunigung des Einigungsprozesses im Jahre 1990 beigetragen haben.

Sowenig wie die für die Funktionsfähigkeit des bundesdeutschen Institutionensystems notwendige komplexe Einbettung in gesellschaftliche Mikrostrukturen übertragbar war, sowenig konnten diese beim Export des westdeutschen Institutionenmodells nach Ostdeutschland einfach miterzeugt werden.[22] Im Gegenteil: Die öffentliche Verwaltung in den neuen Bundesländern konnte nicht auf einer 'tabula rasa' aufgebaut werden, sondern die importierten institutionellen Strukturen westdeutscher Verwaltungsmuster stießen auf strukturelle und kulturelle Hinterlassenschaften der administrativen Institutionen der DDR. Es wird also zu fragen sein, welches Institutionengefüge und welcher institutionelle Kontext sich als Amalgam ostdeutscher struktureller und personeller Hinterlassenschaften, westdeutscher Personaltransfers und der Übertragung westdeutscher institutioneller Grundstrukturen in den neuen Bundesländern entwickelt. Im Bereich der Organisation der Landesverwaltungen und auch einzelner Fachverwaltungen konnten bereits nach kurzer Zeit unterschiedliche Entwicklungspfade festgestellt werden.[23]

Der Aufbau bzw. Umbau administrativer Institutionen in Ostdeutschland steht unter einem politischen Legitimationsdruck, der durch die Abwägungspole "Effektivität" und "Integrationswert" geprägt ist.[24] Diese Abwägung erweist sich als Suche nach Auswegen aus einem strukturellen Dilemma, was vor allem in den Entscheidungen über die Struktur der Landesverwaltung und die Aufgabenverteilungen zwischen Landes- und Kommunalebene deutlich wird. Einerseits ist der schnelle Aufbau einer effektiven und effizienten Verwaltung in den neuen Bundesländern eine grundlegende Voraussetzung für einen positiven Verlauf vor allem der ökonomischen Entwicklung. Andererseits

19 Vgl. *Benz* 1993.

20 Vgl. *Lehmbruch* 1993.

21 Vgl. *Seibel* 1992.

22 Vgl. *Seibel* 1992: 357 f.; *Lehmbruch* 1993: 55 f.

23 Vgl. *Seibel* 1993a; *Eisen* 1993.

24 Vgl. *Wagener* 1969.

spielt auch die Berücksichtigung der Erfahrungen mit dem zentralistisch-autoritären Verwaltungssystem der DDR eine entscheidende Rolle für das Vertrauen der Bevölkerung in die neuen politisch-administrativen Institutionen.

Die territorialen Verwaltungsstrukturen in Ostdeutschland waren durch ihre extreme Kleinräumigkeit gekennzeichnet. In allen neuen Bundesländern wurden deshalb umfassende kommunale Gebietsreformen eingeleitet und teilweise bereits abgeschlossen.[25] Dabei war die kommunale Ebene wegen ihrer geringen Verwaltungskraft kaum zur Erfüllung öffentlicher Aufgaben nach westdeutschem Standard in der Lage. Andererseits waren es dieselben Kommunen, die in der Phase des Umbruchs überhaupt halbwegs funktionierende Verwaltungen besaßen. Die politisch-administrativen Strukturen der Kommunen waren mit den Kommunalwahlen vom 6. Mai 1990 in der DDR zudem demokratisch legitimiert. Immerhin hatte zuvor nicht zuletzt die massive Fälschung der Kommunalwahlen vom 7. Mai 1989 zum Bürgerprotest und damit indirekt zum Zusammenbruch des SED-Regimes beigetragen.[26] Die Ebene der Kommunen in Ostdeutschland steht demnach wie keine andere Ebene für eine neu gewonnene demokratische Identität.

Die teilweise heftigen Diskussionen um staatliche Mittelinstanzen, die als Quasi-Nachfolgebehörden der Räte der Bezirke des zentralistischen DDR-Verwaltungssystems in der Bevölkerung auf wenig Akzeptanz stießen, sind zum Beispiel Ausdruck dieser Spannung zwischen notwendiger Effizienz und Verwaltungskraft und neuen demokratischen Identitäten.[27] Diese Spannung prägt auch die Diskussion, die sich um die Alternative Sonderbehörden/Allgemeine Verwaltung bewegt.[28] Für die Strategien der verwaltungspolitischen Akteure spielen außerdem Interessen wie die der Arbeitsplatzsicherung oder der für den Bereich kommunaler Umweltpolitik schon klassisch zu nennende Konflikt zwischen Umweltschutz- und Wirtschaftsförderung[29] eine Rolle. Unsere Fragestellung bezieht sich allerdings nicht auf die subjektive Interessenlage der Akteure, sondern auf die Eigenart der verwaltungspolitischen Entscheidungsmuster und Steuerungsmodi, die den Aufbau der Verwaltungen prägen und die Legitimationskraft, die diese entfalten können. Es geht also um die Frage, welche verwaltungspolitischen Stile sich in den ostdeutschen Ländern herausbilden. Diese "Stile" manifestieren sich nach unserer Hypothese a) in einem landespezifischen Muster der Reduktion von Entscheidungsunsicherheit und b) in einem landesspezifischen Muster des äußeren Verwaltungsaufbaus.

---

25 Vgl. *Damskis* 1993.

26 Vgl. *Glaeßner* 1992: 55 ff.

27 Vgl. *Seibel* 1993a.

28 Vgl. *v. Oertzen* 1993.

29 Vgl. *Hucke* 1983: 23 ff.

4. Verwaltungsorganisation und Institutionenentwicklung der staatlichen Umweltverwaltung in Sachsen und Brandenburg

Die Verwaltungspolitik im Bereich der Umweltverwaltungen sieht sich in einer spannungsreichen Situation, die durch eine zusätzliche Verschärfung der beschriebenen Zielkonflikte zwischen Professionalität und Integrationsfähigkeit der Verwaltung gekennzeichnet ist. Einerseits steht die Umweltverwaltung unter einem besonderen Effizienz- und Effektivitätsdruck. Dies ist durch die chronische Ineffizienz der DDR-Umweltverwaltung und das katastrophale ökologische Erbe des DDR-Systems[30] bedingt, aber auch durch die Notwendigkeit der raschen Durchführung von Genehmigungsverfahren für die dringend notwendigen gewerblichen und infrastrukturellen Investitionen. Dem stehen Forderungen nach Transparenz der Umweltverwaltung sowie problem- und ortsnaher Entscheidungskompetenz in Erinnerung einer zentralistisch-autoritären Umweltpolitik und der weitgehenden Geheimhaltung von Umweltinformationen unter dem SED-Regime gegenüber. Nicht zuletzt war es auch die Umweltproblematik, die für die Entstehung von Protestgruppen in der DDR eine Rolle gespielt hatte.[31]

Im folgenden Abschnitt werden zuerst die jeweiligen für den umweltrechtlichen Vollzug wichtigen Organisationsstrukturen der staatlichen Umweltverwaltung in den Ländern Sachsen und Brandenburg dargestellt.[32] In einem zweiten Schritt werden die Entscheidungsprozesse nachgezeichnet und die dabei identifizierbaren verwaltungspolitischen Stile der Vergleichsländer erläutert.

4.1 Aufbau und verwaltungsstrukturelle Rahmenbedingungen der Umweltverwaltung im Freistaat Sachsen

Wesentliche Rahmenbedingungen für die Entwicklung institutioneller Strukturen im Bereich der Umweltverwaltung im Freistaat Sachsen sind die territorialen und funktionalen Verwaltungsstrukturen. Sachsen hat einen dreistufigen Verwaltungsaufbau mit drei Regierungsbezirken (Leipzig, Dresden, Chemnitz) als staatlicher Mittelinstanz. Die Regierungspräsidien sind territorial nahezu identisch mit den ehemaligen sächsischen DDR-Bezirken. Diese Entscheidung war politisch umstritten. Vor allem die Landkreise machten Vorbehalte gegen die Regierungspräsidien geltend. Der Entscheidung für eine solche Mittelinstanz fehlte auch noch nach Ende der 1. Legislaturperiode des Sächsischen Landtags im September 1994 die parlamentarische Legitimation durch ein Landesorganisationsgesetz. Die Landesregierung ist damit politischen Kontroversen zwi-

---

30 Vgl. *Petschow, Meyerhoff* und *Thomasberger* 1990.

31 Vgl. *Knabe* 1988.

32 Vgl. auch *Eisen* 1993.

schen Landkreisen und Freistaat, die vor allem auch politische Kontroversen innerhalb der CDU als alleiniger Regierungspartei bedeutet hätten, aus dem Wege gegangen. Zwischen Regierung und Regierungsfraktion war es wiederholt zu Spannungen gekommen. Dabei hatten die Parlamentarier erkennen lassen, daß sie sich als die eigentlichen Richtliniengeber der Landespolitik betrachteten.[33]

An der Notwendigkeit einer Kreisgebietsreform bestand wegen der extrem kleinräumigen Verwaltungsstruktur auch bei den Vertretern der Kommunen nie ein Zweifel. Es kam allerdings zu erheblichen Meinungsverschiedenheiten zwischen Landesregierung und Landkreisen hinsichtlich des geplanten Zeitraums und der konkreten Ausgestaltung der Kreisgebietsreform.[34] Auch im Zuge der Beratungen im Landtag, in dem die Landräte über bedeutenden Einfluß verfügen, konnte nur eine sowohl in territorialer als auch in nicht-territorialer Hinsicht stark überarbeitete Fassung des Regierungsentwurfes zur Kreisgebietsreform im Mai 1993 passieren. Hierbei haben sich Vorschläge der CDU-Fraktion gegenüber der Regierungsvorlage durchgesetzt.[35]

Der dreistufige Verwaltungsaufbau der allgemeinen Landesverwaltung in Sachsen prägt auch die Umweltverwaltung. Der umweltrechtliche Vollzug liegt beim Staatsministerium für Umwelt und Landesentwicklung (SMU) als oberster Landesbehörde, bei den Abteilungen Umwelt- und Regionalentwicklung der drei Regierungspräsidien als Mittelbehörden und bei den Landkreisen bzw. den kreisfreien Städten als unteren Landesbehörden. Ferner wurden als wissenschaftlich-technische Fachbehörden das Landesamt für Umwelt und Geologie (LfUG) als selbständige obere Landesbehörde sowie fünf Staatliche Umweltfachämter (StUFÄ) als selbständige untere Sonderbehörden mit jeweils regionaler Zuständigkeit gegründet. Das Landesamt für Umwelt und Geologie ist eine Fachbehörde, die im wesentlichen wissenschaftlich-technische Servicefunktionen für den ganzen Freistaat wahrnimmt. Die integrierten Fachbehörden StUFÄ sind auf der Ebene der unteren und der Mittelbehörden für die wissenschaftlich-technische Vorbereitung des umweltrechtlichen Vollzugs zuständig. Der Vollzug selbst liegt bei den Regierungspräsidien bzw. den Kreisen und kreisfreien Städten.

4.2 Verwaltungspolitische Entscheidungsprozesse und die Entwicklung administrativer Institutionen der Umweltverwaltung in Sachsen

In der Ministerialverwaltung des sächsischen Umweltministeriums gab es bereits früh dezidierte Vorstellungen über die Struktur und den Aufbau der nachgeordneten Um-

33 Dieses Selbstverständnis der Parlamentarier kam in den Interviews, die im Rahmen dieser Untersuchung geführt wurden, immer wieder deutlich zum Ausdruck. Vgl. auch *Funk* 1993.

34 Vgl. *Schnabel* 1992; Leipziger Volkszeitung, 23.7.1991: 13.

35 Vgl. *Damskis* 1993: 69.

weltverwaltung.[36] Die konzeptionellen Vorstellungen in der Ministerialbürokratie waren auf den schnellen Aufbau einer effizienten Umweltverwaltung konzentriert. Damit sollte neben einem baldigen effektiven Vollzug vor allem die zügige Erteilung von Genehmigungen ermöglicht werden. Träger dieser verwaltungspolitischen Leitbilder waren hauptsächlich Leihbeamte aus der baden-württembergischen Umwelt- und Ministerialverwaltung. Deren Vorstellungen waren überwiegend durch die westdeutsche Verwaltungswirklichkeit geprägt, allerdings auf kontraintuitive Weise. Nach den Vorstellungen der baden-württembergischen Berater sollten nämlich die strukturellen Fehlentwicklungen in den alten Bundesländern in Sachsen vermieden werden. Man wollte der Umweltverwaltung des Freistaates Sachsen eine Zersplitterung der Umweltsonderverwaltung, wie sie sich in Westdeutschland historisch entwickelt hatte, und die damit einhergehenden Kooperationsprobleme, Friktionen und den erheblichen Verwaltungsaufwand ersparen.

Leitbild dieser konzeptionellen Vorstellungen war es, durch organisatorische Konzentration eine "schlanke", effiziente und "schlagkräftige" Umweltsonderverwaltung zu installieren. Kern der daraus entwickelten Konzeption war die Schaffung einer integrierten, also alle Umweltmedien abdeckenden Umweltfachverwaltung in Form unterer staatlicher Sonderbehörden. Entgegen der (nachträglichen) Rechtfertigung der Trennung von Fachaufgaben und Vollzugskompetenzen als Ausgleich zwischen dem staatlichen Anspruch einer effektiven Umweltverwaltung und kommunalen Einflußmöglichkeiten[37] war diese Trennung kein Ergebnis politischer Überlegungen oder Kompromisse. Vielmehr stand ein solches Modell im Umweltministerium konzeptionell nie zur Diskussion. Die Aufhebung der bisweilen als historische Fehlentwicklung bezeichneten Trennung von Vollzugs- und Fachverwaltung im Umweltbereich der alten Bundesländer[38] und damit verbunden eine Kompetenzübertragung von den Landkreisen auf staatliche Ämter war im Umweltministerium in Baden-Württemberg nie verfolgt worden und entsprach somit nicht dem Erfahrungshorizont auch der reformorientierten westdeutschen Ministerialbeamten. Die organisatorischen Vorstellungen von einer einheitlichen Fach- und Vollzugsverwaltung, die in der Interimsphase nach dem Zusammenbruch des SED-Regimes entwickelt wurden, fanden ebensowenig Berücksichtigung wie die Tatsache, daß solche einheitlichen Strukturen im Bereich der Wasserwirtschaft bereits bestanden. Vielmehr wurden Reformkonzeptionen, die ein Resultat der defizitären baden-württembergischen Umweltverwaltung waren, in Sachsen quasi stellvertretend

36 Vgl. *Angst* 1993.

37 Vgl. Sächsisches Staatsministerium für Umwelt und Landesentwicklung 1994: 17.

38 Vgl. *Lübbe-Wolff* 1990: 857 ff.

umgesetzt.[39] Die Durchsetzung der konzeptionellen Vorstellungen der westdeutschen Ministerialbeamten im Umweltministerium wurde von ostdeutschen Verwaltungsmitarbeitern und Landkreisvertretern als westdeutsches Diktat empfunden.

Aber auch gegen die Errichtung staatlicher Umweltfachämter kam es zu Widerständen der Kreise und auch der Regierungspräsidien. Einerseits konnten Kompetenzbeschneidungen grundsätzlich nicht im Interesse der Landkreise und der Regierungspräsidien liegen. Hatten die Kreise ohnehin viele ehemalige Kompetenzen an die Gemeinden abzugeben, so galt es für die Regierungspräsidien, durch die Erlangung möglichst vieler Kompetenzen ihre umstrittene Position innerhalb der Landesverwaltung zu festigen. Eine Trennung von Fach- und Vollzugsverwaltung betraf zudem das Selbstverständnis des technisch-naturwissenschaftlich qualifizierten Personals der Umweltverwaltung in den Regierungspräsidien und den Kreisverwaltungen. Dieses vermochte die Notwendigkeit einer fachtechnischen Beratung durch staatliche Sonderbehörden nicht einzusehen. Zudem wurde von den politischen Spitzen der Kommunen die Einrichtung staatlicher Sonderbehörden häufig als Akt zentralstaatlicher Kontrolle und als Eingriff in die Selbstverwaltungskompetenz der Kommunalebene interpretiert.

In diesem Interessenkonflikt behielt das Umweltministerium letztlich die Oberhand. Dies war einerseits möglich, weil der verwaltungsorganisatorische Gestaltungsspielraum der Fachressorts von landespolitischer Seite lediglich durch finanzielle Restriktionen und durch das Leitbild einer "effizienten Verwaltung" begrenzt wurde. Die Ausgestaltung der Verwaltungsstrukturen wurde ansonsten dem Sachverstand der Ministerialverwaltung überlassen. Andererseits konnte die Ministerialverwaltung des Umweltministeriums diesen Handlungsspielraum auch ausfüllen, eben weil sie über ein dezidiertes Leitbild für die Gestaltung der staatlichen Umweltverwaltung und auch über konkrete konzeptionelle Vorstellungen der verwaltungsstrukturellen Umsetzung dieses Leitbildes verfügte. Hinzu kam, daß sich die Organisationsstrukturen der Fachressorts gewissermaßen im Windschatten des Konflikts um die staatliche Mittelbehörden entwickeln konnten, dem eine weitaus größere politische Beachtung zuteil wurde. Nicht zuletzt war der Streit um staatliche Mittelinstanzen ja auch ein Konflikt zwischen potentiellen Verbündeten gegen staatliche Umweltsonderbehörden, nämlich zwischen den Regierungspräsidien und den Landkreisen. Schließlich waren die Kreise zu diesem Zeitpunkt mit ihrem bisherigen Aufgabenbestand häufig überfordert.

Letztlich konnten die Entscheidungen des Umweltministeriums - die Einrichtung staatlicher Umweltfachämter und die Trennung von Fach- und Vollzugsverwaltung - nur noch hingenommen werden. Von einer gesicherten Akzeptanz dieser Entscheidung

39 "Man kann sich des Eindrucks nicht erwehren, daß seinerzeit gescheiterte Apologeten jetzt in den neuen Bundesländern eine neue Chance gesucht und gefunden haben", wurde diese Entwicklung von einem Vertreter eines kommunalen Spitzenverbandes kommentiert. *Seele* 1992: 9.

kann jedoch nicht ausgegangen werden. Vielmehr sehen sich die Umweltfachämter schwelenden Kompetenzkonflikten mit den Landkreisen und den Regierungspräsidien ausgesetzt. Die Akzeptanzförderung wurde im wesentlichen der Verwaltungspragmatik der staatlichen Umweltfachämter überlassen. In dieser Hinsicht zeichnet sich mittlerweile ein differenzierteres Bild ab. Einerseits hängt die Akzeptanz maßgeblich davon ab, inwieweit die Arbeit der Fachbehörde mit den Interessen der einzelnen Kommunen konkurriert oder nicht. Sie gründet sich demnach vor allem auf die materiellen Ergebnisse und nicht auf die Verfahrensweisen des Verwaltungshandelns auf der Ebene der unteren staatlichen Sonderbehörden. Andererseits bilden sich offenbar in den Fällen, in denen eine gewisse örtliche Nähe der unterschiedlichen Verwaltungszweige zueinander vorhanden ist, lokale und fachliche Politiknetzwerke. Besonders in Städten, in denen verschiedenste staatliche und kommunale Verwaltungszweige angesiedelt sind, spricht einiges für die zunehmende Etablierung informeller Strukturen innerhalb der verschiedenen Zweige der Umweltverwaltung, wobei das Anknüpfen an die Strukturen fachlicher Zusammenarbeit, die bereits innerhalb der DDR-Verwaltung bestanden hatten, eine wesentliche Rolle spielt. In diesem Zusammenhang fällt vor allem eine eigentümliche mentale Verbundenheit auf, die das Verhältnis der Mitarbeiter der ehemaligen DDR-Verwaltungen zueinander kennzeichnet.

4.3 Die Struktur und die verwaltungsstrukturellen Rahmenbedingungen der Umweltverwaltung im Land Brandenburg

Entscheidend für die Entwicklung der Verwaltungsstrukturen in Brandenburg war die in der Koalitionsvereinbarung der sogenannten 'Ampelkoalition' zwischen Sozialdemokraten, Liberalen und dem Bündnis '90 festgeschriebene Auflösung der Bezirksverwaltungsbehörden. Damit einher ging der generelle Verzicht auf jegliche Mittelinstanz und die Entscheidung für einen zweistufigen Verwaltungsaufbau.[40]

Aus fachlichen Gesichtspunkten, so wurde konstatiert, könne in Brandenburg wegen der geringen Bevölkerungsdichte auf eine Mittelinstanz verzichtet werden. Dabei wurde auf das Beispiel Schleswig-Holsteins verwiesen.[41] Allerdings gab es aus eben dieser fachlichen Perspektive auch gegenteilige Meinungen[42], die von einem nicht geringen Teil des administrativen Leitungspersonals der Landesverwaltung in Brandenburg geteilt wurden. Vorwiegend unterlag die Entscheidung für eine generelle Zweistufigkeit aber einer politischen Motivation: Nach den Erfahrungen mit dem Zentralstaat DDR sollte durch eine Politik der Dezentralisierung und Kommunalisierung ein Höchstmaß an Bürgernähe und Vertrauen in Staat und Verwaltung gefördert werden. Dieser politische Neu-

40 Vgl. *Linde* 1991.

41 Vgl. *Linde* 1991; *Becker* 1993: 318 ff.

42 Vgl. *Halstenberg* 1993; *Pitschas* 1991.

anfang sollte durch den zweistufigen Verwaltungsaufbau und, damit in Verbindung, einer weitgehenden Übertragung von Landesaufgaben auf die kommunale Ebene zum Ausdruck gebracht werden.[43]

Die Vorreiterrolle Brandenburgs bei der Durchführung der Kreisgebietsreform war eine Konsequenz dieser verwaltungspolitischen Generallinie. Für die Sicherung der Funktionsfähigkeit der Landesverwaltung sind, bei einer generellen Zweistufigkeit, leistungsstarke Landkreise und kreisfreie Städte eine notwendige Voraussetzung. Der Preis, der dafür zu entrichten war, besteht zunächst in der Großflächigkeit der neuen Landkreise.[44] Besonders bemerkenswert ist aber die Tatsache, daß die Einsparung einer mittleren Verwaltungsebene die schnelle Durchführung einer Kreisgebietsreform erzwang. Dies konnte nur durch eine rigide Durchsetzungsstrategie der Landesregierung erreicht werden, welche die kommunalfreundliche verwaltungspolitische Generallinie in gewisser Weise konterkarierte. Ein Indikator für das Konfliktpotential der Reform ist die Tatsache, daß einige Kreise Verfassungsklage gegen das Kreisreformgesetz erhoben haben. Außerdem konnte die Bestimmung des Kreissitzes in keinem Fall einvernehmlich, sondern mußte in jedem einzelnen Fall gesetzlich geregelt werden.[45]

Entsprechend der Zweistufigkeit der Landesverwaltung in Brandenburg ist das Ministerium für Umwelt, Naturschutz und Raumordnung (MUNR) als oberste Landesbehörde grundsätzlich Vollzugs- und Genehmigungsbehörde. Gleiches gilt für die Landkreise und kreisfreien Städte in ihrer Eigenschaft als untere staatliche Verwaltungsbehörden. Gleichwohl gibt es Sonderbehörden im Ressortbereich des Umweltministeriums. Diese sind das Landesumweltamt Brandenburg (LUA) als wissenschaftlich-technische Fachbehörde mit Sitz in Potsdam und Nebenstellen in den beiden anderen ehemaligen Bezirkshauptstädten Cottbus und Frankfurt/Oder sowie sechs regional zuständige staatliche Ämter für Immissionsschutz (ÄfI). Die ÄfI sind untere Sonderbehörden, deren Zuständigkeiten sich aus dem Immissionsschutzgesetz (BImSchG) ergeben. Dem Landesumweltamt wurden übergangsweise bis zur vollen Funktionsfähigkeit der Kreise nach der Kreisgebietsreform ein Großteil der Vollzugsaufgaben im Umweltbereich übertragen.[46] Diese Aufgaben sollen im Zuge der geplanten umfassenden Funktionalreform[47] auf die Kreise übergehen, was für das Landesumweltamt nicht ohne personelle und strukturelle Auswirkungen bleiben wird.

---

43 Vgl. *Linde* 1991: 289 f.

44 So auch der Innenminister. Vgl. *Ziel* 1993: 4.

45 Vgl. *Damskis* 1993: 43.

46 Vgl. Vorschaltgesetze (GVBl. Bbg. Nr. 29/1991 S. 444; GVBl. Bbg. I Nr. 1/1992 S. 16).

47 Vgl. *Ziel* 1993a.

4.4 Verwaltungspolitische Entscheidungsprozesse und die Entwicklung administrativer Institutionen der Umweltverwaltung in Brandenburg

Der Aufbau der Umweltverwaltung im Land Brandenburg ist maßgeblich geprägt durch die verwaltungspolitischen Leitvorstellungen der Regierungskoalition und der Landesregierung. Dies ist ein deutlicher Kontrast zur sächsischen Situation, in der die gestalterische Initiative bei der Ministerialbürokratie lag. Die verwaltungspolitische Generallinie einer weitgehenden Kommunalisierung staatlicher Aufgaben und einer generellen Zweistufigkeit der Landesverwaltung sollte sowenig wie möglich durch Sonderbehörden einzelner Fachressorts durchbrochen werden. Ein weiteres verwaltungspolitisches Ziel war es, das Personal der vormaligen Fachbehörden der DDR, soweit es politisch unbelastet war, in die neuen Verwatlungsorganisationen zu integrieren.

Die fachlichen Vorstellungen der brandenburgischen Ministerialverwaltung im Umweltministerium hinsichtlich der Struktur der nachgeordneten Verwaltung waren denen der sächsischen Kollegen nicht unähnlich. Auch hier, also in der Fachbürokratie, dominierte die Leitidee einer effektiven und leistungsstarken Umweltverwaltung. Es sollten außerdem in kurzer Zeit sichtbare Erfolge der Umweltpolitik ermöglicht werden. Deshalb wurde eine organisatorische Kompetenzbündelung für möglichst alle Umweltbereiche angestrebt. Die Zersplitterung von Kompetenzen, wie sie für westdeutsche Strukturen der Umweltverwaltung charakteristisch ist, sollte vermieden werden.

In dieser Hinsicht erwies sich nun der Verzicht auf eine staatliche Mittelinstanz als problematisch. Die Kreise und kreisfreien Städte besaßen vor den umfassenden kommunalen Gebietsreformen nicht die notwendige Verwaltungskraft für die erwähnte Kompetenzbündelung im Bereich der Umweltverwaltung. Umgekehrt verfügte das Umweltministerium nicht über die entsprechende Vollzugsstruktur. Vorstellungen von staatlichen Umweltämtern als Sonderbehörden auf der unteren Ebene, wie sie von Teilen der Ministerialverwaltung präferiert wurden und auch kurzzeitig zur Diskussion standen[48], waren gegenüber der politischen Führung des Umweltministeriums nicht durchsetzbar. Dies wäre mit den verwaltungspolitischen Zielsetzungen einer weitgehenden Kommunalisierung der Landesaufgaben nicht vereinbar gewesen. Angesichts dieser Umstände mußten dem Landesumweltamt für eine Übergangszeit Vollzugsaufgaben übertragen werden, wollte man den umweltrechtlichen Vollzug einigermaßen sicherstellen.

Vor allem die territoriale Organisation des Landesumweltamtes geht interessanterweise auf Vorstellungen in den Umweltressorts der ehemaligen Bezirksverwaltungsbehörden zurück. Hier wurde die Konzeption für ein Landesumweltamt mit einer Hauptstelle in Potsdam und zwei Außenstellen in Fankfurt/Oder und Cottbus entwickelt. Diese Konstruktion ermöglichte die Integration existierender Verwaltungsstrukturen, und sie

48 Vgl. Der Tagesspiegel, 25.11.1990: 8

machte die Umweltverwaltung relativ schnell arbeitsfähig. Nicht zuletzt aber lag diese Lösung auch im Interesse des dort beschäftigten Personals. Die territoriale Organisation des Landesumweltamtes beinhaltet allerdings keine regionale, sondern eine funktionale Arbeitsteilung. Die Intention dieser Organisationsstruktur war demnach weniger die einer Dezentralisierung von Verwaltungskompetenzen, sondern vor allem die Beibehaltung der etablierten Verwaltungsstandorte. So werden an allen drei Standorten Aufgaben für das gesamte Bundesland wahrgenommen. Eine Ausnahme bildet dabei der Bereich der Wasserwirtschaft. Hier machen aufgabenbedingte Sachzwänge eine örtliche bzw. regionale Zuständigkeit unumgänglich. Eine solche regionale Arbeitsteilung wird aus Gründen der Effektivität mittlerweile auch in anderen Arbeitsbereichen angestrebt. Solange allerdings die Abteilungsleitungen ihren Sitz zentral in Potsdam haben, werden die angestrebten Synergieeffekte, die durch die Bündelung aller Umweltbereiche in einem Landesumweltamt erreicht werden sollten, durch die territoriale Zersplitterung und die damit verbundenen Koordinations- und Kooperationsprobleme teilweise wieder neutralisiert.

Im Bereich des Immissionschutzes konnten sich wiederum die Interessen der Fachabteilung des Umweltministeriums durchsetzen. Das Ergebnis war die Einrichtung der staatlichen Ämter für Immissionsschutz. In diesem Fall erschien eine weitergehende Regionalisierung der immissionsschutzrechtlichen Aufgaben, als sie die territoriale Organisation des Landesumweltamtes ermöglicht hätte, wegen der erforderlichen örtlichen Nähe zu den Emissionsquellen als unabweisbar. Der Bereich des Immissionsschutzes war gegenüber anderen Bereichen - wie etwa der Wasserwirtschaft, wo ebenfalls eine Sonderbehördenlösung angestrebt wurde - insofern privilegiert, als Zuständigkeiten der kommunalen Selbstverwaltung nicht berührt wurden. Somit war auch im Verhältnis zu den Kreisen, die außerdem kaum über entsprechend qualifiziertes Personal verfügten, wenig Konfliktpotential vorhanden. Zudem ermöglichte die Einrichtung der ÄfI die Integration der Nachfolgeorganisationen der Staatlichen Umweltinspektion der DDR, die sich teilweise in Erwartung der Einrichtung von Umweltsonderbehörden bereits als "Staatliche Umweltämter in Gründung" konstituiert hatten. Die Einrichtung weiterer Sonderbehörden hingegen hätte sowohl die Ziele der weitgehenden Kommunalisierung staatlicher Aufgaben als auch die einer einheitlichen integrierten Verwaltungsstruktur konterkariert.

Entgegen der verwaltungspolitischen Generallinie der Landesregierung wurde das Landesumweltamt so zur weitaus wichtigsten Behörde in der Umweltverwaltung des Landes Brandenburg. Die wegen der zweistufigen Landesverwaltung und der geringen Verwaltungskraft der Kommunen notwendig gewordenen Übergangsregelungen für den umweltrechtlichen Vollzug führten zu der paradoxen Situation, daß das Landesumweltamt faktisch die Position einer starken Mittelbehörde einnimmt. Die zunehmende Konsolidierung dieses Amtes wurde von den Kreisen nicht ohne Mißtrauen betrachtet, wenngleich sie ohne die fachliche Unterstützung des Landesumweltamtes eingestandenermaßen nicht arbeitsfähig gewesen wären. Die Organisationsstruktur des Landesumweltamtes ist freilich im Hinblick auf seine derzeitigen Vollzugsaufgaben unzureichend. Zwar sollen im Zuge der Funktionalreform in Brandenburg die Vollzugsaufgaben auf die Ebene der Kreise übergehen, jedoch muß inzwischen damit gerechnet werden, daß bestimmte Vollzugsaufgaben beim Landesamt verbleiben. Einerseits gibt es in Bereichen wie der Abfallwirtschaft aus fachlichen und rechtlichen Gründen tatsächlich einen gewissen Zwang zum Zentralismus. So ist es kaum möglich, in Landratsämtern die notwendige Fachkompetenz für Genehmigungsverfahren von Abfallentsorgungsanlagen zu schaffen, da solche Verfahren nur selten vorkommen. Zum anderen sind die Kreise häufig auch die entsorgungspflichtigen Körperschaften, die sich bei vollständiger Dezentralisierung selbst zu kontrollieren hätten. Die Beibehaltung eines relativ (und in jedem Fall gegenüber den ursprünglichen verwaltungspolitischen Zielen) hohen Grades an Zentralität der Kompetenzzuteilung in der brandenburgischen Umweltverwaltung kann jedoch auch als institutioneller Widerstand gegenüber Reformversuchen[49] interpretiert werden. Im Landesumweltamt gab es, wenig überraschend, Opposition gegen eine grundlegende Änderung der vertikalen Aufgabenverteilung, die nur zu einem Verlust an Kompetenzen führen konnte und im übrigen auch schwierige Personaltransfers hin zu den Kreisverwaltungen bedeutete. Inzwischen haben sich die provisorischen Strukturen auch so weit verfestigt, daß umfassende Reorganisationen einerseits schwer realisierbar sind, andererseits immer auch die Arbeitsfähigkeit der Behörden beeinträchtigen würden.

Insofern ist die Skepsis der Landkreise gegenüber der letztlichen Umsetzung der verwaltungspolitischen Zielsetzung einer weitgehenden Kommunalisierung berechtigt. Diese Skepsis wurde im übrigen durch die Erfahrungen der Landkreise mit der Kreisgebietsreform in Brandenburg bestärkt. Die dort angetroffenen Handlungsmuster der Landesregierung werden aus der Perspektive der Kreise als zentralistisch und dirigistisch beschrieben. Die Akzeptanz der verwaltungsstrukturellen Lösungen, die sich als Endergebnis der Funktionalreform einstellen werden, wird maßgeblich davon abhängen, inwieweit sich der politische Wille innerhalb der Landesregierung zu einer Kommunalisierung staatlicher Aufgaben gegenüber den Ressortegoismen der Fachministerien und deren nachgeordneten Behörden durchsetzt. Für die Bereiche, in denen der umweltrechtliche Vollzug entgegen der generellen verwaltungspolitischen Linie der Landesregierung bei staatlichen Sonderbehörden verbleiben wird, wird die Akzeptanz vor allem von der Einbeziehung der Landkreise in den Entscheidungsprozeß abhängen.

---

49 Vgl. *Reese* 1976.

5. Der Aufbau der Umweltverwaltungen zwischen Technokratie und Dilettantismus

Ein Urteil über die Entwicklungsverläufe und verwaltungspolitischen Handlungsmuster beim Aufbau der Umweltverwaltung in den neuen Bundesländern hinsichtlich ihrer prinzipiellen Effektivität und ihrer Akzeptanz, ihres politischen Integrationswerts und ihrer potentiellen Steuerungswirkung muß ebenso vorläufig wie ambivalent ausfallen. Die administrativ-technokratische Entscheidungsfindung und deren hierarchische Durchsetzung in Sachsen war der Situation des Verwaltungsaufbaus insofern angemessen, als innerhalb kurzer Zeit relativ funktionsfähige Verwaltungsstrukturen geschaffen werden konnten. Zudem weisen diese im Vergleich zu westdeutschen Strukturen der Umweltverwaltung erhebliche organisatorische Verbesserungen auf. Jedoch blieben die strukturellen und kulturellen Hinterlassenschaften des administrativen Umweltschutzes der DDR und die Leistungen der Verwaltung in der Umbruchphase, besonders die der kommunalen Ebene bei der Konzeption der Umweltverwaltung, weitgehend unberücksichtigt. Dies führte zu erheblichen Akzeptanzproblemen in den Kommunalverwaltungen. Ob diese mangelnde Akzeptanz der Aufbauzeit durch den Druck der alltäglichen Verwaltungspraxis und die Pragmatik der Umweltverwaltungsbehörden kompensiert werden kann oder ob sich längerfristig ein Legitimationsdefizit stabilisieren wird, kann noch nicht endgültig beantwortet werden.

Die durch die besondere Koalitionskonstellation und die in den Regierungsfraktionen manifestierten verwaltungspolitischen Leitbilder erheblich politisierten verwaltungspolitischen Entscheidungsprozesse in Brandenburg waren im Bereich der Umweltverwaltung vor allen durch Spannungen zwischen fachlichen Notwendigkeiten und der geplanten Kommunalisierung staatlicher Verwaltungsaufgaben gekennzeichnet. Dabei konnten die verwaltungspolitischen Leitbilder einer umfassenden Kommunalisierung und Dezentralisierung bei den Kommunen zunächst eine hohe Legitimationskraft entfalten. Diese Leitbilder, die schlagzeilenartig mit der Devise "Der Kommunismus ist tot - es lebe der Kommunalismus"[50] beschrieben werden können, gingen in ihrer Abgrenzung von zentralistisch-hierarchischen Strukturen vor allem auf die Empfindungen der Bevölkerung und des Verwaltungspersonals in Ostdeutschland ein. Im Zweifelsfall wurde der demokratischen Legitimation der Vorzug vor administrativer Professionalität gegeben. Diese Tendenz zur Dilettantenverwaltung[51] schlug sich jedoch in Provisorien und organisatorischem Wildwuchs nieder.

Pointiert könnte man also für Sachsen von einem eher 'professionellen' aber technokratisch-kolonialistischen Stil, für Brandenburg dagegen von einem pseudo-kooperativen

---

50 Vgl. *Jänicke* 1991: 1061.

51 Vgl. *Weber* 1976: 128.

und 'dilettantischen' Stil sprechen. Der hier angestellte Vergleich der verwaltungspolitischen Entscheidungsverläufe und Entwicklungspfade macht deutlich, daß sich das verwaltungspolitische Spannungsverhältnis zwischen Effizienzerfordernissen und Integrationsfähigkeit der öffentlichen Verwaltung in der Ausnahmesituation des Verwaltungsaufbaus in den neuen Bundesländern auf die Steuerungsleistung verwaltungspolitischer Entscheidungsverläufe nachhaltig auswirkt. Es zeigt sich, daß ein hoheitlich-hierarchisch steuernder Staat, wie wir ihn der Tendenz nach in Sachsen antreffen, prinzipiell in der Lage ist, eine effiziente Verwaltungsorganisation zu etablieren. Die Problematik solcher verwaltungspolitischer Handlungsmuster liegt in der relativ geringen Legitimationskraft, die sich vor allem aus den Erfahrungen mit dem zentralistischen System der DDR ergibt. Die Funktionsfähigkeit der Verwaltung hängt allerdings nicht zuletzt von der Akzeptanz ihrer Strukturen in den verschiedenen Verwaltungsgliederungen ab. Immerhin ist der Staat auf die Selbststeuerungsfähigkeit der lokalen Verwaltungsebenen mit ihren unterschiedlichen Behörden angewiesen.

Andererseits wird durch die vorliegende Analyse deutlich, daß kooperative Formen der verwaltungspolitischen Entscheidungsfindung, wie sie anfänglich in Brandenburg anzutreffen waren, zunächst eine höhere Legitimationskraft entfalten können, jedoch das Risiko ineffizienter Verwaltungsstrukturen in sich bergen. Hinzu kommt im Falle Brandenburgs, daß die kontraintuitiven Zentralisierungseffekte der "gut gemeinten", aber dilettantisch umgesetzten Verwaltungspolitik die relativen Legitimationsgewinne auf Seiten der Kommunalverwaltung zu einem guten Teil wieder aufgezehrt haben.

6. Zur Spannung zwischen Demokratie und Professionalität

Wie lassen sich diese Erhebungsergebnisse interpretieren? Der auffälligste Befund ist, daß der Prozeß der Organisationsgestaltung dort vergleichsweise professionell verlief, wo er, wie in Sachsen, maßgeblich durch die Ministerialbürokratie gesteuert wurde. Umgekehrt steht der Dilettantismus des Aufbaus der Umweltverwaltung in Brandenburg in engem Zusammenhang mit dessen Politisierung. Während in Sachsen die Ministerialbürokratie schnell Fakten geschaffen hatte, die auch durch die späteren Interventionen der Landräte kaum mehr in Frage gestellt werden konnten, wurde in Brandenburg die politische Leitidee der Dezentralisierung und Kommunalisierung durch die Sachzwänge sowohl der Fachaufgabe Umweltschutz als auch des zügigen Aufbaus einer funktionstüchtigen Vollzugsorganisation konterkariert. Die aufkommenden Widerstände und Organisationsprobleme wurden in Brandenburg dann durch umso rigideren Zentralismus beantwortet.

Läßt sich daraus auf eine generelle Spannung zwischen Demokratieprinzip und Effizienzprinzip schließen? Muß die "Politisierung" der Institutionsgestaltung zwangsläufig zu deren Dilettantisierung führen? Auf diese Fragen läßt sich auf der Grundlage so beschränkter empirischer Erhebungen wie der unserer beiden Fallstudien keine allgemeine Antwort formulieren. Gleichwohl scheinen unsere Untersuchungsergebnisse Hypothesen zu stützen, die aus der historischen Betrachtung staatlicher Institutionenentwicklung in Deutschland abgeleitet werden können.

Die erstaunliche Robustheit der Staatsorganisation in Deutschland beruht bekanntlich nicht auf der Stabilität von Verfassungsinstitutionen, sondern auf der Stabilität der Verwaltungsinstitutionen. Die Stabilität der Verwaltungsinstitutionen beruht ihrerseits - gestützt auf die herausgebildete Professionalität und das hochentwickelte Rechtssystem - auf einem hohen Grad an Selbststeuerungsfähigkeit. Dieser Selbststeuerungsfähigkeit verdanken die Deutschen im wesentlichen die Stabilität ihres Gemeinwesens über die Regimezusammenbrüche und politischen Katastrophen des 20. Jahrhunderts hinweg. Sie ist indes nur zu erklären und sie war auch nur zu erreichen durch die relative Autonomie der Verwaltung gegenüber "der Politik" und damit auch gegenüber demokratisch legitimierten Steuerungsansprüchen. In der weitgehend autonomen Organisation ihrer eigenen Angelegenheiten einschließlich der Mobilisierung der dafür erforderlichen politischen Unterstützung war die deutsche Verwaltung spätestens seit den Preußischen Reformen der Jahre 1806-1810 außerordentlich erfolgreich. Diese organisations"politische" Prärogative der Verwaltung läßt sich nicht ohne weiteres, wenn überhaupt, umkehren. Davon zeugt auch die Neugestaltung der Verwaltung in den neuen Bundesländern. Die 'Geräuschlosigkeit' und relative Effizienz, mit der diese beispiellose Aufbauarbeit vonstatten geht - bedenken wir, daß wir es erstmals in der deutschen Geschichte mit der Gleichzeitigkeit eines Regimewechsels und einer Neugestaltung des Verwaltungsapparates zu tun haben[52] - ist auf die hochentwickelte Selbststeuerungsfähigkeit der deutschen Verwaltung zurückzuführen und eben nicht auf eine im demokratischen politischen Prozeß verankerte "Verwaltungspolitik". Insofern sind die Verhältnisse in Sachsen typisch, die in Brandenburg hingegen untypisch und, wie wir sahen, von erratischen Effekten begleitet.

Der demokratische politische Prozeß ist in Deutschland auf verwaltungspolitische Aufgaben generell kaum eingestellt. Sowohl den politischen Eliten als auch der Bevölkerung fehlt der pragmatische Bezug zu Verwaltungsangelegenheiten. "Verwaltung" ist in Deutschland Expertensache, der man mit Respekt oder mit Mißtrauen oder mit beidem zugleich begegnet. Daß die Qualität von Demokratie gerade von gut - also: professionell - organisierter Staatlichkeit (und nicht von der Befrachtung des Staatshandelns mit politischen Werten) abhängt, ist ein in Verwaltungsreformprozessen häufig vernachlässigter Gedanke.

Was unsere Untersuchungsergebnisse zu Sachsen und Brandenburg betrifft, gibt es im Rahmen dieser historischen Interpretationslinie somit zwei Gesichtspunkte, die nach

52 Vgl. *Derlien* 1993.

unserem Dafürhalten Beachtung verdienen. Zum einen fehlt es in Deutschland generell an Erfahrung mit der demokratischen politischen Steuerung einer innovativen Verwaltungsentwicklung. Das Innovationspotential der Verwaltung selbst war in Deutschland immer höher als das Steuerungspotential "innovativer" Verwaltungspolitik. Davon zeugen übrigens die zahlreichen pragmatischen Anpassungsmaßnahmen, zu denen die Verwaltung in den neuen Bundesländern gefunden hat.[53] Insofern hatte der "technokratische" Ansatz der sächsischen Umweltverwaltung von vornherein bessere Durchsetzungschancen als der "demokratische" Ansatz der Brandenburger. Freilich waren die Chancen, verwaltungspolitische Spannungen und die unvermeidlichen Diskussionen über die Friktionen des einmal eingeschlagenen Weges gewissermaßen "unter der Decke zu halten", unter den Bedingungen der Brandenburger Koalitionsregierung auch von vornherein geringer als in Sachsen mit seiner Einparteienregierung.

Zudem aber wurden die Entscheidungs- und Organisationsprobleme in Brandenburg durch den verwaltungspolitischen Grundkonsens wenigstens innerhalb der Regierungsfraktionen eher verschärft als gemildert. Demgegenüber konnte die Regierung in Sachsen durch schnelles Handeln Fakten schaffen, ohne daß überhaupt nennenswerte verwaltungspolitische Diskussionen innerhalb der Regierungsfraktion aufkommen konnten. In Brandenburg hingegen war zwischen den Koalitionsfraktionen eine verwaltungspolitische Überzeugungsgemeinschaft entstanden, die Gemeinplätze in Sachen "Demokratisierung" und "Bürgernähe" wichtiger nahm als die praktischen Voraussetzungen ihrer administrativen Umsetzung. Das Ergebnis war eine Verwaltungsorganisation im Bereich des Umweltschutzes, die weder im Hinblick auf Dezentralität und "Bürgernähe" noch im Hinblick auf die Effizienz den selbstgestellten Standards der Landesregierung entsprechen konnte.

53 Vgl. *Seibel* und *Fischer* 1995.

Literaturverzeichnis

Angst, Dieter, 1993: Aufbau und Struktur der Umweltverwaltung in den neuen Bundesländern am Beispiel des Freistaates Sachsen, in: Wolfgang Seibel/Arthur Benz/ Heinrich Mäding (Hrsg.), Verwaltungsreform und Verwaltungspolitik im Prozeß der deutschen Einigung, Baden-Baden, 421 - 427.

Becker, Bernd, 1993: Zum Thüringer Landesverwaltungsamt. Vivisektionen einer Neuzüchtung, in: Die Verwaltung, 26. Jhrg., Heft 3, 317 - 328.

Benz, Arthur, 1993: Reformillusionen und Eigendynamik des Verwaltungsaufbaus in Ostdeutschland. Das Beispiel der Länderneugliederung im Raum Berlin/Brandenburg, in: Die Verwaltung, 26. Jhrg., Heft 3, 329 - 351.

Benz, Arthur/Scharpf, Fritz W./Zintl, Reinhard, 1992: Horizontale Politikverflechtung. Zur Theorie von Verhandlungssystemen, Frankfurt a.M. und New York.

Benz, Arthur/Seibel, Wolfgang, 1992: Zwischen Kooperation und Korruption. Abweichendes Verhalten in der Verwaltung, Baden-Baden.

Bohne, Eberhard, 1981: Der informelle Rechtsstaat. Eine empirische und rechtliche Untersuchung zum Gesetzesvollzug unter besonderer Berücksichtigung des Immissionsschutzes, Berlin.

Damskis, Horst, 1993: Zur Entwicklung der kommunalen Gebietsreform in den neuen Bundesländern, difu Materialien 11/93, Berlin.

Derlien, Hans-Ulrich, 1993: Integration der Staatsfunktionäre der DDR in das Berufsbeamtentum: Professionalisierung und Säuberung, in: Wolfgang Seibel/Arthur Benz/ Heinrich Mäding (Hrsg.), Verwaltungsreform und Verwaltungspolitik im Prozeß der deutschen Einigung, Baden-Baden, 190 - 206.

Eisen, Andreas, 1993: Zur Entwicklung der Umweltverwaltung in den neuen Bundesländern. Ein Vergleich der Bundesländer Sachsen und Brandenburg, in: Die Öffentliche Verwaltung, 46. Jhrg., Heft 16, 677 - 688.

Funk, Albert, 1993: Biedenkopf in der Zwickmühle, in: Frankfurter Allgemeine Zeitung, 30.8.1993, 10.

Glaeßner, Gert-Joachim, 1992: Der schwierige Weg zur Demokratie. Vom Ende der DDR zur deutschen Einheit, 2. Auflage, Opladen.

Halstenberg, Friedrich, 1993: Anmerkungen zum Aufbau der staatlichen Verwaltung in den neuen Bundesländern, in: Die neue Verwaltung, 2. Jhrg., Heft 1, 14 - 15.

Hesse, Joachim Jens, 1987: Aufgaben der Staatslehre heute, in: Thomas Ellwein/ Joachim Jens Hesse/Renate Mayntz/Fritz W. Scharpf (Hrsg.), Jahrbuch zur Staats- und Verwaltungswissenschaft, Baden-Baden, 55 - 87.

Hesse, Joachim Jens, 1990: Staat der Zukunft - Zukunft des Staates. Zur Modernisierung öffentlicher Einrichtungen, in: Joachim Jens Hesse/Christoph Zöpel (Hrsg.), Der Staat der Zukunft, Baden-Baden, 13 - 27.

Hucke, Jochen, 1983: Entscheidungsroutinen der Verwaltung bei Kommunalen Umweltschutzprojekten, in: Jochen Hucke/Reinhard Ueberhorst (Hrsg.), Kommunale Umweltpolitik, Stuttgart, 116 - 126.

Jänicke, Martin, 1991: Staatsversagen und Dezentralisierung. Erwägungen zu einer langfristigen Strategie des ökologisch-ökonomischen Umbaus, in: Blätter für deutsche und internationale Politik, 36. Jhrg., Heft 9, 1053 - 1063.

Knabe, Hubertus, 1988: Neue soziale Bewegungen im Sozialismus. Zur Genesis alternativer Orientierungen in der DDR, in: Kölner Zeitschrift für Soziologie und Sozialpsychologie, 40. Jhrg., Heft 3, S. 551 - 569.

Lehmbruch, Gerhard, 1990: Die improvisierte Vereinigung: Die Dritte deutsche Republik, in: Leviathan, 18. Jhrg., Heft 4, 462 - 486.

Lehmbruch, Gerhard, 1991: Die deutsche Vereinigung: Strukturen und Strategien, in: Politische Vierteljahresschrift, 32. Jhrg., Heft 4, 585 - 604.

Lehmbruch, Gerhard, 1993: Institutionentransfer. Zur politischen Logik der Verwaltungsintegration in Deutschland, in: Wolfgang Seibel/Arthur Benz/Heinrich Mäding (Hrsg.): Verwaltungsreform und Verwaltungspolitik im Prozeß der deutschen Einigung, Baden-Baden, 41 - 66.

Linde, Jürgen, 1991: Der Neuaufbau eines Landes: das Beispiel Brandenburg, in: Staatswissenschaften und Staatspraxis, 2. Jhrg., Heft 3, 282 - 303.

Lübbe-Wolff, Gertrude, 1990: Wasserrecht und Wasserwirtschaft in der Deutschen Demokratischen Republik, in: Deutsches Verwaltungsblatt, 105. Jhrg., Heft 16, 855 - 864.

Lübbe-Wolff, Gertrude, 1990a: Organisation einer effektiven Umweltverwaltung, in: Institut für Umweltrecht Bremen (Hrsg.), Tagungsbericht zur Tagung am 23.6.1990 in der TU Berlin, "Bundesdeutsches Umweltrecht - Perspektiven seiner Anwendung in der DDR", Berlin.

Lübbe-Wolff, Gertrude, 1992: Das Kooperationsprinzip im Umweltrecht - Rechtsgrundsatz oder Deckmantel des Vollzugsdefizits?, in: Arthur Benz/Wolfgang Seibel (Hrsg.), Zwischen Kooperation und Korruption. Abweichendes Verhalten in der Verwaltung, Baden-Baden, 209 - 232.

Luhmann, Niklas, 1987: Soziologische Aufklärung 4. Beiträge zur funktionalen Differenzierung, Opladen.

Luhmann, Niklas, 1988: Die Wirtschaft der Gesellschaft, Frankfurt a.M.

Marin, Bernd/Mayntz, Renate, 1991: Policy Networks: Empirical Evidence and Theoretical Considerations, Frankfurt a.M. und New York.

Mayntz, Renate/Derlien, Hans-Ulrich/Bohne, Eberhard, 1978: Vollzugsprobleme der Umweltpolitik. Empirische Untersuchung der Implementation von Gesetzen im Bereich der Luftreinhaltung und des Gewässerschutzes, Stuttgart, Mainz und Köln.

Oertzen, Hans Joachim v. (Hrsg.), 1993: Rechtsstaatliche Verwaltung im Aufbau II. Sonderbehörden und Einheit der Verwaltung, Baden-Baden.

Petschow, Ulrich/Meyerhoff, Jürgen/Thomasberger, Claus, 1990: Umweltreport DDR. Bilanz der Zerstörung, Kosten der Sanierung, Strategien für den ökologischen Umbau, Frankfurt a.M.

Pitschas, Rainer, 1991: Verwaltungsentwicklung in den ostdeutschen Bundesländern, in: Deutsches Verwaltungsblatt, 106. Jhrg., Heft 9, 457 - 466.

Reese, Jürgen, 1976: Widerstand und Wandel der Politischen Organisation, Stuttgart.

Ronge, Volker, 1994: Politische Steuerung - innerhalb und außerhalb der Systemtheorie, in: Klaus Dammann/Dieter Grunow/Klaus P. Japp (Hrsg.), Die Verwaltung des politischen Systems, Opladen, 53 - 64.

Scharpf, Fritz W., 1991: Die Handlungsfähigkeit des Staates am Ende des zwanzigsten Jahrhunderts, in: Politische Vierteljahresschrift, 32. Jhrg., Heft 4, 621 - 634.

Scharpf, Fritz W./Reissert, Bernd/Schnabel, Fritz, 1976: Politikverflechtung: Theorie und Empirie des kooperativen Föderalismus in der Bundesrepublik, Kronberg/Ts.

Schmitter, Philippe C./Lehmbruch, Gerhard (eds.), 1979: Trends Toward Corporatist Intermediation, London und Beverly Hills, Ca.

Schuppert, Gunnar Folke, 1989: Zur Neubelebung der Staatsdiskussion: Entzauberung des Staates oder "Bringing the State Back In?", in: Der Staat, 28. Jhrg., Heft 1, 91 - 104.

Schuppert, Gunnar Folke, 1990: Grenzen und Alternativen von Steuerung durch Recht, in: Dieter Grimm (Hrsg.), Wachsende Staatsaufgaben - sinkende Steuerungsfähigkeit des Rechts, Baden-Baden, 217 - 249.

Seele, Günter, 1992: Die Einheit der Verwaltung auf der Kreisstufe in den neuen Bundesländern, in: Die neue Verwaltung, 1. Jhrg., Heft 4, 5 - 13.

Seibel, Wolfgang, 1992: Notwendige Illusionen: Der Wandel des Regierungssystems im vereinten Deutschland, in: Journal für Sozialforschung, 32. Jhrg., Heft 3/4, 337 - 361.

Seibel, Wolfgang, 1993: Verwaltungsintegration im vereinigten Deutschland. Ein Problemaufriß für die Verwaltungswissenschaft, in: Wolfgang Seibel/Arthur Benz/Heinrich Mäding (Hrsg.), Verwaltungsreform und Verwaltungspolitik im Prozeß der deutschen Einigung, Baden-Baden, 15 - 29.

Seibel, Wolfgang, 1993a: Zur Situation der öffentlichen Verwaltung in den neuen Bundesländern. Ein vorläufiges Resümee, in: Wolfgang Seibel/Arthur Benz/Heinrich Mäding (Hrsg.), Verwaltungsreform und Verwaltungspolitik im Prozeß der deutschen Einigung, Baden-Baden, 477 - 500.

Seibel, Wolfgang/Dagmar Fischer, 1995: Verwaltungspolitik in den neuen Bundesländern. Aufbauleistung und Strukturdefizite, Berlin.

Sächsisches Staatsministerium für Umwelt und Landesentwicklung (Hrsg.), 1994: Umweltbericht 1994, Dresden.

Wagener, Frido, 1969: Neubau der Verwaltung. Gliederung der öffentlichen Aufgaben und ihrer Träger nach Effektivität und Integrationswert, Berlin.

Weber, Max, 1976: Wirtschaft und Gesellschaft, 5. rev. Auflage, Tübingen.

Ziel, Alwin, 1993: Interview, in: Die neue Verwaltung, 2. Jhrg., Heft 3, 4 - 7.

Ziel, Alwin, 1993a: 14 Grundsätze für die Funktionalreform in Brandenburg. Regierungserklärung des Innenministers am 24. Juni vor dem Potsdamer Landtag, in: Brandenburg Kommunal, Nr. 5/6, 9 - 10.

Kooperative Steuerung auf dem Gebiet der Technologiepolitik

Roland Sturm

Staat und Gesellschaft sind aus der Sicht von Politik und Verwaltung auf dem Feld technologischer Entwicklung[1] Partner. Wirtschaftlicher Erfolg wird in der politisierten Perzeption der Rolle technologischen Fortschritts sowohl von Verfechtern wirtschaftlichen Wachstums als auch von Wachstumskritikern eng mit der Wahl einer "passenden" technologischen Strategie verbunden. Auch die globale Auseinandersetzung mit der japanisch-amerikanischen Herausforderung[2] wird im Kern als technologischer Wettlauf mit weitreichenden gesellschaftlichen Folgen diskutiert. Die technologische Entwicklung erscheint bei all diesen Annahmen in merkwürdig diffusem Licht. Zum einen wird vermutet, daß wirtschaftlicher Wettbewerb und unternehmerische Phantasie die Umsetzung technischen Wissens in marktgängige Produkte garantieren.[3] Zum anderen aber herrscht auf allen staatlichen politischen Ebenen von der Kommune bis hinauf zu nationalen Regierungen, ja selbst im supranationalen Bereich der Europäischen Union, die politische Überzeugung vor, daß sich dieser Umsetzungsprozeß zum gesamtgesellschaftlichen Nutzen beschleunigen ließe. Zentrales staatliches Instrument der Förderung einer Beschleunigung technologischen Wandels und des wirtschaftlichen Fortschritts sollen unterschiedliche Formen des Technologietransfers sein.[4]

Die Steuerung technologischen Wandels erwies sich als komplexes Problem, das nicht nur einen flexiblen Einsatz der Instrumente staatlichen Handelns verlangte, sondern den Charakter von "Staatlichkeit" im Wirtschaftsgeschehen selbst veränderte. Die teilweise vorherrschende Konzentration der Diskussion auf die Ausgestaltung der staatlichen Förderung, also die Frage beispielsweise, ob diese direkt, indirekt oder indirekt-spezifisch eingesetzt werden sollte, griff angesichts der ausschlaggebenden gesellschaftlichen Dimensionen von staatlichen Steuerungsbemühungen in der Technologiepolitik zu kurz. Drei Problembereiche staatlicher Steuerungsambitionen sollen hier skizziert werden: 1) die Dimensionen konzeptueller Unterschiede staatlicher und unternehmerischer Perzeptionen technologischen Zugewinns, 2) der Formenwandel staatlicher Modernisierungspolitik und 3) die Konsequenzen der "Europäisierung" des Politikfeldes.

---

1 Zur Diskussion der Begriffe Technik und Technologie vgl. *von Alemann* et al. 1988: 37 ff.

2 Vgl. *Seitz* 1992.

3 Vgl. *Starbatty* und *Vetterlein* 1990: 122.

4 Vgl. auch *Dose* 1993: 409 ff.

1. Technologiesteuerung als Kommunikationsproblem

Auffällig an dem staatlicherseits gehegten Verständnis der Rolle des Technologietransfers und an dem daraus abgeleiteten politisch-administrativen Handlungsansatz ist der umfassende Wirkungszusammenhang, der dem Instrument Technologietransfer zugeordnet wird. Der Staat geht entsprechend in seiner Promotorenrolle in der Regel auf die gesellschaftlichen Akteure zu und bietet ihnen zum Teil die sehr spezifische Unterstützung bestimmter Projekte an. Wie spezifisch aber auch immer solche Einzelmaßnahmen sein mögen, die Logik staatlicher Kooperation mit Sektoren der Gesellschaft, ja deren Legitimität, wird staatlicherseits in Dimensionen gesamtgesellschaftlichen Fortschritts definiert. Die einzelne Fördermaßnahme ist aus staatlicher Perspektive ein Mosaikstein des großen Ganzen des technologisch gestützten Fortschritts.

Im Einzelbetrieb ist die Erwartungshaltung gegenüber der technologischen Kooperation mit dem Staat dagegen weit bescheidener. Wenn der Staat in der Technologiepolitik die Kooperation mit der Industrie auf dem Hintergrund eines von ihm definierten gesamtgesellschaftlichen Interesses sucht, stellt sich prinzipiell das in der Regel kaum diskutierte Problem, wie sich aggregierte einzelbetriebliche und gesamtgesellschaftliche Zielkataloge der Technologieentwicklung in Übereinstimmung bringen lassen. Die unterschiedlichen Erwartungshaltungen von Staat und Einzelunternehmen hinsichtlich der gewünschten Konsequenzen des Technologietransfers konstituieren ein Kommunikationsproblem. Die Festlegung der Zielrichtung und der Steuerungsqualität von Technologietransfers wird zusätzlich dadurch erschwert, daß der Staat selbst zur Identifizierung der dann wiederum von ihm als "fortschrittliche" geförderten Technologien des Rates der Wirtschaft bedarf. Beratung des Staates bei der Konzipierung von Schwerpunktprogrammen von Technologiepolitik beschränkt sich aber notwendigerweise auf Hinweise auf breit definierte Felder neuer Technologien, wie Mikroelektronik oder Gentechnologie, und schließt meist Fragen der Implementation staatlicher Programme aus.

Während staatliche Programme der Technologieförderung öffentlich zugänglich sind, herrschte lange Zeit Unklarheit über die spezifische Sichtweise des Kooperationspartners Industrie bzw. Einzelbetrieb. Inzwischen haben verschiedene empirische Studien die aus der Sicht der Unternehmen notwendige Selektivität der Kooperationslogik Staat-Wirtschaft herausgearbeitet. Solche Selektivität äußert sich a) in der erwähnten Weise prinzipiell, b) im Hinblick auf das Technikverständnis, c) im Hinblick auf die Steuerbarkeit von Forschung und Entwicklung und d) im Hinblick auf die Betriebsgröße.

a) In einer Studie zur Industriepolitik[5] wurde auf die grundsätzlichen Verständigungsschwierigkeiten zwischen Staat und Industrie hingewiesen, die in erster Linie darauf zurückzuführen sind, daß Programme auf einzelbetriebliche Erfordernisse "herunter-

5 Vgl. *Sturm* 1991: 123.

transformiert" werden müssen. Der Einzelbetrieb betrachte es nicht als seine Aufgabe, sich ständig um die Verallgemeinerbarkeit und Programmfähigkeit seiner Bedürfnisse zu bemühen oder gar sich an Programmelementen einer übergreifenden staatlichen Industriepolitik auszurichten, wie dies gelegentlich zumindest implizit bestimmte Förderprogramme als Nachweis für Förderwürdigkeit erwarten.

b) *Jeanette Hofmann* hat die Unterschiede staatlicher Handlungsrationalität und betrieblicher Produktionspraxis am Beispiel der regionalen Technologiepolitik herausgearbeitet.[6] Ihre Erhebungen machen folgendes deutlich:

> "Die Förderung von Technologietransfer und Innovationsberatung beruft sich auf ein Verständnis von Technik bzw. technischer Qualifikation, das von den Adressaten übereinstimmend in Abrede gestellt wurde, sich also empirisch nicht bestätigen ließ. Entgegen der Vorstellung von Technik- und Naturwissenschaften als 'Vordenker' wirtschaftlicher Innovationen reklamieren die Innovierenden die Überlegenheit des eigenen Könnens, die Bedeutung der Produktionspraxis für Technikentwicklung, die Unvergleichbarkeit praktischer und theoretischer Kompetenz".[7]

Technologischer Fortschritt kann nicht abstrakt postuliert und staatlich übertragen werden. Was Fortschritt sein kann, entscheidet sich in den Betrieben. Die Dominanz und größere Verbindlichkeit der "Betroffenenperspektive" strukturiert somit die kooperative Einbindung der staatlichen Ebene in die Technologiepolitik. Die in den siebziger Jahren entwickelte ursprüngliche Grundidee sektoraler Strukturpolitik, die annahm, der Staat könne globalsteuernd Technologiepolitik als "aktive Strukturpolitik" einsetzen, "wenn entweder das Forschungs- und Entwicklungsrisiko unkalkulierbar hoch erscheint, oder wenn der Entwicklungsaufwand privatwirtschaftlich realisierbare Größenordnungen übersteigt"[8], erweist sich als Steuerungsillusion. Staatliche Steuerung wird von der Industrie interessengeleitet und nach einzelbetrieblicher Rationalität umgesetzt. Kooperationsformen und Kooperationstiefe variieren mit der einzelbetrieblichen Fördersensibilität. Der Staat tritt als Dienstleister auf, der den Förderkulissen Plausibilität und Legitimität verleiht und die organisatorische Kohärenz der Dienstleistung garantiert. Er kann aber Kooperation nur begrenzt steuern und schon gar nicht erzwingen, sondern nur durch flexible Anpassung seines Leistungsangebots Fördermaßnahmen aus betrieblicher Perspektive sinnvoll werden lassen.

c) Diese Untersuchungergebnisse werden von *Grande* und *Häusler*[9] bestätigt. Sie differenzieren die Erfolgschancen des Dialogs des Staates mit der Wirtschaft aber weiter

---

6 Vgl. *Hofmann* 1993.

7 *Hofmann* 1993: 130.

8 *Hauff* und *Scharpf* 1975: 52.

9 Vgl. *Grande* und *Häusler* 1992: 19 ff.

aus und arbeiten heraus, daß der Technologietransfer aus der Sicht der Unternehmen auch stark von dem Typus der unternehmerischen Forschungsorientierung bestimmt wird:

> "Die Resonanz auf staatliche Politiken ist ... nicht nur abhängig von den strategischen Dispositionen des Unternehmens, sondern auch von den strategischen Freiheitsgraden von Forschungseinrichtungen und Forschergruppen in Unternehmen, deren spezifischem Förderbedarf sowie den unternehmensinternen Verhandlungspositionen und Machtkonstellationen."[10]

Staatliche Interessen und Unternehmensinteressen können dann am einfachsten in erfolgreiche Kooperationsbeziehungen umgesetzt werden, wenn die eigenständigen Forschungsinteressen eines Unternehmens unterdefiniert sind und der Bedarf an von außerhalb kommenden Finanzmitteln groß ist. Dies trifft vor allem für einige Bereiche der Grundlagenforschung zu. Technologietransfer und technologische Entwicklungskooperation sind aber erschwert, wenn ein Unternehmen mit ausreichenden Mitteln zur Grundlagenforschung ausgestattet ist, wenn die Forschung stark anwendungsbezogen orientiert ist oder wenn die Forschung in Unternehmen auftragsbezogen durchgeführt wird. Die wesentliche Ausnahme im letzteren Falle ist eine Situation, in der der Staat selbst als großer Auftraggeber auftritt. Dies schließt selbstverständlich "Mitnahmeeffekte" bei einem entsprechendem Angebot staatlicher Programme nicht aus. In diesem Falle ist "Kooperation" aber nicht mehr als eine Subvention ohne Steuerungseffekt und ohne technologischen Beschleunigungseffekt.

d) Unterschiedliche empirische Untersuchungen haben immer wieder gezeigt, daß das Interesse von Unternehmen an staatlich geförderten Innovationsprogrammen stark mit der Betriebsgröße korreliert.[11] Je kleiner die Unternehmen, desto weniger wahrscheinlich ist es in der Regel, daß diese sich in der Rolle von Innovatoren sehen. Der "Mythos", der inzwischen die kleinen und mittleren Unternehmen umgibt und der sie pauschal als Arbeitsplatzbeschaffer und ungehobenes Innovationspotential einordnet, ist zu undifferenziert. Das heißt nicht, daß kleinere Unternehmen nicht innovationsfreudig sind. Häufig bestehen bei ihnen lediglich Bedenken gegen den Verwaltungs- und sonstigen Aufwand bei der Kooperation mit dem Staat, oder es fehlt an Informationen. Gestalter staatlicher Programme der Technologiepolitik versäumten lange Zeit, sich vor Augen zu führen, daß die Antragsstellung selbst eine Zugangsschwelle darstellt, die selektiv wirkt.

---

10 *Grande* und *Häusler* 1992: 20.

11 Vgl. *Franke* et al. 1987.

2. Kooperationsformen und Wahl der Akteure

Trotz der skizzierten Kommunikationsprobleme und der im deutschen Falle allgegenwärtigen ordnungspolitischen Bedenken[12] engagieren sich staatliche Akteure in wachsendem Umfange im Bereich der Zielfindung für technologischen Fortschritt. Die deutsche Tradition staatlicher Forschungsförderung vor allem in der Grundlagenforschung wurde seit der zweiten Hälfte der siebziger Jahre durch Aspekte einer "aktiven Strukturpolitik" ergänzt, deren Protagonisten sich "Strukturräte" oder eine Art konzertierter Aktion in der Technologiepolitik als eigenständige Kooperationsformen von Staat und Industrie vorstellen konnten. Vorbilder für solche, schließlich doch nicht eingerichtete Institutionen technologischer Makrosteuerung waren die Erfahrungen des französischen Planungsbüros und die Pläne der zu dieser Zeit in Großbritannien regierenden Labour Party zum Ausbau des durch den Industry Act von 1975 eingerichteten National Enterprise Boards zu einer die industrielle Modernisierung dominierenden Staatsholding.

Andere ausländische Vorbilder waren implizit und explizit für die Praxis der deutschen Technologiepolitik weit folgenreicher, auch wenn es sicherlich ein Dauerproblem der Übertragung und der Interpretation ausländischer Praktiken der Technologieförderung und der dortigen Kooperationsbeziehungen von Staat und Industrie gibt, auf das hier nicht näher eingegangen werden kann. Zu nennen sind die amerikanische (Stichwort: Silicon Valley) und japanische Erfahrung mit Technologieparks[13], die Übernahme des japanischen Technopolis-Grundgedankens für die "Wissenschaftsstadt Ulm"[14], sowie die Debatte um die Übertragung der Zielfindungsfunktion technologischer Fortschrittsorientierung auf gesellschaftliche Koalitionen, die Motivation, Kompetenz und Konsensorientierung verbinden. Implizit wird hier immer wieder an eine zum einen heute überholte und zum anderen idealisierte Version der Tätigkeit des japanischen Technologieministerium MITI gedacht.[15]

Interessant ist im deutschen Kontext die unterschiedliche Dynamik der Kooperationsbeziehungen von Staat und Wirtschaft im Zeitverlauf und je nach Ebene des politischen Systems. Weniger gravierend für unterschiedliche Schwerpunktbildungen ist hingegen die Variable der politischen Dominanz der einen oder der anderen Partei in der Regierung.[16] Generell läßt sich ein Diffusionsprozeß von Versuchen kooperativer Techniksteuerung in der Bundesrepublik von unten nach oben und von ökonomisch dominierenden zu weniger erfolgreichen Bundesländern feststellen. Die doppelte Herausforderung hoher Dauerarbeitslosigkeit vor Ort und der Globalisierung der Märkte hat lokale

12 Zu den Argumenten vgl. z.B. *Donges* 1988.

13 Vgl. *Dose* und *Drexler* 1988.

14 Vgl. *Schmid, Tiemann* und *Kohler* 1991.

15 Zum Verhältnis Staat und Industrie in Japan vgl. *Wilks* und *Wright* 1991.

16 Vgl. *Meyer-Krahmer* 1989: 225.

und regionale Selbstbehauptungsstrategien provoziert. In den achtziger Jahren rechtfertigten und motivierten diese unter anderem die gesellschaftlichen Kooperationsbeziehungen in der Technologiepolitik.

Der Austausch von Industrie und Verwaltung im Rahmen der Förderung von Großfirmen verblieb auf Bundesebene zunächst noch Gegenstand der relativ unverbindlichen Formen des traditionellen Lobbyismus. Auf kommunaler und Länderebene dagegen bildeten sich bereits dauerhaftere Koalitionen, vor allem im Bereich der Beratung und Unterstützung kleiner und mittlerer Unternehmen, heraus. Auch wenn mangels konzeptionellen und institutionellen Eigengewichts der Kommunen nicht generell von einer neuen Form der dezentralen Technologiepolitik[17] im Sinne einer dezentral initiierten Technologiepolitik gesprochen werden kann, ist ein entscheidender qualitativer Wandel in den Kooperationsbeziehungen von Staat und Wirtschaft hervorzuheben. Die Übereinstimmung in den Zielen, die Übereinstimmung in der Notwendigkeit, neue Wege des industriellen Erfolges zu suchen, sowie das finanzielle Engagement staatlicherseits und die Institutionalisierung von Beratungsstrukturen schufen ein neues Feld politischer Optionen, das nicht mehr ausschließlich von der Logik der traditionellen Gewerbeförderung bestimmt wurde. Wirtschaft und Verwaltung traten in eine stärker kooperative Beziehung. In der Technologiepolitik manövrierten sich die staatlichen Ebenen in die Rolle des Dienstleisters und Beraters, des Katalysators und des Marktöffners. Dies ging häufig einher mit der Schaffung spezieller, auf breiterer gesellschaftlicher Kooperation beruhender Beratungsorgane, wie beispielsweise des Technologiebeirates des Landes Rheinland-Pfalz.[18]

Anfang der neunziger Jahre ist die kooperative Beziehung von Staat und Wirtschaft in der Technologiepolitik zu einer Selbstverständlichkeit geworden. Regierung, Verwaltung, Finanzsektor, Wissenschaft, Unternehmen und Gewerkschaften bilden situativ und regional angepaßte Modernisierungskoalitionen und bemühen sich um eine konsensuale Umsetzung und Weiterentwicklung von Ansätzen zur technologischen Erneuerung. Diese Bündnisse sind im Laufe der Zeit weit flexibler geworden als der traditionelle Tripartismus oder Korporatismus. Auch wenn die Akteursstrukur ähnlich der korporatistischer Interessenvermittlung ist[19], findet eine Enthierarchisierung von Entscheidungsprozessen statt. Selten ist der Staat in einer Schiedsrichterrolle, und je dezentraler die Kooperationsformen sind, desto weniger gravierend wird das Demokratiedefizit, das sonst mit kollektiven Vereinbarungen nationaler Spitzenorganisationen einhergeht.

In der Technologiepolitik ist das Fachwissen außerhalb des engeren Bereiches der staatlichen Verwaltung in den Universitäten und Unternehmen angesiedelt. Dies wurde

17 Vgl. *Hucke* und *Wollmann* 1989.

18 Vgl. Technologiebeirat 1993.

19 Zu dieser These vgl. u.a. *Weber* 1986.

in der Vergangenheit als gravierendes Problem jeglicher Bemühungen um staatliche Vorgaben für technologische Innovationen und damit für eine staatliche Technologiepolitik generell angesehen.[20] Die Finanzierungsquellen für technologische Innovationen sind vielfältig, weil die staatlichen Ressourcen, selbst wenn die staatliche Ebene dies wollte, zur Finanzierung von Innovationen nicht ausreichen würden. Das Setzen rechtlicher Rahmenbedingungen bleibt zwar ein staatliches Monopol, aber angesichts der informellen Absprachen, die die Prozesse der Konsensbildung immer mehr beherrschen, sind diese von zunehmend sekundärer Bedeutung.

Recht, Geld und Wissen fallen als allgemeine Steuerungsmedien immer mehr aus. Was bleibt ist die neue Besinnung auf gesellschaftlichen Konsens als Ressource für Entscheidungsfindung. Die Logik der Konsensbildung impliziert aber gerade die Aufhebung der Trennung der hoheitlichen und der privatwirtschaftlichen Sphäre. Der Staat kooperiert nicht nur, er verändert sich. Modernisierung durch Finden der technologischen Nische wird zum Einfallstor für eine Verflechtungsbeziehung von Staat und Wirtschaft, die die staatliche Realität trennt in eine normensetzende und potentiell konfliktfähige Ebene im Bereich der inneren und äußeren Sicherheit, also in gewisser Weise hier den Minimalstaat klassischer Prägung reproduziert, während immer mehr Politikfelder - allen voran diejenigen der Wirtschaft und hier der Technologiepolitik - zu einer durch den Konsens des gemeinsamen Interesses am ökonomischen Erfolg geprägten Einheit verschmolzen werden. Verteilungsfragen treten hinter Konsensbildungsprozesse zurück, weil Verteilung gesellschaftlichen Reichtums nun abhängig gemacht wird vom Erfolg der konsensuell gefundenen Modernisierungsstrategien.

Im Extrem- und Einzelfall kann dies, wie am Beispiel der Wissenschaftsstadt Ulm gezeigt wurde, sogar zu einer Übernahme der Führungsrolle im technologischen Modernisierungsprozeß durch entsprechend zum Engagement bereite Großunternehmen führen. *Josef Schmid* u.a.[21] begründen diese Form der staatlich "autorisierten Selbststeuerung durch einen Leitkonzern" in der Technologiepolitik mit dem Konsens der Kooperationspartner über Ziele:

> "Indem die staatliche Politik mit der Autorisierung des Daimler-Benz-Konzerns den ökonomischen Strukturgegebenheiten und technisch-innovatorischen Potentialen folgt, verliert sie einerseits an Möglichkeiten der autonomen Steuerung, gewährleistet andererseits aber die hohe Erfolgswahrscheinlichkeit ihrer eigenen Industriepolitik gerade eben wegen der Kompatibilität und Verflechtung von staatlicher und industrieller F&E-Infrastruktur."[22]

20 Beispielhaft für diese Argumentation: *Oberender* 1987: 130 ff.

21 Vgl. *Schmid, Tiemann* und *Kohler* 1991: 16.

22 *Schmid, Tiemann* und *Kohler* 1991: 16.

Die am weitesten entwickelten Ansätze kooperativer Steuerung in Nordrhein-Westfalen[23] und Baden-Württemberg sehen gar eine neue Qualität der deutschen Wirtschaftsordnung erreicht. Das Wirtschaftsministerium in Baden-Württemberg[24] setzt sich für eine "dialogorientierte marktwirtschaftliche Industriepolitik" ein, in deren Mittelpunkt die Technologiepolitik steht. "Mit diesem konsensorientierten Politikmodell", so das Ministerium, "können verkrustete Strukturen aufgebrochen werden. Die dadurch ermöglichte Nutzung von Produktivitäts- und Kostenreserven ist für unsere internationale Wettbewerbsfähigkeit entscheidend."[25] Im Rahmen der Gemeinschaftsinitiative Wirtschaft und Politik organisiert Baden-Württemberg nicht nur den Technologietransfer bis hin zur Vermarktung von Produkten. Die Gemeinschaftsinitiative erstreckt sich auch auf das Qualifikationsprofil von Arbeitskräften und organisiert sogar die branchenspezifische Zusammenarbeit von Unternehmen. Hier fungiert der Staat als Beschleuniger einer in den letzten Jahren sich herausbildenden Tendenz wirtschaftlicher Entwicklung. Kooperation von Betrieben (das "Geleitzugkonzept"[26]), der Aufbau von "Netzwerkstrukturen", wie zum Beispiel strategischen Allianzen in Technologiemärkten[27], findet heute auch außerhalb Japans, dessen *keiretsu*-System der Firmenkooperation zum Teil Vorbildcharakter hatte, zwischen Wirtschaftsunternehmen statt. Was bisher fehlte, war die Optimierung dieses Prozesses mit dem Ziel der Stärkung der Wettbewerbsposition einer Region, eines Landes oder eines Staates. Noch 1991 wurde beklagt:[28]

> "Als politische Programmatik sind netzwerkartige Kooperationen und regionale Synergieeffekte zwar recht populär, in die Förderprogramme von Bund und Ländern hat dies aber nur in Ausnahmefällen Eingang gefunden."

Eben dies möchte die baden-württembergische Gemeinschaftsinitiative unter anderem ändern. Die Gemeinschaftsinitiative ist Resultat der Empfehlungen des Berichts der Zukunftskommission "Wirtschaft 2000"[29], der 1993 der Öffentlichkeit vorgestellt wurde. Der Bericht plädiert für eine ständige Kooperation und Kommunikation aller gesellschaftlichen Gruppen, um einen Zukunftsdialog "über die langfristigen gesellschaftlichen und technologischen Entwicklungslinien" zu ermöglichen. Die Landesregierung soll diesen initiieren und moderieren. Trotz ordnungspolitischer Bedenken hat der Bund inzwischen die baden-württembergische Anregung aufgegriffen und 1994 einen von

---

23 Vgl. *Heinze* und *Voelzkow* 1994.

24 Vgl. Wirtschaftsministerium 1993.

25 Wirtschaftsministerium 1993: 16.

26 Ein "Geleitzug", in dem jeder Betrieb seine eigene Aufgabe hat, der jedoch als Ganzes koordiniert auf einem gemeinsamen Kurs fährt; vgl. *Weule* 1991: 35.

27 Vgl. *Gahl* 1991.

28 *Hilbert, Widmaier* und *von Bandemer* 1991: 19.

29 Staatsministerium 1993: 17 f. Das Dokument trägt deutlich die Handschrift von *Konrad Seitz*. Vgl. z.B. sein Plädoyer für einen permanenten Dialog zwischen Staat und Unternehmen (*Seitz* 1991).

Kanzler *Helmut Kohl* geleiteten Technologierat eingerichtet, der allerdings ohne die stärkere Hinwendung der Bundesebene zu kooperativen Formen der Technologiepolitik zunächst eher symbolische Bedeutung haben dürfte.

3. Nationale versus supranationale Steuerung

Nationale und vor allem regionale Steuerungsbemühungen in der Technologiepolitik haben damit eine Qualität und Konkretisierung erreicht, von denen die europäische Technologiepolitik noch weit entfernt ist. Diese Differenz ist aber nicht nur eine Frage von Konzeptualisierungen und deren Umsetzung. Technologiepolitik auf europäischer Ebene vollzieht sich unter Rahmenbedingungen, die es unwahrscheinlich erscheinen lassen, daß die lokal und regional erreichbare Intensität und Zielrichtung von Kooperation auf europäischer Ebene reproduziert werden kann. Zum einen ist hervorzuheben, daß die EU in der Technologiepolitik sich in einem Dauerdilemma befindet. Einerseits soll sie, um Europas Rolle auf dem Weltmarkt zu stärken, dafür sorgen, daß die EU-Länder Spitzentechnologien produzieren.[30] Andererseits gebietet der nationale Interessenausgleich in der Union ein Mindestmaß an Kohäsion in der Gemeinschaft.[31] Die EU kann nicht zulassen, daß ganze Regionen auf Dauer vom technologischen Fortschritt abgekoppelt werden. Artikel 130h des Maastrichter Vertrages legt ausdrücklich fest:

> "(1) Die Gemeinschaft und die Mitgliedstaaten koordinieren ihre Tätigkeiten auf dem Gebiet der Forschung und der technologischen Entwicklung, um die Kohärenz der einzelstaatlichen Politiken und der Politik der Gemeinschaft sicherzustellen." Ja sogar:

> "(2) Die Kommission kann in enger Zusammenarbeit mit den Mitgliedstaaten alle Initiativen ergreifen, die der Koordinierung nach Absatz 1 förderlich sind."

Das skizzierte Dilemma ist nicht befriedigend zu lösen, zumal ohne Leistungen der Spitzentechnologie in einem der EU-Länder keine Spitzentechnologie in die anderen Regionen und Staaten diffundieren kann.

Entscheidend für kooperatives Handeln auf der europäischen Ebene ist aber weniger dieser Grundsatzkonflikt als vielmehr die Tatsache, daß dieser eine klare Parteinahme, wie zum Beispiel die von Länderregierungen gespielte Promotorenrolle für die regionale Industrie, als Voraussetzung einer stärker informellen Kooperationsbeziehung ausschließt. Ein strukturelles Problem für Kooperationsbeziehungen auf europäischer Ebene ergibt sich auch bei der Frage nach Kooperationspartnern. Aus der Sicht der Spitzenverbände der Industrie und von Großunternehmen, so haben verschiedene Stu-

30 Zur Diskussion vgl. u.a. Kommission 1993: 21.

31 Zu diesem Dilemma vgl. *Starbatty* und *Vetterlein* 1989.

dien gezeigt[32], sind die europäischen Institutionen aufgrund ihres höheren Informationsbedarfs responsiver und kooperationsbereiter als nationale Instanzen. Die Rahmenprogrammme der EU-Forschungsförderung entstehen in einem umfassenden Konsultationsprozeß mit Vertretern aus Wissenschaft, Industrie und Verwaltung. Gleichzeitig aber leiden die Klein- und Mittelbetriebe an Zugangsproblemen. Auch unter Berücksichtigung des Größenpotentials ist der bisherige Beteiligungsgrad der kleinen und mittleren Unternehmen von 15% an EU-Programmen zu gering.[33]

Aus regionaler Perspektive, etwa derjenigen der deutschen Länder, eröffnet sich hier ein doppeltes Problem. Es ist offensichtlich, daß die gewünschten Modernisierungskoalitionen im Sinne einer rein nationalen oder regionalen Entwicklungsanstrengung in Brüssel nicht zustandekommen, und ebenso offensichtlich ist es, daß die Klein- und Mittelbetriebe, für die in erster Linie Technologietransferangebote überlebensnotwendig sind, des regionalen Schutzes bedürfen. Diese Problemstellung verbindet sich mit einer ausgeprägten Rolle der Kommission bei der Rahmensetzung europäischer Technologieentwicklung. Die Ausweitung und Vertiefung regionaler und lokaler Formen der technologischen Kooperation in der für Deutschland beschriebenen Form legt daher eine integrationskritische Position der Länderregierungen nahe, sofern weitere Schritte der europäischen Integration als Verschlechterung der Rahmenbedingungen für die im Konsens vor Ort erarbeiteten technologiepolitischen Ziele interpretiert werden.

Kooperationsbeziehungen auf europäischer Ebene sind geprägt von dem Selbstverständnis der EU-Kommission, die sich als Vertreter des ideellen Gemeinschaftsinteresses und als Anreger technologischer Innovationen sieht. Ihr geht es darum, nach intensiven Studien die für die europäische technologische Zukunft entscheidenden Felder zu definieren und die Aktivitäten der europäischen Unternehmen in eine entsprechende Richtung zu lenken.[34] In Anlehnung an die von *Voigt*[35] entwickelte Unterscheidung könnte man diese Suche nach integrierten Problemlösungen in der Technologiepolitik im Umfeld fragmentierter Interessen trotz des vorstaatlichen Charakters der Europäischen Union als ein Bemühen um "etatistische Steuerung" mit nur schwach ausgeprägten "korporatistischen" Elementen bezeichnen, die gerade die regionale und lokale Ebene auszeichnen. Hier dominiert, wie dargestellt, das Muster des Interessenkonsenses und der Integration durch Übereinstimmung in den Zielen.

Im Juni 1985 traf der Rat die Grundsatzentscheidung zur Schaffung einer europäischen Technologiegemeinschaft[36], worunter er das Durchsetzen gemeinsamer europäischer

---

32 Vgl. *Sturm* 1991: 125; *Starbatty* und *Vetterlein* 1990: 62.

33 Vgl. Kommission 1993: 29 f.

34 Vgl. *Starbatty* und *Vetterlein* 1988: 176 ff.

35 Vgl. *Voigt* 1991: 24 f.

36 Vgl. ausführlicher *Sharp* und *Pavitt* 1993.

Normen, die Verbesserung der internationalen Zusammenarbeit im Forschungssektor, auch mit Drittländern, sowie die verstärkte Kooperation europäischer Firmen versteht - Zielsetzungen, die mit der Einheitlichen Europäischen Akte von 1986 sinngemäß Bestandteil des EWG-Vertrages wurden. Der entsprechende Artikel 130 stärkt den zentralen Zugriff der EU dadurch, daß er neben der Kompetenz für die mehrjährigen Rahmenprogramme, die dem Zweck dienen, europäischen Unternehmen im Wettbewerb um Spitzentechnologien größere Durchsetzungsfähigkeit zu sichern, der Kommission ausdrücklich das Recht einräumt, alle Initiativen zu ergreifen, die der Koordinierung der einzelstaatlichen Programme förderlich sind, zu denen sich die Mitgliedstaaten verpflichtet haben. Der Maastrichter Vertrag von 1992 versucht der neuen Realität kooperativer Strukturen der Technologieförderung stärker gerecht zu werden. In seinen Artikeln 130f und 130g betont er die europäische Unterstützung für die Forschungskooperation von Unternehmen, Hochschulen und Forschungszentren, wobei nun auch die kleinen und mittleren Unternehmen Erwähnung finden. Dies ist der erste Schritt, um Technologietransferbemühungen vor Ort zur Kenntnis zu nehmen. Es fehlt aber sowohl die systematische Einbindung solcher Kooperationsbeziehungen in die europäische Technologiepolitik, als auch die Folgerung, was dies für technologische Konkurrenz bzw. Konvergenz in der EU bedeuten könnte.

4. Fazit

Die Formen der technologiepolitischen Steuerung haben sich in den achtziger Jahren unter dem Druck der internationalen Märkte rasch weiterentwickelt, ohne allerdings die Pathologien früherer Steuerungsbemühungen völlig hinter sich gelassen zu haben. Es bleibt ungeklärt, welches die effizienteste Ebene des Zusammenwirkens staatlicher und nichtstaatlicher Akteure in der Technologiepolitik ist. Je weiter sich die autoritative Entscheidung von den Problemen vor Ort entfernt, desto stärker treten die alten Verzerrungseffekte einer die Marktlogik überlagernden Antragslogik wieder zutage. Technologische Entscheidungen werden dann in Form und Zielrichtung teilweise abhängig von den Fördermitteln und der Dauer ihrer Bereitstellung, auch wenn die ordnungspolitische Debatte die daraus entstehenden Entscheidungszwänge, wie empirische Studien gezeigt haben, überzeichnen.[37] Vor allem aber bleibt das Kommunikationsproblem zwischen staatlicher und privater Ebene ein großes Hindernis für technologische Kooperation. Während staatlicherseits technologischer Fortschritt mit gesamtgesellschaftlichen Niveauverschiebungen in Verbindung gebracht wird, sind aus der Unternehmensperspektive der Markt und das Produkt die entscheidenden Variablen. Während der Staat glaubt, die Kooperation mit den Unternehmen aus gesamtgesellschaftlichem Interesse zu brauchen, ist aus der Sicht des Unternehmens die Kooperation mit staatlichen Ent-

37 Vgl. *Hummel* 1988.

scheidungsebenen eine der Möglichkeiten, technologische Innovation zu forcieren. Eine andere wesentliche Kooperationsform, besonders für Großunternehmen, ist heute das Eingehen strategischer Allianzen mit anderen weltweit agierenden Konzernen.[38]
Hieraus ergibt sich schon, daß die privatwirtschaftliche technologische Strategiewahl bei den Unternehmen zwar einen durch den internationalen Wettbewerb geprägten Formenwandel, aber keinen solchen Formenwandel hin zu einer größeren Staatsnähe erzwingt, zumal für die Unternehmen ohnehin der relevante Markt der Weltmarkt ist, für den es kein "staatliches Äquivalent" gibt. Es ergibt sich weiterhin, daß andererseits der Staat, will er in Kooperationsbeziehungen mit den Unternehmen treten, von der Erwartung Abschied nehmen muß, daß die traditionellen Kernelemente der technologischen Programmsteuerung wie Wissen, Geld und Recht ausreichend greifen.[39] Die neue Ressource Konsens, auf die Strategien der Kooperation aufbauen und die auch die Großunternehmen begünstigenden Verzerrungseffekte der Antragslogik überwinden helfen soll, erfordert einen Formenwandel staatlichen Handelns. Mit zunehmender Intensivierung der Kooperationsbeziehungen zwischen Staat und Wirtschaft in der Technologiepolitik verschwinden die Grenzen hoheitlicher Politik. Der Dialog mit der Industrie kann nicht nach hierarchischem Muster geführt werden. Der Staat versucht, sich mit diesem Technologiedialog der gemeinsamen Ziele von Staat und Wirtschaft zu versichern, tritt in der Umsetzungsphase als Initiator der Branchenkoordination und politischer Türöffner auf neuen Märkten auf, ohne jedoch die produktabhängige Technologieentscheidung vorwegzunehmen. Die offene Frage bleibt allerdings, ob der so beschriebene Schritt von der staatlichen Technologieförderung hin zum Konsensmanagement technologischen Wandels außerhalb der lokalen und regionalen Ebene des politischen Systems auf der nationalen oder gar der europäischen Ebene Zukunft haben kann.

---

38 So auch *Hartmut Weule*, Vorstand Forschung und Technik der Daimler-Benz AG (*Weule* 1991: 29).

39 Vgl. auch *Naschold* 1993: 66 ff.

Literaturverzeichnis

Alemann, Ulrich von/Jansen, Peter/Kilper, Heiderose/Kißler, Leo, 1988: Technologiepolitik. Grundlagen und Perspektiven in der Bundesrepublik und Frankreich, Frankfurt a.M. und New York.

Donges, Juergen B., 1988: Möglichkeiten und Grenzen staatlicher Technologiepolitik, in: Manfred E. Streit (Hrsg.), Wirtschaftspolitik zwischen ökonomischer und politischer Rationalität, Wiesbaden, 143 - 160.

Dose, Nicolai, 1993: Alte und neue Handlungsformen im Bereich von Technologie und Forschung, in: Klaus König/Nicolai Dose (Hrsg.), Instrumente und Formen staatlichen Handelns, Köln u.a., 399 - 452.

Dose, Nicolai/Drexler, Alexander (Hrsg.), 1988: Technologieparks, Opladen.

Franke, Joachim/Braune, Paul/Herr, Dieter/Kühlmann, Torsten M., 1987: Technologietransfer und Mittelstand - Eine empirische Untersuchung zur Beratungslücke, in: Zeitschrift für betriebswirtschaftliche Forschung, 39. Jhrg., Heft 6, 479 - 488.

Gahl, Andreas, 1991: Strategische Allianzen in Technologiemärkten, in: Josef Hilbert/Michael Kleinaltenkamp/Jürgen Nordhause-Janz/Brigitta Widmaier (Hrsg.), Neue Kooperationsformen in der Wirtschaft, Opladen, 43 - 57.

Grande, Edgar/Häusler, Jürgen, 1992: Forschung in der Industrie: Möglichkeiten und Grenzen staatlicher Steuerbarkeit, Köln (= MPIFG Discussion Paper 92/3).

Hauff, Volker/Scharpf Fritz W., 1975: Modernisierung der Volkswirtschaft. Technologiepolitik als Strukturpolitik, Frankfurt a.M.

Heinze, Rolf G./Voelzkow, Helmut (Hrsg.), 1994: Die Regionalisierung der Strukturpolitik in Nordrhein-Westfalen, Opladen.

Hilbert, Josef/Widmaier, Brigitta/von Bandemer, Stephan, 1991: Können Konkurrenten Partner werden? Eine Einführung in die Chancen und Schwierigkeiten partnerschaftlicher Formen zwischenbetrieblicher Kooperation, in: Josef Hilbert/Michael Kleinaltenkamp/Jürgen Nordhause-Janz/Brigitta Widmaier (Hrsg.), Neue Kooperationsformen in der Wirtschaft, Opladen, 9 - 21.

Hofmann, Jeanette, 1993: Implizite Theorien in der Politik. Interpretationsprobleme regionaler Technologiepolitik, Opladen.

Hucke, Jochen/Wollmann, Hellmut (Hrsg.), 1989: Dezentrale Technologiepolitik? Technikförderung durch Bundesländer und Kommunen, Basel u.a.

Hummel, Marlies, 1988: Eine aktive Rolle des Staates in der Innovationsförderung?, in: Der Bürger im Staat, 38. Jhrg., Heft 3, 216 - 219.

Kommission der Europäischen Gemeinschaften, 1993: Perspektiven der EG-Forschungspolitik aus der Sicht von Politik, Wirtschaft und Wissenschaft, Bonn.

Meyer-Krahmer, Frieder, 1989: Der Einfluß staatlicher Technologiepolitik auf industrielle Innovationen, Baden-Baden.

Naschold, Frieder, 1993: Industrielle Entwicklung und Industriepolitik der EG in der Triade, in: Werner Süß/Gerhard Becher (Hrsg.), Politik und Technologieentwicklung in Europa, Berlin, 43 - 78.

Oberender, Peter, 1987: Möglichkeiten und Grenzen staatlicher Technologieförderung: Eine ordnungspolitische Analyse, in: Jahrbuch für Sozialwissenschaft, 38. Jhrg., Heft 2, 127 - 146.

Schmid, Josef/Tiemann, Heinrich/Kohler, Harald, 1991: Wissenschaftsstadt Ulm: Ein neues Konzept zur Förderung industrieller Innovation und Wettbewerbsfähigkeit, Bochum (= SIT-wp-3/91).

Seitz, Konrad, 1991: Staat, Unternehmen und Gewerkschaften, Technik: Ein kreatives Dreieck?, in: Stiftung für Kommunikationsforschung, "Wer klappt die Zukunft auf?". Informationstechnik in Japan, USA und Europa, Bonn-Bad Godesberg, 8 - 23.

Seitz, Konrad, 1992: Die japanisch-amerikanische Herausforderung, in: Aus Politik und Zeitgeschichte, Heft 10-11, 16 - 24.

Sharp, Margaret/Pavitt, Keith, 1993: Technology Policy in the 1990s: Old Trends and New Realities, in: Journal of Common Market Studies, Vol. 31, No. 2, 129 - 151.

Staatsministerium Baden-Württemberg, 1993: Bericht der Zukunftskommission Wirtschaft 2000, Stuttgart.

Starbatty, Joachim/Vetterlein, Uwe, 1988: Die Technologiepolitik der EG-Kommission - die richtige Antwort auf die technologische Herausforderung?, in: Reinhold Biskup (Hrsg.), Europa - Einheit in der Vielfalt, Bern und Stuttgart, 171 - 191.

Starbatty, Joachim/Vetterlein, Uwe, 1989: Spitzentechnologie oder innere Kohäsion. Ein technologiepolitischer Zielkonflikt in der Europäischen Gemeinschaft, in: Europa-Archiv, Heft 5, 145 - 154.

Starbatty, Joachim/Vetterlein, Uwe, 1990: Die Technologiepolitik der Europäischen Gemeinschaft, Baden-Baden.

Sturm, Roland, 1991: Die Industriepolitik der Bundesländer und die europäische Integration. Unternehmen und Verwaltungen im erweiterten Binnenmarkt, Baden-Baden.

Technologiebeirat des Landes Rheinland-Pfalz, 1993: Rechenschaftsbericht über die 2. Sitzungsperiode 1990/92 und Empfehlungen an die Landesregierung Rheinland-Pfalz, o.O. (Mainz).

Voigt, Rüdiger, 1991: Politische Steuerung aus interdisziplinärer Perspektive, Neubiberg (= PoSt 1, Diskussionspapiere).

Weber, Hajo, 1986: Technokorporatismus. Die Steuerung des technologischen Wandels durch Staat, Wirtschaftsverbände und Gewerkschaften, in: Hans-Hermann Hartwich (Hrsg.), Politik und die Macht der Technik, Opladen, 278 - 297.

Weule, Hartmut, 1991: Der Staat als "Pate" der Informationsindustrie, in: Stiftung für Kommunikationsforschung, "Wer klappt die Zukunft auf?". Informationstechnik in Japan, USA und Europa, Bonn-Bad Godesberg, 24 - 36.

Wilks, Stephen/Wright, Maurice (eds.), 1991: The Promotion and Regulation of Industry in Japan, Basingstoke und London.

Wirtschaftsministerium Baden-Württemberg, 1993: Gemeinschaftsinitiative Wirtschaft und Politik. Ein Modell für Deutschland, Stuttgart.

Kooperatives Handeln in der kommunalen Sozialpolitik und Sozialverwaltung

Erhard Treutner

1. Einleitung

Die Frage, ob und wieweit in der Bundesrepublik Entwicklungen zum "Verhandlungsstaat" und "kooperativen Staat" festzustellen sind, soll hier am Beispiel von Tendenzen in der Sozialpolitik und -verwaltung, insbesondere auf kommunaler Ebene, untersucht werden.

Der Sozialbereich und die öffentliche Sozialverwaltung der Bundesrepublik sind, wie ihre Verwaltungen generell, einerseits zunächst einmal stark durch eine bürokratische, hoheitlich-hierarchische Form der Steuerung und Regulierung vor allem mit dem Instrument des Rechts geprägt.[1] Das resultiert u.a. daraus, daß die Sozialpolitik gegenüber ihrem Klientel traditionell eine in der Tendenz doppelte Funktion hat, zu der neben der Hilfe auch die Sicherung einer gewissen sozialen Kontrolle und Ordnung gehört[2]. Sozialleistungsempfänger, Arbeitslose etc. sind daher in vielerlei Hinsicht Gegenstand hoheitlicher Regelungen (z.B. werden Sozialleistungen durch hoheitlichen Verwaltungsakt zugesprochen, bei Maßnahmen nach dem BSHG gibt es keine institutionalisierte Form der Beteiligung).

Aber man findet hier andererseits gleichzeitig, vor allem im Verhältnis zwischen Verwaltungen und Wohlfahrtsverbänden sowie anderen etablierten "Freien Trägern" der Wohlfahrtspflege und selbst im Verhältnis von Verwaltung und Klientel, auch Formen von Verhandlung und Kooperation, z.B. weil die Verbände im Rahmen der sozialen Leistungserbringung eine sehr starke Stellung haben und sich eine Reihe von Aufgabenfeldern mit der Sozialverwaltung teilen.

In jüngerer Zeit haben sich die Kontakte zwischen Verwaltungen und Verbänden bzw. Freien Trägern weiter verstärkt, weil sich u.a. aufgrund der hohen Arbeitslosigkeit und der damit vergrößerten sozialen Probleme auch die Aufgaben der Freien Träger vermehrt haben und sie jetzt z.B. auch Träger zahlreicher Maßnahmen zur Bekämpfung von Arbeitslosigkeit sind. Außerdem sind seit einiger Zeit auch Betroffene selbst sowie ihre Organisationen (Selbsthilfegruppen und -initiativen, Arbeitslosenzentren und -projekte, kleine Hilfsvereine usw.) in diesen Feldern vermehrt aktiv geworden. Da sie z.T. Leistungen erbringen, die aus der Sicht der Sozialverwaltung begrüßenswert erscheinen, und die Administration sie daher in ihre kommunalen Leistungsstrategien zu integrieren

1 Zu den Steuerungsformen im Sozialbereich ausführlicher *Mezger* 1990.

2 Vgl. *Sachße* und *Tennstedt* 1986: 12.

versucht, u.U. auch fördert, ergeben sich nun auch zwischen Verwaltungen und solchen Organisationen vielfältige neue Kontakte. Vor diesem Hintergrund entsteht die Frage, ob, in welcher Form und wieweit sich im Sozialbereich Veränderungen der Form des Staats- und Verwaltungshandelns ergeben und ob sich Tendenzen zu mehr Verhandlung und Kooperation (also vom hoheitlich-hierarchischen Handlungsmodus der Verwaltung zum Verhandlungsmodus[3] und zum "kooperativen Staat") erkennen lassen.

In der Staats- und Verwaltungsdiskussion wird in der jüngeren Zeit zunehmend die Position vertreten, daß in modernen Industriegesellschaften einseitig-hoheitliches Handeln nur eine (Sonder-)Form staatlichen Handelns darstellt, deren Bedeutung abnimmt, und daß die Relevanz von Verhandlungssystemen und Akteursystemen in der Gesellschaft und auch für Politik und Verwaltung zunimmt.[4] *Scharpf* spricht von der "ubiquitären Praxis ausgehandelter Regelungen" und davon, daß der Steuerungserfolg des Staates erkauft werde "durch die Enthierarchisierung der Beziehungen zwischen Staat und Gesellschaft". Eine der Prämissen moderner Staatlichkeit - nämlich Überordnung im Inneren - könne "immer weniger vorausgesetzt werden"[5]. Und *Beck* ist der Ansicht, "an die Stelle des Handlungsstaates (trete) der Verhandlungsstaat"[6]. "Informelle und formelle Verhandlungssysteme" fänden sich häufig miteinander verknüpft. Staatshandeln in der Form von Verhandlungen, das früher vor allem im Hinblick auf korporatistische Akteurskonstellationen thematisiert wurde, finde sich jetzt nicht nur häufiger, sondern beziehe auch mehr und andere Akteure ein (neben den in bestimmten gesellschaftlichen Sektoren organisierten Verbänden und korrespondierenden politisch-administrativen Einheiten auch Unternehmen, Forschungseinrichtungen, Medien etc.).

Der hier gestellten Frage, ob die Bedeutung von Verhandlung und Kooperation wesentlich wächst, werde ich im folgenden nachgehen, indem ich zunächst einen kurzen Überblick über bisherige Handlungsformen im Sozialbereich gebe (2.) und dann neuere Entwicklungen zu mehr Verhandlung zwischen politisch-administrativen Einrichtungen einerseits und außerstaatlichen, verwaltungsexternen Akteuren andererseits darstelle (3.). Am Beispiel der Selbsthilfeförderung und der Förderung Zweiter Arbeitsmärkte werde ich etwas näher auf Formen verhandelnden Staats- und Verwaltungshandelns eingehen, aber auch auf seine Grenzen (die sich aus der weiterhin bestehenden Kontroll- und Ordnungsfunktion von Sozialpolitik und -verwaltung ergeben) (4.) und mich

3 Diese Handlungsformen haben hier einen gewissen idealtypischen Charakter. Faktisch gibt es zwischen ihnen viele Abstufungen.

4 *Scharpf* 1992 und 1993; *Mayntz* 1993; *Böhret* 1992. Zur Präzisierung der systemtheoretischen Position, wonach das politisch-administrative System zwar andere funktional ausdifferenzierte gesellschaftliche Teilsysteme nicht steuern, aber Einfluß auf sie nehmen kann; vgl. *Luhmann* 1991: 144 sowie *Willke* 1992.

5 *Scharpf* 1992: 94.

6 *Beck* 1993: 216.

abschließend der Frage zuwenden, ob sich am Beispiel des Sozialbereichs die These bestätigen läßt, daß es einen Trend zum "Verhandlungsstaat" und "kooperativen Staat" gibt oder wie die These zu differenzieren wäre (5.).

2. Bisherige Formen des Handelns in der kommunalen Sozialpolitik und -verwaltung

2.1 Hoheitliches Handeln und Verhandeln

Die Sozialverwaltung der Bundesrepublik ist - wie schon eingangs erwähnt - gegenüber ihrem Klientel zunächst einmal im Prinzip hoheitlich-hierarchisch organisiert, stark an abstrakt-generellen Rechtsvorschriften orientiert und - gerade auch auf kommunaler Ebene - durch eine Fülle weiterer Regelungen und Richtlinien, etwa für die Vergabe von Sozialleistungen, reglementiert. Das bedeutet, daß die dort Beschäftigten offiziell nur relativ wenig Handlungsspielraum bei ihren Entscheidungen haben. Die Möglichkeit zu Verhandlung und Kooperation mit den Adressaten von Maßnahmen ist dadurch grundsätzlich eingeschränkt.

Die Adressaten und Betroffenen von Maßnahmen im Sozialbereich werden in der Regel - im Unterschied zu Wohlfahrtsverbänden oder anderen Trägern oder Interessengruppen - an der Planung und Umsetzung solcher Maßnahmen offiziell nicht aktiv beteiligt (und dementsprechend auch nicht in evtl. Verhandlungen einbezogen). Bei Maßnahmen nach dem BSHG (Bundessozialhilfegesetz) findet - wie erwähnt - keine Beteiligung des Klientel in institutionalisierter Form statt, vielmehr sollen die Interessen Betroffener durch die Sozialverwaltungen und durch die Wohlfahrtsverbände wahrgenommen werden. Es gibt hier auch sehr dirigistische und repressive Maßnahmen, so z.B. im Rahmen des Instruments der "Hilfe zur Arbeit" (§§ 18 ff. BSHG), das die Verwaltung u.a. berechtigt, Sozialhilfeempfänger zur Leistung sog. "Pflichtarbeit" gegen geringes Entgelt zu verpflichten. Ansätze zur offiziellen Beteiligung des Klientel sind bisher auf einige Reformvorhaben beschränkt (z.B. gibt es sie bei der Neuorganisation des Allgemeinen Sozialen Dienstes in Bremen, wo das Klientel auf Stadtbezirksebene bestimmte Mitwirkungsmöglichkeiten bei der Leistungsgestaltung erhielt[7]), was seinen Grund auch darin hat, daß Betroffene im Sozialbereich bislang nicht oder nur schwach organisiert sind.

Die starke "Verrechtlichung" des Sozialbereichs bringt für Betroffene einerseits Vorteile mit sich: Rechtssicherheit und Gleichbehandlung sind gesichert, bestehende Ansprüche auf sozialstaatliche Leistungen können von den Berechtigten in der Regel relativ leicht durchgesetzt werden (auch wenn es bei näherer Betrachtung dabei eine Vielzahl von Problemen geben kann). Bei Streitigkeiten steht der Rechtsweg offen. Aber

---

7 Vgl. *Windhoff-Héritier* 1989: 173.

dieser Handlungsmodus birgt wegen seiner geringen Flexibilität für das Verwaltungsklientel auch große Probleme. Da offiziell nur wenig kommunikatives Aushandeln und kooperatives Problemlösen möglich ist, können auch die besonderen Aspekte der jeweiligen "Fälle" z.T. nur unzureichend berücksichtigt werden. Personenorientierte und sozialpädagogische Kriterien (evtl. auch pädagogische, wie in der Jugendhilfe) geraten dadurch leicht in Konflikt mit der "Logik" und den Arbeitsprinzipien einer durch ein relativ enges Regelwerk von Gesetzen und sonstigen Vorschriften bestimmten Bürokratie.

Neben diesem hoheitlich-hierarchischen Steuerungsmodus gibt es aber im Sozialbereich zwischen den hier aktiven Institutionen, Einrichtungen, Organisationen und sonstigen Beteiligten schon bislang z.T. eine merklich entwickelte Kooperation. So findet man z.B. (sozusagen auf der oberen Ebene) eine - begrenzte - Zusammenarbeit zwischen Bund, Ländern und Gemeinden. Auch auf der unteren Ebene (etwa der des Sozialamts) gibt es - trotz aller z.T. sehr problematischen Rahmenbedingungen - immer wieder verständigungsorientierte Absprachen und Aushandlungen zwischen Verwaltungspersonal und Klientel.[8] Gelegentlich kommt es dabei sogar zu heimlichen "Bündnissen" zwischen Verwaltungsbeschäftigten, insbesondere Sozialarbeitern und "ihrem" Klientel, die im Interesse der Hilfsbedürftigen bis hin zum faktischen Unterlaufen oder Umgehen von (einengenden und Hilfsmöglichkeiten beschneidenden) Normen und Richtlinien führen können.[9]

Besonders häufig kommen Verhandlungen und Kooperationen auf der mittleren Ebene, im Verhältnis von Sozialverwaltung und Wohlfahrtsverbänden oder anderen Freien Trägern vor. Die Sozialpolitik ist daher (im Hinblick auf die Gesetzgebung und die Durchführung von Maßnahmen) auch als "Aktionsgebiet von Verbänden" bezeichnet worden.[10] Grundlage dafür ist die - politisch und historisch begründete - starke Stellung der Wohlfahrtsverbände und Freien Träger in der Sozialpolitik der Bundesrepublik, die in der großen Bedeutung, die hier dem Subsidiaritätsprinzip eingeräumt wird, sichtbar wird.[11] Das Subsidiaritätsprinzip ist in den für die kommunale Sozialpolitik zentralen

---

8 Vgl. hierzu *Wolff* und *Bonß* 1979; *Lau* und *Wolff* 1981: 203 ff.

9 Zur theoretischen Begründung solcher "informalen" Beziehungen zwischen Verwaltung und Publikum vgl. aus organisations- und sytemtheoretischer Perspektive schon *Luhmann* 1966: 86.

10 *v. Ferber* 1977: 383. Zur Bedeutung der Wohlfahrtsverbände vgl. auch *Bauer* 1985, *Thränhardt* u.a. (Hrsg.) 1986, *Damkowski* und *Luckey* 1990: 64 ff.

11 Hier ein paar Zahlen, um die Bedeutung der Wohlfahrtsverbände zu demonstrieren: In den alten Bundesländern beschäftigen sie ca. 600 000 hauptamtliche Kräfte (können darüberhinaus eine Vielzahl ehrenamtlicher Helfer mobilisieren, deren Arbeitsleistung nach Berechnungen noch einmal der von 200 000 Hauptamtlichen entspricht) und unterhalten etwa 50 000 Einrichtungen und Dienste im sozialen Bereich (so etwa ein Drittel aller Krankenhäuser, 60% der Heime für Alte und 75% der Heime und 70% der Tageseinrichtungen für Jugendliche, vgl. *Windhoff-Héritier* 1989: 265 f.).

Gesetzen (§ 10 Bundessozialhilfegesetz (BSHG) und § 4 Kinder- und Jugendhilfegesetz, (KJHG)) verankert, höchstrichterlich abgestützt und bedeutet so faktisch den Vorrang der Maßnahmen, die von den Freien Trägern angeboten und vorgenommen werden.

Die öffentliche Verwaltung soll - etwa bei der Durchführung des Bundessozialhilfegesetzes - mit diesen Freien Trägern zusammenarbeiten und dabei deren Selbständigkeit in der Zielsetzung und Durchführung achten (so § 10 II BSHG). Darüberhinaus sind Staat und Verwaltung sogar verpflichtet, diese bei ihren Bemühungen "angemessen" zu unterstützen. Nach §§ 4 III und 12 I KJHG soll auch die öffentliche Jugendhilfe dementsprechend die "Freie Jugendhilfe" und die eigenverantwortliche Tätigkeit der Jugendverbände und Jugendgruppen fördern und mit den in der Jugendhilfe tätigen Wohlfahrtsverbänden und anderen jugendpolitischen Interessengruppen (wie den Jugendringen) kooperieren und mit ihnen Arbeitsgemeinschaften gründen (so § 78 KJHG).

Vor diesem Hintergrund haben sich also schon bisher vielfältige Kooperationsbeziehungen und Verhandlungssysteme entwickelt, in denen Programme, Finanzierungen und Maßnahmen (wie, wo, für wen, in welcher Trägerschaft etc.) ausgehandelt wurden, wobei allerdings auch viele Probleme nur unbefriedigend geklärt werden (so wird häufig die immer noch unzureichende Koordination von Maßnahmen der öffentlichen Hand und der verschiedenen Träger kritisiert).[12]

Anders als z.T. im Umweltbereich verzichtet die Verwaltung hier nicht auf hoheitlich-hierarchisches Handeln, weil ihr mächtige ökonomische Interessen entgegenstehen, sondern die Zusammenarbeit mit den verwaltungsexternen Trägern ist gesetzlich vorgeschrieben. In (mehr oder weniger konflikthaften) Verhandlungen zu Konzipierung und Umsetzung von Maßnahmen wird dabei die Art der Aufgabenteilung geregelt - soweit sie nicht schon lange festgelegt ist - sowie die Finanzierung ("Zuweisungen"). Aber es geht dabei auch um die Frage der Auslegung sozialrechtlicher Bestimmungen oder der ordnungsgemäßen Verwendung der von der öffentlichen Hand zugewiesenen Mittel bis hin zur Frage der "richtigen" Interpretation haushaltsrechtlicher Vorschriften und Grundsätze.

Ein Zusammenwirken staatlicher und außerstaatlicher Akteure finden wir auch in anderen Bereichen der Sozialpolitik, z.B. im Rahmen der Arbeitslosenversicherung. Die Verwaltungsausschüsse von Landes- und örtlichen Arbeitsämtern sowie der Verwaltungsrat der Bundesanstalt für Arbeit sind drittelparitätisch (mit Vertretern der öffentlichen Hand, der Arbeitgeber und der Arbeitnehmer) besetzt und üben die Selbstver-

---

12 Vgl. z.B. *Grunow* 1991: 137 ff. Vgl. auch das Beispiel mangelhafter Kooperation und Koordination in der ambulanten Altenpflege bei *Nothbaum-Leidig* 1990: 54 ff.

waltung gemeinsam aus. Vergleichbare - wenn auch im einzelnen unterschiedliche - Konstellationen gibt es bei der Selbstverwaltung von Sozial- oder Krankenversicherungen.

Solche hier exemplarisch genannten Formen von Verhandlung und Kooperation zwischen staatlichen und außerstaatlichen (sog. intermediären oder privaten) Einrichtungen und die dadurch entstehenden Kooperationsstrukturen werden z.T. als Beispiele für "Neokorporatismus" angesehen, weil aus ihnen andere Akteure (z.B. kleine Vereine oder Betroffenengruppen) ausgegrenzt sind und sich Verwaltungseinrichtungen und Verbände bzw. andere etablierte Freie Träger das Aufgabenfeld aufteilen.[13] Eine aktuelle Form von korporatistischem Verhandlungssystem stellt in diesem Zusammenhang die "konzertierte Aktion im Gesundheitswesen" zur Kostendämpfung dar, an der Verbände der Ärzteschaft, der Krankenkassen, der Pharmaindustrie und korrespondierende staatliche Akteure beteiligt sind.

Im Sozialbereich wird somit schon bisher neben dem hoheitlich-rechtlichen Handlungsmodus auch der Verhandlungsmodus praktiziert, letzterer allerdings selektiv und wenig unter Beteiligung des eigentlichen Klientels: der Leistungsemfänger.

2.2 Kritik am Handeln von Sozialverwaltungen

Trotz der erwähnten Elemente von Verhandlung und Kooperation wird die Sozialverwaltung zunehmend kritisiert. Die selektive Art der Beteiligung verwaltungsexterner Akteure und Betroffener, der z.T. korporatistische Charakter von Verhandlungssystemen und das dadurch u.U. entstehende "Wohlfahrtskartell"[14] zwischen Kommunen und etablierten Trägern zu Lasten etwa alternativer Träger führt zu wachsenden Akzeptanzproblemen. Der Unmut beruht außerdem auf gestiegenen Anforderungen und Erwartungen in der Gesellschaft, denen die Verwaltungen angesichts ihrer knappen Kassen nur unzureichend entsprechen können (hier sei darauf verwiesen, daß herkömmliche soziale Bindungen und Netze (wie Familie, Nachbarschaft und Betriebsgemeinschaft) an Bedeutung verlieren[15] und sich dadurch die Aufgaben für die öffentlichen Versorgungssysteme erweitern). Die Kritik zielt aber auch auf die teilweise geringe Effektivität und den relativ geringen Zielerreichungsgrad sozialstaatlicher Steuerung (trotz - wie im Gesundheitswesen - zum Teil sehr hohen Mitteleinsatzes). Instrumente und Leistungsformen der Sozialverwaltung würden - so heißt es häufig - den bestehenden Anforderun-

---

13 Zur Frage, ob es angemessen ist, solche Verhandlungs- und Kooperationsstrukturen als "korporatistisch" zu bezeichnen; vgl. bejahend *Heinze* und *Voelzkow* 1991a und 1994; kritisch dazu *Windhoff-Héritier* 1989: 165 sowie *Bauer* 1991. Welcher Begriff hier verwendet werden sollte, kann an dieser Stelle aber offen bleiben, weil dies für das Thema ohne weitere Bedeutung ist.

14 *Heinze* 1985: 212.

15 Vgl. *Beck* 1986.

gen nicht gerecht, ihre Maßnahmen seien zu bürger- und klientenfern, gingen zum Teil am Bedarf vorbei, und die möglichen Neben- und Folgewirkungen einzelner Maßnahmen würden teilweise nicht ausreichend berücksichtigt. Gerade im Sozialbereich käme es aber insbesondere darauf an, ausreichend problem- und personenorientiert zu handeln und nicht nur abstrakte Gesetze auszuführen.

Für die Sozialverwaltung ist es daher zunehmend wichtig, adäquat und hinreichend sensibel auf Problemlagen und Bedürfnisse der Bürger einzugehen. Nur so kann sichergestellt werden, daß die vorhandenen Mittel optimal eingesetzt werden. Deshalb wurde auch überlegt, ob und wieweit die Qualität von Maßnahmen durch das Mitwirken Betroffener gesteigert und dabei zugleich wichtige Informationen und zusätzliche Ressourcen (etwa Eigeninitiative der Bürger) genutzt werden könnten.

3. Zunehmender Trend zu mehr Verhandlung und Kooperation

Vor dem Hintergrund dieser Kritik und vorhandener Akzeptanzprobleme sind die Bemühungen der Verwaltung um mehr Abstimmung und Koordination mit den verwaltungsexternen Akteuren aktualisiert und verstärkt worden. Dabei steht für die Verwaltung zunächst einmal die Verbesserung der Beziehungen zu den etablierten Verbänden und Trägern im Vordergrund, aber auch dem Verhältnis zu den anderen Akteuren wird inzwischen mehr Aufmerksamkeit gewidmet.

Ein wichtiges Beispiel für vermehrte und neue Formen der Kooperation zwischen etablierten Einrichtungen stellen die inzwischen weit verbreiteten Sozialstationen dar, die vor allem für die Betreuung von pflege- und hilfsbedürftigen Personen geschaffen wurden. Dabei handelt es sich um ambulante sozialpflegerische Dienste, die es insbesondere alten und kranken Menschen durch ihre Unterstützung ermöglichen sollen, möglichst lange in ihrer häuslichen Umgebung zu bleiben und ihre Lebensführung so weit wie möglich selbst zu bewältigen. Neben offensichtlichen Vorteilen für die Betroffenen ergeben sich dabei auch solche für den Staat, weil die viel teurere stationäre Unterbringung (in Pflegeheimen oder Krankenhäusern) vermieden oder möglichst lange hinausgeschoben werden kann. Für Familien mit pflegebedürftigen Mitgliedern kann es zumindest partielle Entlastung geben, wenn solche Dienste bestimmte pflegerische Aufgaben oder die Pflege zu bestimmten Zeiten übernehmen.

Der Ausbau ambulanter sozialpflegerischer Dienste wurde durch neue gesetzliche Regelungen gefördert und abgesichert. Hier ist vor allem die Änderung des Bundessozialhilfegesetzes aus dem Jahr 1984 zu erwähnen, durch die der Vorrang ambulanter Dienste gesetzlich festgelegt wurde[16]. Vor diesem Hintergrund kam und kommt es in

16 Vgl. die §§ 3, 3a und 93 Absatz II BSHG.

der Bundesrepublik zum Aufbau eines Netzes von "Sozialstationen", die in einzelnen Stadtteilen und Gemeinden eine möglichst bürgernahe Versorgung ermöglichen und eine bessere Kooperation und Koordination der Tätigkeiten von Kommunen, Kirchen, Wohlfahrtsverbänden und anderen Freien Trägern im Sozialbereich bewirken sollen, um ihre Effizienz und Flexibilität zu erhöhen, sowie eine einheitliche Anlaufstelle für hilfesuchende Bürger zu schaffen[17].

Eine Besonderheit der Sozialstationen besteht darin, daß hier neben professionellen Angestellten auch ehrenamtliche Helfer und Helferinnen mitwirken, und daß darüberhinaus versucht wird, auch das Potential an Möglichkeiten zur Selbsthilfe, das in Familie und Nachbarschaft vorhanden ist, zu aktivieren. Dabei sollen die bisher schon bestehenden sozialen Hilfs- und Pflegeangebote der verschiedenen Akteure zusammengefaßt werden. Sozialstationen sind somit Kooperations- und Koordinationsinstanzen für die ambulante sozialpflegerische Versorgung, in denen öffentliche und private Akteure zusammenwirken, nämlich Mitarbeiter der Kommunen, ehrenamtliche Helfer und Helferinnen, kirchliche Arbeitskräfte, sowie solche der Wohlfahrtsverbände oder privaten Trägervereine. Die Kooperation bezieht verschiedenste Einrichtungen ein, neben den schon genannten noch weitere wie z.B. kommunale Sozial- und Jugendämter, Bezirksämter (= Dependancen der Stadt auf Stadtteilebene), Krankenhäuser, Arbeitsgemeinschaften der Krankenkassen und andere im sozialen Bereich tätige Organisationen.[18]

Ein weiteres Beispiel dafür, daß Sozialverwaltungen ihre Beziehungen zu gesellschaftlichen Akteuren auszubauen begonnen haben, stellt die Entwicklung im Verhältnis zwischen Verwaltungen und dem schon erwähnten Sektor selbstorganisierter Gruppen dar. Denn in den letzten Jahren ist eine große Zahl von Selbsthilfeorganisationen und -initiativen, Betroffenenorganisationen, neuen kleinen Hilfs- und Trägervereinen, ABM- oder Ausbildungsprojekten und ähnlichen Organisationen entstanden, die ebenfalls im Sozialbereich tätig sind. Sie werden von der Verwaltung z.T. gefördert und (als sog. "kleines Publikum") neben den etablierten Wohlfahrtsverbänden und Freien Trägern (dem sog. "großen Publikum") mehr in Verhandlungen einbezogen. Damit haben die quantitative Bedeutung verwaltungsexterner Akteure im Bereich des Sozialpolitik sowie das Ausmaß von Verhandlung und Kooperation im Sozialbereich weiter zugenommen, wobei dieser Prozeß allerdings auch problematische Seiten hat, wie weiter unten zu zeigen sein wird.

Für die zunehmende Relevanz der kleinen neuen Organisationen und Gruppen gibt es vielfältige Ursachen, wie z.B. den schon oben angesprochenen, vielfach beklagten Um-

---

17 Vgl. *Damkowski* et al.: 1988.

18 Ähnlich ist die Situation auch bei den Alten-Service-Zentren sowie den Sozialzentren und Zentren für Nachbarschaftshilfe.

stand, daß die von der Sozialverwaltung und den ebenfalls inzwischen relativ weit bürokratisierten traditionellen Freien Trägern erbrachten Leistungen den Bedürfnissen und Erwartungen Betroffener oft zu wenig entsprechen und so "Lücken" für neue Organisationen entstanden sind, die problemsensibler und -angemessener sowie bürger- und publikumsnäher agieren. Hinzu kommt, daß Kommunen angesichts zunehmender Probleme und Anforderungen sowie finanzieller Engpässe das Entstehen von Selbsthilfeinitiativen neben dem etablierten Sozialleistungssystem schon seit längerem im Prinzip positiv einschätzen und sie daher oft zu fördern versuchen. Außerdem sind wachsende Teile der Bevölkerung - bei abnehmender Bereitschaft zum ehrenamtlichen Engagement etwa in kirchlich-karitativen Einrichtungen - bereit, im Sozialbereich Aufgaben in selbstorganisierter Form (z.B. in Gesundheitsinitiativen, privaten Kindergarteninitiativen, Arbeitsloseninitiativen, Fraueninitiativen oder Initiativen zur Bildungs- und Ausbildungsförderung arbeitsloser Jugendlicher) zu übernehmen.

Angesichts ihrer Bedeutung sind diese neuen, auch "informell" genannten Organisationen inzwischen stärker anerkannt, werden mehr in Leistungsstrategien der Sozialverwaltung sowie z.T. auch in die Verhandlungssysteme zwischen Verwaltungen und etablierten Organisationen (des sog. "formellen Sektors") eingebunden. Manche Leistungen im Sozialbereich werden inzwischen auf der Basis von "Arrangements" und Aushandlungen zwischen "formellem" und "informellem" Sektor und sogar in "Koproduktion" zwischen ihnen erbracht[19].

Als Reaktion auf die größere Zahl von im Sozialbereich tätigen Akteuren und das erweiterte Leistungsangebot ist in der letzten Zeit zusätzlich eine Vielzahl von Einrichtungen entstanden, deren Aufgabe es ist, dem Klientel einen Überblick und Zugang zu den verschiedenen in Frage kommenden Angeboten und Möglichkeiten zu verschaffen und zwischen "formellem" und "informellem" Sektor zu vermitteln: Es sind dies "Koordinationsstellen", "Anlaufstellen" für Beratung und Förderung von Selbsthilfegruppen (z.B. "Selbsthilfezentren" oder "Kontakt- und Informationsstellen für Soziale Selbsthilfeinitiativen" (KISS)), ABM-Vermittlungsstellen, "Leitstellen" für Fraueninitiativen, Arbeitslosenzentren sowie eine größere Zahl kleiner Beratungszentren (an denen auch Vertreter von Verwaltungen, Wohlfahrtsverbänden, Gewerkschaften und Arbeitgebern beteiligt sein können).[20]

---

19 *Evers* 1991: 235.

20 Vgl. *Evers* 1991: 232 ff. Ein Beispiel für ein anspruchsvolleres Projekt in diesem Zusammenhang ist das "Gesundheitshaus Unna" der Stadt Unna, das als "Servicestation" für Selbststhilfegruppen und -initiativen, als Informationseinrichtung im Hinblick auf gesundheitliche Angebote der Region, als Koordinationsstelle für Angebote der verschiedenen Träger sowie als Start-, Gründer- und Beratungszentrum für Selbsthilfegruppen und Gesundheitsinitiativen konzipiert ist. Daneben soll es selbst ausgewählte praktische und therapeutische Angebote bereithalten und eine kommunale Gesundheitsberichterstattung aufbauen (vgl. *Breitkopf* 1990).

Es gibt also in der Sozialverwaltung eine deutliche Ausweitung des Verhandlungsmodus, wobei auch Organisationen des Klientel mehr berücksichtigt werden. Insofern tritt hoheitlich-hierarchisches Handeln in seiner Bedeutung mehr zurück. Im folgenden sollen Formen zunehmender Verhandlung und Kooperation im Sozialbereich, aber auch ihre Grenzen, die sich aus der weiter bestehenden Relevanz des hoheitlich-hierarchischen Handlungsmodus ergeben, an zwei Beispielen - der Selbsthilfeförderung und der Förderung sog. Zweiter Arbeitsmärkte - etwas genauer untersucht werden.

4. Formen und Grenzen von Verhandlung und Kooperation am Beispiel der Förderung von Selbsthilfe und Zweiten Arbeitsmärkten

4.1 Formen von Verhandlung und Kooperation

Die Bereiche der Förderung von Selbsthilfe und Zweiten Arbeitsmärkten wurden hier als Beispiele ausgesucht, weil es sich dabei um relativ bedeutende neue Aktionsfelder des Staates im Sozialbereich handelt.[21] Außerdem sind es Bereiche, an denen sich die zunehmende Relevanz von Verhandlung und Kooperation, aber auch ihre Grenzen und Probleme, gut demonstrieren lassen.

Der Selbsthilfesektor hat in den letzten Jahren - vor allem im Sozial-, Gesundheits- und Jugendbereich - in der Bundesrepublik wachsende Bedeutung erlangt. Eine Studie des Bundesministeriums für Familie und Senioren aus dem Jahr 1992 geht von inzwischen 50 000 Selbsthilfegruppen in den alten Bundesländern aus, in denen ca. 1,9 Millionen Bürger (das sind etwa 3% der Bevölkerung) engagiert sind[22]. Die meisten Selbsthilfegruppen brauchen für eine erfolgreiche Arbeit eine öffentliche Unterstützung (z.B. in der Form, daß ihnen Räume zur Verfügung gestellt oder Telefonkosten, Ausgaben für die Öffentlichkeitsarbeit und u.U. für Personal übernommen werden). Daher betreiben viele Kommunen eine entsprechende Selbsthilfeförderung, was zu vielfältigen Kontakten zwischen Verwaltungen und Selbsthilfeorganisationen führt. Nach der genannten Untersuchung aus dem Jahr 1992 handeln so 70% aller Städte mit über 50 000 Einwohnern und wohl alle großen Städte[23]. Viele Kommunen fördern darüber hinaus inzwischen Kontaktstellen für Selbsthilfegruppen, die es inzwischen in mehr als 160 Städten der Bundesrepublik gibt[24].

---

21 Die Förderung Zweiter Arbeitsmärkte wird hier zur Sozialpolitik gerechnet, obwohl sie auch starke arbeits(markt-)politische Bedeutung hat. Der Übergang zwischen Sozialpolitik und Arbeits(markt-)politik ist generell oft fließend.

22 Vgl. *Braun* und *Opielka* 1992: XV.

23 *Braun* und *Opielka* 1992: 108 ff.

24 *Braun* und *Opielka* 1992.

Auch die Bemühungen um die Einrichtung sog. Zweiter Arbeitsmärkte haben zu vielen neuen Kontakten zwischen Verwaltungen (Kommunal- und Arbeitsverwaltungen) und verwaltungsexternen Akteuren (Wohlfahrtsverbänden, aber auch anderen hier engagierten Organisationen) geführt.Im Rahmen Zweiter Arbeitsmärkte geht es vor allem um die Einrichtung zusätzlicher Arbeitsplätze, insbesondere in der Form von Arbeitsbeschaffungsmaßnahmen (ABM), aber auch von Arbeitsplätzen für arbeitslose Sozialhilfeempfänger ("Hilfe zur Arbeit" nach §§ 18 ff. BSHG). Die Kommunen haben (als Träger von Sozialhilfe und der sozialen Folgeprobleme von Arbeitslosigkeit) neben der Bundesanstalt für Arbeit (als Träger von Lohnersatzleistungen) ein vorrangiges Interesse an solchen zusätzlichen Arbeitsplätzen. Auf Initiative der Kommunen und kommunaler Programme sind daher die meisten dieser i.d.R. befristeten Arbeitsplätze entstanden (auch wenn die Kommunen nur bei einer Minderzahl derselben auch Träger und Finanzier sind), die vor allem Problemgruppen des Arbeitsmarktes angeboten werden[25]. Auf diese Weise konnten in manchen Städten jährlich mehrere Tausend zusätzliche Arbeitsplätze besetzt werden (so in Hamburg) oder doch weit über tausend (so in Bremen, Hannover, Essen und anderen Städten). Ende der 80er Jahre gab es in den alten Bundesländern 110 000 ABM-Stellen, die zum größten Teil über kommunale Programme entwickelt, eingerichtet und betreut wurden.[26] Ihre Zahl wuchs 1992 in der gesamten Bundesrepublik auf über 400 000 und betrug im April 1994 ca. 300 000[27]. Auch im Rahmen der "Hilfe zur Arbeit" [28] entstanden in den Kommunen (und von ihnen initiiert) viele neue Arbeitsplätze (mehrere 10 000 pro Jahr).

a) Zum Verhältnis von Sozialverwaltungen und Selbsthilfeorganisationen

Wenn das Verhältnis von Sozialverwaltungen und Selbsthilfeorganisationen z.T. auch von Verhandlungen geprägt ist, so bedeutet das, daß Betroffene, zumindest mittelbar über ihre Organisationen, jetzt mehr an Planung und Ausgestaltung von Maßnahmen beteiligt sind, zum Teil führen sie diese in Eigenregie aus. Das hat seinen Grund u.a. darin, daß Sozialverwaltungen die vorhandenen Selbsthilfepotentiale nutzen und in ihre Dienstleistungsangebote einbeziehen wollen, um eine ausreichende Bearbeitung sozialer Probleme sicherzustellen und daher die spezifischen Merkmale (Zielsetzungen, Organisations- und Handlungsstrukturen) dieser Gruppen mitberücksichtigen und z.T. akzeptieren müssen, weil sie sonst riskieren, daß sich ihnen dieses Potential entzieht.

Falls Sozialverwaltungen mit ihrer bürokratischen und relativ hoch formalisierten Arbeitsweise, die zu einer gewissen Anonymität und Abstraktion von konkreten Personen

---

25 Vgl. *Benzler* und *Heinelt* 1991 sowie *Huebner, Krafft* und *Ulrich* 1992.

26 Vgl. zu Details dieses Förderinstruments *Hanesch* 1988: 156 ff.; *Bullmann* 1991: 192 ff.

27 Vgl. "Sozialpolitische Umschau" des Presse- und Informationsamtes der Bundesregierung vom 9.5.94: 5 u. 9.

28 Zu diesem Instrument vgl. ausführlich *Meendermann* 1992.

und Problemen führt, bei ihren Kontakten mit Selbsthilfegruppen auf deren Besonderheiten (insbesondere auf ihre Strukturprinzipien von Selbstorganisation und Autonomie und auf ihre durch persönliche Nähe, unmittelbare wechselseitige Kommunikation und gleichberechtigtes Zusammenwirken geprägte Arbeitsweise) nicht genügend eingehen, stattdessen nur hoheitlich-hierarchisch verfahren würden, so wären Konflikte und Probleme die mögliche Folge: Bei den selbstorganisierten Gruppen könnte es dadurch zu einem Verlust an Motivation, freiwilligem Engagement und Leistungsfähigkeit kommen.

Sozialverwaltungen versuchen daher - soweit ihnen an der Arbeit bestimmter Selbsthilfeorganisationen gelegen ist - solche möglichen Folgeprobleme bürokratischen Handelns dadurch zu verringern, daß sie im Umgang mit diesen Gruppen Verfahren wählen, die deren Eigenart zumindest im Ansatz berücksichtigen und indem sie zu diesem Zweck mehr zu Verhandlung und Abstimmung bereit sind. Im einzelnen kann das z.B. bedeuten, daß Verwaltungen bei der Abfassung von Förderanträgen behilflich sind, durch Rückfragen und nachträgliche Abklärung sowie Nachbesserungsvorschläge dazu beitragen, daß Anträge die bestehenden Vorschriften, Richtlinien und Förderkriterien berücksichtigen und daher positiv beschieden werden können (und die Arbeit der Gruppe gefördert werden bzw. diese überhaupt ihre Arbeit aufnehmen kann). An die Stelle der rein hoheitlichen Anwendung von Bestimmungen (und Ablehnung des Antrags bei Nichtentsprechung) tritt die Abstimmung, evtl. auch über die Interpretation einschlägiger Vorschriften. Dergleichen ist in anderen Verwaltungen zwar ebenfalls nicht unbekannt, das Bemerkenswerte ist hier aber, daß solche Verfahrensformen nun in der Sozialverwaltung auch im Umgang mit dem eigentlich schwachen Klientel mehr gepflegt werden. Gegenstand solcher Verhandlungen ist oft auch die Höhe der finanziellen und die Art sonstiger Unterstützung, die Frage, ob und wieweit sich die Organisation sozusagen als Gegenleistung gegenüber einem breiteren Kreis vom gleichen Problem Betroffener öffnen (sog. Konventionalisierung betreiben) soll und damit ihren engeren und mehr auf persönlichem Vertrauen basierenden Zuschnitt verliert, wieweit in den Arbeitsprozeß sog. "Professionals" integriert sein sollen oder ob Laienkompetenz als völlig ausreichend angesehen wird und wie genau die Arbeit dem Verwendungszweck der Fördermittel entsprechen muß, was also unter "ordnungsgemäßer Verwendung" der Mittel zu verstehen ist.

Ein aufschlußreiches Beispiel für kooperatives Handeln der Verwaltung gegenüber ihrem Klientel stellt z.B. die Förderpraxis der Stadt Dortmund gegenüber privaten Kindergarteninitiativen dar (auf die die Stadt angewiesen ist, um die gesetzlich vorgeschriebene Anzahl von Kindergartenplätzen bereitstellen zu können). Im einzelnen ließen sich hier folgende praktische Unterstützungsleistungen der Verwaltung gegenüber antragstellenden Bürgern sowie Elemente kooperativer Gestaltung des Verhältnisses von Verwaltung und Bürgern feststellen:[29]

Beamte des Jugendamtes beraten Elterninitiativen, die einen privaten Kindergarten gründen wollen, in allen einschlägigen Fragen, sie leisten Hilfe bei einer evtl. notwendigen Vereinsgründung, helfen bei der Abfassung von Förderanträgen an die Stadt, bei der Raumsuche, bei Verhandlungen mit anderen Gruppen oder Dienststellen, bei der Abfassung von Arbeitsverträgen mit evtl. Beschäftigten der Initiative und bei der Beschaffung von Möbeln (aus Lagerbeständen der Stadt etc.). Das Jugendamt hat auch (erfolgreich) auf die "Heimaufsicht" (Landesjugendamt Münster) eingewirkt, flexibler mit Vorschriften über die notwendige Ausstattung der privaten Kindergärten (z.B. über die Art der Toiletten) umzugehen und zu dulden, wenn bestimmte Auflagen nicht termingerecht erfüllt werden konnten.

Als weiteres Beispiel sollen kurz Grundzüge der Zusammenarbeit der Düsseldorfer Verwaltung mit Selbsthilfegruppen im Gesundheitsbereich dargestellt werden. Im dortigen Gesundheitsamt ist die "Beratungsstelle für Alte, Kranke und körperlich Behinderte" auch mit Teilen der Selbsthilfeförderung betraut. Sie hilft nicht nur bei der Gründung und organisatorischen Gestaltung von Selbsthilfeorganisationen, bei der Beschaffung von Räumen oder berät in Fragen von Versicherungsschutz und in Rechtsfragen, sondern sie fungiert auch als Mittler zwischen diesen Organisationen und anderen Verwaltungsstellen und Ämtern und ist bei der evtl. Herstellung von Kontakten zur Politik behilflich, wenn es gilt, politische Unterstützung zu mobilisieren. Außerdem betreiben Gesundheitsamt und Selbsthilfegruppen teilweise eine gemeinsame Öffentlichkeitsarbeit und das Amt gibt eine Zeitung heraus, in deren Redaktionsteam Vertreter der Selbsthilfegruppen des Gesundheitsbereichs mitarbeiten.

Ein deutliches Zeichen für die Bereitschaft zu Verhandlung und evtl. Kooperation stellt auch die Einrichtung oder Förderung der oben schon erwähnten Selbsthilfezentren oder Kontakt- und Informationsstellen für Selbsthilfeorganisationen dar. Das gilt auch für die Etablierung der (seltenen) sog. Beiratsmodelle der Förderung von Selbsthilfeorganisationen, bei denen Förderentscheidungen von Kommunen wesentlich vom Votum eines Gremiums (Beirats) abhängig gemacht werden, in dem Vertreter von Kommune und Gruppen (z.T. paritätisch) vertreten sind.

b) Zum Verhältnis von Verwaltungen und verwaltungsexternen Akteuren im Rahmen Zweiter Arbeitsmärkte

Auch bei Maßnahmen im Rahmen Zweiter Arbeitsmärkte ist das Verhältnis von Verwaltungen und verwaltungsexternen Akteuren zu einem großen Teil durch Verhand-

---

29 Nach eigenen Recherchen.

lung, Abstimmung und Kooperation geprägt. Die Kommunen tragen dazu bei, indem sie lokale Kräfte und Ressourcen bei der Planung und Umsetzung solcher Maßnahmen einzubeziehen und zu nutzen versuchen. Das gilt insbesondere im Hinblick auf solche Akteure, die als Träger möglicher Maßnahmen in Betracht kommen. Denn nur so lassen sich ausreichende Informationen über Stärken und Schwächen des lokalen Arbeitsmarktes, vor allem aber über mögliche und sinnvolle zusätzliche Beschäftigung zusammentragen und darauf zugeschnittene kommunale Programme und Maßnahmen entwickeln (die KGSt empfiehlt hierfür die Einrichtung "externer Abstimmungskreise"[30]).

Bei den Akteuren, die im Rahmen Zweiter Arbeitsmärkte zusammenwirken, handelt es sich auf der Seite der Kommunalverwaltung vor allem um die Sozialverwaltungen (manchmal auch um Ämter für Wirtschaftsförderung), sodann um die lokale Arbeitsverwaltung (Arbeitsamt) und - als mögliche Träger von Beschäftigungs- oder Qualifizierungsmaßnahmen - um Wohlfahrtsverbände, Kirchen, Bildungsträger und -einrichtungen, Betriebe, Alternativ-Projekte, Beschäftigungs- und Qualifizierungsgesellschaften etc. Außerdem sind hier die Industrie- und Handelskammern, Handwerkskammern, Gewerkschaften und Arbeitgeberverbände als Organisationen mit relevanter Information über Beschäftigungspotentiale und -entwicklungsmöglichkeiten sowie als Mitwirkende im Verwaltungsausschuß des Arbeitsamtes, der über mögliche Fördermaßnahmen mitentscheidet, soweit Finanzmittel der Bundesanstalt für Arbeit eingesetzt werden sollen, aktiv beteiligt. Insbesondere IHK und Handwerkskammer überprüfen zusätzlich, ob mögliche Maßnahmen mit der Wettbewerbsordnung verträglich sind. Weitere Beteiligte sind Regierungspräsidien oder Landesregierungen, soweit sie Fördermittel bereitstellen und nicht zuletzt auch die Arbeitslosen, die ihrerseits gelegentlich selbst Ideen und Projekte für mögliche Maßnahmen und Beschäftigungsmöglichkeiten einbringen[31].

Vor allem zwischen Verwaltungen und externen Trägern arbeitspolitischer Maßnahmen (ABM, Hilfe zur Arbeit etc.) entwickeln sich häufig intensive Kooperationsbeziehungen, wobei den etablierten Verbänden und Freien Trägern der Wohlfahrtspflege wieder eine große Bedeutung zukommt. Verwaltungsexterne Akteure werden zu Trägern von Maßnahmen des Zweiten Arbeitsmarktes, weil sie neben den Kommunalverwaltungen - oft eher und leichter als diese - zusätzliche, sinnvolle Arbeitsplätze anbieten können. Denn sie sind weniger stark routinisiert und bürokratisiert und daher noch eher zu innovativen Maßnahmen in der Lage und fähig, auf die besondere Problematik des hier angesprochenen Klientels (z.B. Langzeitarbeitsloser und schwer vermittelbarer Arbeitskräfte) einzugehen. Arbeitspolitische Maßnahmen werden sinnvollerweise häufig "von unten" entwickelt, durch Organisationen, die mit den entsprechenden Problemfeldern,

---

30 Vgl. KGSt 1988: 28.

31 Vgl. dazu *Meendermann* 1992: 141; *Huebner* et al. 1990: 282; Landeshauptstadt München 1988: 144.

Personengruppen und möglichen Arbeitsfeldern vertraut sind.[32] ABM-Stellen entstehen aber auch in Privatbetrieben, und zwar im Rahmen der sog. "Firmen-ABM" oder "Vergabe-ABM". Bei der "Vergabe-ABM" werden Betriebe zu Trägern von ABM-Stellen, wenn sie als Bedingung dafür, daß sie den Zuschlag für einen kommunalen Auftrag bekommen, akzeptieren, bei dessen Ausführung zugewiesene ABM-Kräfte zu beschäftigen[33].

Bei den Verhandlungen zwischen Verwaltungen und verwaltungsexternen Akteuren geht es um Fragen der Gestaltung und Umsetzung von Programmen und Maßnahmen (Welcher Personenkreis soll gefördert werden? Zu welchem Zweck? Mit welcher Qualifikation? Mit welchen Mitteln? Wer stellt sie bereit? Wie lange sollen die Maßnahmen dauern? Wer sind die Träger? Welche Tätigkeiten sollen ausgeübt werden? usw.) Insbesondere die Frage der Übernahme von Lohnkostenanteilen durch die Träger von Arbeitsbeschaffungsmaßnahmen, die einen Nutzen durch die zusätzlich Beschäftigten haben, hat in der Vergangenheit immer wieder zu Auseinandersetzungen geführt. Je nach Finanzlage z.B. der Bundesanstalt für Arbeit und je nach Abhängigkeit solcher Programme davon, daß bei externen Trägern zusätzliche Arbeitsplätze geschaffen werden, konnten sich letztere dabei mehr oder weniger durchsetzen. Weitere häufige Verhandlungsgegenstände sind die Fragen, ob das Merkmal der "Zusätzlichkeit" von Arbeitsplätzen[34] erfüllt ist oder das der "gemeinnützigen und zusätzlichen Arbeit" (§ 19 II BSHG).

Insoweit die Verwaltung auf die Möglichkeiten und Leistungen verwaltungsexterner Trägereinrichtungen angewiesen ist, ist sie eher bereit, deren Erwartungen, aber auch deren Eigenarten und Selbständigkeit zu berücksichtigen. Das gilt z.T. auch im Verhältnis zu kleinen Trägervereinen und selbstorganisierten Projekten im Bereich sozialer, kultureller oder ökologischer Dienstleistungen oder im produktiven Bereich. Denn das Engagement solcher Träger und Arbeitsförderungsinitiativen könnte sonst "ideell austrocknen"[35]. Der Einfluß der Träger ist in solchen Verhandlungen mit der Verwaltung oft so groß, daß die ABM-Politik auch als "Träger-Politik" bezeichnet[36] und von einer gewissen Erpreßbarkeit des Staates gesprochen wurde[37]. Auf keinen Fall können die Träger als reine Vollzugsinstrumente der Verwaltungen angesehen werden, sondern im

---

32 Ähnliches gilt auch für qualifizierende und berufsbildende Maßnahmen im Rahmen öffentlicher Förderprogramme, weil verwaltungsexterne Akteure für diese Aufgaben in der Regel besser vorbereitet und qualifiziert, evtl. sogar explizit dafür geschaffen worden sind.

33 Vgl. zu diesem Instrument *Freidinger* 1993: 189 ff.

34 Vgl. § 91 Abs. II AFG in Verbindung mit § 5. und 6. ABM-Anordnung.

35 Landeshauptstadt München 1988: 149.

36 *Huebner* et al. 1990: 333.

37 *Huebner* et al. 1990: 331 f.

Gegenteil verfolgen sie bei ihrem Mitwirken an arbeitspolitischen Maßnahmen und in den Verhandlungen mit den Verwaltungen meist eigenständige Ziele.

4.2 Grenzen von Verhandlung und Kooperation

Trotz dieser deutlichen Entwicklungen zu mehr Verhandlung und Kooperation im Sozialbereich, auch zwischen Verwaltungen und Betroffenenorganisationen, hat der hoheitlich-hierarchische Handlungsmodus doch nach wie vor eine gleichfalls sehr bestimmende Bedeutung. Denn an solchen Verfahren, die eher von kommunikativen Prozessen wie Aushandlung und Abstimmung geprägt sind, haben Betroffene nur ungleich Anteil. Insbesondere gegenüber einzelnen Betroffenen, aber auch gegenüber einem Teil der Betroffenenorganisationen, denen es an "tauschförmigen Leistungen"[38] fehlt, herrscht weiterhin ein "partizipatorisches Defizit" und spielen bürokratische Verfahrensformen nach wie vor eine sehr große Rolle. Außerdem ist die Förderung oft mit Bedingungen oder Auflagen verknüpft.

Im Selbsthilfesektor findet das seinen Ausdruck z.B. darin, daß Förderung manchmal nur unter sehr eng gefaßten Bedingungen gewährt wird (wenn die Projekte und Gruppen bestimmten Kriterien in Zielsetzung, Organisation und Arbeitsweise entsprechen). Gelegentlich wird auch explizit eine aus Sicht der Verwaltung verfaßte Bedarfsanalyse zum Maßstab der Förderungswürdigkeit gemacht. An die Organisationsstruktur von zu fördernden Gruppen wird häufig die Anforderung gestellt, sich den bürokratischen Strukturen in der öffentlichen Verwaltung ein Stück weit anzupassen (so muß z.B. die Verantwortung für bestimmte Aufgaben personell zugeordnet werden). Die selbstorganisierten Gruppen müssen ihre oft vorhandenen Vorstellungen egalitärer Organisation insofern etwas einschränken. Manchmal wird die Förderung oder ihre Höhe davon abhängig gemacht, daß eine "Konventionalisierung", (Öffnung des Angebots für einen breiteren Kreis vom gleichen Problem Betroffener) erfolgt oder daß "Professionals" mitarbeiten. Stärker etablierte Gruppen (Anonyme Alkoholiker, Liga gegen Rheuma etc.) werden häufig gegenüber unkonventionelleren, alternativen und dem bisherigen Leistungsangebot kritischer gegenüberstehenden Gruppen bevorzugt.

Darüberhinaus versuchen Verwaltungen z.T. über Selbsthilfeorganisationen, mit denen sie kooperieren, zugleich eine gewisse Kontrolle zu gewinnen, indem sie sich nicht nur Interna über Organisationsstruktur, Personalia und Arbeitsweise vorlegen lassen sowie über "Verwendungsnachweise" die erforderliche haushaltsrechtliche Kontrolle vollziehen, sondern gelegentlich auch Tätigkeitsberichte verlangen, in denen über Kontakte der Gruppen mit ihrem Klientel, Probleme ihrer Arbeit etc. berichtet werden soll. Die Verwaltung gewinnt dadurch zusätzlichen Einblick in das Innenleben von Selbsthil-

38 *Ritter* 1990: 81.

feorganisationen (die der Verwaltung gegenüber oft kritisch eingestellt sind), kann sich deren Potential so eher zunutze zu machen versuchen und in ihre eigenen Dienstleistungsstrategien einbeziehen (evtl. für ihre Zwecke instrumentalisieren) und auch auf mögliche Kritik und "Unruhepotentiale" besser einstellen und vorbereiten. Kooperation und Kontrolle liegen hier eng beieinander.

Bei evtl. Konflikten zwischen Verwaltungen und Selbsthilfeorganisationen sind erstere häufig in der stärkeren Position, da sie über die Fördermittel verfügen. Trotz Bedenken akzeptieren in solchen Fällen viele selbstorganisierte Gruppen administrative Anforderungen, oft um den Preis von Veränderungen ihrer Ziele, Strukturen und Arbeitsformen[39]. Allerdings sind auch wechselseitige Beeinflussungen zwischen Verwaltungen und Selbsthilfeorganisationen denkbar[40].

Auch bei der Förderung Zweiter Arbeitsmärkte spielt der bürokratische, hoheitlich-hierarchische Handlungsmodus weiterhin eine große Rolle. Das gilt nicht nur für Arbeitslose, die häufig ohne eigene Mitwirkungsmöglichkeit in Maßnahmen "eingewiesen" werden, sondern auch gegenüber großen Trägern. So zeigt die Praxis, daß Verwaltungen weniger auf Wünsche der Träger nach bestimmten Arbeitskräften eingehen, sondern ihnen die Arbeitslosen einfach "zuweisen", wenn sie keinen Anteil an den Lohnkosten übernehmen. Kleine Träger beklagen oft die "enge Führung" von Maßnahmen durch die Verwaltungen, die ihnen zu wenig autonome, selbstverantwortliche, flexible und innovative Ausgestaltung von Maßnahmen erlaube[41].

Das Verhältnis von Verwaltungen und Arbeitslosen hat bei Arbeitsbeschaffungsmaßnahmen in der Regel einen eher dirigistischen Charakter. Zwar gelingt es Arbeitslosen - wie schon erwähnt - gelegentlich sogar, sich selbst als einzelnen oder als Gruppe (Projekt) in Verhandlungen mit einem Träger und der Verwaltung ABM-Stellen zu schaffen. Aber in der Regel ist das Verfahren so, daß die Verwaltungen Stellen für einen im voraus bestimmten Personenkreis anbieten und Arbeitslose dabei kein Mitspracherecht haben. Falls sie ein Angebot ablehnen, drohen möglicherweise Sanktionen. Gelegentlich werden ABM-Stellen explizit zu dem Zweck angeboten, die Arbeitsbereitschaft zu testen oder möglichen ungerechtfertigten Leistungsbezug (z.B. Bezug von Lohnersatzleistungen bei gleichzeitiger Schwarzarbeit) zu verhindern[42]. Auch bei Maßnahmen zur "Hilfe zur Arbeit", die - soweit dabei tariflich entlohnte Arbeitsplätze für Sozialhilfeempfänger entstehen (nach § 19 Abs. I und II, 1. Alt. BSHG) - als Maßnahmen zur Förderung Zweiter Arbeitsmärkte angesehen werden können, verhält sich die Verwaltung den

39 Vgl *Kraus* und *Knaier* 1989: 288 ff.

40 Vgl. *Brand* 1982: 48.

41 *Bangel* et al. 1992: 55.

42 Vgl. *Bangel* et al. 1992: 101 ff.

Arbeitslosen gegenüber oft in einem sehr ausgeprägten Maße anordnend und kontrollierend.[43]

Das Verhältnis von Sozialverwaltungen und verwaltungsexternen Akteuren ist also sehr unterschiedlich gestaltet. Hoheitlich-hierarchische und kommunikativ-kooperative Handlungsmodi (zwischen denen es viele Abstufungen gibt) werden von Verwaltungen - bei zunehmender Bedeutung von Verhandlung und Kooperation - nebeneinander und je nach Situation, Organisationsfähigkeit des Publikums und funktionalen Erfordernissen für die Verwaltung eingesetzt. Verwaltungen können auch aus strategischen Gründen zwischen diesen beiden Modi wechseln, z.B. vom Verhandeln wieder zum hoheitlichen Entscheiden übergehen, wenn sie Verfahren abkürzen wollen oder im Verhandeln eine schwache argumentative Position bei gleichzeitig hohen Machtmitteln haben.

5. Trend zum "kooperativen Staat" ?

Die Untersuchung einiger aktueller Entwicklungen im Sozialbereich zeigt, daß es hier eine breitere Zunahme von Verhandlung und Kooperation zwischen Verwaltung und verwaltungsexternen Akteuren gibt. In diese werden mehr als früher neben den etablierten Wohlfahrtsverbänden und sonstigen Freien Trägern der Wohlfahrtspflege auch Selbsthilfeorganisationen, kleine Hilfsvereine, Betriebe, alternative Projekte und auch einzelne Betroffene einbezogen. Sozialverwaltungen begreifen die Entwicklung kooperativer Steuerungs- und Handlungsformen als eine Möglichkeit, angesichts erhöhter Anforderungen, knapper Mittel und wachsender Kritik die Effizienz und Akzeptanz ihrer Leistungen zu steigern. Insofern sind auch hier Trends zur Entwicklung von mehr und größeren Verhandlungsnetzen und eines kooperativeren Staates zu erkennen.

Aber gleichzeitig wird auch deutlich, daß das Publikum nur selektiv und in unterschiedlicher Intensität, vor allem entsprechend der Organisationsfähigkeit seiner Interessen oder funktionalen Erfordernisse in der Verwaltung, an Verhandlungen mit der Verwaltung teilhat. Der hoheitlich-hierarchische Handlungsmodus behält gegenüber Teilen des Verwaltungsklientels und seiner Organisationen seine zentrale Bedeutung.

---

43 Das gilt noch mehr bei Maßnahmen nach § 19 Abs. II, 2. Alternative und § 20 BSHG (sog. "Mehraufwendungsvariante", was bedeutet, daß die Arbeitenden hier zusätzlich zu ihrer Sozialhilfe nur eine Mehraufwendungsentschädigung von ca. 1,- bis 3,- DM pro Arbeitsstunde bekommen), die hier allerdings weniger als Maßnahmen zur Förderung Zweiter Arbeitsmärkte angesehen werden, sondern als sozialpolitische Kontrollinstrumente, um Arbeitslose bei Bedarf wieder "an Arbeit zu gewöhnen" (§ 20 BSHG) oder möglichen Mißbrauch von Sozialleistungen zu verhindern (kritisch dazu *Bullmann* 1991: 207). Nach einer (lokal begrenzten) empirischen Studie arbeiteten ca. 30% der Befragten nicht freiwillig im Rahmen der "Hilfe zur Arbeit", sondern beugten sich den Sanktionsdrohungen (Kürzung oder zeitweise Einstellung der Sozialhilfe, vgl. § 25 BSHG; Näheres bei *Meendermann* 1992: 178 ff.)

Der Übergang von Kooperation und Hilfe zu hierarchischer Regelung und Kontrolle kann sehr rasch und "fließend" erfolgen. Manche Maßnahmen der Sozialverwaltung haben ausgesprochen dirigistischen oder sogar repressiven Charakter (so die "Hilfe zur Arbeit" in der "Mehraufwendungsvariante" (Anm. 43)) Das resultiert auch aus der schon oben erwähnten Funktion von Sozialpolitik und -verwaltung, für Hilfe, aber auch für ein Mindestmaß an sozialer Kontrolle und Ordnung zu sorgen - angesichts gewisser "desintegrativer Tendenzen" in einer durch teilweise veränderte und verschärfte soziale Probleme sowie zunehmende Individualisierung und ihre Folgeprobleme gekennzeichneten Gesellschaft eine möglicherweise an Relevanz gewinnende Funktion[44]. Verhandlung und Kooperation werden trotz ihrer Ausweitung zugleich nur selektiv und begrenzt praktiziert.

Das kann nun wiederum zu Folgeproblemen führen, weil die Interessen verwaltungsexterner Akteure, vor allem die der unmittelbar Betroffenen, nur in ungleichem Maß in den Verwaltungsprozeß eingeführt werden - einmal über direkte Verhandlungen mit der Verwaltung und einmal nur mittelbar (indem Verwaltung und Verbände sie - eventuell - vertreten) und damit in der herkömmlichen, als zunehmend unbefriedigend empfundenen Weise sowie möglicherweise weniger problemorientiert und angemessen.[45]

In der Sozialverwaltung kann (bislang) nicht über alle Aufgaben verhandelt werden. Solange die Interessen eines Teils der Betroffenen wegen ihrer sozial schwachen Position nicht oder kaum organisiert und entsprechend wenig "verhandelbar" sind[46], müssen sie, soweit sie rechtlich abgesichert oder aus grundsätzlichen, auf die sozialstaatliche Verfaßtheit der Gesellschaft bezogenen Überlegungen unverzichtbar sind, vom Staat vertreten und geschützt werden - bei Bedarf auch hoheitlich gegenüber anderen stärker organisierten Interessen, mit deren Vertretungen die Verwaltung sonst einen kooperativen Umgang pflegt.

Die Selbsthilfeförderung ist in den einzelnen Kommunen z.B. in der Regel nicht als Ergebnis von Verhandlungen zwischen Verwaltungen und Wohlfahrtsverbänden und mächtigen Interessengruppen entstanden. Vielmehr ist sie häufig (als Antwort auf entsprechende Initiativen von Selbsthilfeorganisationen) von der lokalen Sozialpolitik und -verwaltung, die die Bedeutung von Selbsthilfegruppen erkannten, gegen anfangs z.T. erheblichen Widerstand von Wohlfahrtsverbänden, die eine Konkurrenz um Finanzmittel fürchteten, etabliert worden[47]. Anschließend wurde sie in Absprache mit Selbsthilfeorganisationen und einem Teil der etablierten Träger weiter ausgebaut.

---

44 Vgl. *Schülein* 1983: 26 sowie *Vobruba* 1983: 41 ff.

45 Vgl. hierzu die Folgeprobleme, die sich bei kooperativem Verwalten im Umweltschutzbereich für den Schutz "Dritter" oder nicht an den kooperativen Verfahren beteiligter Betroffener ergeben.

46 zu dem Begriff vgl. *Böhret* 1992: 1123.

47 Vgl. *Asam* und *Heck* 1987; *Olk* 1987.

Eine staatliche Verwaltung, die durch eine der gesellschaftlichen Öffentlichkeit (wenn auch oft unvollkommen) verpflichtete Politik sowie durch entsprechende, gesamtgesellschaftlich in politischen und parlamentarischen Prozessen abgeklärte Vorstellungen von "Gemeinwohl", "Sozialstaatlichkeit" etc. sowie darauf basierende rechtliche Regeln, möglicherweise auch durch - im wesentlichen allerdings erst zu entwickelndes - "prozedurales Recht"[48] gesteuert wird, kann wenig organisierte Interessen (z.B. solche des sozial schwachen Klientels oder (noch) wenig organisierte Umwelt- oder Zukunftsinteressen) eher wahrnehmen und schützen, als ein auf der Vertretung von Mitgliederinteressen basierendes reines Verhandlungssystem. Rechtlich gesteuerter hoheitlicher Handlungsmodus der Verwaltung und Verhandlungsmodus ergänzen sich daher. Das politisch-administrative System ist nicht nur Verhandlungspartner, sondern auch hoheitlicher Garant von gesellschaftlich (über Diskurse und Entscheidungen in Öffentlichkeit, Politik und Gesetzgebung) festgelegten (Mindest-)Standards, sei es im sozialen oder in anderen Bereichen, oder von "Verfahrensgerechtigkeit"[49]. Die Verwaltung muß daher - als "ultima ratio"[50] - zu rechtlich begründeter, hoheitlich-hierarchischer Steuerung in der Lage sein und kann insofern nicht auf die Rolle eines "Supervisors" von Prozessen zwischen organisierten Interessen[51] beschränkt sein. Der Staat agiert zugleich als (hoheitlicher) "Rechtsstaat" und als (selektiv verhandelnder) "kooperativer Staat", also als "kooperativer Rechtsstaat".

---

48 Vgl. als Überblick *Eder* 1990.

49 *Habermas* 1992: 424 ff. u. 516 ff. sowie *Röhl* 1991.

50 *Schulze-Fielitz* 1993: 117.

51 So *Willke* 1992: 350 u. 357.

Literaturverzeichnis

Asam, Walter H./Heck, Michael, 1987: Probleme der Selbsthilfeorganisation. Ein Lehrstück für die Wohlfahrtsverbände, in: Fritz Boll/Thomas Olk (Hrsg.), Selbsthilfe und Wohlfahrtsverbände, Freiburg, 9 - 43.

Bangel, Bettina/Jaedicke, Wolfgang et al.: 1992: Koordinierung der Arbeitsmarktpolitik in Hamburg, Discussion-Papers FS I 92-7 des "Forschungsschwerpunkt Arbeitsmarkt und Beschäftigung", Wissenschaftszentrum Berlin.

Bauer, Rudolph, 1985: Die Politik der "Freien Träger": Aufgabenfelder, Handlungsorientierungen und Leistungspotentiale, in: Jürgen Krüger/Eckhart Pankoke (Hrsg.), Kommunale Sozialpolitik, München, 174 - 195.

Bauer, Rudolph, 1991: Lokale Politikforschung und Korporatismus-Ansatz - Kritik und Plädoyer für das Konzept der Intermediarität, in: Hubert Heinelt/Hellmut Wollmann (Hrsg.), Brennpunkt Stadt, Basel, 207 - 220.

Beck, Ulrich, 1986: Risikogesellschaft, Frankfurt a.M.

Beck, Ulrich, 1993: Die Erfindung des Politischen, Frankfurt a.M.

Benzler, Susanne/Heinelt, Hubert, 1991: Stadt und Arbeitslosigkeit, Opladen.

Böhret, Carl, 1992: Zur Handlungsfähigkeit des funktionalen Staates der spätpluralistischen Industriegesellschaft, in: Beate Kohler-Koch (Hrsg.), Staat und Demokratie in Europa, Opladen, 116 - 129.

Brand, Karl-Werner, 1982: Neue Soziale Bewegungen, Opladen.

Braun, Joachim/Opielka, Michael, 1992: Selbsthilfeförderung durch Selbsthilfekontaktstellen, Bd. 14 der Schriftenreihe des Bundesministeriums für Familie und Senioren, Stuttgart.

Breitkopf, Helmut, 1990: Gesundheitsförderung durch ein Gesundheitsamt. Politik und Praxisansätze im Kreis Unna, in: Helmut Breitkopf/Norbert Wohlfahrt (Hrsg.), Sozialpolitik jenseits von Markt und Staat, Bielefeld, 77 - 89.

Bullmann, Udo, 1991: Kommunale Strategien gegen Massenarbeitslosigkeit, Opladen.

Damkowski, Wulf/Görres, Stefan/Luckey, Karin, 1988: Sozialstationen, Frankfurt a.M.

Damkowski, Wulf/Luckey, Karin, 1990: Neue Formen lokaler Sozial- und Gesundheitsdienste, Köln.

Eder, Karl, 1990: Prozedurales Recht und Prozeduralisierung des Rechts, in: Dieter Grimm (Hrsg.), Wachsende Staatsaufgaben - sinkende Steuerungsfähigkeit des Rechts, Baden-Baden, 155 - 185.

Evers, Adalbert, 1991: Pluralismus, Fragmentierung und Vermittlungsfähigkeit. Zur Aktualität intermediärer Aufgaben und Instanzen im Bereich der Sozial- und Gesundheitspolitik, in: Hubert Heinelt/Hellmut Wollmann (Hrsg.), Brennpunkt Stadt, Basel, 221 - 240.

Ferber, Christian v., 1977: Wird der sozialpolitische Spielraum der Sozialen Selbstverwaltung ausgeschöpft? in: Gewerkschaftliche Politik: Reform aus Solidarität, Köln, 373 ff.

Freidinger, Guido, 1993: Konzepte und Implementationsbedingungen der kommunalen Arbeitspolitik, in: Guido Freidinger/M. Schulze-Böing (Hrsg.), Handbuch der kommunalen Arbeitspolitik, Marburg, 131 - 212.

Grunow, Dieter, 1991: Sozialverwaltung als Typus kommunaler Verwaltung, in : Hubert Heinelt/Hellmut Wollmann (Hrsg.), Brennpunkt Stadt, Basel, 128 - 148.

Habermas, Jürgen, 1992: Faktizität und Geltung, Frankfurt a.M.

Hanesch, Walter, 1988: Armutspolitik in der Beschäftigungskrise, Wiesbaden.

Heinze, Rolf G./Voelzkow, Helmut, 1991: Kommunalpolitik und Verbände. Inszenierter Korporatismus auf lokaler und regionaler Ebene ? in: Hubert Heinelt/Hellmut Wollmann (Hrsg.), Brennpunkt Stadt, Basel, 187 - 206.

Heinze, Rolf G./Voelzkow, Helmut, 1994: Verbände und 'Neokorporatismus', in: Roland Roth/Hellmut Wollmann, Kommunalpolitik, Opladen, 245 - 255.

Huebner, Michael et al., 1990: ABM in der lokalen Politikarena, Berlin.

Huebner, Michael/Krafft, Alexander/Ulrich, Günter, 1992: Das Spektrum kommunaler Arbeitsmarktpolitik, Berlin.

Kraus, Wolfgang/Knaier, Waltraud, 1989: Selbsthilfeinitiativen und kommunale Selbsthilfeförderung, Weinheim.

KGSt (Kommunale Gemeinschaftsstelle für Verwaltungsvereinfachung) 1988: Organisation der kommunalen Beschäftigungsförderung. Aktivitäten gegen Arbeitslosigkeit, KGSt-Bericht 6/1988.

Landeshauptstadt München, Referat für Stadtplanung und Bauordnung, 1988: Wissenschaftliche Begleituntersuchung zur Münchner Arbeitsförderungsinitiative, Fortschreibung 1988, Arbeitsberichte zur Stadtentwicklungsplanung Nr. 23, Bearbeiterinnen: I. Breckner, Ch. Hemmer, Projektleitung K. Schmals, München.

Lau, Thomas/Wolff, Stephan, 1981: Bündnis wider Willen - Sozialarbeiter und ihre Akten, in: Neue Praxis, 11. Jhrg., Heft 3, 199 - 214.

Luhmann, Niklas, 1966: Theorie der Verwaltungswissenschaft, Köln.

Luhmann, Niklas, 1991: Steuerung durch Recht ? Einige klarstellende Bemerkungen, in: Zeitschrift für Rechtssoziologie, 12. Jhrg., Heft 12, 142 - 146.

Mayntz, Renate, 1993: Policy-Netzwerke und die Logik von Verhandlungssystemen, in: Adrienne. Windhoff-Héritier (Hrsg.), Policy-Analyse, PVS-Sonderheft 24/1993, Opladen, 39 - 56.

Meendermann, Karin, 1992: Die 'Hilfe zur Arbeit' - Zugangschancen oder Ausgrenzungsmechanismus?, Münster.

Mezger, Erika, 1990: "Etablierte" und "alternative" staatliche Steuerungsmöglichkeiten und ihre Anwendbarkeit im Policy-Feld der Sozialpolitik, München.

Olk, Thomas, 1987: Zwischen Verbandsmacht und Selbstorganisation. Antworten der Wohlfahrtsverbände auf die Herausforderung der "neuen Selbsthilfebewegung", in: Fritz Boll/Thomas Olk (Hrsg.), Selbsthilfe und Wohlfahrtsverbände, Freiburg, 144 - 174.

Nothbaum-Leiding, Birgit, 1990: Organisationsprobleme der ambulanten Altenpflege im kommunalen Netzwerk einer ländlichen Region, in: Helmut Breitkopf/N. Wohlfahrt (Hrsg.), Sozialpolitik jenseits von Markt und Staat ?, Bielefeld, 43 - 76.

Ritter, Ernst-Hasso, 1990: Das Recht als Steuerungsmedium im kooperativen Staat, in: Dieter Grimm (Hrsg.), Wachsende Staatsaufgaben - sinkende Steuerungsfähigkeit des Rechts, Baden-Baden, 69 - 112.

Röhl, Klaus F., 1991: Verfahrensgerechtigkeit (Procedural Justice). Einführung in den Themenbereich und Überblick, in: Zeitschrift für Rechtssoziologie 1/1993, 1 - 34.

Sachße, Christoph/Tennstedt, Florian, 1986: Sicherheit und Disziplin: Eine Skizze zur Einführung, in: Christoph Sachße/Florian Tennstedt (Hrsg.), Soziale Sicherheit und soziale Disziplinierung, Frankfurt a.M., 11 - 44.

Scharpf, Fritz W., 1992: Die Handlungsfähigkeit des Staates am Ende des Zwanzigsten Jahrhunderts, in: Beate Kohler-Koch (Hrsg.), Staat und Demokratie in Europa, Opladen, 93 - 115.

Scharpf, Fritz W., 1993: Versuch über Demokratie im verhandelnden Staat, in: Roland Czada/Manfred G. Schmidt (Hrsg.), Verhandlungsdemokratie, Interessenvermittlung, Regierbarkeit, Opladen, 25 - 50.

Schülein, Johann August, 1983: Gesellschaftliche Entwicklung und Prävention, in: Manfred M. Wambach (Hrsg.), Der Mensch als Risiko, Frankfurt a.M., 13 - 28.

Schulze-Fielitz, Helmuth, 1993: Der Leviathan auf dem Weg zum nützlichen Haustier? in: Rüdiger Voigt (Hrsg.), Abschied vom Staat - Rückkehr zum Staat? Baden-Baden, 95 - 120.

Thränhardt, Dietrich et al., 1986: Wohlfartsverbände zwischen Selbsthilfe und Sozialstaat, Freiburg.

Vobruba, Georg, 1983: Prävention durch Selbstkontrolle, in: Manfred Wambach (Hrsg.), Der Mensch als Risiko, Frankfurt a.M., 29 - 48.

Willke, Helmut, 1992: Ironie des Staates, Frankfurt a.M.

Windhoff-Héritier, Adrienne, 1989: Institutionelle Interessenvermittlung im Sozialsektor. Strukturmuster verbandlicher Beteiligung und deren Folgen, in: Hans-Hermann Hartwich (Hrsg.), Macht und Ohnmacht politischer Institutionen, Opladen, 158 - 176.

Wolff, Stephan/Bonß, Wolfgang, 1979: Die Verwaltung sozialer Probleme - Arbeitsbedingungen und Organisationsstrategien in der Sozialverwaltung, in: Stephan Wolff et al. (Hrsg.), Arbeitssituationen in der öffentlichen Verwaltung, Frankfurt a.M., 61 - 114.

Autorenverzeichnis

PD Dr. *Roland Czada*, Max-Planck-Institut für Gesellschaftsforschung, Lothringer Str. 78, 50677 Köln.

Dr. *Volker Eichener*, Institut für Wohnungswesen, Immobilienwirtschaft, Stadt- und Regionalentwicklung (InWISS), Universitätsstr. 150, 44780 Bochum.

Dipl. Verw.wiss. *Andreas Eisen*, KSBW Wissenschaftszentrum Berlin, Reichpietschufer, 10785 Berlin.

Dr. *Klaus H. Goetz*, London School of Economics and Political Science, Department of Government, 11 Houghton Street, London WC2A 2AE, Great Britain.

Prof. Dr. *Rolf G. Heinze*, Ruhr-Universität Bochum, Sozialwissenschaftliche Fakultät, Postfach 102148, 44721 Bochum.

Prof. Dr. *Heinz Kleger*, Universität Potsdam, Wirtschafts- und Sozialwissenschaftliche Fakultät, Lehrstuhl für politische Theorie, Postfach 900327, 14439 Potsdam.

PD Dr. *Peter Nahamowitz*, Universität Hannover, FB Rechtswissenschaften, Hanomagstr. 8, 30499 Hannover, z.Zt. Vertreter der Professur für öffentliches Recht, Universität der Bundeswehr München, Fakultät für Sozialwissenschaften, Werner-Heisenberg-Weg 39, 85577 Neubiberg.

Prof. Dr. *Wolfgang Renzsch*, Otto-von-Guericke-Universität Magdeburg, Institut für Politikwissenschaft, Virchowstr. 24, 39104 Magdeburg.

Prof. Dr. *Wolfgang Seibel*, Universität Konstanz, Fakultät für Verwaltungswissenschaft, Postfach 5560, 78464 Konstanz.

Prof. Dr. *Roland Sturm*, Universität Tübingen, Institut für Politikwissenschaft, Melanchthonstr. 36, 72074 Tübingen.

Prof. Dr. *Erhard Treutner*, Fachhochschule für öffentliche Verwaltung Nordrhein-Westfalen, Heesenstr. 26, 40549 Düsseldorf.

Dr. *Helmut Voelzkow*, Ruhr-Universität Bochum, Institut für Soziologie, Universitätsstr. 150, 44780 Bochum.

Prof. Dr. *Rüdiger Voigt*, Universität der Bundeswehr München, Institut für Staatswissenschaften, Fakultät für Sozialwissenschaften, Werner-Heisenberg-Weg 39, 85577 Neubiberg.